"十三五"国家重点出版物出版规划项目

国家出版基金项目 NATIONAL PUBLICATION FOUNDATION

新汉译世界高等教育名著丛书（第一辑）

丛书总主编　李子江　张斌贤

向美国高等教育传统开战

——洛厄尔高等教育文集

[美] 艾伯特·劳伦斯·洛厄尔（Abbot Lawrence Lowell）著

邓磊　译　张斌贤　李子江　校

浙江教育出版社·杭州

总序

20世纪90年代，浙江教育出版社出版了由王承绪先生主编的“汉译世界高等教育名著丛书”，在学术界产生了重要影响，丛书所收录的著作至今依然是高等教育学等相关学科学习和研究必备的学术文献。本世纪以来，多家出版社相继推出了多种高等教育著作译丛，例如“京师高等教育译丛”（北京师范大学出版社）、“国际高等教育译丛”（中国海洋大学出版社）、“世界高等教育研究名著译丛”（教育科学出版社）、“美国研究型大学探索译丛”（河北大学出版社）、“高等教育与全球化丛书”和“北大高等教育文库·大学之道丛书”（北京大学出版社）等。一些教育著作译丛虽然并非以高等教育为主要内容，但也包含了部分高等教育的译著，例如“影响力教育理论译丛”（华东师范大学出版社）、“非洲教育译丛”（浙江大学出版社）等。

国外高等教育著作的译介不仅满足了我国高等教育决策者、管理者以及公众了解其他国家和地区高等教育发展历史与现状的需要，而且有力促进了我国学者对高等教育的研究。只要将20世纪90年代高等教育研究状况与当下进行粗略对照，就可以清楚地看到我国20多年来高等教育研究的长足发展。这其中固然有诸多原因，但不可否认的是，广泛和充分吸收其他国家高等教育研究成果是一个非常关键的因素。同样不可否认的是，大量高等教育译著在其中发挥了不可替代的重要作用。

众所周知，中国现代高等教育机构和高等教育制度的建立是西学东渐的产物，迄今已逾百年。但是，由于种种原因，我国高等教育真正稳定发展的时间不过数十年。对于高等教育这样复杂的事业而言，几十年的经历实在是过于短暂了，而基于这些有限经验形成的认识则更具局限性。在当代社会急速变革的条件下，高等教育发展及其与社会的关系日趋复杂，如何合理认识高等教育的内在本质与职能，如何科学把握高等教育发展的方向，如何妥善处理高等教育内外部各种关系，更需要非同寻常的智慧、远见和胆识。而要拥有这一切，学习借鉴其他国家的实践经验，尤其是主导这些实践的思想观念，是必不可少的重要环节。

从更大的方面说，高等教育机构自建立之日起，就与文化传播、交流结下了“不解之缘”。不同文化教育之间的交流、相互影响始终是推动高等教育发展的重要动力。古希腊的学园对古代东方高等教育机构的借鉴，古罗马对希腊文明的吸纳，文艺复兴后欧洲各国在学术研究等方面的相互影响，尤其是近代以来，文化、学术、教育的交流在促进不同国家高等教育改革发展中的作用日益广泛、显著和重要。在一定意义上，一段高等教育的历史，同时也是不同文化、学术交流不断开展、推进和深化的历史。作为文化教育交流的重要途径，译著始终是这段历史的重要组成部分。

为适应我国高等教育改革发展的新形势，进一步丰富我国的高等教育研究，浙江教育出版社决定在已有基础上继续推进国外高等教育名著的译介，出版“新汉译世界高等教育名著丛书”。

丛书将按专题分辑出版。

丛书第一辑收录美国十二位著名大学校长的主要教育著作。他们是：哈佛大学校长埃利奥特（1869—1909年，任职期间，下同）和洛厄尔（1909—1933）、耶鲁大学校长波特（1871—1886）、密歇根大学校长塔潘（1852—1863）、约翰斯·霍普金斯大学校长吉尔曼（1875—1902）、哥伦比亚大学校长巴纳德（1864—1889）和巴特勒（1902—1945）、布朗大学校长威兰德（1826—1855）、芝加哥大学校长哈珀（1891—1906）、斯坦福大学校长乔丹（1891—1913）、克拉克大学校长霍尔（1888—1920）、纽约大学校长布朗（1911—1932，1906—1911年曾任美国联邦教育署署长）。

19世纪后期至20世纪前期是美国高等教育发展的关键时期。在这个时期，美国高等教育实现了从传统学院向现代大学的转变，完成了以学术职业化为核心的“学术革命”，建立了较为完整的高等教育制度，从而开创了“美国教育史的新纪元”。①

在这个前所未有的重大变革过程中，一个非常独特的现象是，在一个不太长的时期内集中出现了一批著名的大学校长。他们之所以著名，并非仅仅因为他们任职于著名的大学（事实上，在那个时期，至少与欧洲的古老大学相比，美国大学大多并不“著名”），而在于他们高瞻远瞩、审时度势，在于他们富有管理智慧和教育素养，更为重要的是在于他们有着高尚的人格、坚定的信念和远大的志向。正是在这些校长的努力下，哈佛大学等原本较为知名的大学“旧邦新命”，焕然一新；一些原本不知名的大学从平庸走向卓越，成为世界著名学府，美国由此开始成为世

① 劳伦斯·维塞.美国现代大学的崛起[M].栾鸾，译.北京：北京大学出版社，2011：1.

界高等教育强国。罗杰·盖格称这些校长为“巨人校长”，他们开创了美国高等教育史上独一无二的“巨人校长时代”。[①]

迄今为止，除克拉克·科尔、德雷克·博克等少数几位美国著名大学校长的著作之外，国内尚未有对美国大学校长著作的系统译介。“新汉译世界高等教育名著丛书”第一辑收录的这十二位校长的著作集中反映了他们关于高等教育的理解，以及他们的办学理念和管理经验。他们的思想和实践业已成为世界高等教育宝贵的精神财富。系统译介这些著名大学校长的教育著作，呈现优秀大学领导者的理念和实践，有助于了解这些校长的教育思想和治校方略，探讨高等教育发展的内在机制与社会保障机制，为我国高等教育的发展提供经验借鉴。我们相信，本丛书的出版将进一步深化我们对高等教育的认识，帮助我们不断学习借鉴世界一流大学的创建、改革实践经验，为推进我国建设世界一流大学的战略提供历史经验和启示。

在丛书第一辑即将付梓之际，我们由衷地感谢浙江教育出版社的大力支持。正是他们的远见卓识和专注于学术著作出版事业的坚定信念，才会有越来越多的学术经典问世。在现行科研评价体制下，学术著作的翻译得不到应有重视，从事翻译主要是出于译者对学术事业的热爱和追求，我们对参与丛书翻译、校对工作的各位同仁表示崇高的敬意。

李子江　张斌贤

2019年12月

① 约翰·塞林. 美国高等教育史（第二版）［M］. 孙益，等，译. 北京：北京大学出版社，2014：120.

译者序

南北战争结束后，摆脱了历史羁绊的美国迅速崛起。至第一次世界大战前夕，美国的综合国力已在世界各国中名列前茅。然而，与飞速发展的国力相比，美国大学不仅与欧洲大学不可同日而语，而且在国内的声誉和贡献也差强人意。为改变这一局面，美国大学领导者开启了“大变革时代”。艾伯特·劳伦斯·洛厄尔（Abbot Lawrence Lowell）在哈佛的变革尤具代表意义。

一、19世纪中后期美国大学的发展与危机

南北战争后，美国社会进入快速发展时期。社会发展的巨大进步以及对工业化的诉求，也对高等教育提出了新的要求。1809年，柏林大学建立，专业发展和科学研究成为现代大学的重要标志，率先作出突破的德国大学也成为美国学习的对象。至20世纪初，科技创新与专业教育已经深深植根于美国大学，以心智训练和虔敬精神为导向的旧传统，全面让位于培养研究人员和专业人士的新理念。

以“学术研究”和“实用主义”为旨归，美国大学完成了从传统到现代的转型。但由于缺乏独立内生的教育理念，同时过度

重视实际功用，致使大学体系出现了严重危机。由于实利思想盛行，同时缺乏德国文科中学（Gymnasium）和英国文法教育的通识根基，美国大学逐渐沦为实用知识和应用技术的“交易市场”，“学生的兴趣与大学的真正目的相偏离，成为最严峻的问题”。[①]批评者认为美国大学主要存在两个危机：其一，片面强调研究生教育，忽略本科教育；其二，过于注重实利，缺乏具有文化内蕴的大学生活。

二、独立、民主与创新：洛厄尔的高等教育思想

1909年，洛厄尔就任哈佛大学校长，开始了长达24年的执政生涯。基于学者的人文关怀和改革者的理性反思，洛厄尔对美国大学的使命和功能，以及高等教育的目的与理念，都提出了独到见解。

（一）洛厄尔对大学使命的反思

20世纪初，洛厄尔指出美国大学必须进行根本改造。在西方文明演进的历史视野下，洛厄尔一针见血地指出美国社会的深层危机在于缺乏思想和文化。“在过去的岁月里，美国人忙于开辟新大陆、征服大自然；我们大量开垦耕地、修建铁路、开发矿藏、修建工厂，忙于将辽阔浩瀚的荒蛮之地变成一个个人潮汹涌的工业中心。一直以来，美国人的思想观念都是从欧洲漂洋过海而来，人们甚至还对此颇为满足。对于人类思想的进步与发展，美国人迄今为止尚未做出应有的贡献。”[②]基于对历史的反思，洛

① Edwin Slosson. Great American Universities［M］. New York: Macmillan, 1912: 506.

② Abbot Lawrence Lowell. At War with Academic Traditions in America［M］. Cambridge: Harvard University Press, 1934: 124.

厄尔指出美国走向伟大的关键措施，就是关注教育和教育机构，尤其是要重视高等教育的内涵发展。

洛厄尔对大学责任的思考，也蕴含了对世界局势的现实观察。1914年8月，第一次世界大战爆发。这场给西方世界带来深重灾难并结束了资本主义第一次“黄金时代”的战争，对美国人造成了极大的心灵冲击，激起了他们自主发展、引领世界的雄心。战争结束后，洛厄尔认为新的世界格局已经形成，美国应担负起领导世界的责任和义务。“新的责任与义务不仅包括金融、商业和政治，更涉及知识和理念。我们（美国）必须尽力弥补人类世界此次遭受的巨大损失，而这一任务的完成有赖于高等院校的转型。”①

（二）洛厄尔对大学功能的分析

在洛厄尔看来，美国大学与世界上曾经出现的所有大学有一个根本区别，那就是在一个“真正的民主社会”中，同时发挥民主功能和学术功能。关于美国大学的民主功能的思想并非洛厄尔的原创，而是托马斯·杰佛逊留下的思想遗产。结合社会现实，洛厄尔提出大学的民主功能主要体现在两个方面，一是教育内容，二是培养方式。关于教育内容，因为“民主社会的教育目标就是要帮助每一个公民全面发挥自己的潜能”，所以“应在更广阔的范围内充分传播通识知识，而非以职业为导向进行专门培训”；②关于培养方式，洛厄尔认为美国大学应当融合各阶层学生，培养学生的集体意识和拼搏精神；然后在此基础上构建大学

① Abbot Lawrence Lowell. At War with Academic Traditions in America [M]. Cambridge: Harvard University Press, 1934: 80.

② Abbot Lawrence Lowell. At War with Academic Traditions in America [M]. Cambridge: Harvard University Press, 1934: 104.

文化共同体，服务周边社群。[①]关于大学的学术功能，洛厄尔认为其主要体现在如何培养具有进取心和创造性的“美国学者”。大学的功用是建设“人民之国家”，而不是培养一些只会模仿和顺从之人。大学应创造用自己的双足走路的人，教导他们去体验劳动的尊严，去体会“我口诉我心”的自由。简言之，美国大学的学术功能，就是在一个崭新的、充满活力的国家中，塑造具有文化身份和原创能力的美国学者。

（三）洛厄尔对大学教育目标的阐释

基于美国大学的民主功能和学术功能，洛厄尔提出大学教育应在三个方面集中发力：其一，拓展思维能力；其二，传授通识知识，赋予学生公民身份；其三，培养创造力和想象力。在此基础上，洛厄尔在就职演说中阐释了大学教育的具体目标：“竭尽全力帮助学生实现发展，妥善处理通识教育与专业教育的衔接，不断促进学生之间的交流。”[②]在洛厄尔看来，大学教育与其他教育的本质差异，就是能否培养学生的创造力。大学教育的核心目标是在传授各科知识的基础上，通过思维训练来提升学生的心智水平。

（四）洛厄尔对高等教育理念的革新

基于以上阐述，洛厄尔总结出一个新的高等教育理念——“培养整全之人”（educating the whole man），后来这一理念被发展为“全人教育”。洛厄尔提出，大学必须通过完善学者社群的文化生活来培养学生的整全人格。本科教育的价值不在于传授学生各个学科的专业知识，而要培养具有宽厚学术素养、广泛理解

① Abbot Lawrence Lowell. At War with Academic Traditions in America [M]. Cambridge: Harvard University Press, 1934: 30.

② Lowell, p.39.

能力和自主判断能力的“整全之人”。因此，大学所应提供的，不仅是教室和实验室，更应是有利于课内外交流与合作的社群生活。概括而言，在庞大而疏离的高等教育体系中，在专业分化、彼此区隔的职业社会中，大学的任务就是加强学生与教师、社会的内在联系，使其拥有反思能力和创造精神，助其实现人格的独立和完整。“培养整全之人”的最大意义，就是整合由于一味学习他国经验而造成的彼此隔离甚至互相冲突的美国高等教育观，创造一个内涵丰富、外延宽广，既在原则上高度统一，又在方法上多维并进的教育指向。

三、课程、考核与文化培育：洛厄尔的改革措施

以培养公民品格、塑造“美国学者”为己任，洛厄尔上任哈佛大学校长后，立即开启了哈佛大学的历史性改革。洛厄尔的改革措施主要体现在四个方面：改革课程、鼓励竞争、构建学术文化共同体以及培养一流人才。

（一）课程改革：改自由选修为“集中与分配”

洛厄尔认为，自由选课制度的最大弊端，就是让教学过程“既不严谨，又不连贯”，学生则会因此丧失对知识与学术的单纯追求，这显然无法满足蒸蒸日上的美国社会对人才的需要。基于社会发展和个人成长的双重考量，洛厄尔提出了“专精”与“博约”并重的课程改革理念，即在宽广的知识根基之上强调专业深度。为实现这一目标，洛厄尔设计了“集中”与“分配”并行的选课制度。所谓“集中”，是指所有学生都必须选择一个专业，然后在此领域课程进行集中探究。所谓“分配”，则是要求学生在专业课程之外尽可能地广泛涉足其他领域。为了配合“集中与分配”的选课制度，洛厄尔还设计了新的授课方式。在他的推动

下，哈佛不仅每个系科都面向全校学生开设通识课程，而且必须由学术带头人承担授课任务。“关于基础理论的传授，只有那些站在树冠之上俯瞰整片森林的资深教师才能展开深入浅出的解读。从事基础理论教育之人不仅需要拥有异乎常人的清晰思维，同时还要具备铿锵有力的讲解论述、循循善诱的教育热忱。”[①]为了减轻主讲教授的负担，哈佛还专门为通识课程配备了助教，由他们协助主讲教授进行补充教学，并定期开展小组讨论和学业测试。

（二）鼓励竞争：设立荣誉学位，推行综合考试

在课程改革的基础上，洛厄尔进一步提出必须通过鼓励竞争来激发学生的进取精神。为此他主要采取了两个措施，一是设立荣誉学位以及其他各种学术荣誉，来刺激优秀者尽力追求卓越；二是设计综合考试，来提升全体本科生的学业水平。

1. 荣誉学位制度

为了鼓励学业竞争，充分激发学生的学习潜力和探究热忱，洛厄尔认为有必要在保证达标成绩的基础上强调学术奖励。借鉴牛津、剑桥的学位设置，洛厄尔设计了哈佛的荣誉学位制度。该制度的基本框架是将本科学生所能申请的学位分为“普通学位”和“荣誉学位”，荣誉学位又分为“初等荣誉学位”（cum laude）、“优等荣誉学位”（magna cum laude）和“最优荣誉学位”（summa cum laude）三个级别。有志于申请荣誉学位者除了要通过课程考核，还要撰写学位论文，最终根据课程成绩和论文水平进行荣誉学位级别评定，论文水平能在很大程度上决定学位

① Abbot Lawrence Lowell. At War with Academic Traditions in America［M］. Cambridge: Harvard University Press, 1934: 41

级别。[①]荣誉学位制度出台后，主要在两个方面为哈佛带来了改变。一方面，能够充分挖掘学生潜力，引导学生加强自我教育。另一方面，荣誉学位制度也有利于增强社会公众对哈佛本科教学质量的认可，并提升哈佛的声誉，甚至扭转公众对大学学业缺乏关注的不利局面。

2. 综合考试制度

洛厄尔认为好的考试应当同时具备三种功能：规训、评价和教育。所谓教育功能，是指应通过考试帮助学生了解自身的学习情况，然后有针对性地作出调整。有鉴于此，洛厄尔推出了综合考试制度。综合考试不只对每一门课程进行考核，而是综合考察学生对某一学科基础知识和基本理论的掌握情况与应用能力。洛厄尔为哈佛本科生设计的综合考试放在毕业前举行，内容覆盖学生四年来的所有课程。考核方式包括笔试和口试两种，所有学生都必须参加笔试；口试可以酌情选择，但申请荣誉学位以及未达到普通学位授予标准的学生必须参加。笔试的次数和口试的时间由各学科自行决定，多数学科通常会举行两次笔试，一次主要考查综合知识，另一次侧重考查专业知识。1911年，哈佛大学医学院正式采纳综合考试制度。1919年，人文科学学院（Faculty of Arts and Sciences）全体教师投票决定："所有主修人文和科学各学科的学生统一实施综合考试。"[②]

① Abbot Lawrence Lowell. At War with Academic Traditions in America [M]. Cambridge: Harvard University Press, 1934: 93.

② Abbot Lawrence Lowell. At War with Academic Traditions in America [M]. Cambridge: Harvard University Press, 1934: 162.

（三）培育文化：创建寄宿制学院，构建共同体

整体来看，洛厄尔领导的哈佛改革有一个重要特色，即从大学、国家与文明的宏阔视野来指导哈佛的发展，力图培养志存高远、追求卓越的文化共同体，从而为这所大学留下深厚的历史底蕴和高远的文化追求。

1. 建设寄宿制学院，营造具有文化内蕴的教育场域

洛厄尔认为美国大学有责任将来自不同背景的本科生组织起来，形成一个融洽内聚的社群。基于此种考虑，洛厄尔提倡引入寄宿制学院制度，重建美国大学的教育场域。

1927年，在经过十余年的准备和尝试后，洛厄尔联手耶鲁大学校长安吉尔（James Rowland Angell），从慈善家爱德华·哈克尼斯（Edward Harkness）手中成功地争取了将近3000万美元的巨额捐助，实现了他毕生追求的一个梦想——在哈佛创建英式书院。1929年，建院计划正式启动，1930年前后，各书院次第竣工，哈佛历史上最具文化内蕴的教育体系开始运转。洛厄尔借鉴牛津大学和剑桥大学的做法，为诸书院订立了三条运行原则："其一，书院应为大部分本科生提供师生交融、连贯内聚的住宿生活；其二，书院应培养理想的师生交往模式，形成亲密关系；其三，书院应成立小型学者社群。"[①]考虑到美国社会的具体情形，洛厄尔将书院的理念和制度作了变通。其中尤为突出的一点，就是淡化英式书院的精英色彩，转而强调民主与包容，将书院定义为"跨越身份和学科界限的学术社群"，旨在"融合不同

---

① Alex Duke. Importing Oxbridge: English Residential Colleges and American Universities, 1894—1980. Yale University Press. 1996: 109-110.

家庭出身、学术兴趣和宗教信仰的有为青年”。[1]

寄宿制学院的落成让哈佛大学的校园生活变得更加生动，并逐渐形成富有特色的文化传统。在显性方面，书院建造运动的最大贡献就是用哥特式的建筑，为美国大学增添了厚重的文化氛围和历史底蕴。

2. 推行导师制度，促进师生交流

自“集中与分配”课程以及综合考试制度开始实施，为帮助学生理性选择课程、整体把握学科知识以及积极主动地进行课外阅读和学习，洛厄尔推出了导师制度，在大一期末为每个本科生配备导师。寄宿制学院建立后，导师又与学生一同入驻，在学术与生活两方面加强交流。导师制的实施有利于加强师生交流，有助于形成一种潜移默化的氛围，改变学生的学习态度。尤其是寄宿制学院体系形成后，学生不仅能在个性发展上得到导师的关注，而且能在一个文化共同体当中学会自我教育。

3. 设立“阅读季”，在学术共同体中鼓励自我教育

为培养学生的自我教育能力，洛厄尔在完成寄宿制学院和导师制度的设计之后，进一步提出为学生留出纯粹的自学时间。1927年2月，哈佛大学教学指导委员会在数易其稿后，向理事会提交了一份关于开设“阅读季”（reading period）的报告。报告的具体内容是：每学年设置两个阅读季，全部时间为七周；在阅读季期间，除了基本理论或其他因特殊需要而进行的课程与指导，教师不再进行课程教学和课外辅导，学生可按照导师推荐的文献书目开展自主阅读与讨论。阅读季与讲座授课一样，都在常规教学计划内，在此期间如无特殊原因，学生和教师都不得离开

---

① Alex Duke. Importing Oxbridge: English Residential Colleges and American Universities, 1894—1980. Yale University Press. 1996: 112-115.

学校。[1]理事会通过了阅读季计划，随后大部分系科都开始执行。阅读季可以适当减轻教师的教学压力，让他们腾出宝贵的时间专心从事学术研究，同时也为学生提供自主学习的机会，从而锻炼他们自我教育的能力。除此之外，阅读季还有利于学生在正式课程和辅导外进行互动与交流。

（四）培育英才：改革研究生教育，筹建学者协会

20世纪初的美国大学虽然推崇科研，但由于本科根基不牢，导致研究生教育乏善可陈。洛厄尔认为，选拔和培养学术精英是研究生院的主要功能，但是由于研究生群体太多平庸之士，又施行毫无差别的统一教学，导致精英人才无法获得充分的发展空间。因此，大学应当对研究生院进行改革，为卓越人才搭建发展平台。关于具体的改革措施，洛厄尔提出了三点建议：首先，提高入学标准；其次，以发展性的眼光评估研究生在第一年的学术进展情况，将缺乏学术能力的学生进行分流；最后，也是最重要的举措，就是打破学科界限，建立"学者协会"（Society of Fellows，又译为"哈佛学会"）。

在洛厄尔的设想中，学者协会的成员应当是最具创新思维之人，大学的职责就是从本科毕业生或研一学生当中把他们挑选出来，然后为其提供一个洋溢着创新热情的环境。"这里没有平庸之人，只有层层筛选出的卓越之士；在此大家不仅可以自由自在地交流思想、互诉抱负，而且还可以获得成熟学者的鞭策和鼓励"；"在哈佛，我们将这样的组织称为'学者协会'"。[2]学者协

① Abbot Lawrence Lowell. At War with Academic Traditions in America [M]. Cambridge: Harvard University Press, 1934: 313.

② Abbot Lawrence Lowell. At War with Academic Traditions in America [M]. Cambridge: Harvard University Press, 1934: 343.

会享有三重特权：第一，可在三年任期内享受学校的高额学术津贴，在此期间他们无须修习课程，可以独立自主地进行学术研究，唯一的要求是必须居住在剑桥镇辖区内；第二，学者协会完全实施内部自治，高级会员拥有低级会员选择权；第三，协会成员的研究主题不受学科限制，大家关注的是根本的、宏大的学术问题，每位会员都可以根据自己的需要向任何学科的顶尖教授寻求指导。1933年，哈佛大学学者协会正式创建，洛厄尔的学术理想终于开花结果。在此之后，哈佛大学学者协会日益发展壮大，被称为“哈佛里的哈佛”，对美国大学和社会都造成了深远的影响。

四、洛厄尔改革的历史影响

洛厄尔的改革是美国大学的伟大创举，不仅为哈佛树立了远大目标、增添了厚重底蕴，而且为美国特色的大学建设开了先河，为美国的民主进程和社会进步做出了贡献。以大学为界，可从内外两方面来分析洛厄尔的历史影响。

就内部效应来看，洛厄尔的哈佛改革既采取了行之有效的改革措施，也提出了原创性的教育理念，因此不仅提升了哈佛的办学质量，而且整体提升了美国大学的文化品位。以培养“整全之人”为理念，洛厄尔对哈佛大学进行了系统、整体的改革。时至今日，洛厄尔当年采取的许多改革措施依然在发挥作用。寄宿制学院和导师制度已成为哈佛文化的典型象征，学者协会乃是世界公认的顶级人才摇篮，“培养整全之人”更是美国大学独立成长、多元发展的理论根基。

就外部影响而言，洛厄尔的改革不仅影响了大学，同时也促进了美国社会的民主进程。一方面，荣誉学位和学者协会为那些敏而好学、学业优异的学生提供了优质教育资源，呵护了民主精神——只有最具天赋和竞争力的人，才有资格享受最好的学术资源，无论是何出身。另一方面，寄宿制学院打破地域、阶层和种族的界限，促进了学生之间的交流与协作，这对公民人格的养成具有重要意义。此外，洛厄尔强调大学教育必须兼顾通识和专业，其目的不仅在于学生未来的发展，更是着眼于民主精神的彰显。

邓 磊

2019年12月

前言

对于任何一个长期致力于某项事业的人而言，经常记录多年以来的个人抱负，以及本人所在团队的工作计划与思路，实在是一件自然而然的事情。由于笔者常年躬耕于高等教育领域，所以本书的核心宗旨就是提醒那些正在享受大学生活的人们，要更加热切地尊重学识、追求学问，尤其要尊重和追求那些富有创造性的学识和学问。在我看来，美国大学长期低估了这件事情的重要性。与许多学界同行一样，笔者也认为这个国家并未真正致力于创造性思维的培养。一直以来，美国高等教育机构倾尽全力扩大学生、教师与课程规模，对于改善教育质量却毫无作为。如果想要改变过于机械的思维模式和过度注重学分的教学方法，我们就必须致力于更有效地激励个体，更严格地遴选学生，同时提供更完善的评价体系。即使无法做到全面革新，至少也应在部分领域作出改变。

为了实现改革目标，我们不可避免地会与美国大学的历史传统正面交锋。事实上，这些传统历时并不久远，但却根深蒂固、积重难返。一直以来，美国学生和家长都自然而然地认为进入大学的主要目的就是为了获得社会认可，而非增长学识。在教师和管理者看来，所谓教育，实质上无非就是从小学到大学循序渐进地修习各种课程；而对教育是否成功的评价标准，则是在于学生能否一门一门地修习课程累积学分，最后顺利获得相应学位。博士阶段虽然多了学位论文和专业考核，但也未能脱此窠臼。在笔者看来，如此设计的大学体系似乎能在一定程度上促进高等教育的大众化，但却无法取得真正的成功。更糟糕的是，这样的大学根本无法吸引和激励一流学者。

与上述教育传统密切相关的另一个颇为流行的观念是——不要指望本科学生能够真正探究学问，这种行为只属于研究生教育；但事实上，美国的研究生教育基本已经变成为综合大学、本科学院和中等学校培养师资的课程研习班。对于那些必须在缺乏求知热情的氛围下度过四年甚至更长时间的本科学生而言，此种假设无疑是一件颇为不幸的事情。此外，如果认为只有教师才会专心致志地进行学术研究，这种观点甚至还会对整个社会造成极大伤害。

除了必须与上述传统观念作斗争，哈佛学院[①]还需要进一步提高教育质量。本科教育是大学的根本，也是研究生教育的人才渊薮。自1903年布里格斯院长（Dean Briggs）组建了一个调查委员会，并亲任主席，提交了一份本科教学调查报告以来，哈佛本科教育的发展已经颇有起色。调查委员会向全体本科教学人员以及一大批刚刚经历了一年本科教育的大二学生发放了问卷，其主要目的在于调查教师的指导方法，学生选择课程的理由以及他们用在学术探究方面的时间。被调查者的回答不仅全面、直白，而且颇为生动，但同时也显示出哈佛本科生平均花在学术研究方面

①哈佛学院，即哈佛大学的本科生院，又名哈佛园。——译者注

的时间少到令人感到羞耻。根据1903年的调查结果，大部分本科课程都令人感到失望，不过随后情况发生了变化，本书中将对此进行介绍。

人究竟为何而求知？许多人认为求知的意义在于人人都需要知识，或者知识本身具有某种功能，而不是因为其他重要原因。这个观点虽然貌似有些奇怪，但却影响深广，同时还具有一个令人意想不到的效果。除了这个缘由，关于为何探索知识还有其他一些次要原因，譬如在学术方面的抱负、对超越自我的渴望以及获得成功的自豪等。然而，美国社会却很少鼓励人们基于这些次要动机进行求知；大家之所以认为知识具有显著价值，主要是因为它们能够直接促进职业发展。对于一个年轻的寒门学子，他努力学习的主要目的通常并不是为了证明自己的学习能力或体验求知的成就感，而是提高成绩排名并获得奖学金。因为只有这样，他才有机会继续深造。正因为如此，成绩优异之人很难获得周围同学的尊重。但是，反观大学体育，学生的态度却截然相反。在大部分学生眼中，参与大学体育竞技主要出于两个方面的动机，一是为个人名望，二是为集体争光。基于以上原因，美国大学的校际竞赛开展得如火如荼，而且参赛者上场拼搏主要也不是为了获得物质报酬——只有职业运动员才会作出如此举动。如此一来，大学生运动员不出意料地被推到了教育史上前所未有的超卓地位。从应用心理学的角度来看，学生们似乎远比教师更加明智。当然，我们没有资格就此断定学生们的选择无比糟糕；只要发乎于心并为之努力拼搏，上述做法实属自然而然，并理应获得大家的认可。[①]

过去数年中，美国大学的确也作了一些改善教学环境的尝试，但在笔者看来统统都是治标不治本的做法。在当前的选课体系下，如果学生对某个学科不感兴趣，他们完全可以选择另外一个相对轻松因而不那么令人讨厌的学科。但问题在于，学生的发展在很大程度上有赖于扎扎实实的思维训练；要想在心智方面获得进步，除了在教师的指导和帮助下学会自我教育，没有其他路径。在此过程中，最关键的步骤就是如何引导学生走向自我磨砺的学术道路。这条路虽然崎岖坎坷，但却因此充满克服艰难险阻带来的乐趣，并且，凡踏上此路并坚持不懈者最终必将获得丰厚的回报。只有拥有上述观点的年轻人，才真正具有接受高等教育的资格。一味强调学业进步必须有益于职业发展，这种做法既无必要亦不明智。事实上，这样的想法常常只是一种错觉，求知的目的不在于以后能否直接派上用场，而是在于促进求知者充分发展各个方面的综合能力。人的发展才是探索知识的唯一目的，所有的具体知识都会随着时间的流逝而黯然失色，但有教化的头脑却永远不会落伍，无论到什么时候，它都能随时服务于具体的工作需求。在一定程度上，这个理论同样适用于专业学院；在这里人们常常过于强调接受知识和信息，却忽视了掌握基本原理的重要意义。

---

① “但是，由出色的学术工作带来的满足感还是应当在大学里占有更加重要的分量；对科学内在价值的感触，对知识永不满足的好奇，以及最重要的，因为得心应手地探索学术和取得成绩而带来的愉悦感，这才是激励科学家不断攀登学术高峰的有效动机。易言之，促进科学进步的首要条件，就是让研究者学会在科学园地里自得其乐。”——L. J. Henderson. Preface to Claude Bernard [M]. New York: Macmillan, 1927.——原文注

在本科阶段大幅提升学生对高深学问的尊敬和渴求，是一件十分困难的事情，有些观察家甚至认为这根本就是一个不可能完成的任务，因为其不仅涉及学习态度的显著改变，而且牵扯到如何向学生明确解释这一行为究竟有何目的。专业学院可以通过强调知识的实践价值来激励学生，然而本科学院却无法让大家看到通识教育的即时功用。就像帮助军队振奋士气，有些行为所能产生的效用虽然无法衡量，但却真真切切地具有重要价值；但是对于那些莫名其妙的懵懂之人，我们却难以向他们解释为何人们需要为了一个无法触摸的目标付出努力。并且，为了追求高深学问而作的各种努力，单独来看也很难体现即时效用；这是一个无法拆分的连续过程，虽然每个阶段都有特定目的，而且每个学习者也都必须各自付出努力，但只有长远、整体地进行观察，才能发现其真正价值。事实上，笔者并非想要对高等教育体制改弦更张，而是试图呼吁一种新的思考态度，一种整体性的思维方式，一种为了长远目标而作出改变的意图和决心。为了实现这个目标，我们采取了一系列的措施；这些措施并非绝无仅有，甚至也远远不够完善，但却比较适合哈佛的具体环境，是许多哈佛人从实践当中共同汲取的智慧。尽管在实践过程中也常常招致责难和非议，但哈佛一直勇于面对问题，并不断从中获得新的启迪。

由于改革的过程十分漫长并且充满争议，因此某些话题便不可避免地被一再提及；但即使是同一个话题，笔者也会努力避免重复先前的套路。在本书中，由于许多篇章都同时涉及不止一个主题，因此想要将所有内容都严格按照主题进行归类，几乎是不可能完成的任务。不过为了阅读方便，笔者还是标出了各篇文章的主要内容，由此便形成了本书的梗概。出于同样的原因，按照编年方式将所有论文和报告依次排列也会产生类似的问题。因为前半部分基本都在讨论某些原则和观念，后半部分却很大程度上是在陈述某些既成事实，并且同一个主题也常常会被放到不同的篇章展开论述。在年度报告部分，笔者的确也会大量陈述某些原理，但通常都是一些前文中已经使用，或者短期内即将发生和应用的理论。譬如关于研究生工作的批判在转载文章中出现得比较靠前，但在年度报告中排列得却比较靠后，因为这件事情在本科教学得以改善之前基本上无法真正取得进展；而当本科教育改革出现实质性进展之后，留给本人推进研究生教育改革这项重大任务的时间又所剩无几。有鉴于此，本书最多只能通过当前出现的一些迹象，以及通过为学者协会制定基本规章，来对未来的发展作出某种程度的推断。

最后，笔者想用自己离开校长岗位之后在波士顿酒馆俱乐部（Tavern Club in Boston）发表的一段评论作为结语：

“任何建设性的工作本质上都属于艺术范畴，只有创作者本人最清楚自己所做的工作究竟有何缺陷。当创作者已经尽己所能地绘成心中最美好的画卷，他会将其悬挂在祭坛上，然后告诉大家，对不起，这幅作品已经无法变得更好，但我已经在既定时间内发挥出最高水平。”

艾伯特·劳伦斯·洛厄尔

1934年10月16日于波士顿

CONTENTS

目录

如何看待选课制度

1887年10月发表于《哈佛月报》

近二十年来，美国大学本科教育的课程选择权已经越来越多地转移到学生手中。一般来讲，这一政策的有效性主要基于三个方面的假设。首先，如果学生能够自行选择学习科目，而非被动接受教师的事先安排，那么他们将会更加主动地付出努力；其次，相对于学院开设的固定课程，学生自主选择的学习内容更加贴近自己的切身需要；再次，学生应当拥有学习选择权，行使这一权利的经历也是一种有效的教育因素。第一个假设，毫无疑问是正确的；但是后两个假设的正确性却有赖于另外一些基本条件的满足：首先，学生必须对自己心智的长处与短处有着清晰的认知；其次，他们应当明确理解大学教育的基本原则；最后，他们愿意严肃认真地对待自己的选择。

的的确确，伴随着大学经历的不断丰富，学生可以愈发清晰地了解自身的心智需求以及逐年深入地明白大学教育的意义，并且能够深刻理解与课程选择权相对应的学习责任。但即便如此，选修制度仍然存在一个所有人都不得不承认的重大失误。学生可以自由选择课程的一个重要前提，就是他们必须在作出选择之前全面深入地在一定范围内斟酌自己需要修习的课程，这一步骤在学生进校伊始便已经发生；但是，我们的大一新生无论对于课程选修制度、大学教育原则还是自身心智成熟程度都缺乏深入、全面的理解。仅仅依靠一份课程选修列表，就指望能为学生提供真正所需的知识，这种想法极其荒谬；而幻想只要将选择权让渡给学生，就可以激发他们的选课智慧，这样的观点也实属异想天开。想象一下，一个病人来到药剂师的店里，如何能够仅凭观察柜台上的瓶瓶罐罐就找到自己需要的药物？因此，要使选课制度获得成功，必须鼓励学生首先深入了解自己所要选择的课程；在学生作出选择之前，导师也应当为他们提供自己的经验和智慧。让学生主动行使权利和承担责任，是选课制度的一个基本特征，同时也是让学生一开始就陷入无助的主要原因。在此方面，家长基本上无法提供实质性的帮助，即使他们过去曾在大学生活，但这至少已是四分之一个世纪之前的事情；在过去的这段岁月里，美国大学已经发生了翻天覆地的变化，时至今日他们的建议已经失去价值。因此，如果想要达到理想的结果，大学必须主动设计有效路径。如果让学生在某个学科内部围绕一个或多个主题选择课程，同时由该学科教师负责设计课程主题，这样的安排可能相对来说更加可行。至于教师授课过程中抛出的观点是否被学生所接受，或者他们是否需要引导学生认真思考如何选课，甚至是否必须要求学生对选课制度具有清晰的认识，这些问题事实上并没有想象的那么重要。毫无疑问，学生选课时在很大程度上会考虑课程修习的“舒适度”或“容易度”，其中少部分人甚至还会在保证过关的前提下选修最少的课程。对于上述情况我并不十分关注，也不打算通过严明纪律来加强对学生的约束。我相信，总有那么一部分学生，虽然并不打算在规定之外修习更多功课，但是会认真对待自己作出的每一个选择。当然，如果连这一假设都无法成立，那么选课制度的实施从一开始就十分荒谬。

指导学生选课应该遵循哪些原则？如要对此展开探讨，从一开始我们就需要思考另一个基本问题：大学教学究竟是何目的？只有首先回答这个问题，才有可能继续进行思考。关于大学教育究竟是何目的，我们可以从多个角度进行解读；事实上，人们早就对此给出了许多不同的观点。由于对其展开论述将占用较大的篇幅，同时也偏离了我们正在讨论的主题，在这里我仅将大学本科阶段的教育目的进行简单总结：这是一种不含任何确切目标的教育经历。在我看来，与任何其他以日后实现某种具体目标的专业知识获取相区别，本科教育的根本指向就是在整体上促进学生的心智发展。

对学生的心智进行整体训练应当涉及两个方面的内容，一方面是促进精神的强劲和康健，另一方面则是促进思维的宽广和灵敏。关于何谓精神的强劲和康健，这个问题比较容易解释。譬如，所有曾在火车站拿锤子测验过车轮的人们都会了解一个事实：即使所有的车轮都已达到安全标准，但敲击时发出的声音仍有明显不同。有些轮子发出的声音含混刺耳，而另外一些轮子发出的声音则像音乐一样清晰美妙。与两个车轮受到锤子敲击时会发出不同声音相类似，两个头脑接受同一观念撞击后的结果也会呈现出显著差异。一个受过良好训练的头脑，与另一个思维贫乏的头脑，必然有着根本的区别。因此，大学本科教育的核心目标之一，就是通过思维训练来促进学生的心智成熟，如此一来，他们就能够辨别是非、去伪存真，能够头脑清晰、立场坚定，能够心思缜密、洞察入微。简而言之，本科教育应当帮助学生形成清晰、深入地思考问题的良好习惯。要想实现心智的成熟没有任何捷径可走，只有通过坚持不懈、全神贯注的专门训练，才能实现这一目的。因此，所有本科学生都必须在某个领域接受严格的思维习训。相较于心智锻炼的努力程度，学生究竟选择修习哪一科目，已经是相对次要的事情。科学领域的所有分支都有益心智，形而上学与法学同样能达成此效果。如果一个人具有数学天赋，经过系统训练后他定会展现出过人能力；而对文学和史学感兴趣，并在此方面接受过良好教育之人，同样也能形成深厚的学养。相对于哲学与文学，现代语言由于在理性方面有所欠缺，因此无法成为锻炼思维的主要内容；同样，除非有名师指导，美术与音乐也无法很好地促进心智成长。在此需要提醒大家，我们正在讨论的是如何为学生设计课程，而不是他们需要接受哪些方面的知识。不过我坚持认为，学生在全面了解某个学科的基本原理之后再进行深入具体的专业学习，这样的做法对于思维训练更加有利；选择多个学科但却皆是浅尝辄止，这种做法不应当被提倡。毫无疑问，每一位具备良好教养之人都应当博学多才，但学生究竟需要在选修科目上投入多少时间和精力，对此问题则需要针对具体情况进行具体分析，要根据不同个体的兴趣爱好和知识基础来作出决定。在我看来，本科学生的选修科目至少要占全部课程的三分之一，但不应超过二分之一；除此之外，选修课程还应当尽量平均分配到本科阶段的每个学年。

至此为止，我们谈论的内容都是如何促进精神的强劲和康健，关于思维的宽广和灵敏尚还只字未提。的的确确，学会使用精神力量并清晰深入地思考问题，是开展一切学术训练的核心根基；但仅止于此，却并不足以构成完整的本科教育。事实上，在教育园地里最令人感到悲伤的景象，无过于那些能力出众思维敏锐之人却只能从一个狭小的窗口观察世界；这样的人常会坐井观天地认为，只有自己所学的专业才是人类知识领域中值得付出精力的东西。正因为如此，许多杰出人士都在专业领域内固步自封，只会按部就班地使用惯常思维，甚至完全没有意识到自己在其他领域的无知，这的确令人扼腕叹息。一个受过良好教育的人，应当能够从多重角度来观察世界；他们博古通今，能够理解和欣赏来自各个阶层的观点。只有按照这个逻辑培养学生，才能帮助他们形成宽广而全面的世界观，才能让信息尽可能地在所有渠道顺畅流通。当然，这并不意味着有教养之人必须了解各个学科的细枝末节。首先，这样的做法脱离实际；其次，随着各种知识的无序积累，人们对于整体世界的感知和把握反而会渐行渐远。事实上，旨在培养全面发展之人的教育，关注的是如何促进学生把握人类各个知识领域的基本原则，同时帮助他们理解不同知识领域的思维方式。乍看上去，这个目标似乎遥不可及，但实际上却指日可待；因为每一个学科都具有基本原理，只有了解和把握这些原理，才能真正实现才识的增长，同时也能便捷地获得这个学科的整体理解。事实上，一旦拥有了全面发展的眼光，并且能从基本原理出发对各个学科的知识展开学习，学生们就会十分惊讶地发现他们竟然可以轻松做到举一反三、触类旁通。易言之，如果学生事先接受了严格的思维习训，那么他对相关学科的学习就可以事半功倍。

正如前文所言，每一个博学多才之人都应当能够通晓各个领域的基本原理和思维方法；虽然不同知识领域的原理和方法各不相同，但根据同类合并原则，各种原理和方法都可以在更大范围内进行整合。譬如，物理、化学、天文、地理等所有自然科学分支学科，在思维方式上都高度相似；但与文学和形而上学等人文学科却有着根本的区别。以此类推，所有学习者都可以在更宽广的范畴内对学科知识进行综合把握，不需要将有限的精力分散到科学、哲学、历史、文学、艺术和音乐（如果学生听力正常）等多个次级学科。

关于本科课程，除了按照上述目的进行设计之外，我还强烈呼吁所有的本科学生都必须在一定程度上拥有关于自己国家和政府的知识；只有满足这个条件，他们才可以拥有毕业资格。事实上，在此方面我更希望校方作出以下具体要求：关于国家与政府的相关知识，每名学生每周至少应当完成一个小时的课程学习，时间至少持续一个学年。在学校开设的正式课程之外，学生还应当大量阅读经典文学作品，关于这一点的重要意义大概不需要再作赘述。

碍于篇幅限制，我不可能详细论述在通识教育体系中哪些自然知识或人文知识相对而言更值得认真钻研，哪些历史知识更值得深入探究。不过关于如何选择课程，我倒是十分愿意提供一些基本线索。在此我恳请大家一定牢记：不同的课程应当具有不同的修习方式，有的课程构成了思维习训的核心基础，因此需要全面深入地进行学习；有的课程旨在拓宽思维，因此只需进行大体把握。譬如，学习爱德华一世统治期间发生的历史事件可能对于全面理解西方历史具有重要意义，但如果只是修习一到两门历史课程，那么关于这段历史的学习就变得没有那么重要，学生最好去选择一些时间跨度更大的宏观历史课程。我还记得一名毕业生曾经向我抱怨，他本以为大学期间的科学课程能够对他的学识有所增益，同时他也对植物学颇感兴趣，但是当他查阅选修课程列表时，却发现课程一的名称是“小型无花植物”，课程二叫作

"裸子植物"，其他的课程也都是大致类似的专门科目。[①]所以，如果这名学生能够修完全部的植物学课程，那么他毫无疑问会在此方面获得深入的了解；但是如果这个学生只是选择修习一到两门此类课程，那么他所学习的知识即使略有用处，也基本上没有多少价值。鉴于上述情形，如果这名学生能够选修一门关于植物学的综合课程，那么对他来说将会大有裨益；如果只能修习一到两门视野狭窄的专业课程，他还不如放弃植物学另外选择其他的科学课程。

关于如何对待选修制度，我还想再作一点补充。当前有一个比较普遍的现象，就是学生往往会本着有利未来职业发展的原则进行课程选择。一位来自自然科学专业的选课导师就曾告诉过我，他会专门选出以医生为职业目标的学生，并建议他们特别选择关于人体解剖学的相关课程。但是在我看来，这样的选课理念实在是大错特错；本科阶段所提供的课程本来就不属于技术性的职业教育范畴，因此学生根本无法从中找到有益于职业发展的内容。即使学生可以在本科阶段选修专业课程，但在离开大学，真正开启职业生涯时也基本上会将当年所学的细节全部忘记；这时他们就会发现，自己不仅浪费了大量时光，而且还在知识结构上留下了重大缺陷。如果学生的确没有足够的时间四年一贯地接受真正的大学教育，那么与其在本科生涯留出一年修习与未来职业有关的专门课程，还不如让他只在大学修习三年，然后转入职业院校接受技术培训。本科学生选修法学、医学等专业课程，只能

① 这份选课表显示植物学学科的课程设置目前尚未受到公开指责，可能以后其也不会作出改变。我抛出的这个故事只是为了举例说明选修体系的学科区隔，对植物学的课程开设状况并无意冒犯。——原文注

帮助他们从总体上了解这两个学科的基本思维方式，对于具体的职业发展并没有多少帮助。但是，当具备了相关的理论基础之后，学生再进入专业学院学习具体知识，其进度就会一日千里。正因为如此，他们在本科阶段必须放弃修习职业技能，主要把精力放在哲学、科学或者历史学的思维方法习训上。如果反其道而行之，就会导致学生失去宽广的学识根基。当然，以上言论并不代表本科课程必然要与职业选择相分离，譬如一个主修医学专业的学生没有必要非去选修与职业发展毫无关系的德语课程。在这个案例中，德语是德语，医学是医学，二者各行其是；不过即使医学专业的本科学生在大学期间选修德语，总好过他在学习专业技术的同时继续修习这门语言。除了学习语言之外，医学专业的本科生还可以阅读一些文学作品，这同样对他们的职业发展没有多少直接帮助，但却有助于拓展整体素质。但对于一个打算成为律师的学生而言，我一定会在他的课表中添上罗马法这门课程。

若要继续深入审视选修制度的课程取舍，同时全面探讨相关事件，我们可能需要撰写一部教育学专著。仅用一篇论文，大概只能触摸到这个主题的一些突出轮廓。并且，由于本人学识有限，所以就连轮廓也勾勒得十分粗糙、颇多缺陷，并且还忽略了许多重要问题。但如果由于本文存在缺陷和疏漏从而引发一场争鸣，这样反而对事情更有裨益；无论如何，对于选课制度这个话题，在教师和学生当中都应当展开远比以往更加充分的讨论。如果本文提出的建议能够成功引起人们对选课制度的关注，如果本人的意见能够帮助本科学生认识到理性对待选课体系和正确接受教师指导的重要意义，如果本文表达的观点能够在一定程度上促进学校完善建构选课体系的基本原则，那么无论文中阐发的理论是否会被接受，无论是否会有新的论文更受大家青睐，这篇文章都可以称得上求仁得仁。

学业排名与社会成就

1903年10月发表于《大西洋月刊》

英国大学有一个对本科生颇有裨益的教育传统，那就是将学生在大学期间获得的学术荣誉视作未来取得社会成就的前期征兆。这一教育理念获得了英国政府高层的支持，也一度培养出皮尔（Peel）、帕莫斯顿（Palmerston）、格拉斯通（Gladston）、洛（Lowe）、诺斯科特（Northcote）、哈考特（Harcourt）等杰出人物，从而给人留下根深叶茂的整体印象。纵观整个维多利亚时代，绝大部分杰出的英国公共人物都源出牛津和剑桥。反观美国，却从未出现过像牛津、剑桥一样卓越的高等学府。如果对哈佛毕业生作一个简单的统计，从中遴选出在读期间总成绩位列年级前七分之一、单科成绩出类拔萃或者曾取得鲍登奖（Bowdoin Prize）等学术荣誉的优等生，在这份名单中出现的人物将会包括美国总统、内阁成员、最高法院法官、驻英公使以及联邦长官（Governor of the Commonwealth）等。除了政治人物之外，哈佛毕业生当中也不乏大获成功的职业人士和富商大贾。但尽管如此，美国公众仍然普遍认为：在校期间成绩突出的优秀学生走出校门之后却常常表现平平，真正的挑战在大学生活结束之后才正式开始。

看来，似乎有必要对大学排名与社会成就之间的关系进行实证统计。近来已有学者在此方面付诸努力，其中埃德温·G.德克斯特教授（Prof. Edwin G. Dexter）刚刚在1903年3月的《科普月报》（*Popular Science Monthly*）上发表了一篇名为《优质人才：大学内外》（*High-Grade Men: In College and Out*）的论文。作者主要是对Φ. B. K.——美国大学优等生协会——成员与其他哈佛毕业生日后的职业发展进行比较；德克斯特教授选取了二十二个本科学院为样本，经调查之后发现在校期间学业优异的Φ. B. K.成员毕业后获得职业成功的概率竟然是全部学生平均概率的三倍之多。[①]除了哈佛之外，德克斯特教授还统计了新英格兰地区两所规模较大的本科学院，其毕业生的整体成功率为2.2%；如果按照在校期间的学习成绩把学生分为十个等级，一等学生的成功率为5.4%，二等的成功率为2.9%，三等的成功率为2.5%，第四和第五等的成功率均为1.8%，其余学生的成功率为1.9%。在其中一个被调查的学院，德克斯特教授统计了成绩排名前四的学生在日后的职业发展情形，同样发现他们远比其他同学更有可能取得成功。

关于在社会当中取得成功者的厘定，德克斯特教授主要参考了美国《名人录》（*Who's Who*）中列举的相关人士。毫无疑问，就像其他所有同类刊物一样，《名人录》显然遗漏了不少同样优秀的成功人士，同时也夹杂了一些鱼目混珠之辈。不过，作为一

① 德克斯特教授至少在哈佛学生的调查数据上犯了一个错误，他不仅统计了本科期间加入Φ. B. K.的学生，而且还把毕业之后由于声名卓著而被补选到Φ. B. K.的成员也算了进去。如此一来，他对哈佛学生的统计结果便失去了效度——在哈佛，他得出的结果是Φ. B. K.成员与非成员的成功率之比为5∶1。但总体而言，德克斯特的些微失误并不影响其最终结论的正确性。——原文注

项大样本调查活动，除非存在系统误差，或者在评价立场和标准上具有重大问题，个案方面的些许差池并不影响最终结论的有效性。《名人录》编辑者的意图是将所有美国名流政要全部收录在内，如果将其视作成功者的唯一资料来源，确实存在一定的系统性误差；因为其虽然声称要将在美国社会各个领域取得卓越成就的杰出人士一一列举，但实际上对待不同职业的态度却难免厚此薄彼。据笔者观察，美国版的《名人录》收集了几乎所有当代作家的资料，列举了诸多联邦政府和州政府官员，此外大学教授占据的比例也相当可观。由此可见，美国版《名人录》过于重视人们在公共事务和学术研究方面的成就，忽视了职业人员和商界人士的贡献。尤其是对大学学者，《名人录》给予了极高的权重，而这个职业几乎是为那些成绩优异的学生量身定做的。因此，如果要对大学期间的学业表现与毕业之后的事业发展之间的内在关系进行调查，这部出版物提供的资料并不足够可靠。但是，就社会声誉而言，对大学毕业生的个人成就进行统计的确很难做到公平公正。专业人员和商界人士获得的社会声誉往往都是昙花一现，而从事写作和公共事业的社会名流则更有机会盛名常驻。经过半个世纪的时光消磨，多数曾经功成名就的律师、医生和商人往往都会被社会所忘却，而作家和政治家的名字却能久久萦绕在人们脑海中。因此，从某种意义上讲，《名人录》虽然更倾向于替获得社会荣誉者扬名，而非为取得生活成就者立传，但其仍能在一定程度上提供统计需要的素材。并且从目前来看，《名人录》也是仅有的数据来源，因此其提供的资料虽然并不能全面概括美国社会的成功人士，但仍然具有非常重要的参考价值。

鉴于以上事实，我们专门就哈佛大学优等生和运动员毕业后取得较高社会成就的概率，与其他毕业生的成功率作了一个对比，而获得成功的依据仍然参照了美国版《名人录》。[①]一方面，基于数据收集的便利性以及年迈校友的存世情况，我们将调查的时间起点定在1861年；另一方面，基于优秀学者的最新统计数据，同时考虑到大学生至少在毕业15年后才会陆续取得重大成就，因此将调查终点定在1887年。

从1861年到1887年，在这27年间哈佛总共走出了4011名本科学生，其中登上《名人录》者共计301人，与全部毕业生的比率是1∶13.3。这意味着，哈佛学生离开大学后取得突出成就的概率也是十三点三分之一。因为不少毕业生已经不在人世，所以准确地说，这个数字代表的是哈佛学生毕业30年后尚在人世并获得社会尊重的概率。由于奖学金获得者、大学生运动员以及普通学生三类人群的道德品质和死亡情况是否存在显著差异，我们均无法给出任何回答，因此简而言之十三点三分之一这个数字基本上能够代表哈佛毕业生成功登上《名人录》的整体概率。

接下来，我们将关注在校期间学业优异的哈佛学生毕业之后的发展情况。1861年至1887年间，在读时学习成绩名列前七分之一的哈佛学生共有573名，其中73人毕业后荣登《名人录》，比率为七分之一略强，基本相当于平均比率的两倍。而如果我们不将学习成绩前七分之一的学生与全部人数相对比，而是与其余的七分之六相比较，就会发现后者的平均比率只有十五点七分之一（1∶15.7），连前者的一半都没有达到。

一般情况下，人们都会自然而然地假设在校期间学习成绩极为优异的学生毕业后也更有机会获得成功，事实上也的确如此。从1861年到1887年，在27名总成绩排名第一的哈佛学生当中，

① 本文参照的《名人录》为1902年版。——原文注

有7人毕业后进入《名人录》，比例为四分之一强；总成绩排名第二的27名学生有3人进入《名人录》；第三名5人；第四名6人。当然，由于样本较小，因此偶然因素会在一定程度上影响最终的统计结果。粗略观之，可以得知学习成绩位列年级前四名的学生毕业后取得较高成就的概率约为五分之一，而前七分之一的学生人均概率约为七分之一，余下七分之六的学生则为十六分之一。

学业优异的毕业生为何更有机会取得突出社会成就，对于这一现象应当从多个方面进行归因分析。在英国，大部分本科期间学业优异的从政者日后之所以能够取得突出成就，在很大程度上无疑是大学期间获得的学术荣誉为他们早早开启了通往下议院的金光大道；对于一名政治人物来说，起步越早便意味着优势越大。帕默斯顿爵士在刚刚成年时，曾被导师告诫过一句箴言：学习成绩越好，进入国会的时间越早。由于忠实履行了这句箴言，毕业后不久，他果真如愿以偿。由于美国大学未能像牛津、剑桥那样建立“学而优则仕”的传统，政府不知道已经错过多少像帕默斯顿爵士那样的政治人才。在美国，如果学生毕业后打算在政界、商界抑或职业界发展，他们就读期间的成绩排名对日后的事业发展几乎毫无帮助，哈佛当然亦是如此。但是，对于那些进入学术界的毕业生而言，大学期间的优异表现无疑能为他们获得学术成就提供间接帮助，《名人录》似乎也特别青睐学术精英。不过，仅此一个领域并不足以解释学业表现与社会成就之间的内在联系。在某种程度上，优异的课业只能算是开启学者生涯的其中一个遴选原则或基本条件。学业优异者在毕业之后之所以更有可能取得突出成就，是因为他们身上具备某种气质，或者说大学期间接受的训练让他们更加可能走向成功。以上诸种因素，基本上都是真切存在的社会现实。学业测试意在考察学生的自然品质，同时还倾向于开发他们的天赋。因此，我们既不可能亦无必要将学业表现与社会成就截然分开，二者的确具有内在共通性。

接下来让我们直奔主题，简单分析取得突出社会成就所需的四大要素。在世人眼中，勤勉、天分、适应力和机遇是成就事业者必不可少的四项基本条件。假设人们具备其中每一项条件的平均概率都是百分之五十，那么完全具备这四大要素的平均概率就是十六分之一；易言之，每一个普通人取得突出成就的概率都是十六分之一。如果人们已经具备了其中一项条件，那么他再去追求其他三项的概率，或者说取得突出成就的概率，便是八分之一。如果具备了两项条件，那么他拥有其他两项亦即取得突出成就的概率便是四分之一。基于以上认知，我们设想学业表现位列年级前七分之一的本科学生已经拥有或习得了“勤勉”这个成功要素。那么，他毕业之后取得成就的概率就已经提升到八分之一；换句话说，已经两倍于全班同学的平均概率。以此类推，假设学习成绩名列第一的特优生必然同时具备“勤勉”和“天分”两项成功要素，那么他毕业后成就一番事业的概率已经提升到四分之一，亦即全体同学平均概率的四倍。当然，这个推理模型似乎过于简单，真实的情形要远比数学运算复杂得多。即使学生已经具备了较高的个人素质，但机遇往往是不可预料的，因此通往成功的道路依然充满无法估量的易变性和难以计算的复杂性。不仅如此，上述四大成功要素亦非彼此孤立，一项要素的存在往往会对另一项要素的出现产生实质影响，因此，即使我们能够单独统计每项要素的平均比率，但是一旦进行综合考量就基本上不太可能精确计算最终的成功概率。虽然我们无法将取得成功的基本条件进行简单通分，但是上述理论的真实性却是无可辩驳的。根据已知的实践经验，拥有一项或更多上述要素的学生，取得突出成就的概率的确要大于平均数——而且拥有的要素越多，获得成功的概率就越大。

不过，即使以上论述全部真实可信，同时完全肯定学业优异者必然具备勤学不辍这项通往成功的基本要素，也不可就此推论其他人就不具备此项能力。事实上，在大学中不乏勤勉不怠者和天资聪颖者，但很多人并没有将其体现在追求学习成绩上。有些学生似乎只在自己感兴趣的课外领域展露天赋，甚至还有人直到离开大学接触外部社会时，才终于开始抖擞精神迎接挑战。如果这样进行考虑的话，似乎可以得出这样的结论：学业表现只是未来成就的一个前期迹象，其必然性较小，甚至完全不存在。如此一来，则容易引发一个错误观念。无可否认，在美国学界长期存在这样一个谬论：学习成绩比较优秀的学生通常并非真的那么出类拔萃，甚至他们根本就是平庸之人，因此毕业之后完全不会比其他同学更有可能取得突出成就。事实上，这或者是幸运儿的自鸣得意之言，或者是专精某领域者的偏执观点。的确，幸运之人往往能够获得更多的发展机会，但在公平竞争的前提下他们往往会被根基扎实者淘汰出局。当然，多数人在判断此事时会下意识地把优等生作为一个群体，将其他学生当作另外一个群体；如果将二者进行整体比较的话，那么后一个群体涌现杰出人物的总数肯定要远远大于前者。但是，如果把一个优等生——譬如学业表现在全部学生当中位列前五十分之一的特优生——与任意一个普通学生相比较，那么就会发现前者的成才概率要明显超过后者。事实上，在作此对比之后人们很有可能留下一个深刻印象，那就是特优生毕业后往往能够创下一番尤其非凡的成就。接下来，我们继续返回数据分析的轨道上来。首先假设成为年级第一名的成功概率为四分之一，全体学生取得成功的平均概率为十六分之一；其次假设一个年级共有160人，那么这个年级的集体成才人数为10人；而在160位头名成绩获得者中，能够取得成功的人数则是40人。因此，从个体的角度来看，特优生的成功概率仍是普通学生的四倍，而且高于任何一个随机选出的学生。

除了前文中提到的一些错误观念之外，有时候美国学界还常常喜欢故意贬低成绩排名的存在意义，拔高诸如同学意见等其他评价方式的作用。甚至有不少人宣称，同学意见更能反映学生的综合素养，这一推论背后的逻辑是下意识地否定学业测试的真实价值。显然，这又是一个谬论。学业成绩优异者能够证明自己已经具备了某些成功者不可或缺的基本素养，因此必然会比一般人更有机会取得突出社会成就。当然，其他学生身上也可能会拥有一种或多种成功素养，个别学生的综合素养甚至还要高于学业表现优异者，但这并不影响前者乃是优秀人才这一基本事实。

至此为止，我们仅仅只是对综合成绩表现优异的学生进行了成功概率统计。事实上，如果针对专业领域学术表现获得者的社会成就进行测量，最终的结果应当同样具有重要价值。譬如，评选鲍登文学奖是哈佛大学的一项古老传统；相对于取得大学期间所有课程的高顺位综合平均分，申请鲍登文学奖的难度似乎要低得多。申请者只需拥有一定的写作天赋，然后在一段时间内聚精会神全力以赴，就有机会赢得这个奖项。纵观调查期（即1861至1887年）的133位鲍登奖获得者，其中共有29人被列入《名人录》，比率是四点六分之一（1/4.6）。易言之，鲍登文学奖获得者的成才概率接近年级第一名。

如果进一步统计曾在大学就读期间获得单科奖项的毕业生，譬如古典文学、哲学、历史学等学科的学业优异者，最终得出的结果更加有趣。1869年，哈佛首次设立单科奖学金，至1887

年，这19年间共有375名学生获得此类奖项，其中71名进入《名人录》，比率为五点三分之一（1/5.3）。在这375名获奖者当中，还有81名学生因为单科成就尤其突出而被授予该科目最高荣誉，其中至少有29人被载入《名人录》，比率高达三分之一强。为了能够将单科奖获得者的统计结果与此前总成绩优异者的统计数据形成对比，我们需要将后者的时间跨度同样调整为19年，亦即将时间起点推延到1889年。虽然在统计时间上的调整并不明显，但由于起点靠后导致时间缩短，因此这段时间的毕业生必然在成才概率上要稍微小于以27年为时间跨度的统计概率。从1869到1887，在这19年间哈佛毕业生的荣誉种类以及最终进入《名人录》的比率如下表所示：

奖项类型	《名人录》收录人数	获奖人数	《名人录》收录人数与获奖人数的比率
成绩排名前七分之一者	67	473	1/7.05
年级第一名*	7	19	1/2.71
年级前四名	16	76	1/4.75
鲍登文学奖获得者	18	89	1/4.94
单科奖获得者	67	379	1/5.66
单科最高成就奖获得者	28	93	1/3.33
合计	224	3239	（总比率）1/14.46

*由于从1861年到1868年连续8年的年级第一名无一人进入《名人录》，因此从1869至1887这19年间年级第一名进入《名人录》的比率要远远高于27年的总比率。

如上表所示，尽管比率参差不齐，但在校期间各种学术荣誉的获得者离开大学后都有成员进入《名人录》。总体来看，单科奖获得者被收入《名人录》的比率远远大于同等人数情况下各类荣誉获得者的总比率。前者的成才率高达五分之一，而学习成绩位列前七分之一的学生成材率只有七分之一。事实上，单科奖获得者的成才率几乎与年级前四名分庭抗礼，尽管总人数上前者几乎是后者的五倍。而对于单科最高荣誉获得者而言，毕业后成就一番事业的概率更是大到出人意表。在这十九年间，在校时学习成绩首屈一指的学生不到三人就有一位日后登上《名人录》，这一比例完全超越同侪。基于以上统计，我们完全可以毫无压力地宣布，大学就读期间单科成绩出类拔萃的学生要比那些总平均成绩位列前茅者更有机会，或者说更有能力。稳妥地讲，单科奖获得者的确比总成绩优秀者更有能力。他们必须要对教学方法和考评方式有着更加深入地理解，为了达到这个目的，仅凭对知识进行快速阅读和记忆并不足为观，更重要的是具备全面理解、理性分析以及原创思维等多方面的能力。

综观1861至1887年间鲍登文学奖获得者，这一群体日后获得突出社会成就的比率，几乎完全可以与单科奖获得者相提并论。事实上，鲍登奖获得者毕业后取得突出成就的比率，几乎与年级第一名不相上下，高于单科最高奖之外的所有其他获奖者。

提及学业排名与社会成就之间的内在联系，人们一般都会自然而然地认为经济因素应当发挥重要作用。在哈佛，由于本科学生很难凭借学识优势获得同学和社会的认同，因此大家普遍缺乏为了成绩努力拼搏的动力；但是奖学金评比的主要依据还是学业表现，因此经济上捉襟见肘的学生必须为了获得资助而刻苦学习。有鉴于此，人们大概会暗自忖度那些手头拮据的学生会因为金钱的刺激而获得奋发向上的额外动力，从而比那些因为责任感才努力学习的学生具有更大的发展优势。不过，事实却并非如此。1861至1887年间，在学习成绩名列年级前七分之一的学生当中，大概有五分之三的学生需要奖学金，其余五分之二则不存在为了金钱而刻苦学习的动机；但毕业之后出现在《名人录》上面的概率，二者几乎完全一致。易言之，有的学生的确会为了获得经济资助勤学苦练，从而能够一直保有超越同侪的竞争力；但那些循规蹈矩的学生也能形成学而不厌的钻研精神，从而在日后生活中继续保持严于律己的良好习惯。

奖学金获得者并非大学校园里唯一的优秀学生群体，除了这类学生之外，我们还应当考察其他类型的优秀学生在离开大学之后的发展轨迹。譬如，大学生运动员便是一个极具代表性的典型群体。此类学生在校时都是风云人物，那么毕业之后他们是否能够将当初的盛名转化为发展的动力？关于这一点，笔者本意上持肯定态度，并且希望能够通过调查来证明：那些能在大学期间取得成功的学生，无论是在学业上还是体育上都已展示出超乎常人的天然活力，因此也更有机会在日后的社会活动中成就一番事业。不过，调查结果表明我的观点并不完全正确。在美国大学中，最为流行的三种体育运动分别是赛艇、九人制棒球和十一人制足球。迄今为止，关于上述三种运动员学生尚缺乏准确全面的统计数据，因为他们不像奖学金获得者那样可以非常便利地逐一调查。不过，哈佛联盟（Harvard Union）[①]的汤普森先生（Mr Thompson）曾经制作过一份大学运动员名册，这份名册虽然不免有所缺漏，但总体而言已经非常全面。

以赛艇运动为例，1861至1887年间汤普森先生的大名单中共记录了81名大学生运动员，其中有6名日后登上了美国《名人录》，比率为1∶13.66。这个数字不仅与这二十七年间全体毕业

① 哈佛联盟成立于1900年，其核心宗旨在于为哈佛学生提供一个广泛的社会交往空间。——译者注

生的比率基本保持一致，而且一直以来也没有出现较大浮动。因此可以断定，赛艇运动员毕业后登上《名人录》的机会与普通毕业生基本上是相同的；理智地讲，他们既非出类拔萃，亦不低于常人。如果进一步调查赛艇队队长，由于他们的选拔标准是在智力或体力上有过人之处，因此大家自然会预判他们会比其他同学更有机会取得突出成就。事实上，我们的调查结果也证实了这一判断。在接受调查的二十七年间，哈佛赛艇队总共出现了17任队长，其中3人日后登上《名人录》成为社会名流，比率为1∶5.66。但由于样本量实在太小，因此偶然性因素所起的作用便十分显著，从而无法用这个统计结果支撑任何一种理论。不过，仅从已有的调查结果还是基本可以看出，历任赛艇队队长荣登《名人录》的成功率与单科奖获得者和总成绩排名最靠前的一部分学生大致相当，比总成绩排名前七分之一的学生还要高一些。至此为止，我们的调查结果总体上还没有太过偏离预期判断。不过，如果接下来再对其他两种身份的大学生运动员展开调查，得出的结论便与之前的统计结果大相径庭。

1866年，棒球运动首度出现在哈佛，从此以后直至1887年的22年当中共有102名学生成为九人制棒球运动员；其中7人日后荣登《名人录》，比率为1∶14.5。乍看上去，这个统计结果基本上与普通学生的成功率保持一致，但如果进一步深入探究，就会发现其中另有蹊跷。在进入《名人录》的7位棒球运动员当中，竟然有6人都是1867、1868、1869三届的毕业生。换句话说，在之后的18年中哈佛共走出了72位大学生棒球运动员，其中竟然只有1人日后进入《名人录》。这一强烈对比的确让人感到非常震惊，直到我们对早期从事棒球运动的学生进行更加深入的调查，才明白原因何在。在1866至1869四年当中，共有30位哈佛学子加入了九人制棒球队，如前文所言，其中有6人荣登《名人录》，比率为六分之一。但在这段时间里，学生们是以参加课外活动的心态从事棒球运动。事实上，从棒球运动在哈佛出现之日起，之后连续五年当中每一名棒球运动员都是学习成绩位列年级前七分之一者。刚刚提及的30名棒球手不仅全部位居前七分之一，并且其中2人还曾获得单科荣誉奖；而进入《名人录》的6人中有4人都以学业优异闻名全校。然而不知何时起，成绩优异的学生便不再从事棒球运动，或者也可以说棒球运动员从此不再关注学业。因此从1872年到1898年我们总共调查了11名棒球运动员，其中仅有1人在校期间获得过单科荣誉，无人曾获鲍登奖；截至1887年（调查时间的最后一年），亦只有1人学习成绩位列年级前七分之一。

之所以出现上述情形，原因大概在于棒球运动变得越来越复杂。如此一来，运动员不得不进一步提高技术，这意味着他们必须花费更多的时间和精力进行运动训练。正是因为这个原因，诸如詹姆斯·巴尔·埃姆斯（James Barr Ames）、弗朗西斯·罗尔（Francis Rawle）以及弗朗西斯·格林伍德（Francis Greenwood）等早期大学生棒球手，可以在保持出色学习成绩的同时拥有熟练的运动技巧，而时至今日这种情形已经不太可能出现。

关于棒球队队长毕业后的发展前景，更是令人感到惊诧。在棒球运动刚刚出现在哈佛大学的前几年并没有留下关于球队队长的记录，相关资料从1874年才开始出现。迄今为止，所有留下记录的棒球队队长竟然无一人名列《名人录》之上。

与棒球队的情况相类似，关于足球运动员学习成绩和发展前景的调查也得出了一个基本相同的结果，唯一的区别在于后者发轫的时间更加靠后，甚至已经完全过了哈佛学子学业表现与运动才能交相辉映的时代。根据汤普森先生的记录，足球运动于1874年首次出现在哈佛学院，从那时起一直到1887年，其间共产生了93名十一人制足球运动员，3人在后来荣登《名人录》，比率为1：31。在这段时间里，共出现了7位队长，无一人进入《名人录》。之后的情况稍有改观，从1888年至1898年，这十年间共出现了55名足球运动员，后有2人荣登《名人录》，其中之一便是当年的球队队长。与早期阶段之后的棒球队一样，哈佛足球队成员的学业表现也不怎么出色。从1874至1898这25年间，哈佛共有148名学生先后加入足球队，其中仅有2人曾获得单科奖，另外还有2位鲍登奖获得者、2位总成绩位列年级前七分之一者。但在此需要专门交代的是，以上三项学术荣誉还曾同时出现在同一个人身上，这意味着148人当中仅有4人属于学业优异者。更加蹊跷的是，这4人竟然都未进入《名人录》。

综合以上数据大概可以得知，赛艇队运动员毕业后成为《名人录》成员的概率与全体毕业生的平均概率大致相似，队长则远远高于平均水平；而棒球运动员和足球运动员跻身社会名流的机会则远小于全体毕业生的平均水平。之所以出现以上结果，部分原因是学习成绩突出者不再参与九人制棒球赛、十一人制足球赛或赛艇运动。事实上，在1861至1898年间，赛艇队无一人获得鲍登文学奖，无一人总成绩名列年级前七分之一，仅一人获单科奖；但尽管如此，桨手们还是通过其他方式证明自己取得突出社会成就的能力保持了哈佛毕业生的平均水准。既然赛艇队的情况大致如此，棒球队与足球队的情况为何存在根本性的差别？

事实上，仅以《名人录》为依据来评判大学生运动员与学业优秀生毕业之后的社会成就差异，这在前提条件上存在一定的不公平之处。众所周知，《名人录》的评价标准偏向学界精英，对商业人才不够重视，因此学业表现优异者自然更有机会上榜。这个原因基本可以说明为何大学生运动员荣登《名人录》的概率要小于优等生，但却无法解释为何他们毕业之后的社会成就连全体学生的平均水平都未达到。对于这一问题，目前尚无明确回答。如果承认上述情形的确属实，那么足球队和棒球队的选人标准似乎有意将那些才学出众、热爱求知的大学生排除在外。事实上这也完全可以理解，相对于赛艇运动而言，足球运动和棒球运动更加复杂，对参与者的投入时间要求更高，这必然导致不够热心的学生会对其敬而远之。

无论使用何种标准，大学生运动员群体毕业后所能达到的社会成就都低于全体同学的平均水平，这一事实笔者不仅感到十分诧异，而且也在一定程度上感到遗憾。有许多迹象表明，大学生运动员在校期间为了自己喜欢的运动付出了太多的时间和精力，由此虽然收获了超越同侪的运动能力，但也牺牲了其他方面的发展。造成这一后果的原因，部分是全美体育运动的职业化导致运动员不得不全力磨炼运动技能，另一方面也是因为高等院校不负责任地将课程学习与体育活动放在同一时期开展。毫无疑问，劳动分工与职业专化是促进人类社会向前发展的重要因素，但即便如此，人们也不应当过于将体脑分离。

将本科学生分配到寄宿制学院

1907年4月19日在耶鲁大学的部分演讲词，
后刊登于《哈佛公告》

时至今日，在美国的私立大学中，如何将来自全国各地的学生整合起来实施统一教学，进而培养具有共同身份的下一代美国公民，已经成为一个十分突出的问题。尤其是在大型私校，这一问题更加显著。当前，小型学院都已经开始在广大区域招收学生，大型高校的生源更是遍布全美。总而言之，学校规模越大，学生来源越广，校内的文化背景也就愈发复杂。因此，当代美国巨型大学最适宜贯彻培养美国精神的大学使命。但是，规模的扩张不仅为大学带来了机遇，同时也使其面临挑战。小型学院更易于统一管理，学生迷失自我的危险较小，即使个体性格不太积极，也不会被群体忽视或同化。就像在人潮汹涌的罗马，个体会很容易迷失自我；而在平和宁静的拉文纳（Ravenna，意大利东北部港口城市），人们更容易做到独立自主。但凡规模过于庞大的机构，由于整体性的交流比较困难，所以往往会分化成数个彼此很少往来的小群体。就好比在规模适中的城市里人们还能相互了解，而在大城市，市民们却往往彼此疏离。

与课堂教学或其他方面的情形一样，大学社交生活也必须保持在一定范围内才能达到最理想的效果。一旦超出了某个界限，社交群体就会出现分裂倾向，从而失去原先的集合效应。更糟糕的是，伴随着大学内部社群的分裂，学生就会在入校时依据前期关联自然形成许多小型团体。如此一来，有些来自偏远地区的学生就极有可能因为缺乏同乡而变得落落寡合，而在大学中，无论是对个体还是群体而言，人与人之间的亲密交流都是至关重要的。当前，大学内部的社群生活在很大程度上被兄弟会所控制，几乎所有学生都加入了某个兄弟会组织。在规模较小或者学生来源比较集中的本科学院，兄弟会组织有可能运转良好，因此每位学生都有机会与其他群体成员相处融洽。然而，在巨型私立大学中，任何兄弟会组织以及其他形式的社交体系或俱乐部，都会在庞大的学生群体面前显得无能为力，无法形成深度交融的社群生活。即使有一套体系能够将巨型大学的全体学生都囊括在内，这个群体也会根据学生进入大学之前的身份归属逐渐形成区隔，变得疏离。伟大大学的主要特征之一，就是能将许许多多来自全国各地的学生塑造成一个团结内聚的集体，而当今的美国巨型大学已经很难展现这个特征。

随着高等院校学生规模的不断扩张，团结内聚的社交群体愈发难以形成。在规模最大的美国高校，这种趋势已经清晰可见，而规模较小的高校似乎对此尚未形成清晰的认识；如果任其发展下去，不用多久就会发展成困扰美国大学的又一个棘手问题。由于越来越多的家庭有能力负担孩子的高等教育支出，同时越来越多的工作岗位要求应聘者具有大学学历，我们有充足的理由相信美国高等教育的规模仍会持续激增。在此情形下，如果巨型私立大学的本科学院仍旧坚持原先的管理模式，那么就无法设想其如何在学生规模扩大到原先三倍甚至四倍的情况下继续保持社群体系的整齐如一。总之，在本科生规模膨胀到一定程度之前，大学必须着手解决学生生活可能出现的种种问题，否则他们就会自行寻找解决方案，到那个时候，结果将会变得无法预料。

概括而言，当前美国大学面临的问题，就是如何将来自全国各地个性迥异的本科学生组织起来，形成一个融洽内聚的群体。对此问题存在一个显而易见的解决方案，那就是仿照英国大学，将学生纳入各个寄宿制学院。寄宿制学院的规模应当大小适中，既能为学生提供足够的社交空间，同时又不会大到无法控制而导致派系丛生。当然，此处探讨的英式寄宿制学院模式仅限于管理学生的社群生活，并不涉及教学改革——这个问题仍须放在大学层面进行解决。一直以来，将全体学生分成数个小型社群的建议不绝如缕。如果美国大学仍然珍视其重视校园生活的价值传统，那么这一举措就势在必行。这个方案的实施不仅可以解决美国大学的社群离散问题，而且还能为其带来极为重要的内部竞争。换句话说，寄宿制学院生活有利于形成一种为了组织而奋发向上的社群主义精神，这对学生心灵具有深刻的塑造作用。如果这个目标能够达成，曾经对美国大学造成困扰的个人主义狭隘意识，便会被大幅削弱。在一个团结一致的寄宿制学院社群中，学生能够意识到自己付出的努力不仅是为了个人利益，而且是为了获得集体荣誉。按照这个逻辑，不同寄宿制学院彼此之间的竞争关系，将会在多个方面激励学生的进取精神。

不过，仅仅只提出一个将本科学生分群而治的建议还远远不够，因为接下来马上就要面对另外一个难题，即划分社群究竟遵照何种标准。对此问题，我们无法从欧洲大学借鉴既有经验。德国大学及其追随者皆是以学科分类为划分依据的学院组织结合体，各学院分别以培养牧师、律师、医师、教师等职业人员为宗旨。易言之，这样的大学教育与美国大学所坚守的自由教育文化传统毫无共通之处。在德国，自由教育属于文科中学（gymnasium）。而从古老的历史传统中发展而来的英国大学又是一番完全不同的情景，它们所赖以生存的社会条件正是美国社会所欲竭力革除的一个主要弊病。从本质上看，牛津、剑桥的本科教育理念与美国大学基本相同，而且其组成要素也是文中正在讨论的寄宿制学院；但问题在于前者的学生基本上来自同一个社会阶层，其他阶层的学生或者前往伦敦，或者选择某个地方性大学来完成高等教育。基于以上事实，再加上奖学金的刺激和代代相传的学生协会规程，牛津、剑桥本科生在寄宿制学院的分布状态十分理想。在一个寄宿制学院中，基本不会出现儿时玩伴和同乡少年过度扎堆的情形。但在美国大学，如果允许学生甫一入校便自行组群，那么接下来的情况必定与牛津、剑桥截然不同。只要获得了自由选择权，美国学生几乎都会毫不犹豫地前往自己最熟悉的社群，或者至少也会申请加入那些感觉不那么陌生的组织。如此一来，美国大学生便会根据各自的出身、地域、毕业学校和家庭环境等影响因素各自组团，从而形成一个个人们口中所谓的“西部人寄宿制学院”“南方人寄宿制学院”“百万富翁寄宿制学院”。在分院而治的原则下，这是所能预料的最差结果。这样的结果会加强和扩大学生群体当中初露端倪的分裂倾向，并将其固化和永久化。一旦形成此种局面，本科学生的社会化进程就会障碍丛生。我们真正想要建立的是一个与上述情形完全不同的社群体系，其应当致力于将来自全国各地、具有不同经历以及出身不同阶层的学生尽可能地整合在一起。简而言之，美国大学应当成为寄宿制学院集群，每一个寄宿制学院都面向全国、民主管理，都是大学的一个缩影。当然，想达成这个目标并不轻松，但我坚信其可以实现。大学一年级是促进学生发生转化的关键时期，在此期间我们应当抓住时机促进学生的融合，从而在选择入住某个寄宿制学院之前充分激发他们内在的同情心和归属感。上述建议能否被采纳，是当前亟需解决的主要矛盾；这个矛盾不仅出现在我们这个学校，而且也是东海岸顶级私校共同需要面对的问题。只要大家尚未放弃本科教育，尚还希望在其身上体现这个国家的最高价值，这个问题就迟早要设法解决。

就职演说

1909年10月6日下午发表于大学学舍；

1909年12月刊登于《哈佛毕业生》杂志

亚里士多德曾经说过一句名言："人在本质上是一个社会动物。"因此美国大学存在价值的一个方面，就是促进身处其中的每一个个体充分发挥自身的社会交往能力。本科教育的目标不是培养隐逸之士，不能将学生封闭在专业学科的知识监牢之中，而是让其在社群共同体中拥有一席之地，并与周遭同伴进行密切交往。

在过去的岁月里，传统美国高校大多拥有团结一致的学生社群；虽然在范围和水平上同我们在当今大学所欲营造的社群生活不可同日而语，但仍可满足学生的交往需要。由于规模的确较小，传统院校的学生得以比较轻松地熟悉身边的同学，或者至少也能与每一位同年级的学生彼此熟稔。在这里，学生们日复一日地共同学习和生活，他们一起到礼拜堂祈祷，一起在教室听课，一起到餐厅用餐，一起在寝舍居住，娱乐和休闲时光也共同度过；不仅如此，大家还用同一套价值标准来评价学术追求。全体学生的课程设置都是大同小异，以古典课程为主体，外加些许数学、哲学和历史知识。此种课程设计并非意在为学生日后从事政府公职或担任律师作好职业准备，而是旨在为他们提供根基宽广的自由教育。

关于大学生群体校园生活的分离现象，过度强调竞技体育似乎是致其发生的一个主要诱因。我本人强烈认同竞技体育在促进学生生理发展和德性养成两个方面的重要价值，并且也赞同不同院校之间的体育赛事有利于增强大家的竞争精神。但与此同时，我也坚决抵制一个观点：体育竞技之所以在美国大学获得如此突出的重视，就是因为学生和大众都普遍重体质而轻精神。事实上，体育赛事在美国大学的盛行，真正的原因在于类似的活动能够满足大家对集体精神的需求，可以为大家提供一个尽情展示精诚团结的重要平台。

当前美国大学酝酿出来的种种变革，的确削弱了传统的团结精神和统一的教学模式，但与此同时也已带来了新鲜的阳光、空气和蓬勃生机。新的历史环境给予美国大学实施革新的行动自由，从而为其带来了继续前进的磅礴动力。当然，对此我们也无法像埃德蒙·谢勒（Edmond Scherer）所宣称的那样，通过完全赋予学生自由选课权以充分体现教学民主。事实上，选课制度的出现只不过是一个阶段性事件，是美国大学不可阻挡地朝着未来目标不断前行的一个进程。我们必须具有前瞻思维，将选课制度不断完善，使其成为切实可行的教学体系。进步就意味着改变，每一个迅速发展的时代同时也是革故鼎新的时代。但不得不承认，目前美国大学正处于一个十分特殊的关键转折期。关于此观点的一个明证，就是本科学生和社会公众都在以超乎想象的熟练手法对大学进行关注和探究。既然大学教育已经与学生的社会化紧密相关，那么优异的学业成绩也应当受到更加广泛的重视和认可。当前环境的过渡性本质还可以从另一个现象得到体现：无论指导者还是学习者，对于如何实施学科制度都缺乏固定统一的基本原则。不仅如此，时下人们甚至对于大学教育的终极目标都不存在一个普遍接受的观点，这更加显著地证明了当前时代的变动特征。

大学教育的最终目的究竟何为，关于这一问题，美国高校正在承受大量的尖锐质疑；批评者全都满怀一腔热忱，其中多数人见多识广，他们自视甚高，似乎很有信心为大学面临的所有问题找到尽善尽美的解决方案。在校外人士提出的各种意见和建议中，有一个看上去仿佛颇为合乎逻辑，这个观点也在各种场合被反复提及。在许多人看来，大学教育的主要目的要么是培养专业的研究人员，要么就是为学生从事某项职业提供前期准备；无论选择哪个专业，学生的大部分学习内容都应当是能够落到实处的应用性知识。如果这个观点果真成立，那么为何不将这种应用型的大学教育统统交给专业学院来完成？这样不仅可以降低学生的入学年龄，同时还可以大大减少通识探究在大学课程体系中的比例，甚至完全将其下放到中学教育中进行。如果我们真的接受了以职业为导向的大学教育观，就意味着大学的内在本质已经发生改变。众所周知，实施技术培训本就不是大学所擅长的事情，此外，要想将文化课程和职业课程融为一炉，更是具有极大的难度。上述主张的最终指向就是完全移植德式研究型大学体制。在德国，大学实际上是一系列专业学院的聚合体，其基本前提乃是文科中学教育体系。正是文科中学提供的通识教育，才保证了研究型大学的制度根基。也就是说，德国高等教育的操作模式是将本应在大学前两年完成的通识课程，尽可能地下放到中学阶段进行，然后将大学变成专门化的学术中心。就目前的情形来看，无论是课程内容还是教学质量，美国中等教育都不足以支撑起德式研究型大学体系；要想全面提升美国中学的教学质量，可能还需要很多年的时间。况且，更加根本的问题是，德式大学植根于德国，却不一定适合美利坚合众国。在我看来，这个国家在历史上已经从大学系统里获得了许多虽然无形无质但却切实存在的利益，如果骤然将其替换成另外一种模式，我们将无法承受这个损失。毋庸置疑，只有在大学中，才能养成自由不羁的灵魂，才能获得宽广无碍的视野，才能锻造现代社会的公民，在此方面无论是中等学校还是专业学院都无能为力。

鉴于美国当下的社会环境，就连那些并不支持教育职业化的评论者，也常常敦促大学缩减教育年限以完成自我救赎。但是，难道我们不该好好思考一下，美国大学当前面临的最重要的问题并不是如何想方设法减少教学时间，而是保护好自己最具价值的东西？公共机构很少会被外界力量摧毁，其走向消亡的方式往往是自我毁灭。只要一息尚存，公共机构就不会被赖以生存的环境扼杀致死，只有不再输出效益或者无法完成社会赋予的使命，它们才会失去存在价值。我们确信，对于美国人民的未来，大学仍然负有重大使命。

基于以上论述，如果想让美国大学顺利度过这段转折时期，同时又不会因为中等学校和专业学院的两面夹击而逐渐丧失自身功能，那么我们必须重新建立精诚团结的社群精神，以替代过去那种必然消亡的传统社群模式。因此，大学社群目前亟需努力的方向乃是建构一套新的制度，其主要目标是：在不牺牲学生个性特征和求知兴趣的前提下，在具有一定规模的学生群体中培育具有学术向心力和社群凝聚力的大学生活，并促进学生个体彼此之间的广泛交流。这个任务并不单单限于某些高等院校，不过对于那些规模最大、变化最快的学校而言，完成这个任务的时机已经变得非常急迫。许多高校已经有了相当明确的改革计划，虽然这些学校面临的问题本质上大同小异，但值得庆幸的是它们皆能根据自身的情况选择各不相同的发展方向。接下来，我将概括阐述哈佛大学面临的主要问题。

首先，我们必须重新思索一个重要问题：作为高等教育体系的组成部分，理想的本科教育本质上究竟是何物？所谓的理想模式，并非对某种已有模式的照搬照抄，而是在大环境允许的前提下尽可能逼近的某种远期目标。在理想模式的引导下，本科教育应当切实关注个体学生可能达到的最高成就，并深入思考如何为毕业生提供最优秀的知识工具和能力装备。与此同时，本科学院还需要关注如何正确处理自己与专业学院之间的关系，以及如何促进学生个体彼此之间的联系和交往。接下来，我将依次对以上几个方面进行简要论述。

毋庸置疑，学生应当尽力全面提高自身素养，无论是他们的强项还是弱项。本科教育不需要一味生产精于某项技能但却在其他方面存在缺陷的专业能手，而要培养具有宽厚学术素养、广泛理解能力和自主判断能力的整全之人。与此同时，本科阶段培养出来的人还需要拥有一个不畏艰难、反应灵敏的大脑。为了达成这一目标，仅仅提供一系列不同学科基本原理的知识习训是远远不够的，学生还需要通过持续性的钻研从而精通某一领域的知识。每一个学生都应当选择一些科目展开深入探究，在此领域内他们必须明白观念的源头在何处、求知的方法如何掌握。只有通过这种方式，学生才能拥有坚实的思想基础，进而产生高明的见解。简而言之，大学应当让学生尽可能地既精通又博约。

关于如何培养学生，或者如何为毕业生提供装备，只要提到这个问题，我们立刻就会想到他们需要获得哪些知识；但问题在于，我们是否太过于关注知识传授？传播知识的确是大学教育的功能之一，但却不是最重要的那一个。实质上，自由教育关注的维度包括学习心态、思维方法、处理信息和知识的能力等，而不是仅仅强调如何记忆过去已经发生的事实，尽管这种能力也具有一定价值。如塔克校长（President Tucker）[①]在达特茅斯学院毕业典礼上所说的那样："在教育体系里，本科阶段的责任就是培养学生对学术研究的参与精神。本科生都是学术领域的业余爱好者，而不是专门研究者。"又如哈德利校长（President Hadley）[②]的名言："对我而言，理想的大学教育就是让学生通过运用某些对未来发展大有所用的学习方法，来习得一些在现实生活中缺乏实际效用的知识内容。知识能够帮助学生形成宽广的视野，方法则能给予他们操作技能。"[③]

如果上述观点成立，而世上又不存在明辨真理的绝对途径，那么对于任何一个具有良好教养的人而言，所有与人类思想有关的知识都不应当被其视为天书奇谈。人们常说，一旦走过年轻时光，大家几乎都会放弃探究新的学科领域。有鉴于此，我们必须赶在本科学生毕业之前尽可能地形成融会贯通的学习能力。无论是出于学习义务还是个人兴趣，只要他们愿意求取新知，大学就

① 塔克校长，即威廉·朱尔特·塔克（William Jult Tucker），美国新汉普郡达特茅斯学院第九任校长。其任期为1893至1909年，洛厄尔就任哈佛校长的那一年，塔克校长刚刚卸任。——译者注

② 洛厄尔此处提到的哈德利校长，应当是当时的耶鲁大学校长亚瑟·特文宁·哈德利（Arthur Twining Hadley）；其于1899年就任耶鲁大学校长，直到1921年才卸任这一职务。——译者注

③ 哈德利校长的原文发表于耶鲁大学1909年的校长年度报告。——原文注

应当给予鼓励。近来，有个主修古典学（classics）的学生用颇为内疚的语气告诉自己的导师，由于担心知识面太过狭窄，他才不得不选择了一门自然哲学课程。这样的情形的确令人唏嘘，因为在当前时代，了解有关自然法则的学科知识早已成为每位学人都不可或缺的基本素养，在此方面本科学生并不一定要进行深入了解，但却至少需要拥有继续探究的求知能力。在学人眼中，自然之力绝不是怪诞神秘之物，而是一系列的因果关系；详细内容他们或许无法尽皆掌握，但至少需要熟悉基本原理。这套逻辑不仅适用于自然科学，而且也适用于其他知识领域。

在此需要澄清的是，我一直在谈论本科学生的知识“装备”（equipment）而非教育（education），因为就像我们常须谨记的那样，“教育”是终其一生的持续历程，而大学的职责就是为这一历程的顺畅进行提供必不可少的知识装备。为此，一方面，本科教育应当教导学生理解某些学科的意义何在；另一方面，知识的河流永远流淌不息，只要睁开双眼，每个人都能看到它在自己身边流过，因此本科教育的另一个任务就是帮助学生获得主动求助知识并分门别类地进行整理的学习能力。更重要的是，本科学生还应当能够好整以暇地将自己的思想运用到生活中，无论他们选择何种专业或职业。

文至于此，便有必要厘清本科学院与专业学院二者之间的关系。如果说每一个本科毕业生都需要进入某个专业学院以提升职业能力，就像德国文科中学的毕业生需要进入德国大学的某个学科专业进行深造一样，那么这就意味着首先需要进行本科教育，然后再让本科毕业生进入专业学院完成专门培训。的确，这样的做法看上去有点教条主义，而且大家的观点也存在巨大差异。各个专业学院的指导教师也大多基于个人经验，给出了不尽相同的看法。譬如，哈佛大学法学院十分强调学生的先天禀赋和学术资质，对本科阶段的学科背景则不甚重视。此种态度背后蕴含的观念是，无论学生的学术兴趣曾经放在何处，只要他们拥有一个聪明的大脑并懂得如何应用，就可以掌握法律知识。与法学院类似，神学院的课程设置也基本上传递出相似的观点。与上述两个学院不同，医学院的教授们却强烈要求本院学生必须具备与医学研究密切相关的自然科学基础知识，譬如化学、生物学、生理学等；认为对于从事医学研究的人员来说，掌握上述基础知识比拥有先天禀赋或具备渊博学识都更重要。当前，哈佛工程学和商业管理等学科都已经设立研究生院，因此刚刚提到的这个问题已经迫在眉睫，我们必须对此进行认真审视。如果本科阶段的自由教育完全放弃专门性的训练，而专业学科的研究生院又要求学生具有一定的相关学科知识储备，在这种情况下二者就无法做到有机衔接。在此我承认自己的确持有一个可能有失偏颇的观点：我始终认为，一个人如果具备宽广的知识根基，拥有职业范畴之外的其他学科的扎实功底，那么他注定能够在自己的专业领域步入巅峰。与此同时我还想提请大家千万不要忘记一点，哈佛的各个专业学院实质上首先是以本科教育为根基，然后才致力于在专业领域有所发展。

关于大学教育，我最后想要讨论的问题就是本科学生的相互关系。首先，我们要讨论的是学生之间的学术交流。我们常常听说，哪怕只是在大学的空气中畅快呼吸，或者仅仅摩挲校园院墙，也会使人受益匪浅。但我担心的问题是，哈佛学院的院墙并非阿拉丁神灯，再怎么摩擦也无法帮助大家实现美好的愿望。鼓励学生与其他思维灵敏的同伴时时进行交流才最有裨益，这种行为本身就是自由教育的一个主要组成部分。不过，问题在于应在何种范围内鼓励本科生开展学术探讨，以及选择哪些方面的话题供他们进行讨论。每一个满怀热情的任课教师都希望激发学生的求知欲，并促使他们在教室之外也能常常思考自己课上提出的问题。法学院的学生应当永不休止地讨论法律，无论上学还是放假，他们最好都能从关于法学问题的对话中获得乐趣。大家之所以这样做，并不全是为了日后如何能够赚得面包和黄油，也不是因为法律话题比其他问题更有乐趣。究其原因，一方面归功于法学教师成功地唤醒了学生们竞相解决法律难题的畅快感觉；另一方面，则是因为大家都有共同的知识背景，都在同一个领域砥砺学问。在这样意气相投的学者群体中，一旦有人播下了话题的种子，大家就会像猛兽亮出獠牙准备投入战斗一样，立刻兴致勃勃地展开学术探讨。

在当前环境下，任何明智之士都不会呼吁本科学院施行一套固定的课程体系，并将所有本科学生都培养成某个学术机构的知识财富共继人。但与此同时，我们亦不能坐视学术世界变得如此疏离。在成年人的生活中，没有什么事情能比聆听专业人士的对话更加令人愉悦，但前提是参与对话之人必须拥有这个领域的知识基础，而这也应是所有有识之士的必备素质。毋庸置疑，本科学生群体也需要由诸多志同道合的年轻人共同组成，并且在这个群体中没有什么事情能比学术交流更加重要。

竭尽全力帮助学生实现个体发展、妥善处理通识教育与专业教育的相互衔接以及不断促进学生之间的个体交流，以上三个方面便是我心目中理想的大学教育。并且，无论首先从哪一方面进行深入探讨，随后都会得出一个大致相同的结论：在当前错综复杂的时代背景下，自由教育的最佳实施方案就是培养博学多闻、专业精通的人才。如果能够进行理性操作，而非固执己见，我们完全可以在大学生活范畴内同时促进上述三方面目标的实现。根据牛津、剑桥的办学经验，可以得知一个具有天分的学生能在本科阶段就精通某个专业。由于人类知识的扩张而引发的教育问题，绝不仅仅出现在我们这个国家；从学生的角度出发施行某种形式的选课制度，亦非美国高等教育机构的首创。大约在一个世纪之前，英国大学就开始向那些在专业学科取得优异成绩的学生授予学术荣誉；尽管六十年前剑桥大学才开始设立数学荣誉学位考试（tripos），但牛津大学却早在1807年就设立了旨在鼓励学术竞争的文学、数学和物理学荣誉学位测试，在某种意义上，当前各国本科教育中普遍开展的优等生奖励制度便是起源于此。专业荣誉测试之所以受人欢迎，并不是因为技术性原因。从一开始，本科教育就不以职业培训为目标，专业测试的目的也并非缩小学生的求知范围，但是，通过此项制度，学生能够自我划定一个主修学科。简而言之，专业测试意在促进学生在某个学术领域做到精通。为了申请荣誉学位，学生必须选择某个学科深耕细作，从而在此领域打下扎实根基。

鉴于美国的社会结构与英国迥然不同，而且我们的大学也不存在文法中学之类的预备学校，因此牛津、剑桥的历史经验并不足以解决美国大学面临的诸多问题。美国大学生应当尽量接触多个领域的知识，努力做一个博学多闻之人。尤其是在当下社会，大家一直被驱赶着苦苦钻研关乎未来职业的专门知识，在此情形下，博闻强识更是成为一个难能可贵的优秀品质。因此，对于美国大学生而言，比较明智的做法就是既选择一个主修专业认真钻研，同时也在相关领域选修通识课程。不过，致力于向学生传输广博而简约的知识，此种教学方式的确更加难以把握。为了实现良好的教育效果，大学必须在每个学科领域都开设通识课程；在自己的主修专业之外，学生并不一定需要深入研究其他的学科知识，但却应当能够对不同领域的基本原理和思维方式有所理解。这样的通识教育也决不简单等同于导读课程，尽管二者在一定程度上可以有效结合。即便如此，通识教育的实施仍然存在一个巨大的障碍，那就是大部分声誉日隆的资深教授都青睐高级阶段的专业授课，对入门级别的课程避之不及。此种情形由来已久，多年前，不少国际知名教授就已经对训练入门学生这种苦差事畏之如虎。无论在何种情况下，伟大的教师都拥有无与伦比的魅力，这一点所有人都不会表示怀疑。我们也相信，那些已在某个学科领域拥有扎实根基的学生，完全有能力从任何在此方面钻研更深的人那里获得帮助；然而关于基础理论的传授，却只有那些站在树冠之上俯瞰整片森林的资深教师才能展开深入浅出的透彻解读。从事基础理论教育之人不仅必须拥有异乎常人的清晰思维，同时还要具备铿锵有力的讲解论述；当然，循循善诱的教育热忱也不可或缺。虽然上述品质与充满创造性的想象力并不直接相关，但却常常出现在那些已经获得一定成就的成功人士身上。除此之外，还有一个因素同样不可忽视，那就是学生在内心深处更愿意服从资深教授的指导，初出茅庐的年轻导师则不太容易获得他们的信任。因此，通识课程的教学任务应当尽可能地交给各个学科的领军人物；与此同时，在教学过程中也需要学富力强的年轻助教参与进来，由他们协助教授进行补充教学，或者经常性地开展小组讨论和测试。如此一来，不仅所有学生在入门阶段就能由思维强健、学问成熟的名师提供指导，而且教授们也在细枝末节的问题上省去了不必要的苦功。类似的政策已在哈佛大学施行多年，但仍然有待继续向前推进。

前文中我们已经对学生之间的学术交流展开了讨论，同时也阐释了这一举措在课程学习方面的重要意义，接下来需要澄清的是，学术方面的联系和交流并非大学生活的全部内容。对于本科学生而言，社会交往也同样具有重要意义。为了弄清这个问题，我们有必要重新观察导致大学传统凝聚力分崩离析的作用因素。在当前的美国大学，大一新生一般都是毕业于规模较大的中学，在那里他们和彼此熟悉的同伴生活在一起；进入大学之后，他们常常孤身一人远离家乡。几乎没有任何准备，这些学生突然之间就被投入一个完全陌生的生活场景当中；并且，他们所处的集体是如此庞大，以至于根本不可能熟悉其中的全体成员。在此情形下，除非具有超越常人的先天禀赋，否则绝大多数学生都会倾向于同那些拥有相似家庭出身和脾气秉性的同学结成小团体；如果某个学生太过羞涩或者默默无闻，则很难找到同伴。无论出现上述哪种状况，学生们都会失去与各种各样的年轻同伴相互接触进而丰富人生体悟的良机；大学机构也无法致力于将来自各地、性格迥异的优秀年轻人整合成一个集体，以至无法完成自己承载的国民教化之使命。当然，也有人认为大学必须反映当前社会的真实状态，而当今时代的发展趋势正是不断加深的专业分化，以及以财富为基础的社会隔离。但需要纠正的是，这种观点十分片面，因为当前的美国社会同样表现出令人欣喜的变化趋势——团结精神的凝聚以及服务意识的成型。对此我们也可以给出一个更加确定的回答：一所大学之所以能够继续存在，其中的一个目的就是不断抵抗而非一味复制时代文明的负面效应。譬如，如果一个国家的政治环境正在变得腐化堕落、徇私舞弊、贪腐成风，那么大学绝不可选择同流合污。

规模庞大的高等院校理应培养视野宽广的学生，但是要做到这一点，就需要杜绝出现根据出身形成学生小团体的现象；学校应鼓励每个学生认真体察年轻心灵彼此之间自然产生的亲和力，进而形成以友谊为基础的亲密集体。众所周知，学生在刚刚进入大学生活时建立社交关系最为迅速，他们将要去往何处基本上都是在大一期间作出决定。因此，哈佛当下在整合大一新生方面所作的努力明显不够，在此方面我们必须进行改善。

就目前的情况来看，美国本科生从中学到大学的生活转变似乎太过仓促。如果徐徐图之，无疑能对学生起到更大的激励作用；然而如果用药过猛，只会让他们头昏脑涨、醺然欲醉。的确，每一个年轻人都应当为自己的人生小船掌舵划桨，但这并不意味着大学教育者甫一开始就随随便便地将学生抛入小舟，仅仅只是提醒他们好好寻找自己的桨橹，然后就任其在深渊中漂流。许许多多的年轻人满怀欣喜地来到大学，摆脱了早先诸种清规戒律，远离了考试和测验，懵懵懂懂地享受自由放任带来的生活乐趣。仅仅一个学期，他们就自然而然地变得懒惰散漫；不久之后，他们将会发现自己由于荒废学业而面临窘境。事实上，学生在此时已经处于溺水状态，为了露出水面他们必须使劲挣扎，然而即使付出了努力仍有可能徒劳无功。近年来，通过频繁进行学业测验，哈佛已经在一定程度上提升了本科学生的勤奋程度，但是，仅仅运用这些手段还远远不够。三个月前，威尔逊校长（President Wilson）曾在美国大学优等生协会（Phi Beta Kappa，Φ.B.K）颁奖仪式上发表了一次富有启示性的演讲，其中详细论述了当前美国大学的研究与生活正在出现明显的分裂。教育者认为大学的主要目的乃是学习和研究，而在学生心目中，大学生活却主要用来享乐，两者之间的目标冲突造成了教育时机的巨大浪费。从理论上讲，从本科学生踏进校门的那一刻起，教育者就应当引导他们感受到大学生活的严肃性和多面性，与此同时还要着重强调心智训练的重要意义。

如果我们能将本科学生统统集中到一系列住宿学舍当中，并让他们与谙熟大学生活、喜欢学生管理、充满热忱并且享受其中乐趣的年长之人结下友谊，那么以上种种难题似乎就可以在很大程度上得到解决。除此之外，这样的安排还能让我们的年轻学子在入学之初就迅速了解如何面对期末考试，而非一味追求生活的安逸。由于毕业生不断发出抱怨，当前的美国大学面临着缩短本科学习期限的重大压力，并且学士学位的评价标准也出现了下滑趋势。同其他文明国家相比，美国中学生并不存在任何必然落后于人的内在原因，那么我们的本科学生又有什么理由不能像英国大学那样对优异学业表示尊重？

关于刚才提到的最后一个问题，因为其触碰到当下美国大学的最大缺陷，所以需要继续进行评述。普利切特校长（President Pritchett）[①]曾经说过："如果一个组织在运转正常的情况下，却不再坚持对组织成员的想象力作出有效回应，那么其管理方式必然存在严重问题。"[②]对此我们还可以加上一句：即使在存在严重问题的情况下，很多时候内部成员对组织管理的投诉还是能够得到回应并有所改观的。当前的美国大学存在一个无可否认的事实：成绩优异的本科学生基本上无法获得本校同学和校外公众的钦敬羡慕。因此，学生无法享受攻克学术难题带来的成就感；如果将这个问题稍稍拔高，得出的结论就是我们正在忘却求学问道

① 普利切特校长，即麻省理工学院（MIT）第六任校长亨利·史密斯·普利切特（Henry Smith Pritchett），任职时间为1900至1907年。——译者注

② The College of Freedom and the College of Discipline. Atlantic Monthly, November, 1908: 609.

的本真理想。就像哥伦布的发现之旅能够带给探险者无与伦比的激动和愉悦，学术探究也应当是一个振奋人心的探索历程；但在当今大学，那些从事化学或生物学研究的学者已经很难体会这样的浓烈情感。当然，科学探究不可能像地理大发现那样拥有大批追随者，但是，探究者和发现者本人应该明白，他们的乐趣绝非来自旁观者的喝彩，而是内心不可抑制的探索热情。

迄今为止，美国在学术创新方面为世界作出的贡献仍然寥寥无几，关于这个问题，美国大学要在一定程度上承担主要责任。由于美国大学未能在学生反应较为灵敏的早期岁月里对其施加足够的影响，从而导致我们的学生在一开始就未能形成良好的学术品位和远大的学业抱负；不仅如此，我们的教师也少有富有创造力的杰出学者。在美国大学，即使具有一定原创力的优秀教授，也更喜欢为性格温顺的学生解读学科知识的发展历史，而不愿意亲自带领他们探求新知，也不愿意将自己最新的学术成果公之于众。学术之花着实无比羞涩。不会因为频频顾惜便轻易绽放，甚至即使能够获得最精心的呵护，它也未必就会悄然盛开。美国大学必须尽最大努力来培育这种既娇艳又脆弱的花儿，要播下优质的种子，照进温暖的阳光，切勿让陈陈相因的行政管理像荆棘一样妨碍它的生长。

至此为止，我仅仅只是对当前美国大学的部分问题作出评论；关于专业教育和研究生教育，关于图书馆、天文台、实验室、博物馆、校内花园等问题还尚未涉及。这绝不意味着其他问题并不重要，而是由于时间限制，暂时只能围绕两到三个大家普遍关心的话题展开讨论。社群生活涉及大学管理的多个方面，随着时间的推移，其影响范围还会变得愈发广泛。不过，学生社群的所有活动都或多或少地与哈佛学院（即本科生院）密切相关，其中大多数是以本科教育为根基的。在本科阶段，学生应当完善个体性格、树立远大抱负、塑造公民品性以及养成学术品位。如果我们的大学能让多数本科生尊重甚至钦敬身边同学在学业上取得的成就——就像现在他们崇拜体育明星一样，如果具有学术天赋的学生能够接受大学教育的正确引导，充分发挥自身的优势，那么专业学院的负担就会大大减轻，而且成就也会显著提升。在本科阶段提升学生的社群精神、人生目标和学术热忱，对我们的国家也会产生深远的影响。如果海洋的温度不断提高，海水就会混混沄沄直至淹没所有的陆地；与之相类似，如果我们的大学能够增强本科学生的学术抱负，美国社会的整体面貌定然也会焕然一新。当年轻人变得目光如炬，老年人定会梦想成真。

学业竞争

1909年6月1日在哥伦比亚礼拜堂前的致辞；

1909年6月刊登于《大西洋月刊》

我们曾经一次又一次地被告知：美国大学几乎未能培养出任何执思想界之牛耳的伟大学者，美国人因为忙于开发新大陆而无暇探索科学和思想；这样的话语反复被提及，以至于已经成为这个社会的一个难言之痛。但无可否认，到目前为止这个指摘并没有过于偏离现实。由于工业化的迅速发展，以及接踵而来的拜物主义浪潮，美国社会绝大部分最具才华的年轻人的确不愿踏上求学问道的幽径。但是，这个指摘是否必须要由我们的学校，尤其是我们的高等院校来独自面对？对于教育的重视再怎么夸大也不为过，但一旦牵涉到具体措施就必须实事求是、各司其职；一个社会不能只是坐享教育带来的利好，更要承担此方面出现的过错和失误。

教育活动有着多元背景和多重功能，这也是参与教育事业的魅力之所在。无论在理论上还是实践中，教育者都应当以传播知识和培育心智为己任。然而，除此之外我们似乎还忽略了一个同等重要的问题，那就是如何筛选最有可能在学术领域取得伟大成就的天纵之才。我们不能只将注意力集中于如何教导学生，却对如何选拔人才置之不理。如果想要提高美国社会的教育水平，一方面要求教育者必须密切关注人才选拔，另一方面其他社会力量也不可以毫无作为。要想维持较高的教育质量，被教育者的才能与教育者的水平同等重要，每一个曾经有过大学经历的人应当对此都深有体会。譬如，如果想要兴办一个成功的法学院，单方面依赖教授团队的学术素养和指导能力肯定无法实现，达成这个目标还有一个同等重要的先决条件，那就是如何吸引那些最具学术抱负和刻苦精神的优秀学子。

综观这个时代的美国教育，教育者的教学模式已经在很大范围内有所改善，然而受教育者的选拔过程是否还像以前那样富有效力却不得而知。人们常说旧式的读经学校因为课程过于严苛、教育缺乏弹性而无法满足学生个体的发展需要，甚至还会招致多数学生的排斥与厌憎，然而必须承认的是，这样的教育方式却十分便于筛选学术能力出类拔萃之人，同时也能非常顺畅地引导这样的学生进入高等教育体系。同样，类似的情形也发生在旧式本科学院当中。时至今日，美国教育的最低水平，事实上应当是平均水平，已经较过去颇有提升。但同样毋庸置疑的是，多数学生的求知惰性也在不断显现，其心智水平较之以往颇有不及。如此一来，我们有理由怀疑当今学生是否还具备在学术上积极进取的强大动力。如果这一怀疑被证实，就可以断定今时的美国大学在发挥人才选拔功能方面已经较往日大有不如。

当然，针对上述论点也会有人提出质疑：我们不是针对这个问题专门设立新的教育机构了吗？的确，在近三十年中美国大学的一个重大举措就是创立了研究生院（Graduate Schools），从而打造出一个真正意义上的研究者家园。研究生院的成立目的无疑在于选拔学术人才以及培养未来的学界领袖和大学教授。正是由于这个原因，当约翰·霍普金斯[①]开门纳士之时，年轻学子纷纷将其视作晋身为学术精英的圣地。自此以后，美国大学纷纷创建研究生院，研究生规模以超出人们预期的趋势迅速膨胀。随着数量的增长，研究生院却逐渐“沦为平庸”。当然，在其中肯定具有最出色的学术人才，但从整体来看，美国大学的研究生却非一流人才，并且研究生院对学生的要求也不够严谨。最优秀的研究生院对知识基础和学术训练的要求非常严格，但是他们之所以能够维持很高水准，原因在于生源的优秀；对于其他研究生院而言，这一行为难以复制，因此高水平学术习训也就无法成为全体研究生院的普遍现象。事实上，美国大学的研究生院主要具有两个培养目标：培养大学教师以及勤奋多产的学术从业者。不同机构的目标可能不尽一致，但无论朝着哪个方向，美国研究生院的运行方式都存在一定的风险。

大致来看，当前美国大学研究生院的总体规模已达6000人；按照时下流行的观念，这些人全都应当努力成为伟大的学者。但事实上，在同一时刻培养如此庞大的“伟大学者”群体，毫无疑问是一件十分荒谬的事情。如果每一学年都在研究生队伍中剔除一部分在学业方面毫无长进的人，那么上述情形就会有所

① 此处指的是指约翰·霍普金斯大学（The Johns Hopkins University）。该校成立于1876年，其抛弃了美式学院的陈规旧制，致力于打造一所专注于扩展知识、研究生教育和鼓励研究风气的新式研究型大学。其建校理念为：“鼓励研究以及独立学者的进步，使得他们可以通过自己精湛的学识推动他们所追求的科学以及所生活的社会前进。”霍普金斯大学系美国第一所现代意义上的研究型大学，其创立在美国高等教育发展史上具有重要的分水岭作用，美国高等教育由此转入“研究型大学时代”。——译者注

好转。我们不能因为研究生群体基数的庞大而产生错觉，实际上，除了个别例外，这个群体的绝大部分人都将被培养成教师，他们的任务是传播知识而非创新知识，在学术界的身份更像是电源线而不是发动机。的确，他们都将从事学术研究工作，但这项工作涉及多个层面的具体操作。攻读研究生者都需要提交具有原创性的学术论文，但这里所谓的“原创性”并不是指真的要去创造新知，而是在一定程度上证明自己能够掌握原始资料的处理方法；与此密切相关的是对知识来源的熟稔，而非创造新知的能力。

就目前的情况来看，美国大学研究生院的招生方式存在一定缺陷。根据物理学原理，产生能量的前提是存在需要克服的阻力。同样，如果想要招募兼具实力和抱负的人才，也需要为他们设置阻力以及突破障碍之后的奖励。易言之，要想形成坚强的性格，就必须提倡奋斗精神。然而，当前的美国大学研究生院在一定程度上却是反其道而行之，我们总是随随便便地为研究生提供助学津贴，却对其学业表现缺乏监督。如此一来，研究生院便有可能成为不思进取者的安乐窝；或许它们也能招收一些优秀学生，但却不能激发他们的竞争意识、独立精神和远大抱负。而且，此种做派还容易导致我们的研究生院批量生产平庸之才，而这些人日后都将进入重点中学或高等院校从事教学工作。美国大学之所以会实施上述政策，一方面是因为需要大规模招收研究生以证实在此方面巨大投入的合法性，另一方面则是因为不同大学之间的非理性竞争心理。对于某些美国大学而言，多一些研究生似乎就意味着更致力于未来美国伟大学者的培养，从而更像一所成熟的研究型大学。但不幸的是，仅仅具有数量上的优势不能说明任何问题。不过，上述观念的流行也并不违反常理，因为关于如何分辨一个高等院校究竟是在致力于学生数量的增加还是质量的提升，这个问题就连身在其中的教育者都很难作出一个明确的回答，更不用说那些对高校并不十分了解的社会公众。

必须承认，当前美国研究生院仍然保持了相当高的教学水准，但它们是否能够成功吸引那些最具学术天赋的年轻人却十分值得怀疑，而这也正是问题的关键所在。众所周知，雏鹰的最佳生长环境自然是鹰巢；然而如果的确无法做到这一点，那么用母鸡来孵化鹰卵的结果，也绝对胜过用苍鹰孵化鸡蛋得到的产物。问题在于，如何才能准确无误地收集鹰卵？易言之，如何才能将具有学术潜力的本科生招进研究生院？对此我给出的答案是：必须在本科阶段就吸引学生努力提高学业表现，而如果想要在此方面获得成功，便必须要求学生在一定程度上具备求知欲望和学术抱负。需要进一步说明的是，要想达到这个目的不能单单依赖少数学生潜心学业，同时还要激发整个学生群体的向学氛围。

综上所述，美国大学研究生院所提供的优越条件，并不能激发广大学生的求知欲望。事实上，其只为求知若渴的学者提供成长所需的养分，却不能创造出真正的学者。学术追求必须在本科阶段就着手培育，而这一举措能否取得成功主要受到整体氛围的影响。做好这个工作不仅对于招募未来的伟大学者具有重要意义，而且还有助于培养全体本科学生的知识品位。无论他们毕业之后将会从事何种工作，都将终生拥有一定水平的学术修养。从这个角度来看，美国大学的教育现状非常不容乐观。

综观当下的美国本科教育，完全可以得出这样一个结论：基本上没有哪个大学教师对本科学生的整体学术水平表示满意。也许一位教授会在公开场合宣称本校学生的学习成绩要优于其他学校，但私下里一定会暗自抱怨。事实上，大部分教授对本校学生的整体学术水平都是所知无几，更谈不上与其他院校进行比较。因此，美国大学总在进行自我衡量和自我比较，这种行为并不明智。就目前的情况来看，不同高校面临的具体处境可能有所不同，但根本性的问题却基本一致，因此任何大学的有益举措都值得被全国高校所仿效。与父辈们所处的时代相比，今日的美国高校已经有了很大的改观，当前的平均学术水准和最低要求都比往日大大提高了。与此同时，美国大学生社群的集体活动也显著增多，传统大学那种优雅的慵懒氛围在今天已经不复存在。但是，大学的发展绝对不能仅止于此。高等院校应当主动引领社会发展的脚步，而不是被动跟随时代潮流，除非美国高校的学生培养水平获得举世公认，否则我们就不应当安于现状。

当选课制度首次被引入美国大学时，支持者认为这一举措能让每个学生都根据自己的学术兴趣充分行使知识获取的主动选择权，从而产生强大的自我发展动力。反对者并不否认这个观点，他们的不满之处在于：本科学生无法判断何种选择对自身发展最为有利，选课制度的实施将会致使他们仅凭主观喜好随意作出选择，因此最终必将变得狭隘片面。一般来说，所有计划都存在不确定性。在计划实施过程中，那些间接的、不可预测的后果，往往比经过充分讨论的明确主张还更加显著。选课制度的实施充分证明了这一观点。自该制度问世后，几乎所有美国大学或多或少都有所采纳。这一制度的确为学生的自我发展提供了契机，然而与此同时也削弱了他们的拼搏精神。事实上，选课制度的理论假设是：只要为学生提供选择机会，他们就一定会在自己适合的领域全力以赴，并能解决所有问题。然而不幸的是，这个假设并不成立，甚至就连最具天赋的学生也无法证明此观点的正确性。许多才华横溢的人物都是在生活贫困的压力下才努力工作，即便如此，他们也会不断抱怨自己的命运是多么的悲惨。艺术家和文学家这两个群体尤以难以按时完成作品而臭名昭著，他们的困难决不仅仅来自暂时没有找到艺术灵感，譬如，莎士比亚的大部分作品都是在剧场即将演出时才奋笔而就。

如果获得机会就能解决问题，那么世袭财富的拥有者无疑都能比普通人取得更大成就，因为他们的机遇远远多于常人。如果真是这样的话，“财富在哪里积累，人就在哪里腐败”（where wealth accumulates and men decay）这个观点便没了立足之地。然而，事实上人们一次又一次地证明了一个普遍信念的正确性：物质的丰裕和充足常常意味着创造力的衰退。伟大如莎士比亚，当身家变得足够丰厚后也会选择归隐，从此封笔做一个殷实乡绅。因此，当一个人可以自由选择自己的发展道路，可以随意施展自己的才能、表达自己的意愿，那么他基本上不太可能毫无保留地发挥自己的全部潜能。在文明社会，人们都在锲而不舍地培养卓尔不凡的个人能力，都在兢兢业业地激发超越生活的精神力量；唯有通过成功的教育，才能将这些希望变成现实。因此，除了提供机遇，我们的教育机构还必须激发学生的拼搏精神。

在严厉僵化的旧式课程制度下，彼此之间的竞争在一定程度上造就了学生的拼搏精神。由于全体学生都必须修习同一套课程，因此自然而然地就会产生成绩排名；在这种情形下，胸怀大志的学生相互之间便会展开十分激烈的学业竞争。勇于对抗的竞争精神，以及与之密切相关但却更加强烈的畏惧失败心理，都是普遍存在的人之本性。尤其是在面对一些并不值得付出多少努力的目标时，人们勇于对抗和惧怕失败的心理甚至会变得更加明显。类似的情形可见于许多日常琐事，譬如，当一个小学生发现身边的陌生人比自己走得更快，他也会主动加快自己的脚步；而一个农夫偶然发现自家的马在路上闲逛，也会无故感到一阵愤怒。在双方势均力敌且胜负未料的前提下，竞争的强度主要取决于对手的用心程度，而不是所要实现目标的价值高低。如果参与者都在同一个赛道齐头并进，那么这场比赛的精彩程度显然要高于那些在同一赛道依次出发或在不同赛道各自奔跑的比赛方式。以上情形正是体育赛事或者任何形式的体力角逐要比其他任何形式的竞争都更加有趣的主要原因。竞技体育具有强烈的视觉效果，整个过程都历历在目，所有参赛选手之间的差异也一目了然。毫无疑问，世人皆不会把体育竞赛的胜利视为最不可或缺的个人成就，但每个人都会在赛事过程及结果上赋予一定程度的感情寄托。身临其境地观看比赛，并亲自见证胜利者的诞生，这本身就是一件十分有趣的事情。正因为如此，所以才会出现三万人共同观看一场足球比赛并为此如痴如醉的情形。由此可见，哪里有竞赛，哪里就有对抗；激烈的对抗能够让人们产生浓厚的兴趣，由此又会反过来提升竞争目标的外在价值。此现象正是众多“咬尾巴游戏”中的一个：某种既有思维将会导致另外一种情绪的出现，而这种情绪的积累又会反过来诱导原先的思维持续生成。

由于选课制度的施行，美国大学本科生的竞争精神已经被削弱到一个前所未有的程度。所有人都可以自行制订课程计划，以至于几乎没有任何两个学生的课程规划完全相同，因此大家的学业表现也就完全不具可比性。这种情形就像《爱丽丝梦游仙境》（*Alice in Wonderland*）中的“考克斯赛跑”（Caucus Race）一样，参加者可以随便决定在哪开始、在哪结束。两者唯一的区别就在于美国大学的本科生至少还要选修一定数量的课程。在此情形下，基本上没有什么人还会在意所谓的成绩排名。不过，当下一个颇为流行的观点认为，本科阶段的年轻学子不应只为了奖励和排名努力学习——据说这样的学习动机比较低级。持上述观点者认为，学生的学习动机应当是获得知识、参加训练和接受文化熏陶。简而言之，如果学生能够掌握自己的未来，就完全不需要包括学业竞争在内的任何外部刺激。他们只需找到兴趣所在，就必定能够踏上最适合自己的发展道路。沿着这个假设继续往下推导，我们将会得到一个令人讶异的结论：如果所有普通的本科学生都能自动作出最明智的选择，并且他们的本能冲动恰恰切合正轨，那么他们自然也就能够端正自己的学习态度。但是，如果他们并不看重学业表现，同时又十分坚持自己的观点，那么我们这些提出反对意见的人自然也就成了谬论持有者。

在本科学习期间，之所以要采取学业竞争或者其他激励来督促学生奋发向上，主要原因在于大学教育在整个教育体系中的阶段定位，同时还取决于工作中的游戏行为对于人们心理、生理两方面能力发展所能产生的复杂效应。接下来，笔者将就此问题进行简单探讨。

近年来，我们经常听说游戏对动物和人的发展都具有重要价值；此处，“游戏”这个概念一般情况下是指那些单纯注重趣味性、不具任何严肃动机的行为。[①]必须承认，刚才我们不太恰当地使用了一个不同于普通意义的专业术语。有别于惯例用法，“游戏”在此语境下是指一种以促进参与者的身心发展为目标的教育行为，而不是以完成任务或锻炼技艺为目的。易言之，此处所讨论的“游戏”是一个与教育密切相关的概念，其主要关注的

① 类似的表述可见于卡尔·格罗普所著的《人的游戏》(*The Play of Man*)，由伊丽莎白·L·鲍德温翻译。——原文注

是参与者的生理发展和心智成长，而不是他们的参与动机。为了便于大家理解，我可以举例说明这一现象。譬如，一个十分勤奋刻苦的孩子，有可能会在自己并不情愿——当然也不会产生乐趣——的情况下仍然坚持练习技术动作。或许我们会说这个孩子是被迫的，但这又与前文中“游戏”概念的趣味性解释相矛盾。因此，如果非要将趣味性当作界定“游戏”的标准，唯有乐在其中才会主动参与，那么关于选课制度我们应当再次澄清一个问题：一个学生只有在完成了规定任务之后再去选择别的课程，才能被称为“游戏”；为了完成既定任务所作的选择，绝对不能被归入“游戏”之列。易言之，如果一个学生加入了某项运动队伍，但其选择动机并非为了寻找乐趣，而是为了有利身心或为校争光，那么这项运动对他而言也不能被视作“游戏”。以此为依据，我们将会发现大部分体育运动事实上都不属于“游戏”范畴，因为参与运动的年轻学子都有自己的行为动机，而不是纯粹为了追求乐趣。

综上所述，凡是为了身心发展而从事的活动，无论是自愿还是被迫，都可以被归入“游戏”之列；凡是具有明确目标，或者努力打磨技巧以求赢得回报的行为，都不能被纳入“游戏”范畴。如果将此结论应用到课程学习上，那么我们将会发现通识教育与专业训练二者之间的显著区别。就目前的情况来看，大部分的美国工程学院都喜欢在技术课程之外点缀性地开设几门通识课程。而神学院、法学院和艺学院，则习惯于将课程严格限制在专业范畴之内。与当前的情形完全相反，旧式美国大学倾向于将全部教学内容都设计成通识课程，全然不考虑与职业有关的内容。如果旧式大学能够守护好自己的教育目标，并基本保持传统的课程设置，那么我们就可以将大学视作最后的“游戏”场所。请大家不要产生误解，在此提及的“游戏”绝非细小琐碎、无关紧要的趣味性活动，而是一种不可或缺的教育行为。更确切地说，此处所说的“游戏”，其蕴含的意义是指一种有别于直奔目的的逐利行为，致力于发展身体、心灵和德行的参与过程；这种解释可能与大家对“游戏”的一般理解不尽相同。笔者在此提醒大家，“参与过程”是一个十分严肃的概念；在人们的生命历程中，最快乐的人生体验往往与一些不具明确目的的参与过程密切相关。因此，我们应当十分认真地对待这件事情。

关于学校教育之目的，通识与专业（或文化与职业）两种理念已是老生常谈。不过，由于现在将课外活动也牵涉进来，所以在一定程度上拓宽了这个话题，这也是我们继续对其展开探讨的根本原因。如果说大学体育的目的就是为了发展学生的体质，那么一个九人制棒球运动员为了获得报酬或者日后加入职业棒球联盟而参加大学赛事，他的行为就不仅仅只是参与“游戏”。在我看来，为发展智识而开展的户外运动与室内学习二者之间实质上具有高度相似性，尤其是引入竞争和激励机制之后，二者之间的关系变得更加紧密。

在一般意义上，人们倾向于将“游戏”视作纯粹寻找乐趣的行为，因为参与者不具备其他动机，因此也不需要引入任何显性激励。不过，上述理解似乎仅仅适用于婴幼儿，过了这段时间之后，人们对游戏的理解就会发生变化。只有在特别幼小时，人们才会纯粹因为某种稚拙的能力得到了锻炼而感到欣喜和满足，但是这段时期很快就会过去，对游戏的要求必然会进一步提升。事实上，绝大多数动物都是很早就开始为了生存而挣扎，因此无忧无虑的玩耍时光宛如白驹过隙，虽美好却短暂。相对而言，人类需要经过一段更加漫长的成长期，才能在生理和心理上都比较成熟。由于智识的成熟要比生理的发育更加缓慢，所以人们在有能力从事脑力劳动之前所要经历的成熟时期——亦即社会化过程——还会更加漫长。在走向成熟的这段岁月里，可能只有很少一部分时间是无忧无虑的享受时光。即便是体质训练，大多也都具有功利性目的，纯由习训而获得的满足感很快就会消失，因为肌肉的强健、神经的坚韧以及德行的强大，都必须通过坚持不懈的努力锻造才能有所提高。在此过程中，训练者必须放弃生理意义上的享受，才能达到自我提升之目的。为了充分发挥潜力，受教育者必须在教育者的引导下付出艰苦的努力，在此过程中必然需要不同形式的外部刺激。所有熟悉大学足球赛事的人都明白，大部分运动员参与这项运动的主要原因都不是享受比赛带来的乐趣。事实上，一旦度过童年时光，几乎所有竞争激烈的体育运动都不是纯粹因为能够带来快感而引人关注的。甚至可以这样说，如果年轻人只为了享受锻炼本身带来的乐趣而参加体育运动，而不是胸怀抱负或者受到同伴的情绪感染，那么大部分的激烈运动以及随之而来的生理、心理训练，基本上都将不复存在。

哪里有竞赛，哪里就有激励。将儿童与同龄人放在一起，也绝不仅仅是为了训练其社交本能，这一行为同时还意在鼓励竞争，以及促使儿童与同伴通过开展“游戏”来检验和发挥自己的能力。通过观察年轻人在本能兴趣之外参与的各种活动可以发现，他们都是一流的实践派心理学家。与成年人相比，青年人更愿意参加竞争激烈的体育运动，更善于组织各种让人热血沸腾同时也更能让优秀者脱颖而出的集体活动。对此，我们需要进行更加深入的探究。当然，年轻人组织的竞赛活动有时候也未免过犹不及，尤其是引入了竞技场的淘汰机制之后，大部分人都将成为失败者，最后的胜利只属于少数出类拔萃之人。马哈菲教授

(Professor Mahaffy) 在其《希腊社会生活》(*Social Life in Greece*) 一书中指出，与雅典人的竞技体育相比，斯巴达人的野外活动对形成集体意识更加有利，因为前者只让实力出众者登台献技，其他人皆沦为旁观者，而后者则让每一个实力平平者都有机会参与进来。当下美国大学的体育运动也面临着与古代雅典相似的危机，所有的注意力都集中在少数精英运动员身上，而大多数人的体质发展却无人关心。但无论如何，竞争虽然不是提高青少年体质的主导因素，但却能够产生不可或缺的激励效果。

与提高体质一样，要想获得学业进步，同样少不了同伴竞争的有效刺激。但如何掌握这个技巧却是一件非常困难的事情，因为当前的美国学生相当缺乏可持续的学习热情。相对而言，专业学院的情况还算比较令人满意。就在五十年前，专业学院的学生同样缺乏学习热情，但当前它们总体上已经成功地让学生深深相信在校期间的学习成绩十分重要，优异的学业表现不仅是进入职场的必备条件，而且是未来走向成功的一个前期象征。在某些情况下，如果学生深信自己的奋斗历程已经徐徐展开，当下的每一分勤奋刻苦都与未来的人生成功息息相关，那么他们自然就会进行自我激励。如此一来，竞争机制虽然依旧具有十分显著的刺激作用，但却并非不可或缺的必备要素。以同时开设技术课程与通识课程的工程学院为例，学生们因为具备了明确的职业动机而对关乎未来发展的技术课程非常用心，对旨在认识和提升自我的通识课程却十分冷淡。因此，当前我们面临的困难是如何让普通学生也能意识到文化课程的价值。对于一个普通的工程学本科生来说，通识性的文化课程似乎与自己的日常工作毫无干系，这些课程本身的确颇有价值，但却对未来的职业发展缺乏实质性的帮助。为了日后获得成功，工程学本科生可能会努力钻研大多数本科学生都避之如瘟疫的数学，而且毫无抱怨，但却对英语文学和美国历史心存轻视，仅仅将其视作不值得付出努力的“休闲课程”。

相对于专业学院，预科学校和文理学院则是遵循另一种教育路径，在这些学校，竞争机制虽然颇有价值，但并非不可或缺。由于“文法男童”从小就被束以各种清规戒律，以致养成了被动服从的习惯，即便长大以后，他们的行为在很大程度上也是反映父母和老师的观念和意愿。在长期受到监督的情形下，如要获得肯定，学生就必须努力配合外界施于己身的种种期望。但是，在上述环境中成长起来的孩子进入大学校园之后，就会面临一个十分严峻的问题——如何面对突如其来的人生自由，因为有了远比从前更加宽广的自由空间，学生们有可能从知识和德性上都进一步提升自我，但同时也有可能迷失自我。对于刚刚进入大学的旧日文法男童，刻苦努力的学习时光已经成为过去，未来的职业发展尚且前途未卜，这个时候他们的确不太容易理解大学教育的重要意义。不过，这种状态在一定程度上也有好处，因为他们将会真正尝试去做对自己有利的事情。大多数情况下，从预备中学出来的毕业生都不愿意耽于轻松散漫。他们希望有所作为，但却不知道为何而努力拼搏。总而言之，在这样的状态下学生能够保持一个相对不错的学业水平，但却无法做到出类拔萃。

在当前情况下，本科学院要求学生保持一定强度的习训标准是没有多大难度的，而且，近年来美国大学也非常明智地在此方面加强了关注，同时显著提高了对学业要求的最低标准。事实上，如果弄清了最低学业标准意义何在，我们完全能在可行范围内将其随意提高。譬如，大学可以规定十分之一学业表现最差的学生不能正常毕业，无论他们付出了怎样的努力。如果以此作为最低标准，那么所有健康状况良好、能够正常研修课程的学生，无论他们如何愚笨，只要足够努力，保证不落在最后十分之一，就都能够顺利通过考核。但如此一来，天资聪颖的学生可能不用太过努力就可以轻松过关，并且，由于不同个体的先天禀赋的确存在巨大差异，因此那些天资最高的学生在毫不费力的情况下便可超越他人。除了刚刚提到的这个方法，还有另外一种选择，就是只让最出色的一小部分人获得学位。在这种情况下，我们有可能会像德国大学一样，大部分学生都不再主动追求学位，但只要表现良好，他们就可以留在大学接受高等教育。

总而言之，我们尽可以按照自己的意愿设立最低标准；但在此需要澄清的是，学生为了通过最低标准而付出的努力与他们的天赋成反比。反过来讲，该措施无法让聪明孩子变得勤奋。我们可以设置最低能力考核要求，也可以设定对思维能力和勤奋程度的考核比例，但却无法逼迫最有天赋的学生充分发挥潜力。要想达到这个目的，仅靠底线设定是远远不够的，我们面对的是一个真正的难题：如何引入激励机制。

通识阶段的大学生活对人的一生意义深远，无论是童年时期还是专业阶段的学习都无法与之相比拟，但遗憾的是，普通学生常常无法意识到这一问题。对许多学生而言，通识教育与未来人生的联系因为太过模糊和纤弱而无法看得清晰。此过程遵循的是一种颇为深奥的原理，一般本科生的确很难明白其真正意义。因此，在这种情况下，为帮助学生潜心学业，教育者最需要采取的措施就是引入激励机制。就目前的情况来看，美国大学在此方面几乎毫无作为。一个在中学阶段表现优异，在专业学习阶段勇猛精进的人，在本科阶段却很有可能自甘平庸。选课制度的实施彻底瓦解了大学课程的统整性，为激发学术抱负所作的学业排名遭到鄙弃——本科学生、社会公众甚至有时连大学教师都在推波助澜。再加上其他一些暧昧不明的影响因素，以鼓励学业为目标的良性竞争在本科阶段几乎已经完全消失。关于选课制度，我再次恳请大家不要产生误解。只要是心智正常之人，都不会试图在今日任何一个大型高校恢复死板僵化的旧式课程。我们绝不能开历史的倒车，即使有此打算，也不存在可行条件。但是，变动不居的社会现实也不允许人们止步不前。我们必须继续探索新的发展路径，必须引入激励机制，以鼓舞能力出众者好学不怠。

就先天秉性而言，年轻人从事体育运动的主动意愿并不比参加思维习训来得更加强烈，大家对体质出众者的赞赏也并不是天然大过对思维敏捷者的钦慕。不过，体育运动毫无保留地引入了竞争机制，因此无论是本科学生还是学者群体，都更加欣赏运动健将。在当今世界，社会真正需要的是牛顿、洛克和莫里哀，而不是大力王奥古斯都（Augustus the Strong），然而，在大学校园里人们却更加崇拜四肢发达之人。笔者本人并不鄙视体育运动，在我看来，任何形式的竞争活动都有可取之处。但我坚定地认为，在本科阶段仅靠体育运动远远不够，教育者应当以此为模板开展更加多元的竞争活动。高等院校的目的不仅仅是创新知识，甚至也不止于塑造学术思维，其真正的目的乃是培养全面发展之人。为实现此目标，教育者的努力不仅体现在课堂上，而且体现在生活中。唯有学术探究，才是大学的核心所在，离开了这一点，其他方面的努力注定都会徒劳无功。

一个世纪之前，英国大学遽然发现本科学生的课业水平已经变得十分低下，尽管没有参照之前的最差状况，但当时的情形显然已经糟糕至极。为扭转不利局面，英国大学当机立断地引入了竞争机制。学业竞争先在某一个学科开展，继而慢慢推广到其他学科，其主要措施就是将原先毫无区分的学士学位分成不同的荣誉等级，获得高级别的荣誉学位不仅能够证明自己的学术水平，而且还能获得广泛的社会尊重。除了学术荣誉，校方还积极提供物质奖励。总而言之，为了激励学生在学术探究上有所作为，英国大学煞费苦心地设计了一套包括精神荣誉和物质奖励在内的学业竞争机制。当然，以奖励促竞争的方式也会招来不少反对者，他们必会提出追求学术的动机不应如此功利。但是，大学的一大职能就是促使所有个体都充分发挥自己的潜力，而不是一味奢求所有人都发自心底地热爱求知。至于人类本性如何、拥有自由是否有助于提升人们的求知欲望，这些话题太过宏大，在此我们暂时不作评议。

自从引入竞争机制以后，时至今日，牛津和剑桥的师生们依然深深相信，毕业时分的荣誉等级与日后的工作表现具有紧密的内在联系，无论是从事法律、行政还是其他职业的工作。因此，为了获得更高等级的学术荣誉，学生之间必然展开激烈竞争。如此一来，英国学生在本科期间获得的奖励和荣誉便受到广泛认可，就像美国学生喜欢标榜自己的体育荣誉一样，许多毕业生甚至将本科期间的学术奖励视作一生的骄傲，常在个人简历中专门列举，而优异的学业的确能够帮助英国毕业生拥有一个更加美好的职业起点。有鉴于此，牛津剑桥便有了世界上最勤奋刻苦的本科生，即便修习的课程与未来的职业毫无直接关联，他们也会孜孜不倦地勤于钻研。

至于牛津剑桥的学术激励体制是否存在缺陷，其优点和缺点分别如何，这个话题不应占据我们的时间。虽然英国传统大学赖以生存的社会环境与美国大学存在很大差异，不过其努力解放人类竞争本能的做法却具有普遍借鉴意义。因此，我们或许无须复制或追随英国大学的具体措施，但却可以借鉴和学习其成功原则。

综观今日之美国大学，学术激励机制的有效性正在受到抑制，本科学生普遍认为优异的学习成绩是与刻苦程度而非智力水平成正比。成绩优异者的绰号——“学习苦力”（“grind”）——十分清晰地体现出美国大学对学业成绩的轻视态度：这是一个歧视性称号，其暗含的意思是，那些获得好成绩的学生本身资质十分平庸，只会日复一日地死记硬背。这种观点显然不够客观。数据显示，本科阶段的学业优异者无论是在专业学院的学习还是在毕业之后的发展上，都要比其他学生更胜一筹。不过，“学习苦力”这个不雅绰号的确也有些许客观之处。为了让每个学生都能做到勤奋刻苦，我们更喜欢用学业测试来对学生进行督促。如此一来，优异的成绩与个人的能力便不再成正比。在英国大学，这个问题得到了很好的解决：牛津剑桥对学位等级和考核方式进行分级，要想获得较高等级的学术荣誉绝非易事，仅仅依靠勤奋刻苦是远远不够的。如何能让学习成绩名列前茅的学生获得大家的钦佩，英国大学的相关措施为我们提供了重要启示。革新考核方式无疑是一件十分简单的事情，不论大家重视哪些能力，都能设计出与此相对应的评价方法。但真正的困难在于美国大学是否忘记了何谓大学的存在意义，以及教育者是否还会真正考虑这一问题。至于专业阶段的学习，其首要目标在于促使学生获取专门知识、掌握研究方法以及了解信息来源，而在本科阶段，学生的主要目的却是促进智力发展。对于本科学生，一切信息和理论都是锤炼智慧的物质材料，而不是最终目的。如果能让美国公众相信优异的学习成绩能够代表超出常人的智力水平，那么激发本科生学习斗志的工作也就变得简单起来。

除了上述问题，激发本科学生创造力的工作还面临一个新近出现、更难克服的困难，就是德性论在当前美国大学的盛行。一个世纪前，美国哲学家就开始鼓吹政治与经济之间的利益协调论。他们告诉大家，为了在最大程度上实现自我完善，个人应当充分融入这个世界；人们必须基于普遍利益，来追求自己的最大福祉。正是由于上述告诫，我们的先辈开始用一种颇具利他主义色彩的人生观代替先前的个人主义人生观。就像历史上曾经无数次发生过的事情那样，上一代人必定会将自己的人生观毫不修饰地灌输给下一代。有鉴于此，大约从半个世纪之前，美国大学高年级学生就开始认为自己对新入学的低年级学生负有教导责任，并对后者进行“无微不至”的关怀。

基于以上事实，交互义务以及由此带来的协作精神在美国大学显著提升。人们开始不再仅仅为了自己而奋斗，大家更愿意把自己视作某个集体的一分子，为了组织荣誉而奋力拼搏，并一致认为集体主义要比利己主义更加高尚。上述观点正是导致运动员被人崇拜，而学业优异者却受到冷落的原因之一，因为后者看上去似乎只是为了个人的优秀而刻苦学习。如果一个学生将获得物质奖励定为自己的终极目标，这种想法尽管可以接受，但显然过于功利。但在很多人眼中，即使不是为了获得物质回报，潜心学业也是一种自利行为，因此根本不配获得大家的赞赏。而足球运动员则不一样，为给学校争得荣誉，他们敢冒断手残足之危险，在运动场上像英雄一般倾力展示自己的无畏气质和奉献精神，当然值得所有人为其欢呼。只有那些对他人诉求充耳不闻之人，才会为了获得更高等级的学术荣誉而闭门钻研；易言之，这些人不愿履行自己的集体义务，也不愿为了集体荣誉与身边同伴团结一致、共同奋斗。以上这种强调团结协作的集体情感的确值得尊重，但平心而论，却有以集体意志压制个体利益之嫌。更严重的是，上述论调无比粗暴地否定了学业表现的正面价值。正是因为本科学生无法看到优异成绩能给集体带来什么荣光，所以如何激励他们的学术抱负这一问题已经变得愈发复杂。

选拔具有学术潜力的年轻人对于大学而言是一件十分重要的事情，这不仅关系着未来思想界领军人物的培养，而且决定了每一个学生能否充分发挥自身能力。但显而易见的是，这件事情在当今美国大学并未受到应有的关注。另外我们还面临着一个同样不可回避的事实：尽管研究生院以培养学者为宗旨，但它们同样不能激励学生对学术研究产生热爱之情。这项工作必须在本科阶段来完成。在此阶段，学生的体质和心智训练都处于活跃状态，因此竞争机制的引入不仅无可指摘，而且不可或缺。关于这一点，牛津和剑桥已经作出成功示范。反观美国大学，以选课制度为首的各种不利因素几乎已经导致学术竞争不复存在；再加上测试手段的不当使用，以及近年来是否具有协作精神愈发成为个人素质的突出部分，导致竞争机制的有效性愈发难以成功激发。

尽管如此，笔者仍然相信以上所有困难最终都会被克服，美国大众终将意识到学业表现的真正价值。美国人曾经以为，若要年轻人持之以恒，就必须让他们感受到生存压力；美国人还曾相信，耽于享乐和放纵自我乃是人之天性，要想唤醒一个昏昏欲睡的心灵，要么严明纪律，要么让他意识到生之多艰。但我绝不认同上述观点，如果事实的确如此，哪怕只做一天的校长我也不会愿意。对于年轻人来说，真正值得追求的应当是那些让他焕发热情的东西；在此基础上，他们才会为了自我的实现和超越而学着作出牺牲和奉献。除此之外，他们不应再去担负其他压力。打一个比方，如果当下我们正处在战争时期，两支部队都在征兵：一支部队将派往门罗要塞（Fortress Monroe）驻守，在那里他们将会安全无虞，衣食无忧，不仅不会受到死亡和伤残的威胁，甚至还能过上颇为舒适的生活；另一支部队却要奔赴前线，一路上忍饥挨饿，头顶烈日，身陷瘴疠，只要掉队就会失去性命或者残损肢体。我相信，没有一个年轻人会心甘情愿地加入第一支队伍，而第二支队伍顷刻之间就会招募满员。大家想一想，究竟是谁让足球比赛变得充满危险、伤痛不断，是大学教师，还是运动员自己？

年轻人都希望能够全面证明自己的实力，无论是力量、速度、技巧、勇气还是耐力，他们都愿意为之付出艰苦的努力以体现自己的价值。只要对考核的真实性有信心，年轻学子就会勇于接受考验，因为这种行为本身也可以体现男性气概；反之，如果他们不相信学术考核真实有效，就会对其敬而远之。迄今为止，我们尚未让本科学生相信优异的学业成绩值得他们付出精力，同时也没有证实学术测验的结果与学生的智识能力密切相关。如果不能改变上述情形，所有试图激发学术抱负的举措定然都会徒劳无功。本科教育代表了人类思想的永恒价值，其最宝贵的品质就是卓越的预见性和深刻的洞察力；然而，在当今美国大学却很难看到学生执着追求真知，在这里随处可见的是无精打采的学生无所事事地呆坐在教室里。此情此景的出现并非只是因为教育者枯燥无味，而是因为受教育者不愿付出努力；而勤奋刻苦正是所有追求卓越者，也是所有优秀运动员都不可或缺的必备素质。为了让学生看到本科学习对于未来人生的重大意义，为了让他们明白什么是一分耕耘、一分收获，我们必须努力获取能够激发学生想象力的宝贵艺术，这也正是办好本科教育的秘诀之所在。

在优秀学生颁奖典礼上的致辞

1909年12月17日于哈佛

今日在此举办庆典，并不仅仅只是对那些获得奖励、成绩优异或科研突出的同学进行表彰。登高而观，此次活动也是哈佛对学术理想的献礼。因学术而生存，这是人类社会对大学的一个共同信念。因此，在这个场合我们不能不谈及大学学术的本质和意义。

接下来，我们无须费尽心力地一一列举教育对人的重要作用，只需重点关注大学教育的三大突出贡献。首先，是思维能力的拓展，这对学生日后从事任何职业都大有裨益。在更宽广的意义上，这一行为可以被视作公民品格的培养。在此需要澄清的是，良善的公民品格并不只是包含政治意义，如积极参与公共或慈善事务。除此之外，产业领域和专业技术领域的从业者如果能够时刻牢记为社会谋福祉，也完全可以归于良善公民品格的范畴。如果一个商人或专业技术人员在从业期间无视公共利益，那么无论他如何热心政治改革，无论他为教育、医疗等公益事业奉献了多少时间和精力，都不能被称为“良善公民”。高效、正直和公益精神不仅是个体在职场赖以生存的三大法宝，而且对于整

个社会的繁荣兴盛也起着至关重要的作用，因而这三点也是实施公共服务的有力因素。全民政府的运行需要具有相当严格的前提。在某种形式上，这一概念暗示每一个公民个体都有义务为政府付出一定的时间和精力；而且，愈是良善之人，付出的努力就应当愈大。每一个生存在共同体之中的公民，在他有生之年都应为了公共福利而努力，无论身在何处，他都不能卸掉这个义务。简而言之，大学教育的一个首要目标无疑就是培养公民品格。如果教育的过程能够与其所追求的结果相一致，而塑造良善公民又是大学的主要办学目标，那么在其他条件均保持恒定的情况下，大学教育必须更加注重学生的公民品格而非学业进益。

其次，赋予学生公民身份以及提高学生能力，也是大学功能的应有之义。近年来，我们对于学生工作能力的提升给予了较多关注，不过这只是大学功能的其中一个方面。大学对人的培养还应包括品位的提升，易言之，就是培养具有良好教养、与未受教化之人有着明显区别的文雅之士。不过，“文雅之士”并非自高自大之人。的确，当前社会到处弥漫着自私自利、自以为是和自我中心的世俗文化；就像其他利己主义者一样，自负才华盛气凌人者也同样令人生厌。然而，不得不承认，所有美好品质都有可能出现道德失真。以自我为中心的社会文化会使人们的同情心变得萎缩，让人无法扩大与他者交互感应的范围。如此一来，教育本来赋予人的诸种美好事物，都会被狭隘的个人主义所扭曲。真正的高尚之人就像寒冷房间里的火焰，他们会毫无保留地向社会扩展自己的良善，与他者分享自己的美好，致力于改善周遭之人的生活品质。在此过程中，他们绝无居高临下之态。这也是公共服务的一种形式，而且水准更高。

大学教育对于人类社会的第三大突出贡献，就是培养创造性的想象能力。最具原创力的学者才是最伟大的学者，就像最有智慧的政治家才是最好的公民一样。众所周知，所有曾在历史上创造辉煌的人物，可以分为伟大的思想家和杰出的统治者两大群体。对于上述两类人物的评价，不同的人有着不同的理解。对我来说，如果非要作出终极审判的话，那么我宁愿拥有亚里士多德、莎士比亚和牛顿的友谊，而不是获得亚历山大、拿破仑或腓特烈二世的青睐。

想象力对于学术创造具有至关重要的意义，对于这种能力，教育者无法直接传授，也不能将其彻底磨灭。但是，不同的教育方式却的确能对学生的想象力产生刺激或抑制作用。有位美国教育家曾经大声疾呼："只要你在学生身上看到灵光在闪现，那就好好去培养吧。"对于这个告诫，我们应当铭记于心。有的时候，我们并未听过哪位教育家的建议，但却做了目标相同的事情；也有的时候，我们不愿改变自己的教育方式，从而错过了帮助学生点燃原创思维的最佳时刻。

在最近一代人的成长过程中，美国大学教育的一个重大变化就是教学模式的革新。尤其是在最近几年，大学的教学功能受到了广泛关注，人们开始愈发细致地研究这个问题，甚至引入了一些科学手段。关于教学的研究已经上升到前所未有的地步，以至于在许多人心目中"教学"与"教育"基本成为同一概念。事实上，这两个概念之间的差异的确也没那么明显。在我看来，所谓教育，应当是指通过各种形式的外来刺激来激发思维反应，从而促进心灵完善的全过程，而教学，则是教师向学生直接传授信息、观点或思维方法。当然，我也注意到"教学"的定义更加广泛，事实上，每一位优秀教师的教学都不仅仅局限于前文中提到的几个方面。但总体而言，目前人们对于"教学"这个概念的理解还是比较模糊的。为了能够更好地展开讨论，我们在其传统内涵之外再来界定一下其现代外延。

为详细阐述笔者所要表达的意思，接下来将进行举例说明。在孩提时期，我们基本上不会接受太多具体的指导，通常都是自己学习。从本质上讲，这一阶段侧重的是背记能力，几乎所有测验都以考察学生是否记住所学内容为目的。因此，学习的难点在于如何透彻理解知识。当遇到困难时，我们也会寻求帮助，但总体而言，大家主要还是通过自己的努力来完成教师布置的任务。然而，上述情形在今天已经被彻底颠覆。但凡对旧式教学方法比较熟稔的人，走进今日的中小学校后无不十分震惊地发现教师的直接指导比以前大大增多。大致来看，这应当是一种积极变化。

教学方式的变化并不仅仅体现在中小学校，在高等教育范畴内也能明确发现类似的倾向。按照一般人的理解，在大学阶段，以记忆和背诵为主的教学大多被讨论式课程所取代，教师基本上不再向学生直接传授知识，他们只是会将自己的一些研究结论展示给学生。然而，就在数年前，哈佛大学一位著名教授还曾提出，在学科基础课程的教学课堂上，他并不支持学生进行自主阅读，因为这样有可能会让他接受一些错误观念。这句话在当时激起了一阵笑声，大家也没有太过当真，但却让我想起了一些真实存在的现象。根据杜利（Dooley）的描述，现在的大学生大部分科目的学习都必须听从权威教授的安排；并且，他们自己也愿意用教师的既有观点来代替自己的独立思考。因此，教学方式的改变已经对当前的美国大学产生了显著影响：原本是学生各个学科展开自主探究，现在却变成了教师按部就班地讲授各门功课。与此同时，我们还经常试图设计一套跨学科课程，以此向学生传授所有学科领域的基础知识。但遗憾的是，因为涉及的知识范围过于狭窄，这套体系中的任何一门课程都无法展示其所在的学科面貌。由此，我们再次发现，对当前的美国学生而言，大学教育似乎仅限于课堂教学；如果没有选修某门功课，他们就会对这个学科的内容一无所知，无论其对一个文明人是多么的不可或缺。

毋庸置疑，教学功能的凸显以及教学方法的改善的确具有无可估量的进步意义，有助于每一个普通学子十分便捷地走上学术之路；优秀的教学方法不仅能够帮助学生避开知识陷阱，而且能够帮助他们节省大量时间。换句话说，既然学界前贤已经筚路蓝缕地铺平道路，那么后辈学子在优秀教学方法的指导下就可以最迅速、最安全地沿着这条道路不断前行。但是，追随前人的脚步并非教育——尤其是大学教育——的全部内容。在专业学习阶段，学生的主要任务就是以未来的职业为导向，大量吸收具体的专门知识；但通识阶段的学习，其首要目的乃是增强观察能力与拓展理性思维。因此，如果过度强调教学与指导，对于本科生的培养有害而无益。

偏执于教学的教育思维具有一个典型缺陷，就是常常过于武断，甚至有时会将人引入歧途而不自知。乔治·艾略特（George Eliot）曾经告诉我们，年轻人的心灵就像一块田地，要想让种子在其中萌芽勃发，就必须事先辛勤耕作使土地变得平整肥沃。接下来她又进一步阐述，如果将学生的心灵比喻成人的胃口，那么过于直截了当的教导虽然易于消化，但却毫无营养。在我看来，即使灌输式教学所传递的内容貌似颇为丰富，但却只对考试测验产生作用，其功能大致类似于将一只烧鹅肚子里塞满食物。如果把教学分成“好的”和“坏的”两种类型，那么填鸭式教学毫无疑问属于“坏的”；但即使是“好的”教学，也不足以支撑起教育的全部过程。

没人会认为只靠他者喂养、不会主动狩猎掠食的幼狮能够成长为一头真正的雄狮。同样，如果教育只剩下单方面的教学和指导，学生只会被动接受知识灌输，而不再通过自己的努力探究来发现问题，那么这样的教育也就无法唤起学生的进取意识和创造心理，因此也就无法培养自力更生、富有创造力的未来学者。简而言之，过于依赖课堂教学的大学教育只能培养平庸之才，这也是当今美国大学最不可饶恕的重大罪过。在学术领域超脱平庸不仅需要较高的先天禀赋和勤勉的学习目标，同时还需要勇猛精进的进取精神和决不屈从的反抗意识；哪怕教师乃是曾在学术界自由探究的开拓者，学生也不应一味盲从。在哈佛学院的高阶课程中，学生具有充足的自由探究机会。一直以来，我们的课程设计和论文写作都鼓励学生独立思考。即使当前的学生普遍喜欢被动接受的学习方式，高明的教育者也不会鼓励他们亦步亦趋。恰恰相反，真正好的教师虽然也会为学生列出一份又一份的书单，也会让他们阅读一篇又一篇的文献，但他们更希望学生从中攫取新鲜观念，而不是只会对他人的观点发出回声。

从当前的情形来看，我们似乎尚未找到培育创造性想象力的最佳途径。或许我们的原创思维主要放在了改良教学方法上，或许在为学生梳理羽毛时，我们也剪掉了他们赖以飞翔的长翼。对于上述两种情况，我们必须展开反思。首先，我们未能明确区分思维的构建过程和事实的认知方法。这两者不可混为一谈，它们有着完全不同的发生路径。比如，由于一闪念的直觉，某人可能意识到所有生物都源自同一种基质，然后在自然选择过程中进化成不同的物种。拥有这个观点之后，为了证明其是否正确，接下来他必须进行长时间的观察与实验。当然，并非所有发现真理的过程都遵循这个路径；但在一般情况下，提出一个有意义的假设乃是学术生活的起点，而非终点。当然，研究者在有能力提出新的观点之前，必定需要在相关领域拥有深厚的知识功底。在此我想要表达的意思是，仅仅依靠对大量已有知识的总结和归纳并不能创造新的知识。要想完成这个任务，必须在占有大量资料的基础上进一步提出大胆的假设，而善于提出假设的能力主要依赖原始的想象力。因此，教学的价值主要体现在思维习训的深刻性和广阔性。如果以上论述为真，那么无论要在哪个领域培养未来的杰出学者，教育者都要善于激发学生的想象力；在此基础上，再通过长期的观念分析和观点总结来完成思维习训。

以原创力的培养为基准，接下来我们将要检验另一个当下比较流行的教育观念。有人认为，对年轻人的培养应当首先聚焦于一个小的问题域，待到他们的知识和智慧都有所增长，再来逐渐拓宽视野。在我看来上述观念与事物发展的一般规律不相符合。从人类的天性来看，儿童大多喜欢冒险。事实上正是因为人类具有这个本能，所以这个世界才不断会有新的发现。因此，一个年轻人在决定为自己的未来拼搏之前，必然要做一些与事业和前途无关的事情。首先，为了打好基础，他必须尽可能地从教师、教材或其他信息源获取知识，否则，他就会将自己的时间白白浪费在前人已经作出表率的事情上。其次，他还要懂得把一件小事做到极致为何具有重要意义，否则无论大事小事他都将碌碌无为。再次，他还应当充分认识到，普遍性的宏大概念对于现实的外在世界并无任何实际价值，除了有利于自我完善，这些知识不会在其他方面有所贡献。只要弄清了以上三个前提，年轻人就可以对生活中任何值得关注的问题展开探究。一般情况下，年轻人都会选择进入自己最具天赋的领域；如果他们具有真正的想象力，那么对于未来的幻想亦将是引领他不断前行的方向。在生活中，但凡是建设性的工作，建设者最终所能获得的成就基本上不会超出他在付诸行动之前描绘的蓝图。一般情况下，最终的效果都会与最初的方案有很大的差距，如果能有一小部分完全符合期望，就已经是非常幸运的事情了。因此，如果设计者一开始就不敢大胆设计未来的总体轮廓，那么他最终完成的作品很有可能就会因为格局狭窄而不值得后来人继续进行完善。年轻人就应当志存高远，哪怕理想略显粗糙；一个人到了25岁左右，如果仔细观察他的整体思维，基本能够推测他是否具备成就一番事业的潜在因素。如果此时仍旧缺乏远大志向，那么基本上可以断定这个人将不大会有所作为。

关于如何让大学生活有利于公民培养和文化传递，当我们在讨论这个问题时，每一个学生显然都在论题范畴之内。当我们在谈论学术创造力时，大家有可能会觉得这个话题只是针对极少数具有创造性天赋的学生。但事实上，当今世界的发展已经不再完全依赖少数天才，这是一个令人欣喜的进步。伟大的原创能力的确十分稀少，但是如果我们将目光缩小到一些具体事件上，人们的原创性并不那么罕见，这一原则应当适用于所有的创造性工作。大学问和小知识在影响力上的确有所不同，但将它们研究到极致遵循的却是同一条路径。享受创造性思维带来的愉悦并在此方面进一步提升，也不是天才人物或聪颖之人的独享特权。当然，并非所有人都能自主生成学术创造力，但只要沿着其发生发展的正确路径，大部分人都可以理解其价值、感受其魅力。尤其是那些受过高等教育之人，如果在这段时期他们未能形成对学术创造力的认知和欣赏，那么这将是大学教育最难以承受的巨大失败。一个真正的学者，必定具备丰富的想象、崇高的理想、坚韧的耐力和谦逊的品质，如果拥有高等教育经历者不能感知到这一点，那么他在大学所度过的时光即使不是一无所获，至少也是单调贫瘠。尤其是亲眼目睹查尔斯·格罗斯（Charles Gross）等具有以上诸种高贵品质的杰出学者的发展历程之后，我们对于培养学术创造力的渴望就会变得更加强烈。

所有的创造性活动在很大程度上与合适的共同体密切相关。如果不是充满艺术热情的佛罗伦萨市民将契马布耶（Cimabue）[①]的艺术作品贴满大街小巷，意大利产生伟大画家的土壤也将变得贫瘠；如果康德周围的人们统统对哲学不屑一顾，他也就无法写出深刻的哲学著作。今日社会的诸多发明创造，也不可能出现在科学之光尚未点亮的黑暗年代。只要学会尊重学术创造力，每一个人都可以感受其内在精神，因此也就能够帮助自己培育此方面的能力。

① 契马布耶（约1240—1302），意大利画家。生于佛罗伦萨，卒于比萨。原名本奇维耶尼迪佩波，契马布耶是其绰号。他是13世纪后半期首倡欧洲的绘画风格革新，被奉为文艺复兴绘画艺术的先锋人物。契马布耶一生主要在佛罗伦萨活动，著名诗人但丁曾在《神曲》中提到过他。——译者注

如何帮助本科学生提高学术品位

1910年，美国大学联合会致辞

今日美国多数学生的学术品位的确不敢恭维，这是一个不言自明的事实，大学里的情形更是令人难以忍受。事实上，大学生由于不久之后就要走上社会参加工作，因此比中学生更加疏远学术。在大学生群体中经常可以听到这样的话语：学业成绩名列前茅对于毕业之后的生活毫无意义，在大学阶段接受体育训练便足以证明自己的综合素质。在当前，即使并不熟悉美国本科学生的人也知道他们完全不把学业排名视作能在未来获得成就的一个标志。相对于获得优异成绩，他们认为参加体育运动和社会交往更有意义。上述现象近来似乎愈演愈烈，对此我们从勤奋学生的绰号上便可略见一斑。大约三十年前，大家将那些努力读书的学生唤作“学习苦力”(grind)，今日这个绰号又升级为“谄媚的学习苦力”(greasy grind)。不言而喻，在原先的称呼前加上形容词，就是为了表达不加掩饰的轻蔑。我不知道今日的美国大学是否已经沦为历史上最不尊重学问的知识机构，如果猜测属实，也就是说就连作为学术中心的大学都已沦落到如此地步，那么教育者又怎么可能提高学生的学术品位？为了改变这一格局，教育从业者必须冲锋在前。我们这些在大学工作的人，必须真正理解提高学术品位的价值所在。

（接下来作者列举了哈佛本科学院以及法学院、医学院多年来的学生成绩排名，英文原文中没有呈现，应该是编辑时对致辞的内容作了删减，只保留了观点。）

以上数据不仅具有相当长的时间跨度，而且涉及足够多的统计人数，因此我们得以从中发现一个基本事实：本科阶段的优异成绩基本上预示着专业阶段的出类拔萃；同样，中学时期的突出表现也预示着本科阶段的学业将会非常出色。通过审视哈佛医学院多年来的招生数据，可以得知该学院招收的学生大概有三分之二能在本科生院获得优等成绩；并且，优等成绩获得者的平均年龄也要比其他本科毕业生小六个月。在法学院，这种情况更加明显；该学院平均每年只有三分之一的新生是以优等成绩毕业，他们的平均年龄要比非优等成绩毕业者小十一个月。简而言之，根据多年的实践经验，一般来说优秀的中学生也将是出色的本科生，出色的本科生亦将是优秀的研究生；而研究生阶段的优异表现基本上已经为事业成功奠定了良好根基。当然，此处提到的各个阶段的优等生，皆是指那些不仅天资聪颖而且勤奋努力的学生。客观来讲，凡是在中学和大学表现优异的学生，基本上都是天资出众者。毫无疑问，出众的先天禀赋是走向成功的一个决定因素。但如果优秀的成绩只能证实学生具有较高天赋，那么其激励作用就不复存在；如果一个人想要通过努力奋斗来证明自己的存在价值，宿命论思想完全不能阻止他的脚步。正因为如此，我才不厌其烦地向大家重复这个观点——中学和本科阶段的学业表现具有很高的参考价值，它是通向成功未来的预兆。我们首先要做的，就是承认这个事实。其次，我们还要正确认识另外一个事实：到目前为止，学业表现尚未得到应有的重视。当然，也有人对此问题不予承认，甚至还有很多人会对上述评论感到震惊。但现实中的诸多证据清清楚楚地表明，美国公众的确没有认识到学业表现的真正价值。社会上有很多人宣称学习成绩并不重要，许多机构宁愿招录在体育方面有所成就的本科毕业生，也不愿接纳那些学习成绩名列前茅的学生。至于教育从业者，要么在内心私下认可“成绩无用论”，要么就是对此状况充耳不闻，任由学生在缺乏学术竞争的情形下度过自己的本科生涯。甚至在学术圈内部，大家对学生的学业表现常常也不怎么重视，以致学术竞争机制一直不温不火。因为本科阶段的问题比中学阶段更加严重，因此美国大学必须进行彻底的反思。接下来，我将提出两个话题，一个是与美国中学和大学课程设置有关的探讨，另一个则是关于美国高中毕业生申请本科院校的调查；目前，这两个话题都比较受人关注。当前，美国各地的教师会议、教育类期刊和非教育类杂志都在不厌其烦地讨论课程设置；自由教育应当包含哪些科目，哪些科目才对学生未来的职业发展最有帮助，这是大家最为关心的两个主题。但是，关于如何促进学生努力提升自己的智识水平，这个话题却几乎无人问津。同样，当学生准备申请某个本科学院时，大家往往会提醒他们着重关注该学院的授课内容和教学方法，关于学术风气基本置之不理。尤其是本科阶段的科学和艺术课程，上述现象尤为醒目。美国公众似乎总是喜欢讨论某些课程会对学习者的未来产生哪些实际效益，却很少思考学习者应当付出多少努力。从长远来看，课堂学习对于学生的最大意义并非具体的知识和信息，而是助其形成勤奋刻苦的良好习惯。

关于美国学校对学业表现或成绩排名的轻视，我们还能找到另外一个显而易见的证据。在当前的学校教育体制下，如果学生想要进入下一阶段的学习，必须顺利完成上一阶段的课程，也就是必须修满学分，获得毕业证书或学位。客观而言，这种做法无可厚非。但问题在于，教育者对学生进行的考核应当保持怎样的频度，设置多高的标准？如果学生的水平已经保证能够超过最低标准，他们还能不能感受到更多的学习压力？毋庸置疑，在当前情况下，不以满足最低要求为目的，好学不倦、精益求精的学生已经十分罕见。幸好还有哈佛法学院——大家公认的本校最出类拔萃的优秀学院，为美国大学作出了极好的示范。该学院的所有学生都必须经过一番艰辛的努力，才能获得学位证书；而在其他专业学院，学位证书的最大意义就是证明学生曾在大四时期学习成绩位列前三分之一。[①]对于法学院的相关规定，包括许多终生从事教育行业者在内的人都认为，其即使不算迂腐至极，至少也是不合时宜。然而，正是由于严于要求、精于遴选，法学院才成为一个十分挑剔的教育机构，从而保证其一直维持超越同侪的学术水准。通常情况下，其他的专业学院——譬如医学院，对于学位授予的要求大多只是修习过一定数量的本院课程和获得过最低级别的荣誉学位，除此之外便无更多附加条件；反过来讲，既然学院方面疏于管教，那么能力出众的学生——他们在本科学院的毕业成绩已经证明了自己——自然也就无法获得继续提升的有利条件。

除了以上两个证据，还有一个情况能够证明我们不够重视学

① 哈佛大学的本科学院和专业学院并非平行办学机构。通常情况下，已经在本科学院获得学士学位，且成绩比较优秀者，才有资格进入专业学院。因此，这段文字的意思是，除了法学院，其他专业学院只是在招生环节关注了学生的成绩排名，在此之后，便放任自流。——译者注

业成就和学术追求，那就是各高校对于本校教师学术背景的公开说明。通常情况下，拥有学位是教师在教育机构获得教学资质的基本保障；在一些规模较小的本科院校，只有哲学博士学位获得者才有机会申请教学岗位。我们关注的问题是，美国高校是否会在人员列表上一一列举每位教师在读书期间荣获的学术荣誉。显而易见，答案为否。为什么大家不愿意这样做？英国大学的情况便完全不同。在那里，每个教师的名字后面都会加上诸如“曾获得古典学一等荣誉”“爱尔兰研究者”之类的说明。美国教师不愿采取类似的做法，是因为在大家心目中所谓的“学术独特性”根本无关紧要。英国学校如此做，是因为在那里学术荣誉被赋予了极其重要的意义；正因为这样，每个学生才会为此奋斗不已。总而言之，既然教育者都未能正视学术荣誉的内在价值，那么年轻学子更不会将其放在心上。

以上论述的主要目的不是为了说明美国大众对学术荣誉不够尊重，而是提醒教育从业者——亦即教师——自己对此也缺乏关注。事实上，美国公众对学术荣誉的价值认知基本上是与教师群体保持一致的。据我猜测，上述情形的出现可能是由于美国人极度推崇民主平等，因此不愿彰显任何带有优越性的身份暗示。因为这个理由，美国公众倾向于将所有获得同一种学位，或者从同一所高校毕业的全部学生——无论男女——一律平等对待，而非将其分为三六九等。此做派的确保证了平等，但其带来的后果就是平庸之士大行其道，卓越之才却湮灭无闻。

综上所述，我大概提出了两个观点：其一，学生在读期间的学业表现不仅对职业发展十分重要，而且还能表明其心智是否成熟、德性是否完善。因此，成绩优异者极有可能在未来成就一番事业。其二，当前美国教育者尚未真正理解学术荣誉的内在价值。如果这两个判断果真成立，那么其他所有解释都属多余。如果连教师自己都不相信学术价值，那么装模作样地设计一些激励措施又有何用？只要对学业成就仍然漠不关心，就不可能真正激发学生的学习热情。因此，我们首先要做的就是自我教育；人们必须清楚意识到，有些人虽然在学历和学位上没有区别，但实际上无论先天禀赋还是后天训练都存在巨大差异。拥有相同学位者的共同之处，只在于大家全都达到了学位授予的最低要求，明晰他们之间的差异性才更加意义深刻。换个角度来看，如果我们已经能够正视学业成就的重要价值，那么激发学术追求的方式方法便会自然而然地顺利诞生。

可以预料，必会有人反对我所提出的观点，认为我们不应该鼓励中学生和大学生为了成绩排名而努力。在某种程度上，反对者有此想法完全正常。但是，只要稍加分析，大家就应当能明白我所说的激发学术动机，与纯粹以追求学习成绩为目的，二者之间存在根本区别。人们常常反对学生单纯追求成绩，但却并不反对学生追求知识或权力，这表明大家皆能认识到二者并非同一件事情。这一问题的实质，在于分数是否能够衡量知识。如果一个无知学生能够获得高分，或者拥有的知识和对课程的理解与考取的分数不成正比，那么我们可以说分数不代表能力。鉴于当前的现实情形，我不得不遗憾地承认，美国学生的考试成绩的确不能代表他们的真实能力。在当前的美国院校，学生获得高分主要依赖背记能力和表述技巧，真正有价值的个人品质和能力在考试过程中并不能体现出来。但即便考试成绩无法体现学业水平，问题也是出在考核体系，而不应苛责学生对优异成绩的追求。所以说，问题的原因主要在于教育者，而非学习者。关于上述对学习动机的讨论，又将引出另一个话题。既然为分数而学的做法不值得提倡，那么我们接下来就把思路作一个延伸。换个角度来讲，当一个孩子参加体育竞赛，是不是应当为了获得名次或赢得比赛而努力？或者，他必须在比赛过程中完全忘掉目的，仅仅享受和完善自己的肌体？月桂枝或橄榄枝编制的花冠并不奖励那些仅仅具有内在冲动的人，赢得桂冠之人必然是通过艰辛的努力才成功到达某种高度的。如果成绩能够代表能力，学生们为了获得高分而努力更是完全正当。

除非我们自己真正认识到学术荣誉的重要意义，否则任何竞争机制的引入都将徒劳无功。这个结论完全可以成立，不过与此同时我们还需要强调一个附加条件。如果社会公众肯定学术价值，这的确具有相当重要的意义，因为表达形式常对情绪激发具有重要意义，而社会公众的认可无疑是一种具有激发性的表达形式。人类的情感往往是通过表达形式来加强的，譬如庄严肃穆的庆祝活动有助于强化庆典主题的严肃性，高唱爱国歌曲有助于激发人们内心的爱国热情，而野蛮人在部落集会仪式上的残忍杀戮则会制造出恐怖效应。反过来讲，如果缺乏恰当的表达形式，人们的情感将会变得麻木。因此，如果教育者年复一年地告诉大家只应从内在感受出发来对待学术，无须为取得突出成就获得者举行隆重的奖励仪式，甚至还认为此种做法颇为幼稚，那么久而久之，大家也就真的不再关注，甚至逐渐忘却学术成就究竟是何物了。

因此，我们不仅要利用一切适当形式来表达对学业成绩优异者的鼓励和尊重，而且还要坚信此举必定有利于彰显学术价值。在此问题上，决不能仅仅做些表面文章，敷衍了事。至于究竟采取何种形式，这个问题倒不是那么的重要。事实上，越是自然而然，就越有利于表达，关键在于参与者必须能够真实体现自己的观念和情感。雇佣机构在招聘大学生时，不应仅仅关注应征者的学位名称，还要进一步了解他们为了获得学位付出了多少艰辛刻苦，拥有了哪些优秀品质。我们必须让学生真切感受到，学术荣誉不仅意味着对当前学业的正面激励，更是一种对未来发展的美好许诺。最最重要的是，教育者自己必须坚信学术荣誉的重要价值。因此，所有的美国教育机构都要牢固树立这样一个理念：要想获得出类拔萃的学术成就，就必须比平庸之人多付出数倍的刻苦努力。

在致辞结束后，我收到了一封家长来信，其中清晰表达了教育者在当前面临的处境和亟需解决的困难：

致哈佛大学洛厄尔校长

尊敬的校长先生：

我怀着极大的兴趣，在杂志上读到了您在召开全校大会时就学术品位问题所作的演讲。尽管我不认为自己有能力就此问题提出一些与您不同的新见解，但仍然情不自禁地想要表达深刻的思考——究竟应当由谁来承担责任？当我把孩子送入大学之后，很快就会发现他对参与社交活动的兴趣远远大于进行学术探究和解决生活难题。由于实在难以忍受，我径自来到大学拜访孩子的院长。院长先生向我坦承，当今大学的情景与我们读书时已经大不相同，现代社会不仅需要毕业生具备学术素养，更要求他们拥有高超的表达和交往能力。最后，院长先生还情绪激动地说了一句话："没有哪个学生愿意被人称作书呆子。"听完这些说辞，我默然而退，但内心并不认可。当我把眼界放得更宽，却发现中学也存在着同样的问题。我的小儿子在文法初中时所有功课都在95至100分之间，最近他已升入高中。然而，不久之后我就发现他的精力越来越分散，兄弟会、足球赛越来越多地占据了他的时间。于是，他的首次也是迄今唯一一次考试成绩，仅仅达到平均水平；当遭到我的批评时，他的回答是：在高中阶段大家对学习成绩的态度已经有所改变，只需达到及格水平就基本可以接受。由于我自己负责运营一家相当不错的私人图书馆，因此这个孩子从小就阅读了大量的文学作品，在英语的使用上，他的确超出同侪，这也是我的一个骄傲。然而，现在的他却不再像我一直鼓励的那样，继续阅读报纸杂志。我确信，他的求知氛围已经彻底改变。我想知道，上述情况的出现究竟在多大程度上是因为高中与大学具有从属关系，致使前者不得不迎合后者的品味，从而忽略了对生活的回应？关于这个问题，我希望能够得到您的指点。我一直不认为学校教育可以取代家庭教育，事实上有时候前者常常与后者背道而驰。因此，当面对一些当下如此流行的观点时，我们这些有着传统作风的家长虽然忧心如焚，但却无能为力。以上问题让我感到深深的忧虑，因此在这里我想郑重向您提出一个问题：如果我们的孩子无法摆脱当前的流行观念，如果他们不能比大部分年轻人更加意志坚定，那么究竟还应不应该将他们送入大学？

根据我的观察，只有东方家庭才会将大学经历几乎视作人生成功的一大标志，我们西方人不该这么认为。当然，我也不会像约瑟夫·坎农（Joseph G. Cannon）先生那样宣称，“高等教育若是会对年轻人造成伤害，便不再值得拥有”。但我也真诚地相信，当前大学教育中时常会对学生灌输错误观念，同时也在很大程度上削弱他们成为良善公民的可能性。以上观点或许并不正确，我身边也有不少朋友提出反对意见，但无可否认，许多年来我一直对美国教育感到深深的担忧。因此，当看到您的文章时，我由衷感到欣慰。原来另一位在教育界声名卓著的人物，也有着同样的忧思。所以，我忍不住向您致信，冒昧之处敬请谅解。

尊敬的校长先生，我真诚地赞同您的观点，希望以上论述能够为您提供一点佐证。

此致

敬礼

1910年10月29日

本科教育与专业学习

关于哈佛大学的统计分析

1911年11月，发表于纽约《教育评论》

一直以来，教育者给人的印象都颇为保守。但最近这段时间，他们却一改往日擅长假设的推理方法，而用一套自然科学的实验法取而代之。在当今教育界，大量实验都在针对一个最具探究价值的问题——学生的才能究竟在何种程度上可以从一个领域转移到另一个领域。对于这个问题，众多互不相关的独立研究者通过自己的观察得出了以下结论：首先，如果才能的获得取决于学习者对学习对象的熟悉程度，那么这种才能几乎不可转移；其次，如果获得某项才能取决于思考问题的方法亦即思维模式，这种才能便可在条件适宜的情况下广泛拓展；再次，如果某些才能遵循通用原则或一般道德律，譬如勤勉、持久和努力等，那么其几乎可以无限推广。

迄今为止，我们尚未明确以上三种才能在任何学习过程中的作用机制，也未能了解它们分别在学生不同成长阶段的重要程度。迄今为止，研究者所做的实验主要面向中小学生，而通常情况下青年人将已习得的思考方法应用到新领域的能力，都要比儿童强一些。此外，研究者还非常巧妙地针对不同才能展开分类实验，这的确很有必要，尤其在高等教育阶段，学生所采取的思考方法以及表达出来的才情能力，要比中小学更复杂、更具可迁移性。这种复杂且可迁移的才能，我们一般将其称为“应变能力”；而提高自己的应变能力，正是根基宽广的通识教育带给学习者的一个主要收益。

除了缺乏不同阶段的对比，上述教育实验还存在一个显著不足，那就是观察时间往往很短，一般都不超过两周。在如此短暂的时间里，学习者基本上只能对学习对象有一定的熟悉度，很难在此过程中形成思维方法，更不用说养成某些一般性的道德品质。有鉴于此，第一种能力的形成就很有可能在实验者的观察结果中占据过于突出的位置。譬如，通过两周的观察，实验结果可能显示练习网球或棒球对学生的划船能力和技巧没有任何帮助；但是，如果多年坚持网球或棒球运动，学生的整体敏捷度以及肌肉和神经的活跃程度都会大大提升，此时他再练习划船，必然远比一个缺乏锻炼的学生更有优势。并且，长期坚持棒球或网球训练的学生即便在刚开始接触划船运动时无法与娴熟的桨手相抗衡，但只要进入这个领域，他便能迅速拉近甚至完全弥补与后者的差距。因此，教育决不能被视作一门纯粹的实验科学；因为实验过程的持续度总归有限，所以无法清晰洞察不同课程对于学习者的长期作用。研究者不可能仅仅为了观察结果而迫使学生学习某种功课数年之久，除非他坚信这门功课对后者最为有利。因此，除了实验周期太短而无法观察某种教育对学生的长期效应之外，教育实验还存在另一个显著问题，那就是实验者必须预设自己采取的教育方法对学生大有裨益。因此大家只能观察教育结果，无法设定实验目标。

幸运的是，笔者所在的哈佛大学为学生提供了大量不同门类的选修课程，因此我们可以通过认真观察本科学生的课程修习情况，来对前文中谈到的教育实验相关问题作出阐释。但此做法也存在一个问题，就是如何衡量结果。阿基米德曾经说过，如果有一根足够长的杠杆，然后再找到一个支点，他就能撬动地球。但关于我们正在讨论的这个问题，却很难找到一个合适的支点。多年来，大量数据纷纷表明优异成绩与成功人生之间存在正向关系。而所谓的“成功”，要么是以美国版《名人录》的记载，要么是以本校同学或社会公众的普遍评价为标准。前一个标准过于偏向文化贡献或学术成就，后一个标准又太过依赖由世袭传承或婚姻关系带来的个人财富。因此，以上二者皆不可当作衡量个人成就的客观标准。有鉴于此，学生完成大学通识教育后在专业学院中取得的成就便更具价值。虽然从通识到专业的距离并不遥远，但后者却更能为观察者提供一个可靠的能力衡量指标。

在此需要提醒大家的是，无论我们使用哪种方法来评价通识选修课程与日后个人成就之间的关系，都必须谨记一个前提：选修课上获得的成绩并不等同于学生在接受通识教育期间的真实表现。事实上，这个换算方程涉及两个要素，或者说两个彼此独立的变量，一个是通识教育对学生心灵的塑造作用，另一个则是不同品味和能力的人自由寻找心头所好的选择过程。因此，如果一个学生在专业教育阶段选择修习数门功课而且考试成绩名列前茅，那么有可能是两个原因在起作用：一个原因是他选择了自己喜欢的专业并拥有恰当的学习方法，另一个原因则是虽然他并不喜欢这个专业，但在被迫情况下还是拿出了在通识教育阶段练就的刻苦精神。在很多情况下，上述两种原因都是纠缠交织，但各自所占的比重无法弄清。因此，当前我们亟需解决的一个重要问题，就是尽可能地明晰上述两种因素的作用机制，从而分清哪种因素在实践中发挥积极作用，哪种发挥消极作用。譬如，如果一个学生在通识教育阶段必须选择许多不同门类的课程，在专业阶段可以自己决定选择某些课程，但两个阶段的考核结果却基本相同，这就表明他所修习的课程没有一门特别适合自己，因此自主选择机制在他身上根本没有发挥任何效果。在这个案例中，学习过程的消极作用就胜过了积极作用。反之，如果学生在通识阶段选择了某类课程，随后他在专业阶段又选择了相关课程，而且获得了超群绝伦的优异成绩，这个案例就能说明自主选择机制的有效性。因此，我们必须首先谨记优异的学习成绩具有两种不同的影响因素，然后才能分别设计体现不同因素作用机制的考评方法。易言之，我们需要设置两种变量，然后再列出两个有关学习成绩的求解方程。

如果要对通识教育与专业教育两阶段之间的内在联系展开分析，哈佛可能是所有美国大学中相关数据最丰富者。大概世界上没有哪一所大学会像哈佛一样，在如此长的时间里，让如此大量的本科学生完全自由地在如此之多的课程中自主进行选择。易言之，在很长一段时间，哈佛学院的所有学生都可以完全按照自己的意愿，随意选择和组合课程修习计划。大约在四分之一世纪里，哈佛本科生只有英语言文学一门必修课，最多有时候再加一门现代语言课，除此之外他们所有的课程都可以自主选修。这就意味着，大家在制订课程计划时具有无数种排列组合的可能。不仅如此，相当一部分本科生从哈佛学院毕业后都会进入医学和法学等专业学院继续进修，这事实上也对我们进行比较研究极为有利。如果某个学生在某个学院修习历史，而另一个学生在另一个学院修习自然科学，那么二者之间几乎无法进行对比，除非这两个学院的考核标准和招生质量完全一致，而事实上这基本不太可能。随着统计数据的累积，将研究视阈限定在一定范围内是很有必要的。譬如，哈佛大学劳伦斯科学院（Lawrence Scientific School）曾开设过一门名为“解剖与生理学”的课程，其本意是为学生从事医学研究提供前期知识储备。然而在已经进入医学院学习的理科毕业生中，只有极个别学生选择了这门课程，而且他们的成绩还远远低于选择这门课程的人文学科毕业生，但是后者的成绩不会进入医学院的数据统计。因此，如果将上述理科毕业生修习此门功课的成绩与尚未毕业的学生一并计算，那么这门功课的平均成绩就会大大降低，而这将会导致这门课程被列入总体水平较差的名单内。

因此，本文列举的数据皆来自通识阶段就读于哈佛学院，然后进入医学院和法学院完成专业教育的文科专业学生；他们全部都是男性学生，都是用大约三年时间总共修习12门通识课程。[①] 在授予毕业生专业学位时，上述两个专业学院都分为普通学位和荣誉学位两种；虽然两者的评价标准颇有差异，但总体而言荣誉学位的授予都以考试成绩为依据。本文中有关法学院的毕业生统

① 如果把那些只在哈佛学院待上一年或两年的学生也统计进来，我担心会破坏数据对比的基础，无论是课程选择还是成绩排名。从八到十门同领域课程中选修六门，与从十六、十七门同领域课程中选修六门，是两个完全不同的概念。而且，荣誉学位的授予也部分取决于高分课程的数量，因此那些只在哈佛学院内短暂停留的学生基本上不太可能获得。本文中给出的数据与1910年12月份的《哈佛毕业生》杂志上列举的数字有些许出入，部分原因是本文对杂志数据的细小错误作了订正，但主要原因还是有些学生因为课程选修不够或学费缴纳不足而无法按时毕业。最后要说明的是，本文数据主要参考哈佛大学五年一次的周期性常规统计。——原文注

计数据涵盖了1891—1910这二十年，所有学生在本科阶段的修习年限都是四年，专业阶段为三年，因此最早一批学生是在1884年进入哈佛学院，此时哈佛的选课制度尚未完全成熟。有关医学院的数据只涵盖自1895以来的十六年，在此之前该学院只向完成四年专业学习生涯的学生授予荣誉学位，如果只修习三年，无论学业表现如何优异也只能获得普通学位。

由于本科阶段的课程涉及许多不同学科，因此为了研究的需要我把所有选修课分为四个大的组合。第一组包括语言、文学、美术和音乐，第二组包括所有的自然科学类课程，第三组是历史、经济与管理，第四组是哲学与数学。本文统计的数据涵盖所有在上述任一课程组合修习六门或以上功课者，此外我们还统计了所有四组学生在专业阶段获得荣誉学位的比例。[①]

在对各项数据进行全面分析之前，我们先来审视一下法学毕业生和艺学毕业生在本科阶段的人均选课情况。详情参见图1和图2。[②]由图可知，未来的律师和医生在本科阶段选修课程的主要区别在于：前者一般而言稍稍倾向于古典学，尤其喜欢历史、管理和经济，比较疏远德语，十分排斥自然科学。上述情况基本上代表了所有学生，无论是荣誉学位还是普通学位获得者。在图1和图2中，获荣誉学位者的选课倾向用虚线来表示，其他学生的选课倾向则用实线表示。显而易见，代表两类学生的线条几乎重合。两者最大的差异在于，荣誉学位获得者更多地选修了古典

① 在此需要提醒的是，在某个学科大类选修六门以上课程的次数并不代表选修该类课程的人数。有些学生可能未在任何学科大类选修六门课程，而有些学生则可能在不止一个学科大类选修了六门以上课程，所以六门以上选课人数与学生总数并不一致。——原文注

② 人均选课频次未达到十分之三的课程，在此不予统计。——原文注

学和数学，而普通学位获得者正如大家所预料的那样，略略倾向那些比较容易通过的课程。

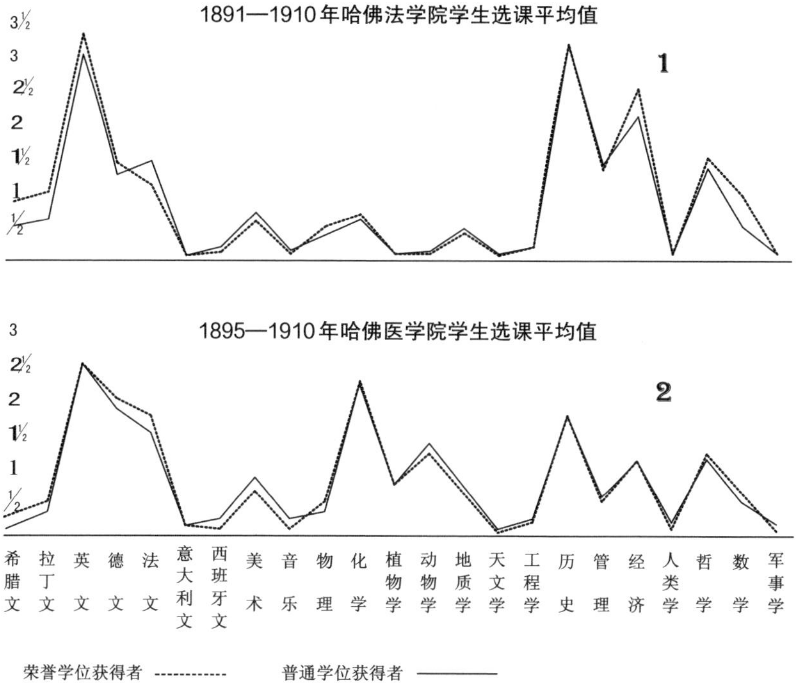

图1与图2

上图为1891—1910年哈佛法学院与1895—1910年哈佛医学院的学生选课平均值，实线表示普通学生的选课数值，虚线表示未来的荣誉学位获得者的选课数值；各门学科从左至右分别为希腊文、拉丁文、英文、德文、法文、意大利文、西班牙文、美术、音乐、物理、化学、植物学、动物学、地质学、天文学、工程学、历史、管理、经济、人类学、哲学、数学、军事学，课程上方线条所对应的数字即为平均每人选修该学科的课程门数。——译者注

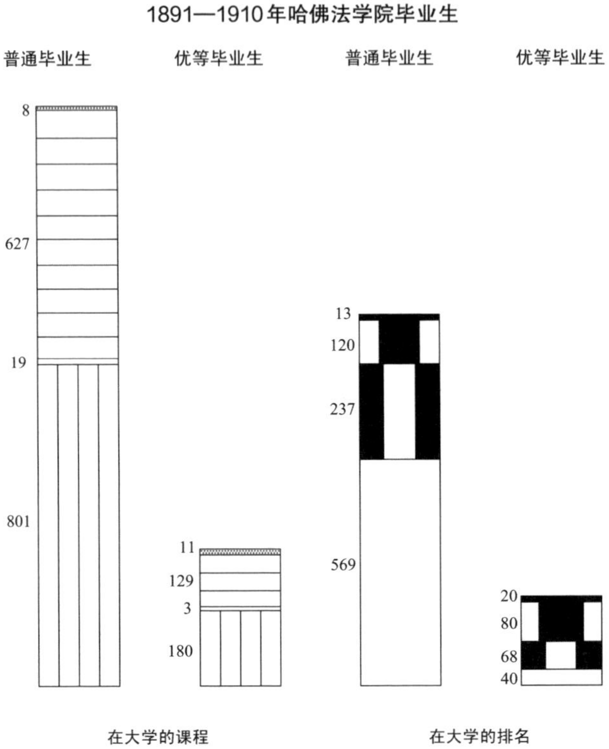

图3

上图为1891—1910年哈佛法学院毕业生在本科阶段选修课程门类的统计，数字代表本科期间选修某个学科大类六门以上功课的人数；最左边柱形图代表的是未获荣誉学位的普通学生的选修情况，其中最下端的竖条图形部分代表801名在选修语言文学课程大类修习六门以上功课者，上方空白图形部分表示19名选修自然科学大类六门以上功课者，再往上横条图形部分表示627名选修历史与政治学大类六门以上功课者，最上方点状图形部分表示8名选修哲学与数学大类六门以上功课者。左起第二个柱形图表示荣誉学位获得者本科期间的课程选修情况，其结构形式与左起第一个柱形图完全相同。左起第三个图形指的是获得普通学位者的统计数据，左起第四个图形是指获得荣誉学位者的统计数据。两图形最底部的空白区域代表本科期间获得普通学位者，向上带有两个较窄黑色竖条的区域代表本科期间获得初等荣誉学位者（cum laude），再往上中间带有一个较宽黑色竖条的区域代表本科期间获得优等荣誉学位者（magna cum laude），最上方全部以黑色填充的区域代表本科期间获得最优荣誉学位者（summa cum laude）。——译者注

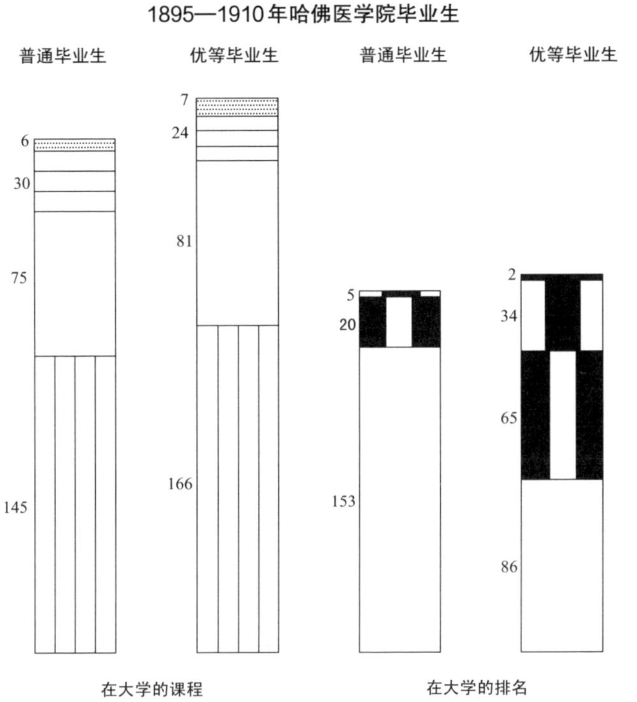

图4

上图为1895—1910年哈佛医学院毕业生在本科阶段选修课程门类的统计，图形与数字代表的意思与图3一致。——译者注

接下来，我们将目光投向学生在四大学科领域的课程选修情况。凡是在任何一个学科大类修习六门以上功课者，都被纳入数据统计范围，具体情况见图3与图4。图3左起第一个柱形图，代表的是法学院普通学位获得者的选课情况。柱形图最下方被竖线填充的部分，表示在语言与文学大类选修六门以上功课的学生人次；上方空白部分代表的是选修自然科学大类的学生；再上方横线部分，代表的是历史与政治学大类；最上方由点状物填充的部分，代表的是哲学与数学大类。左起第二个柱形图与第一个的结构相同，其代表的是法学院荣誉学位获得者在四大学科门类其

中之一选修六门以上功课的学生人次。通过观察图3中左边两个柱形图可以得知，进入法学院的本科毕业生，大约有将近五分之一的人后来成为法学荣誉学位获得者，这个比例基本接近总平均数值。法学院全体学生获得荣誉学位的数据如下表：

	普通学生	荣誉学位获得者
I(语言与文学) …………………………	801	180(18.3%)
II(自然科学) …………………………	19	3(13.6%)
III(历史与政治) …………………………	627	129(17.1%)
IV(哲学与数学) …………………………	8	11(57.9%)

上述四组学生获得荣誉学位的比例，有三组相差不大，唯一出现明显异常的是第四组，也是人数较少的那一组。第四组之所以出现异常，主要原因在于数学课程，对于这个问题我们随后将会进行详细解读。抛开数学课程造成的影响，第二个柱形图基本上就是第一个的缩微版。这就意味着，法学院学生在通识教育期间选修哪个学科大类对于其未来学术发展的影响并无多少差异。

与法学院相比较，医学院的统计数据却透露出一些颇为不同的信息。事实上，两所学院之间的差异甚至有些令人震惊。究其原因，一方面固然是因为医学院学生在通识教育阶段从四个学科大类选修六门以上课程的人数分布较为平均，另一方面也是因为该学院对荣誉学位的授予比较随意，以致普通学生和荣誉学生的总体数量基本持平。这一情况在图4中也得到了体现。四个学科大类的总体数据如下所示：

	普通学生	荣誉学位获得者
I(语言与文学)	145	166(53.4%)
II(自然科学)	75	81(51.9%)
III(历史与政治)	30	24(44.4%)
IV(哲学与数学)	6	7(53.8%)

总体来看，通识教育阶段主修不同学科大类的学生在进入医学院之后，获得荣誉学位的比例基本保持均衡。因此，在争取医学专业荣誉学位时，来自自然科学大类的学生并不比来自其他学科大类的学生具有明显优势。虽然医学院教授常常不愿承认这个结果，但只要稍作分析，就会理解造成这个结果的原因其实并不复杂。毋庸置疑，如果学生在攻读医学之前拥有自然科学的知识基础和分析方法，那么初始阶段的学习对他们来说就相对简单。根据哈佛大学医学院三年前针对一届学生所作的数据统计可以得知，学生在第一年修习解剖学和组织学时获得优异成绩的情况，与他们本科阶段选择修习生物学的情况基本保持一致；如果扩大调查范围，对该学院近十六年来的数据进行分析，上述统计结果也能进一步得到证实。数据显示，本科阶段选修十门以上自然科学类课程者，进入医学院后第一年的平均成绩要优于本科阶段选修六门以上、十门以下自然科学类课程者；而后者的第一年平均成绩又要优于本科阶段选修三门以下自然科学类课程者。但随着专业学习的不断深入，这种先发优势迅速消失。此现象主要体现在两个方面：一方面，来自其他学科大类的学生在本科阶段获得学士荣誉学位的比率并不低于来自自然学科大类的学生；另一方面，同样是在本科阶段主修自然科学但修课数量不同的学生，最后在医学院获得荣誉学位的比例也没有出现明显差距。本科修习六门以上、十门以下自然科学类课程者最后获得医学荣誉学位的

比例为54.1%；选修十门以上者共有23人，最后获得医学硕士荣誉学位者仅有9人，比例为39.1%；而选修三门以下者共46人，其中竟有28人最后获得医学硕士荣誉学位，所占比例高达60.9%。当然，由于以上数据的调查样本比较有限，因此不能就此认为本科阶段选修自然科学对于医学专业学习具有不利影响。不过，上述统计结果在一定程度上也告诉我们，本科阶段一味修习自然科学对于未来的医学研究并无多少利好，而之前完全忽略此类课程的学生以后也未必处于不利地位。随着调查越来越深入，大家就会越来越清晰地意识到，本科阶段修习哪些课程，对于今后的专业学习并无多少实质性的影响。

接下来，我们将目光从课程选择转到学习成就。图3右边两个柱形图表示的是曾在哈佛学院修习达到一定年限，而后又在法学院获得学位的人员统计。其中左边的柱形图指的是获得普通学位者的统计数据，右边的柱形图则是指获得荣誉学位者的统计数据。[①]两图形最底部的空白区域代表本科期间获得普通学位者，向上带有两个较窄黑色竖条的区域代表本科期间获得初等荣誉学位者（cun laude），再往上中间带有一个较宽黑色竖条的区域代表本科期间获得优等荣誉学位者（magna cum laude），最上方全部以黑色填充的区域代表本科期间获得最优荣誉学位者（summa cum laude）。与左边两个图形相比较，右边两个图形的情况明显有所差异，“面积”较小的图形绝不是“面积”较大者的缩微版。恰恰相反，右边两图中“体量”较高者的白色区域所占面积较大，向上三个区域随着颜色越来越深，所占的面积也越来越

① 左边两个柱形图之所以与右边两个柱形图存在一定差别，主要原因在于前者表示在某个学科大类选修六门以上课程的频数，后者指的则是人数。——原文注

小。换句话说，学生在本科毕业时的名次越高，未来在法学院获得荣誉学位的可能性就越大；而且伴随着名次的上升，未来获得荣誉学位的概率也会迅速提升。在609名获得普通学士学位的学生中，仅有40人后来获得法学院的荣誉学位，比例为6.6%；在305名获得初等荣誉学士学位者中，后来在法学院获得荣誉学位者有68人，比例约为22.3%；在200名本科毕业时被授予优等荣誉学士学位者当中，后来在法学院也获得荣誉学位者有80人，所占比例为40.0%；而33名最优荣誉学士学位获得者当中有20人获得了法学院的荣誉学位，所占比例为60.6%。由此可见，本科毕业时获得荣誉学位者与获得普通学位者相比较，前者未来获得法学荣誉学位的概率是后者的3倍有余；而本科毕业时的优等荣誉学位获得者与普通学位获得者相比较，前者在未来获得法学荣誉学位的概率是后者的6倍；最优荣誉学位获得者在此方面的概率更是达到后者的9倍。

与法学院的情形相比较，医学院的两对柱形图传达的信息也基本相似，唯一的差异在于后者的荣誉学位授予标准不像前者那么严格，因此整体比率更高。由图4可知，在239名本科毕业时获得普通学位的学生中，后来有86名获得医学荣誉学位，比率为36.0%；在85名本科毕业时获得荣誉学位的学生中，后来有65名也获得医学院的荣誉学位，比率为76.5%；在39名本科毕业时获得优等荣誉学位的学生中，后来有36名亦获得医学院的荣誉学位，比率为87.2%；而本科毕业时获得最优荣誉学位的学生，后来全部获得医学院的荣誉学位，比率为100.0%。

至此为止，法、医两所专业学院的数据统计已能证明我们之前的假设完全成立，同时也显示了自主选择与刻苦努力两种要素的作用机制，但关于二者之间的区分仍然扑朔迷离。专业学院的优秀学生之所以能够获得较高成就，究竟是因为本科阶段选修了相应的基础课程，还是因为拥有某些内在的优秀品质，仅凭上述数据无法确定。因此，当前我们亟需寻找一些能够排除或降低另一种影响因素的评价方法，以确定其中一种因素的影响作用。为达到此目的，我们将进一步审视学生在本科入学考试时的表现，以考察其早期的学术取向和勤奋程度。[①]如果申请就读哈佛大学本科学院的学生分别来自多所办学水平不同、教学标准不一的中学，那么大学的入学考试不仅是对学生能力的考核，同时也是对毕业学校教育质量的评价。不过，至少到目前为止，哈佛大学本科学院生源学校的类型仍然相对单一。根据哈佛大学招生委员会主席最近所作的报告，可以得知目前本校三分之二的学生都毕业于少数几所预科学校。如此一来，我们就大致上可以断定大学入学考试成绩主要体现的是学生本人的学术能力。如果假设学生在刚进大学时都能保持勤奋刻苦的学习状态，那么入学成绩和大学排名二者之间的差异主要体现的是学识的增长而非能力的提升。每一个熟悉当今美国大学生活的人都明白，许多入学时成绩优秀后来排名下降的学生并非能力不足，而是被其他活动占去了太多的时间和精力，或者是在新的环境中变得慵懒散漫。综上所述，入学考试大致上可以被视作先天学术品质的体现；如果这些品质已经在部分学生身上得到体现，但这些人在本科毕业时有的获得荣誉学位，有的却只能获得普通学位，那么这种差异在很大程度上就应该归结为培养效果而非先天禀赋。

接下来，仍以哈佛法学院学生为例，将其分成本科入学时具

① 在条件允许的情况下，我们甚至还可以据此评价学生的智力状态。——原文注

有明确学术倾向者和不具备此类倾向者两类，然后对比分析二者分别在本科阶段和专业阶段获得荣誉学位的整体情况。

1891—1910年哈佛法学院毕业生学术成就统计表

总计	有明显学术品味者人数						无明显学术倾向者人数						进入大学的法学院学生获得初等荣誉学位的百分比(%)		
	在大学排名				在法学院排名		在大学排名				在法学院排名				
	未获得荣誉学位	初等荣誉学位	优等荣誉学位	最优等荣誉学位	未获得荣誉学位	初等荣誉学位	未获得荣誉学位	初等荣誉学位	优等荣誉学位	最优等荣誉学位	未获得荣誉学位	初等荣誉学位	有明显学术品味者	无明显学术倾向者	态度中立者
609	269				239	30	340				330	10	11.1	2.9	6.5
305		179			126	53		126			111	15	29.1	11.9	22.3
200			148		83	65			52		37	15	43.9	28.8	40.0
33				29	12	17				4	1	3	58.6	75.0	60.6
1147				625	460	165				522	479	43	26.4	9.0	18.1

上表是哈佛大学法学院1891—1910年的毕业生学术成就统计表。全部统计人数为1147人，全部学生首先根据本科入学时是否表现出明显的学术倾向或学术品位分为两个群体：一个群体是有明显学术品位者(entered college clear，简写为CLEAR)，共625人；另一个群体是本科入学期间未表现出明确学术倾向者（entered with conditions，简写为CON.)，共522人。其次，根据本科毕业时是否获得荣誉学位，全部学生又可分为另外两个群体。本科毕业时的荣誉学位获得者既包括入学时具有明确学术品位者，也包括不具有明确学术品位者，合计538人(179+148+29+126+52+4)。本科阶段的荣誉学位又可分为初等荣誉学位（C.L.)、优等荣誉学位（M.C.L.）和最优等荣誉学位（S.C.L.）三种，而法学院在硕士阶段只有一种荣誉学位（C.L.)。未获得荣誉学位的学生都用PLAIN来表示。——译者注

由上图可知，本科入学时表现出明显学术倾向和不具备此种倾向的学生形成了两个规模差别不大的群体；前一个群体共有

625人，后一个群体共有522人。而本科毕业时获得荣誉学位和获得普通学位的学生又形成了另外两个规模相近的群体，前者总计538人，后者总计609人。这四个群体后来在法学院获得荣誉学位的大致情况是：本科入学时便表现出明确学术品位的学生当中，有26.4%的人后来获得了法学荣誉学位，而不具备此种倾向的学生只有9%的人后来获得了法学荣誉学位；本科毕业时获得荣誉学位的学生群体当中有31.2%的人后来也获得了法学荣誉学位，而本科毕业时获得普通学位的学生只有6.5%的人后来获得了法学荣誉学位。这些数据表明，本科入学考试中展示出来的先天学术品位，与本科荣誉学位体现出来的后天学术训练，都是成为法学硕士荣誉学位获得者的实质要素。如果本科阶段的入学考试确实能够代表学生的先天禀赋，其基本上能够排除后天训练的影响，那么我们还可以进一步发现两种因素对于成为优秀学者所起的作用差别并不显著；如果非要作出区分的话，那么本科阶段的勤奋努力还是要比入学时的先天禀赋更加重要一些。

如果把四个群体的数据进行交叉比较，仍能得出大致相同的结论。譬如，既在本科入学时表现出明显学术品位又在本科毕业时获得荣誉学位者，共计356人，其中37.6%获得法学荣誉学位；入学时不具明显学术倾向，但毕业时获得荣誉学位者共计182人，其中18.1%后来获得法学荣誉学位；本科入学时表现出明显学术品位但毕业时未获得荣誉学位者共计269人，其中11.1%获得法学硕士荣誉学位；既未在本科入学时表现出明显学术品位，又没在本科毕业时获得荣誉学位者共计340人，其中仅有2.9%最后获得法学硕士荣誉学位。显而易见，在进入法学院攻读研究生之前未能表现出良好学术品位和修养的人，基本上在以后也没有多少机会成为出类拔萃的学者。

根据以上图表传递的信息，我们还发现一个十分奇怪的现象，那就是本科入学时表现出明显学术品位但毕业时未获得荣誉学位的学生，与本科入学时未表现出明显学术品位但毕业时获得荣誉学位者，最后在专业学院获得法学荣誉学位的概率相差无几；与此同时，既在本科入学时表现出明显学术品位又在毕业时获得荣誉学士学位者，与本科入学时未表现出明显学术品位但毕业时获得优等荣誉学位者，最后获得法学硕士荣誉学位的概率也完全一致。至于本科毕业时获得最优荣誉学位者，由于数据太小所以不具统计价值。况且，如果一个学生在本科入学时未表现出明显的学术品位，但本科毕业时却能获得最优荣誉学位，这很可能意味着他过于均衡、过于努力，因此不一定能够适应专业阶段的学习。

医学院的相关统计也显示出与法学院大致相似的情形，而且荣誉学士学位扮演的角色更加重要。不过，由于本科毕业时获得初等以上荣誉学位的学生十分有限，因此无法进行更加详细的比较。具体数据如下表：

1895—1910 年哈佛医学院毕业生学业成就统计表

总计	有明显学术品味者人数						无明显学术倾向者人数						进入大学的医学院学生获得初等荣誉学位的百分比(%)		
	在大学排名				在医学院排名		在大学排名				在医学院排名				
	未获得荣誉学位	初等荣誉学位	优等荣誉学位	最优等荣誉学位	未获得荣誉学位	初等荣誉学位	未获得荣誉学位	初等荣誉学位	优等荣誉学位	最优等荣誉学位	未获得荣誉学位	初等荣誉学位	有明显学术品味者	无明显学术倾向者	态度中立者
239	99				57	42	140				96	44	42.4	31.4	36.0

续表

85		57			15	42		28			5	23	73.6	82.1	76.5
39			28		4	24			11		1	10	85.7	90.9	87.2
2				2	0	2				0	0	0	100		100
365				186	76	110				179	102	77	59.1	43.0	

上表是哈佛医学院1895—1910年的毕业生学业成就统计表。全部统计人数为365人，其分类情况与法学院完全一致。——译者注

行文至此，再回过头来详细讨论一个新的问题，即学生在本科阶段选修哪些学科大类将对其专业阶段的学习具有显著正向作用。从上述图表可以得知，凡在本科阶段选修哲学与数学学科六门及以上课程的法学院学生，与未选修过该学科六门或以上功课的学生相比较，前者具有显著优势。在前文中我们已经提到，此现象的出现主要原因在于选修数学类课程者表现尤其突出。不过，由于选修六门及以上数学类课程者的人数实在过少，因此可以酌情将调查对象扩大至在此领域选修四门及以上课程者。在近20年中，选修四门及以上数学类课程者仅16人，其中10人最后获得了法学院的荣誉学位；而按照全部学生的平均比例，16人当中应当只有3人能够获得荣誉学位。如果进一步分析这16人在通识教育阶段结束后获得学士学位的情况，就会发现他们的表现更是无与伦比：3人获得初等荣誉学士学位，8人获得优等荣誉学士学位，2人获得最优等荣誉学士学位。根据学士荣誉学位获得者最终在法学院获得荣誉学位的平均比例，16人当中应当有5.28人，而上述16个学生最后在法学院获得荣誉学位的人数也远远超过这个数字。

如果将本科阶段选修四门以上数学类课程者与选修四门以上古典学课程者相对比，得出的结果也颇为有趣。近20年来，选

修四门以上古典学课程的本科生共有115人，其中大部分都出现在前几年。根据全体学生的平均概率，115人中应当有21人能够获得法学硕士荣誉学位，而事实上则有31人。因此，古典学修习者的学术表现也是超越同侪。在这些人里，已获学士荣誉学位者如果按照正常的比例应当有27人能够获得法学荣誉学位，这个数字就与真实情形相差不远。由此可见，如果我们能从如此小的数据中得出任何推论的话，那么数学课程选修者的整体表现实属超群绝伦。除非还有其他因素牵涉在内，否则数学课程选习者如此高超的学业表现——或者说如此活跃的学术探究——的确令人惊叹。根据目前掌握的信息，虽然样本数量不多，但仍然可以发现本科阶段修习数学课程的确对专业阶段的法学探究具有非同一般的积极意义。究其原因，大概是因为数学与法学两个学科具有超出常人预料的密切关联。

从目前掌握的资料来看，除却数学课程这个特殊因素，学生在本科期间选修不同学科大类的课程似乎对未来的法学、医学研究前景的影响并无明显区别，但是，他们在本科阶段的努力程度却能直接影响今后的学术发展。或者换一种更加技术性的表达方式：对某个认知主题的熟悉度基本上不能迁移到另一个认知主题，因此专题学习在本科教育中扮演的角色并不重要；但学习过程中的思维体验却能够广泛迁移，并且在此过程中形成的努力刻苦、坚持不懈、勤于实践等美好品德，都可以不受限制地应用到不同的学科门类和学习阶段。因此，到现在我们基本可以得出最终结论：本科教育不同于以直接应用为目的的职业培训和专业训练，其核心根基就在于推行通识教育；多年来，我们一直过度关注课程选择，却忽略了如何激发学生的竞争精神以及提升他们的学业表现，事实上这才是真正关键的问题。

论学术责任

在米克尔·约翰校长就职典礼上的致辞

1912年10月16日，于阿默斯特学院

凡是与公共福利关系不大，或者重要程度并不明朗的问题，如果大家能够发表不同意见，这种现象基本上都是颇为有益的。多样性乃是社会进步的一个诱发因素。但是，如果有些事情由于社会反应过于普遍，从而能够直接或间接发挥示范作用、改变社会风尚以及影响评价标准，那么个人意见的发表就必定面临公众压力。事实上，这是一个理所当然的现象，因为公共意见乃是维护社会公德的潜在力量，如果大家全都缄默不语，那么公共德性就会麻木不仁。若要通过建立规则来抵制不良行为，罚没财物所起的作用常常不如更新是非观念。反之，如果一个社会的法律规则与人民大众的是非观念相违背，那么法律就会难以贯彻和执行。伟大的社会改革通常都是源自公共意识的觉醒，只有在此基础之上，人们才会意识到自己未竟之责任，并以新的标准来判断周边之人的举止和行为。

在这个日新月异的时代，美国社会的公共职责也在不断增加，教育便是其中的一个。我们的孩子备受宠爱，这是美国人的一大骄傲。从一百多年前开始，为了教育下一代，美国政府和个人共同投入了令人难以想象的巨额资助。如今，美国社会已经能为年轻人提供前所未有的受教育机会，但是，机会只有得到充分利用，才能真正体现价值；教育机会是否能够发挥其应有功用，无疑取决于受教育者有无主动努力。如果人们对自己的教育机会不够珍惜甚至心存抵触，那么无论社会投入多大的教育成本，最终都无法得到理想结果。但丁曾经绝望悲呼罗马帝国的马鞍上已经不见骑士，无论查士丁尼如何努力修补缰绳都无法重振雄风；而在今日之美国，骑在马鞍上的是我们的学生。一直以来，各种教育争论都被直白露骨的比喻所充斥，这为人们了解真正的事实布下了不少陷阱。不过，既然大家已经习惯了这个套路，我也在此给出一个比喻。在过去，教育者曾经认为学生只能被动接受外界改造，可以强行通过填鸭教育来让他们的内心变得充实。毫无疑问，这一行为显然背离了真正的教育理念，对此已经无须再作澄清。基于对填鸭式教育的反思，教育者开始试图通过激发学习者的求知欲来促进其学识增长。为达成这一目标，教育者开始为学生精心炮制琳琅满目的知识盛宴；为了方便学生吸收，我们还不厌其烦地进行精切细削。不仅如此，教育改革者还从其他国家趸来一系列在原产地并不那么受人欢迎的教育理论，试图以此改善美国的教育实践。与此同时，我们还大肆宣扬人们在受教育过程中应当感到愉悦，教育者不应鼓励学生刻意付出努力，至少不能让他们感受到学习之痛苦。照此观念，人们完全可以在自我享受的过程中充分发挥自己的全部潜能，无论肉体和精神，根本不用体验任何艰难困苦的奋斗历程。

一言以蔽之，在当今美国教育界，学生是否努力求学完全取决于他们的兴致之所在。至于教育者的职能，已经退化成一遍遍地向学生承诺他们必定会在未来取得成就。除此之外，我们还常常自以为是地告诉学生应当怎样选择本科专业，并告诫他们只要尽力在某个学科取得优异成绩，未来从事相关职业时就会拥有先发优势。如果一个人的职业生涯已经开启，而且明确了自己的奋斗方向，这时候他当然可以围绕职业目标认真规划未来。然而，学生在本科阶段所要完成的学习任务与他未来将要从事的具体职业并无直接关联；在此情况下，如何联系现实和未来定会让他们感到无比彷徨。当今美国社会功利主义之风十分盛行，人们习惯了付出努力之后立刻能够看到结果，对那些短时间无法见效的长远打算则无暇顾之。如此一来，若是一门功课不具备直接的应用效果，那么学生们必会反问选择这门课于己何益。一旦陷入此种定式，学习者就无法提早形成深谋远虑的整体性思维习惯。因此，当前的教育者必须认真思索这样一个问题：既然传统教育已经退下神坛，我们如何为学生设定一个定位高远、效果可见的学习动机？

人们之所以心甘情愿地为了教育事业作出巨大奉献，主要在于其对整个社会有益。为了实现公共福祉，美国社会为下一代倾力创造教育契机，教育者必须加以充分利用。换一个角度讲，受教育者同样也要珍惜机会，这是他们不可推卸的义务。在面对教师时，如果学生所持的态度像佩顿校长所描述的那样，“您是教育者，我是受教育者，所以您应当给我指导”，不仅愚不可及，而且有悖道德。这样的行为是对国家资源的严重浪费，甚至比浪费煤炭和水还要恶劣，因为他们挥霍的是最最宝贵的人力资源，也是国家的生命之源。那些勤奋好学、学业优异的学生充分利用了国家提供的教育资源，他们应当受到尊重和褒奖；不仅因为他们自身的聪明才干，更因为他们切实贯彻了整个社会的教育理想。作为一个公民，勤奋刻苦的学生是在恪守自己的社会义务。如果美国公众能对上述言论深信不疑，不仅将其视作一个抽象观点，而且像遵守其他道德信条一样付诸实践，甚至能拿出重视教育投入的半数精力来践行此事，那么教育者就能让学生在最易打下精神烙印的年龄对其铭记在心，进而取得巨大的社会效益。

近年来，日本这个国家在军事和文化上都取得了震惊世界的巨大成就。如果将日本取得的成就主要归因于其三百年前开始施行的武士制度，似乎有些不太理性；但是，谁又能否认正是这种世代相传的武士精神造就了日本人的坚强意志？在近一个世纪的时间里，原先的封建武士逐渐在现代社会中明确了新的阶级信念，他们不仅需要成为战士，而且还有责任成为绅士和学者。数个世纪以来，武士阶层持之以恒地锤炼自己的精神和肉体，从而练就了惊人的耐受能力；当源于欧洲的开明理念来到日本，他们立刻以全力冲刺的姿态踏上新的征程。上述行为可以被视作特权阶层的责任感，也可以被视为一种强有力的历史传统；无论善恶与否，类似的责任或传统都更容易形成于某个独特阶层，而非整个国民群体。但根据民主社会奉行的原则，全体公民都应当对公共责任拥有深刻体会，大家只要意识到职责所在便会全力以赴。

为了促进公共福祉，国家应尽力为公众提供教育机会，而享有权利者理当负有充分利用机会的社会义务；如果美国学生能够意识到这一问题，他们就应当像日本武士那样刻苦努力，从而不断提升自己的学识。学识的提升不仅需要勤恳工作、奉献自我，而且还意味着要远离轻松愉快的闲暇生活，抛却许多暂时的欢愉。我们是否能够让美国学生成为这样的人？若要实现这个目标，教育者首先要让学生深深相信，致力于学识提升乃是自己对社会的郑重承诺。青年人应当拥有远大的理想，决不能躺在舒适华丽的温床上等着享受，任何贪图享乐之人都不配在大学拥有一席之地。如果只是通过严明纪律来克服学生的懒惰天性，这种做法可能会使大学变成疗养中心与宗教裁判所的结合体。只有对那些内心缺乏上进动机之人，外在约束才必不可少。因此，纪律的最大功能乃是驱动迟钝之人和淘汰顽劣之士；而对于那些值得我们招进大学进行培养的优秀学子，就需要用一个高贵的目标——哪怕他们暂时未能意识到这一目标的深刻内涵——来激发其内在的前进动力。如果这个目标能够点燃他们的想象力，那么前进道路上的艰难险阻就全然不足为惧。如果做不到这一点，大家都将陷入痛苦之中，在此情形下教育管理者已经不再适合担任现有职位。若要激发学生的上进心或点燃其想象力，真正的困难并不在于学生不愿关注自己肩负的伟大使命，而是他们根本不曾听到有人提出这样的呼声。如果教育者能让学生深信，只要在大学阶段通过不断增长学识来充实自己的内心就是在为这个国家作贡献，那么我们就无需因为学生对学业进步不屑一顾而发出悲叹，也无须担心他们对大学组织与生俱来的研习使命无动于衷。

论教育的选择功能

1914年于密苏里大学致辞节选

教育路径应当与社会环境相吻合，因此今日我们才一次次地探讨如何打造与民主社会相适应的教育方式。当然，有人可能会问，教育的真实目的是否会因为政府类型或政治使命的不同而产生变化。在我看来，无论个人还是集体，接受教育的目的无疑都是促进每一个个体充分发挥自己的先天禀赋，使其能够胜任社会工作、提供公众服务以及享受高品质的生活。巴斯德（Pasteur）曾经说过，民主能让每一个人全力施展才华；如果不为实现这个结果而不懈努力，任何国家，无论其是何政体，都绝不可能持续不断地发展和完善。然而，正如人们所担心的那样，每个国家在设计教育目的时都有可能误入歧途。贵族政治的典型缺陷就是惧怕平等，因此其倾向于将享受高等教育的权利限定在特权阶层；而民主政治则恰恰与之相反，因为厌恶一切不平等的东西，其倾向于只为那些能力稍稍高出平均水平的人提供大学教育契机。上述两种做法皆扭曲了真正的教育目的，因此也就无法促进社会公众的共同福祉。在此我再次重申，教育的真正目的就是尽可能地帮助每一个人充分施展自己的全部禀赋。

事实上，如果非要对民主政体与其他政体的教育作出区分，我认为最大的差异就是民主社会致力于在更广阔的范围内充分传播通识知识，而非单单围绕特定职业进行专门培训。贵族政治要求平民百姓驯顺而高效，在英语中有一个专门词汇来形容这种教育方式，即“教义问答法”（catechism）。这一举措的教育目的在于让受教育者以卑微而虔诚的态度对待上位者，受教育者必须听从神明的召唤，为了取悦具有高贵身份的人，他们必须尽职尽责地履行自己的使命。而在民主社会中，每个人都有权参与社会治理，为了履行这一责任，所有人都需要接受一定程度的培训。思想上的团结一致是民主政体赖以生存和发挥作用的实质基础，为了保证这一基础的稳定，政府就必须发挥教育的重要作用，让广大公民都能熟稔本民族的历史与传统，都能拥有奠定文明基础的知识与智慧。民主社会需要向前发展才能逐渐成熟，在此过程中社会发展也难免会有旁逸斜出、停滞不前或者原地打转；为此，公民们必须学会存真去伪、明辨是非。在民主政体的治理下，所有民众都应当接受治国者需要接受的全部教育，他们必须懂得人文之内涵，了解人类之过往，明晰文明之经纬。

在民主政体中，如果通识教育的传播广度至少不能低于其他政体，那么同理其对高水平专门技术和卓越领导才能的重视程度也不应比其他政体逊色，尽管培养超卓人才代价极高而且效率甚低。有种观点认为，因为绝大多数普通人都无法超过一定高度，因此民主社会并不提倡耗费巨资只为培养少数技术高超的内科医师或具有探索精神的医学研究者。毫无疑问，这样的观点缺乏理性；如果民主社会摒弃了在各个领域培养超卓人物的责任，那么它就不配再将自己定义为人类文明的最高发展阶段。

民主社会的教育目标就是要帮助每一个公民全面发挥自己的

潜能，在明确了这一前提之后，接下来我们还要重点关注三个原则。首先，为满足不同个体的不同需要，教育机构必须丰富多元，从而能为人们提供不同领域的从业准备。一方面，我们无法让所有学校都致力于培养高水平专家，或者将所有的教育资源都用来培养天才人物；如果学校教育的目标只是培养少数卓越人才，那么对于绝大多数普通人来说这样的教育就不再值得拥有。易言之，此种举措实质上是为了少数人而牺牲多数人。另一方面，所有大学和中小学校同样也不可以全都流于世俗。易言之，学校不能完全沦为大众阶层自我复制的工具，这样的教育只能培养出一代又一代的平庸之人，此种牺牲少数成全多数的做法同样是对社会整体的长久伤害。因此，如果民主意味着社会中的每一个人都可以尽情施展天赋，那么教育方法就绝不能整齐划一；至少在基础教育阶段结束之后，民主社会中的教育机构就应当呈现多元形态。只有具备多元选择，人们才能根据自己的兴趣爱好，对比自身的天赋能力，依照自己的未来目标，恰如其分地寻找最为适合的教育。

民主教育的第二个原则，即学校不仅要为学生提供整体性的课程教学，而且还要引导他们发现最适合自己的学科领域。在教育者的引导下，学生应当能够发觉自己的天赋所在，继而最大程度地发挥和利用；与此同时，教育者亦需在各个领域选拔天资最高者进行因材施教。

民主教育的第三个原则，在于防止学生随意进入并不适合自己的工作领域，以免他们在尚未真正了解自己的爱好和能力之前作出不成熟的职业选择。

关于民主教育的以上三个原则，可以通过职业教育面临的问题进行举例说明。近年来，由于多方面原因，职业教育在美国社会受到前所未有的关注。众所周知，作为一个典型的移民国家，近一百多年来美国社会的绝大部分粗重工作基本都由新移民承担。而那些在美国本土出生、成长和接受教育的孩子，大多雄心勃勃、眼高手低；相对于新移民而言，他们一般从事对智识水平要求较高的工作。关于上述现象，任何曾对近四十年美国劳动市场有过观察或体会的人，都不会感到陌生。一般来说，第一代移民大多从事缺乏技术含量或技术含量较低的体力劳动，但他们的孩子往往会成为新一代移民的领导者。的确，美国的公立教育在很大程度上一直都在下意识地帮助蜂拥而来的新移民不断向上攀升，其更加重视通识知识的传授，由此新移民中的佼佼者及其后代便可完成社会进阶。上述现象在东海岸尤为常见，在那里不断涌入的新移民最能领会美国教育的实质。但是，我们不能期望这种现象无限传承下去，美国教育必须全面培养现代社会需要的劳动者。

美国社会亟需发展职业教育，刚刚发生的经济变革也能表明这一趋势，不断膨胀的城市规模更是进一步发展职业教育的重要标志。一个在农场长大的孩子，无须接受学校教育便可自然而然地学会许多农业生产知识；此外，他还可以从幼年时期就开始练习基本的商品交易。长大之后，上述知识和技能都将转化为职业能力。然而，在城市中长大的孩子却无法在日常生活中获得类似的求知机会，他们必须通过正规的学校教育来为未来的职业发展作准备。

除了社会因素之外，科学技术的迅速增长以及人们对自然世界的深入了解也会促使职业教育愈发受到关注；面对人类智慧的不断进步，从业者也必须不断提升自己的知识和技能。古希腊人曾经说过，由于人类世界必须依靠蛮力完成一些工作，所以奴隶制度的存在具有合理性。但在现代社会，煤炭等提供的能量已经代替了人力，人类前所未有地成为自然之力的掌控者，因此工人比以往任何时候都更需要接受教育和培训。由于科技发明日新月异，传统技术及其操作能力不断被淘汰，工人只有持续接受新的教育才能适应不断更换的技术设备。如果从业者的职业能力只限于狭窄的技术领域，那么一旦设备更新换代，他们就会沦为无助的失业人员。

总体而言，职业技术的培训和指导已经成为一个新的教育重心，每一个从业者都必须发自内心地迎接职业教育时代的到来。但与此同时，我们也应当明白职业教育的目标、本质和局限，否则就会出现原初目标的异化和错位，进而严重伤害教育的基本功能和计划执行。首先，我们要意识到职业教育的指向必须是“职业”；也就是说，这种教育必须专门面向某个特定职业，而非对任何职业都同等适用。比方说，如果某所职业学校的成立初衷是培养商业办事员，那么它所提供的教育就不适合未来的木匠、教师、医生或律师，反之亦然。就目前的情况来看，职业教育的推行者非常能够理解为何以培养教师、医生或律师为目的的教育无法培养出商业办事员。这是因为目前美国16—18岁的少年所接受的教育，大多是以培养医生或律师为标准，对于那些希望从事商业活动的年轻人而言，此种教育显然无法满足需求。事实上，当前社会对职业教育的呼唤，也正是源于对上述情形的认知。但与此同时，人们也已经普遍感觉到职业学院所提供的教育，譬如商业培训，亦不应该成为学生转入其他行业或进入学术领域的障碍。旧式教育理论的拥护者坚持认为拉丁文、希腊文和数学方面的习训能为一切职业提供最佳的心智基础，这种理论我们称之为“形式训练原则”（doctrine of formal discipline）。就目前来看，职业教育的支持者也常常表现出类似的论调：一方面，他们对以文学和数学等学科为基准的形式训练教育理论嗤之以鼻；另一方面，却又不断鼓吹自己感兴趣的专业学习，仿佛学了这些专业知识就会无所不能。根据职业教育者的论调，学习商业簿记、机械绘图或者任何一种需要付出持续努力的专业知识，都能促进学生的思维发展和道德提升，进而对他们从事任何职业都能产生积极效用。乍看上去，这种观点似是从旧式教育理论中衍生而来，但实质上却存在根本差异。职业教育者未能意识到一个原则性问题：即使他们的训练方法对学生从事任何职业都有帮助，但教育的目的却不止于职业发展。任何一个以知识为从业基础的专业人士，或者任何一个有教养之人，如果他希望对这个世界的理解更加多元、更加深刻，都必须尽可能地积累知识和经验。关于这个问题，文学、历史和科学能够充实他的心灵，而商业簿记却无能为力。因此，职业教育并不只是技能培训，同样还应包括与人类思想和文明有关的宽广知识，亦即我们常常论及的博雅教育或通识教育。只是有些职业在此方面的要求较多，而另一些职业则要求较少。但无论是在职业教育的初始起点还是实施期间，一个人拥有的通识知识愈是渊博，他对从事工作意义的理解便愈是清晰，对自己和社会的认识也愈是深刻。

基于以上论述，教育者应当防止学生过早接受职业教育。一旦进入专业阶段，学生的学习目的就会发生改变，并在很大程度上失去学习通识知识的时间和机会。同样，据我理解，职业教育的实施也不应当妨碍学习者另行选择其他职业。在此，我的用词是“妨碍”（impediment），而不是“阻碍”（barrier）。毫无疑问，职业教育者不可能阻止学习者改换门庭，但却很有可能耽搁其转入其他更适合自己发展的专业领域的时间和机会。如果一个学生最初选择的是法学院，在结束一年的学习之后他又决定转入医学院，那么前面一年的时光就白白浪费了；而一个已在商业学校修习一年的学生想要转入贸易学校，同样无法挽回已经失去的一年时光。与那些拥有通识教育根基从而对职业发展更具知性理解的学生相比，职业院校出身的学生在知识结构上具有天然劣势。如果不是这样，我们完全可以只开设职业教育，让学生直接选择适合自己的专业；然而，任何希望能够继续得到深造的学生都明白，这绝不是一个明智的选择。

如果一个旅人从哥伦比亚出发乘火车旅行，最初他选择的目的地是堪萨斯城，但途中任何时候他都可以改变主意在下一站转往芝加哥，而且还要求不得有任何时间上的浪费——仿佛他一开始就把芝加哥当作目的地一样。在我看来，在职业教育期间中途改换目标，同时不愿在时间上有所损失的学习者，与那个旅人的诉求基本相似。如果这个比喻成立，那么学习者的愿望不仅不合乎情理，而且不可能得到满足。

由此可见，如果有人宣称早期阶段选择职业教育对未来进入大学深造并无多大影响，这种论调不仅是对学生的诱骗，更是对学校教育本质的歪曲。一旦听任上述论调大肆宣扬，那么中小学教师乃至大学教授都会将自己绝大部分的注意力放在那些有意继续深造的学生身上。中学校长们将以顺利升入大学的学生为傲，为了提高升学率，他们会倾向于为学生开设中学阶段并不适宜的深奥课程。在有意无意间，校长们会不断放大高深知识的重要意义，直到把自己的学校变成人尽皆知的大学预备校。与此同时，人们对职业学校的呼声也会继续提高；于是，最后将会出现职业化和学术化两种各行其是的教育路径。以上描述貌似荒谬，然而据我观察，类似现象已经不止一次出现在美国的公立学校；而且所有熟悉美国老城市教育史的人，无疑都能在此方面举出更多例子。因此，除非我们严格界定职业教育的基本特征，否则就永远无法成功兴办职业院校；也就是说，职业教育必须脱离通识教育这个主干，然后根据职业差别有针对性地开展各种彼此分离的专门培训。

至此为止，我们基本可以断定，当学生开始接受职业教育之后再选择中途改换目标，就必然会面临时间和机会的损失。有鉴于此，最好的办法就是将职业教育阶段的开启时间尽量延后，除非学生确定自己将要学习的专业与日后所要从事的职业完全一致，否则就不要轻易作出决定。为了尽量减少选择失误，教育者也可以向学生提供明智的就业指导，但却不可能做到完全避免；而且，学生越早作决定，就越容易犯错误，遭受的损失也越大。易言之，职业教育不仅要与作为主干的通识教育相分离，而且不到必要时刻尽量不要过早出现。上述举措的实施目的，就是为了尽量推迟学生作出选择的时间——此种行为已经与通识教育的内在价值基本没有任何关联。

对于将要进入职业院校就读的学生，如何分配他们所修习的通识知识和专门训练之比例，目前我们准备了两个内容上总体相同，但选择时机有所区别的课程方案。譬如，学生可以在 14 岁进入某所职业院校进行为期三年的学习，在此期间他们将会零零碎碎地兼修通识课程，总计一个学年，这是第一种方案。另外，学生还可以在完整修习一个学年的通识课程之后，再接受为期两年的专门训练。在以上两个方案中，学生修习的课程总体保持一致。但如果施行第一方案，他们将在 14 岁开始接受职业培训；而如果选择第二方案，他们就可以推迟到 15 岁再来作出选择，从而能够在一定程度上降低作出不当选择的概率，同时也可以降低犯错后果的严重程度。当然，关于通识学习与专门训练的课程设计，也不能只考虑学生年龄。但是学生只有到了比较成熟的年纪，才有可能对通识学习具有更加透彻的理解。如果非要在专门学校开设通识课程，那么就需要让其带有更鲜明的职业特征。简而言之，通识知识与专门训练是分离还是结合，大家的意见并不统一，关于这个问题，比较明智的解决方案就是尽量采取中庸之道。事实上，对于很多问题都需要作出必要的妥协。但同时也请大家牢牢记住，我们的妥协乃是有的放矢，绝不是缺少规划的盲目行动。在我看来，如果有些学生必须在少年时代开始接受职业培训，那么我们就要尽量将他们作选择的时间向后推延。易言之，教育者要尽可能地让学生在接受专门训练之前完成通识学习。

延后专门训练的时机不仅有利于学生为自己的职业生涯作出更明智的选择，而且还可以让职业院校更充分地观察和选择学生。一般来说，不以职业教育为目标的公立学校皆以开展通识教育为主要任务，这导致学生在进入职业院校之前根本没有机会认真了解自己的职业倾向。因此，职业院校要对学生进行指导，职业教育者必须先让每个学生充分展示自己的先天禀赋。换句话说，在学生发觉自身具备的潜力之前，教育者不应过早将他们引入难以发挥天赋的专业领域。学生越早作出选择，教师就越难对其进行正确引导。一个刚刚具备稍许动手能力或浅显力学常识的少年，事实上还没有真正明白自己的能力究竟在何处，因此也就无法分辨工程师、律师、科学家等职业究竟哪个适合自己，此时他们所作的决定必然不够成熟。民主社会的一大特色就是让人们时刻都有选择机会，在此情景下教育的最高目标之一就是不断发现人们潜藏于内的先天禀赋，而非一味开发其肢体技能。但是从目前的情况来看，美国大众普遍轻视“单纯的学业优秀”，这导致公立学校对开发学生的智识天赋不够关注。事实上，大众教育绝不仅仅体现为教学和训练，同时更应当是一个发现不同类型人才的选择过程。

在教育范畴内，考核标准的设定具有积极意义，但完全一致的标准化考核却只能产生负面影响。标准的创立是为了提高落后者的水平，而标准化则意味着降低优秀者的表现。非标准化的考核意味着所有人都要达到一定高度，但却不限制高于标准的发展水平和方向。我们之所以要提倡多元发展，目的是让每个学生都能找到适合自己的成长路径。教育的多元化和个性化建立在一个基本假设之上：由于卓越之才十分稀少，为了寻找和培养此类人才，社会必须付出一定的代价；从长远来看，此举对社会发展具有巨大的促进作用。当然，个性化教育的实施成本要远远大于标准化教育，而且随着教育程度的上升，支付的成本还会变得越来越大。在当前的美国社会背景下，如果想要推行此种教育模式，单纯依靠政府税收的确不太现实，我们必须在很大程度上获得社会公众的捐赠支持。在此笔者必须澄清一个问题：以社会捐赠为支付主体的个性化教育模式决不能损害大众学生群体的利益，毕竟大多数学生都只能接受比较短暂的通识教育，随后便要投身职业实践。

无论是政府主导、主要通过财政税收获得资助的教育机构，抑或以社会捐赠为资金来源的各级学校，都是国家公立教育体系的构成部分。对于这个问题，不仅教育机构的负责人要有着清醒的认识，而且社会中的每一个人也都应当有着正确的理解。以上两种学校都要接受全体公民的监督，皆要致力于寻求社会福祉。

一个致力于实现终极教育理想的公共教育体系，应当由各种形式、各种级别的教育机构组成，其中每所学校都可以自由选择自己所要承担的功能。如此一来，各类学校都可以对学生进行考核与筛选，然后根据自身的定位，为最合适的学生提供最广阔的发展空间。当然，人才选择并不是实施教育的唯一因素。譬如，因为家长们大多认为接受高等教育对孩子有利，所以私立捐赠学校就必须努力帮助所有学生获得继续上升的教育机会；至于自家孩子的智识水平能否充分利用高等教育资源，这个问题则不在家长的考虑范畴内——反正他们愿意支付教育费用。不过，我们也无须为此感到遗憾。在所有的奢侈行为中，为教育而奢侈大概是人们最能接受，甚至给予赞赏的一种行为。富翁送孩子豪车、游艇，与送给他们最好的教育，这两种行为具有本质差异。如果一对夫妻一向节衣缩食，但却倾其所有将孩子送进大学，这无疑是一种值得尊敬的公民精神。幸运的是，此种精神在现在的美国相当普遍，尤其是那些外来移民家庭。

总体而言，高等教育毕竟还是一种稀缺资源，只有少数最优秀的学生才有资格享有。因此，凡是有机会接受高等教育之人，都必须充分珍惜自己获得的机会。在当今世界的发达国家当中，美国的学校教育体系可能最不善于选拔天资出众的学生并敦促他们尽力发挥自己的潜能。这可能是因为民主政体需要努力实现许多不同的社会目标，而其中有些目标相互并不兼容。譬如，公平正义和个体发展都是民主社会的奋斗目标，但在教育领域我们似乎更倾向于保障前一个目标。毋庸置疑，美国教育体系因其丰富和多元，所以能为不同类型的学生提供发展机会，一切志向远大、自信不疑或性格鲜明之人都可以公平公正地通过个人奋斗不断获得进步；但也不得不承认，我们在搜寻卓越人才这方面所作的努力远远逊于其他发达国家。美国教育者的主要精力在于敦促学生达到最低标准，受教育者的终极目标则是获得一般意义上的文凭和学位。欧洲各国大都将学业表现等同于个人能力，而美国学生在求学期间获得的优异成绩却难以受到普遍认可。有可能美国教育的考核方式本身也存在诸多问题，我们似乎一直无法像欧洲国家那样将学习成绩与个人能力相关联。一方面，社会公众习惯于把达到最低标准作为衡量成功教育的标志；另一方面，学界人士又认为刻苦钻研会使学生对学术失去新鲜感，从而陷入疲于应付的危险境地。正是这两个方面的原因，导致美国教育的发展节奏落后于其他发达国家。以上两种趋势在基础教育阶段尤为明显，高中阶段颇有好转，但到了大学阶段又会旧病重犯。

极力促进个体发展、多元培养公民品格，应是民主社会的一个努力目标。为了实现这个目标，比较明智的做法就是建设类型多样的中小学校和高等院校；不仅如此，每一个小学、中学和本科学院，都应当努力选拔优秀学生，让他们进入更高阶段的学习。唯有如此，我们的国家才能充分发挥人民的聪明才智，才能最大程度地赢取财富，才能繁荣昌盛、不断进步。也唯有如此，教育才能真正实现自身之目的，才能让每一个人全面充分地发挥自己与生俱来的潜能。

论文化

本文系笔者为1915年4月28日北卡罗来纳大学某典礼准备的致辞

在今天所有前来庆祝此次活动的嘉宾中，我非常荣幸地被赋予一个重任——以文化为题发表演讲。在这个世界上，大概没有什么概念能比“文化”二字更加难以捉摸。由于其并不存在任何可触摸的外延，因此不仅无法给出准确定义，而且连界定范畴也很难做到。因为“文化”的内在结构并不明确，所以我们无法对这一概念展开分析，又因为其形式千变万化，所以连描绘样貌也不太可能。易言之，对“文化”的内涵进行界定，就像用手捕捉空气一样，其无所不在，但就是无法握在掌心。这有些类似于古希伯来人对“智慧”所作的阐述：居无定所，无处不在，难以测度。何谓文化？所有曾经有过些许体验之人似乎都能诉说一二，但却没有哪一个人可以说得清楚。任何两个人对某种文化的个人体验都不可能完全一致，但处于这种文化背景中的全体人士，却都会产生一种真切、实在的共同体会，同时也能深深理解其无法估量的存在价值。

总而言之，“文化”这个概念，大多表示与各行各业的工具指令区别开来的东西。譬如，律师、医生或者工程师都可以熟练掌握有关本职工作的知识技能，但却有可能与“文化”毫无关联。尤其是当某个行业的技术人员与其他行业的技术人员发生接触时，缺乏文化素养者立刻就会暴露无遗。不难理解，如果一个人长期封闭在自己的领域，仅仅关注极其有限的专业问题，那么他只有在谈论本职工作时才会滔滔不绝，一旦涉及普遍性的常识问题就只能三缄其口。

当美国人相互之间进行交谈时，绝大部分的谈话内容都是天气、政治和运动。之所以如此，并非这三个话题本身多么有趣，也不是美国的天气、政治和体育要比其他国家更加复杂多变，而是因为除此之外美国人很难找到其他可以共同探讨的东西。当然，专门知识也具有一定的教育意义，但由于其自我封闭，并且只是人类思维长河中一股股极其细微的溪流，因此无法被纳入文化的范畴之内。假如一个律师尝试着学习使用显微镜来了解科学家眼中的世界，那么我们就可以说他丰富了自己的文化背景，因为他的视野投向了一个之前自己未曾了解的领域，从而实现了观念的拓展。科学家同样也透过显微镜看世界，但他的视野并没有超出特定的范围，其从事的仍然是习以为常的专业工作。迟暮之年的达尔文曾经说过，除了手上正在进行的科学研究，他几乎对一切其他事物都失去了兴趣；当他说出这番话的时候，事实上是在宣称自己失去了文化意识。除非能够获得更伟大的专业成就，否则文化意识的丢失对任何人都是一个彻头彻尾的悲剧。

就在刚刚过去的一段岁月里，人们曾将“文化”视作一套所有文雅之人都应了然于胸的知识体系；至于其涉及的范围，则常常用一个被称作“博雅教育”的课程体系来进行界定。关于博雅知识（或者文雅知识）与其他知识的区别，我们可以参考一句针对牛津大学教师乔伊特的嘲讽之语：

> 我的名字叫作本杰明·乔伊特，
> 我是贝里尔学院的教师，
> 这世上的知识我无不通晓，
> 我所不知道的，就不能叫作知识。

以上表述虽然是一句玩笑，但在相当程度上能够反映当时的文化观念。伴随着人类知识的迅速增长，新兴职业逐渐能与传统职业平起平坐，高等教育机构开设的课程也大大拓展，这一切的一切导致共通性的文化常识只能限定在非常有限的范围内。对于此类常识，人们常常将其统称为博雅或文雅知识。不过，对于现代社会中的文雅之人而言，所谓的文雅知识已经不存在任何固定不变的内容。不仅如此，除了那些以本国名著为代表的伟大文学作品，任何其他知识都不再被视作文雅之人必须具备的核心素养，因此也就不会被定义为不可或缺的文化标志。易言之，已经没有多少知识让全体公民都必须了然于胸。从另一个角度来看，博雅教育涉及的具体内容也就无法固定，因为任何科目的知识都无法独自冠以“博雅”之名。一位学者可能会在历史、哲学或古典文学领域旁征博引、信手拈来，但如果他的学识仅止于此，仍然无法承担“文雅之人”这个盛誉。

由此可见，所谓文化并非是指文雅之人尽皆具备的某类知识，事实上在当今世界已经不存在此类知识。与其说“文化”是某种知识，毋宁说其是一种思维方式。这个概念背后蕴藏的含义在于：文雅之人应当能够欣赏世上的所有美好事物，应能对一切于人类有益的知识感到好奇，对人们普遍信奉的道理进行透彻理解。要想做好以上三个方面，就必须具备探索精神和理解能力。毋庸置疑，不同之人习得文化思维的先天禀赋颇有差异：有些人天生机敏，有的人则生性迟钝。但无论如何，没有任何一个人是生而知之，要想成为文雅之人，都必须经历长期辛苦的思维习训。在此过程中，由于性格和能力的差异，大家的主观感受可能会有不同：有的人甘之如饴，有的人苦不堪言；有的人健步如飞，有的人步履蹒跚。但无论如何，所有人都必须经历这个过程，都必须付出持之以恒的努力才能最终达到目的。

成为文雅之人没有捷径可走，在此方面无人能够像驾着豪车行驶在高速公路一样轻而易举地到达目的地，也不可能只用花钱买票便一路畅通。尽管过程皆会比较艰辛，但通往终点的路径却不止一条——既有前人早已轻车熟路、络绎不绝的大道，也有留给热心之人用智慧和恒心继续拓宽的小径。相对而言，本科教育所提供的主要是前一条路径，因为高等院校的一个职责就是引导学生走上最安全、最快捷的求知道路。

由于“文化”涵括的意蕴本就捉摸不定，因此通往文雅生活的道路也就没有什么固定标识，同时也不存在任何众所周知的明确地址。与此同时，如果“文化”已经不再意味着某类知识，那么培养文雅之士的“标准课程”也就不复存在。如前文所言，在当前的社会背景下，所谓文化更像是一种思维方式；至于其如何形成，则是一个颇为微妙的过程，围绕这个问题存在许多不同观点。因此，我们无法用教条化的语言告诉大家何为文化、何为获取文化的普遍路径；关于这个问题，大家只能遵循一个基本立场。

不过在我看来，通往文雅生活的道路还是具有几个十分清晰的基本原则；或者，我们也可以通过分析其本质目的来推导几个基本原理。首先。如果文雅之士必定能够尽情欣赏世间的美好之物，能够广泛探究一切具有内在价值的人类知识，能够仔细考量所有约定俗成的人生道理，那么要想培养此类人物显然需要设置大量的相关课程。不过，具体的学习科目也并非人们想象的那么庞杂，因为不同领域的知识通常可以融会贯通。譬如，如果有人对某个国家的语言和文学有一定造诣，那么他同时也就拥有了欣赏其他国家语言和文学的能力基础，同样，其他学科也基本遵循此理。不仅如此，同一类知识也会出现在不同的学科领域。事实上，所有知识都与其他知识相伴相生，因此，除非有些知识已经废弃不用，人们对任何知识的学习必然都会像滚雪球一样越滚越大。就像我们在前文中提到的那样，过于直接的教育比喻乃是一剂毒药，这句话尤其适用于对文化知识的阐述。人们只要对某类知识进行关注和欣赏，通常都会以兴趣为导向继续在相关领域求取新知。有鉴于此，将“文化”限定在某些学科的做法的确十分不智。

综上所述，我要表达的第一层意思，可以套用已故心理学家威廉·詹姆士（William James）在《与教师谈教学》（*Talk to Teachers*）中的一句名言：“所有思想都起源于某种暗示，因此教师应当尽可能地多为学生提供暗示。所有喜爱文雅生活之人，都应当尽力探究博大精深的人类思想，至少也要在一定程度上熟稔主要领域。教师应当对所有学科大类都有所涉猎，对一切未知知识都充满好奇。”

我想表达的第二层意思，同样也可以直接借用威廉·詹姆士的观点。詹姆士坚信，一旦超过29岁，人们基本上就无法再去吸收新的知识。这句话常常会让年过而立者心灵受伤，但不可否认，詹姆士的话语并非耸人听闻。一方面，随着思维模式的逐渐成熟，人们往往会逐渐丧失年轻时的开拓精神；另一方面，现代人的生活已经如此光怪陆离，甚至就连那些无所事事之人也会觉得自己无暇求取新知。

除了怠于求新，现代教育还有可能呈现另外一个趋势：为了与人交谈时能够找到共同话题，同时也让自己显得博学多闻，人们常常乐于在多个领域学习一些支离破碎的零散知识。毋须讳言，这种求知方式十分肤浅，根本无法触摸到文化之真谛。

行文至此，我忽然想起一个年轻的朋友，因为大家对他的评价就是“十分努力地学会了许多技能，但依然缺乏良好的教育”。的确，浅尝辄止地了解许多领域的零散知识，对于提升文化素养毫无意义。这样的学习方式或许有利于在外行面前卖弄学问，但对内在素养的提升却是有害无利。一知半解者可以宣称自己对许多领域都有涉猎，但却不具备在任何领域的立身之本。有些人见识虽广，但却皆是走马观花；也有一些人涉猎有限，但却能够深入钻研。这两种人在接触新的学科领域时，使用的求知方法迥然相异。具体而言，后一种人的思维能够自成体系，而前一种人学习任何东西都是盲人摸象、不辨东西。训练有素的头脑能够迅速区分何谓表象、何谓本质，能够直指问题之根本，这种能力可以通过后天训练来习得；若要真正掌握此种能力，就必须围绕某个主题进行求根问底的深入学习。

旨在探究根本的学习能力或求知习惯，实质上也是一种思维方式。当然，所有围绕某个主题习得的信息和技能都可以称作知识，但如果跳出这个主题学习者仍能获得一些东西，这就不再是知识，而是更加具有长远意义的思考方式。任何具体的知识都有可能随风而逝，但博学善思的习惯一旦形成，便会终生相随。对此我们可以用科学知识进行举例说明，因为有关自然规律的常识已经无可辩驳地成为现代文化的一股支流。譬如，如果有人想要通过地质学的学习来了解自然物体，那么他绝对不能只用一双不谙规则的眼睛来观察物质的外在形体，而是必须深入了解景物形成的地质营力；经过一段时间的学习，他能够认得不同岩石的名字和特征，分清它们具体形成的地质年代。由于在生活中不常使用，许多具体而微的专业知识会随着岁月的流逝而被人们遗忘，但在观测过程中习得的方法不仅不会忘却，而且还可以用来观察其他自然物体。事实上，人们如果养成了科学观察的习惯，并时常付诸实践，便会永久保持下去。这个道理适用于所有领域的学习和研究，无论是何学科专业。综上所述，我们可以得出结论：人们在学习过程中所能获得的最重要的能力，就是形成一种全面、深刻、具有穿透性的思考方式。

鉴于“文化”这个概念与广义的“教育”概念一样，都需要终生体会，因此本篇致辞主要探讨的是如何在学院和大学中奠定学生的文化根基，至于“文化”本身究竟是为何物，笔者反而不会倾注太多的笔墨。作为教师，我们所能做到的就是尽可能地为学生打下扎实的文化根基。正如一则古代格言所述说的那样，“所谓文化，就是通百艺而专一长”，这也正是本篇致辞最后想要表达的意思。当然，必须承认刚刚论述的只是一个愿景，至于如何才能实现，人们会提出许多的不同见解。正因为如此，我们接下来需要讨论一个不可回避的核心问题。一般而言，所有认真求学之人只要选择了某个专业，都会深入钻研相关知识；于是，正在接受高等教育的学生或许会问，可不可以首先全面学习不同学科的知识，然后再集中精力接受职业培训。关于这个问题，每个有过实际经历的人都能轻松作出回答。一个学生如果只在许多不同领域学习基础知识，而未能选择某个领域进行深入钻研，那么他将无法在任何领域掌握知识的精髓。浅尝辄止者无论涉猎的范围多么广泛，在离开大学时仍然对一切问题都是一知半解。这样的人从未透彻理解过任何学科知识，即使他在以后的岁月里试图变得深刻，但由于前期积累过于肤浅，以至于无法让他获得思维启迪和系统方法，他也很难深入钻研。总而言之，只在一个学科展开探究视野必然狭窄，而一味求多却又不免浅薄，只有将二者相结合，才能让学生成为一专多能的文雅之士。

回答了在求知过程中为何要兼顾专精与博约这个问题之后，我们再来讨论一个同等重要的问题。在当前的美国教育界，不断有人提出为何不将职业教育与通识教育相融合，这样学生就可以以专业课程为主干，同时兼修其他相关学科。同上一个问题相比较，这个问题更难回答，其背后的逻辑关系也更加微妙。与此同时，这也是一个我们不得不去面对的现实问题，因为在许多美国高校，上述逻辑正表现出越来越强的实践趋势。要想回答这个问题，同样需要借鉴以前的实践经验。与通识教育相比较，学生一旦选择了与日后职业密切相关的专业教育，必然都会展示出强烈的求知热情。有鉴于此，凡是与学生职业倾向关联不大但又必须接受的学科知识，便极有可能被他们视作对个人发展无益的次要内容。譬如，对于那些有志于在法学、医学和工程学领域有所作为的学生而言，他们几乎不可能像关注本专业的知识那样认真研读文学经典。易言之，一旦高等院校以专业学习为主导，那么通识知识必然会被忽略，或者至少也会不受重视。除此之外，与一心发展专业教育的职业院校相比较，本科阶段的专业课程也很难做到专精，其最多只是比通识课程更能体现专业性。最重要的是，由于课堂之外的校园活动丰富多彩，本科学院很难营造职业气氛，因此也就无法扎扎实实地指导学生参加技术训练。

由此可见，通识教育必须放在学生对职业发展作出选择之前，这样的安排最具效果。易言之，我们有充足的理由将通识教育与专业训练相分离。除此之外，本科课程还应涵括诸多不同学科，学生可以选择其中一个进行深入探究。至于如何选择自己的主修专业，则完全取决于学生的个人兴趣。在我看来，学生在本科期间选择主修专业通常都会遵循一个原则：尽可能地与未来从事的职业相分离。在本科阶段，学生需要修习的内容涉及众多学科，与职业有关的知识往往夹杂在一大堆其他知识当中；与专业学习阶段相比，此时学习专业知识既琐碎凌乱又费时费力。此外还要提醒大家的是，通识课程仅在本科阶段才会开设，在此之后学生很可能再也没有机会在此方面系统探究。

在我看来，当下并非美国大学引入国外教育模式的最佳时刻。无论何种制度，若想获得成功，都必须保持内在一致；不顾自身根基，一味盲目嫁接外来枝干，必将带来不可预测的风险。同样，就文化培育而言，我们所要努力的方向也是尽力发展一套与美国大学相适应的教育模式。帮助青年学子用心欣赏世上诸般美好，孜孜探究对人类有益的系统知识，深入理解这个民族的传统价值，这才是美国大学所要培育的文化；传承这种文化，乃是美国大学必须具备的一种功能。

我们常会听人讲，一旦从中学阶段的清规戒律当中解放出来，青年学子就再也不会严肃对待任何与职业发展不具显明关系的学习和探究。假如事实果真如此，那么教育者就再也无法引导青年学子热情洋溢地研究人类社会一点一滴缓慢积累的知识宝库，就无法让他们满怀好奇地深入探究人类在这个星球历经磨难才终于建立起来的文明，那么，大学也会逐渐丧失继续生存下去的合理性，最后必然走向衰亡。

知识发展与学者职责

节选自作者1916年前后在波士顿哈佛俱乐部发表的系列评论

卓越大学所具备的功能绝不止于教学。一般而言，伟大的大学皆拥有两个基本功能，二者皆至关重要，甚至无法分辨孰重孰轻。其中一个功能，就是保存与传播人类历史上缓慢积累的系统知识；另一个功能，则是在原有的知识基础上进行创新。对于大学而言，辨别某个观点是古老还是崭新并无多大意义，去伪存真才是真正目的。在过去的岁月里，大学已然证明，存留传统价值与不断发展新知两大功能完全可以毫无困难地结合在一起。然而迄今为止，美国大学对于知识的发展和创新仍未作出应有的贡献，在此方面，我们依然躺在欧洲大学的怀抱里。尤其是在化学领域，美国大学的创新水平更是远远落后于德国大学，无论是基础理论还是应用技术，因此，后者理所当然地成为我们的学习对象。在下一个时代，无论是科学发现、医药发明还是艺术进步，最伟大的发明和创造无不有赖于化学知识的创新与发展。认识到这一点后，我们应当愈发感到不安。毋庸置疑，美国大学必须比以往任何时候都更加努力地发挥创新功能，必须要在众多关键行业培养专家学者。但与此同时，我们亦须牢记，理论的发展和创新与技术的发明和应用必须携手同行。大学实验室的所有科学发现，几乎都能直接或间接应用于人们的日常生活；而制造产业试验部门的研发人员不仅要将来自大学的科学发现应用于实践，与此同时，还应以相关学科的科学原理为依据，独立自主地开展调查研究。尤其是在化学领域，美国大学更应着力改善现有的实验设备，并持续扩大研究人员规模。

事实上，美国大学并不缺乏能在知识领域开拓创新的优秀学者，但是迫于教学和行政压力，他们不得不将自己的时间和精力耗费在重复琐碎的日常事务上，以至于在学术创新方面缺少建树。每当思虑至此，我都忧心如焚。我们必须在各个领域和学科采取有力措施，让那些富有创新思维的学者能够全身心投入到创造性的学术研究当中。在过去的岁月里，美国人忙于开辟新大陆和征服大自然：我们大量开垦耕地、修建铁路、开发矿藏、修建工厂，忙于将辽阔浩瀚的荒蛮之地变成一个个人潮汹涌的工业中心。一直以来，美国的思想观念都是从欧洲漂洋过海而来，我们甚至还为此颇感满足。对于人类思想的进步与发展，美国人迄今为止尚未作出应有的贡献。除了物质发展，我们还渴望自己的国家能在其他方面变得更加伟大。在人类历史上，古典时代的迦太基城曾经作为商业之都闻名于世，但却因为在人类思想史上缺乏建树而早已湮灭不闻；而反观另一个古典时代的海上商业城市雅典，却因为塑造了统御现代西方社会的思想模式，而至今依然具有强大的影响力。

此次战争[①]的爆发形成了新的世界格局，同时也向各国提出

① 即爆发于1914年6月的第一次世界大战。——译者注

了新的责任和义务；新的责任与义务不仅包括金融、商业和政治，更涉及知识和理念。在战争期间，多少本应为人类知识增光添彩的年轻人，多少未来的哲学家、艺术家和科学家早早倒在了佛兰德斯（Flanders）、皮卡迪（Picardy）、香槟（Champagne）和凡尔登（Verdun）的战场上，对此我们永远无法给出答案。但所有人都真真切切地知道一件事情：由于千百万年轻人的陨落，欧洲精英群体蒙受了巨大的损失；如果不是被战争夺去了生命，至少一部分年轻人本应为人类知识的增长、思想的进步和文化的发展作出重大贡献。我们必须尽力弥补人类世界此次遭受的巨大损失，而这一任务的完成有赖于高等院校的转型。

论教育科学研究

在卡尔顿学院[①]五十周年纪念典礼上的致辞

1916年12月13日于明尼苏达诺斯菲尔德

《但以理书》（*The Book of Daniel*）中有这样一句话："凡智慧者，必如天光般闪耀；凡使众人归义者，将如星辰般永恒。"[②]在我们的国家，高等学府星罗棋布，皆能予人智慧和正义的启迪。今天，我们有幸在此庆祝其中一所学府的五十周年华诞。从古至今，闪烁的星辰一直在黑暗的天空中不停旋转，而天空的亮度却

---

① 卡尔顿学院（Carleton College）创建于1866年，位于美国明尼苏达州，是一所教学质量极高的小型文理学院，长期排名美国文理学院前十位。由于地理位置较偏僻，卡尔顿学院并非家喻户晓。2015年，卡尔顿学院在美国大学排名（US News）文理学院排名中位列全美第八，"最佳本科教育"排名全美第一。在《福布斯》杂志2015年全美大学综合排行榜中，位列美国第三十位，领先于著名的加州理工学院和加州伯克利大学。由于奉行文理教育，卡尔顿学院的学生并不注重专业技能，更强调独立思考、处事能力以及明确人生使命。——译者注

② 这段话引自《但以理书》"九月二十八日，晚课"，原文为"They that be wise shall shine as the brightness of the firmament; and they that turn many to righteousness as the stars for ever and ever."——译者注

从来不曾改变。[①]然而，对于以智慧教导为己任的公共机构而言，现实的情形却并非如此。譬如卡尔顿学院，这所优秀的高等学府在过去的数十年中正在变得愈发光彩照人。迄今为止，卡尔顿学院已经比以往任何时候都更加优秀；但即便如此，即便是在今天这个回顾往昔、感恩过去的日子，卡尔顿的管理层和教育者着力思考的绝非尽情庆祝建校以来半个世纪取得的巨大成就，而是孜孜以求如何尽力做好即将来临的各项事务、如何继续调校这盏知识明灯，从而让源自卡尔顿的智慧之光更加稳定、更加明亮。

在人类的岁月长河中，教育是最晚近的创造物。迄今为止，对教育的科学解读几乎比所有其他人类活动都要匮乏。在基础教育领域，我们已经作了不少科学研究，譬如测量教师在阅读、写作和运算等方面的教学效果；然而关于大学教育，迄今为止仍然缺乏基本的科学分析。众所周知，美国大学可以被视作英国大学和德国大学的结合体；准确地讲，我们是在复制英式寄宿制学院的基础上又嫁接了德式研究型大学。英国大学的精髓在于塑造公民身份，而德国大学的长处则是培养行业专家。虽然以上论述颇具总结意义，但目前我们需要审视的问题既不是英德两国大学的文化特征，亦非分析这两种模式对美国大学的影响。追随英德大学，美国已经建立起庞大的文理学院和专业学院体系；前者的首要目标就是培养公民品格，后者的主要功能则是训练专门人才。

平心而论，美国的职业教育已经相当出色，然而本科教育的发展前景却依旧茫然。其原因主要来自两个方面。首先，美国人一向崇尚务实，只愿把精力放在能够立刻看到结果的事情上；那

① 现代科学已经推翻了这个观点。——译者注

些具有普遍功用但却不可捉摸的良善之物，在美国人看来其虽然具有一定的价值，但常常过于空洞、含糊不明。在教育领域，美国人喜欢为每门课程设计一个具体目标，并明确标注其适合哪些学生。其次，以职业为导向的课程体系具有明确的目的、精准的定位和固定的范围，因此相对而言更容易进行校准；以通识知识为内容的课程学习虽然颇有价值，但却与专业化的发展目标缺乏直接关联，因此从一开始就容易被弃之不顾。的确，培养公民品格是一件远比训练专业人才更加复杂的事情；具有崇高品质的公民不仅熟悉自己背负的一般义务，而且还拥有正义的观念、勇敢的心灵和开放的思想。如果能够培养这样的公民，并充分发挥其才能，整个社会的道德品质和文化水平都将飞速提升。

传统大学课程的核心根基乃是拉丁文、希腊文和数学；伴随着知识的迅速增长，旧日的课程设置已经不再适合现代高等教育宽广博大的教学要求。与此同时，旧式学院四年一贯的课程体系无论宽度还是广度都无法迎合现代学生的需要。在当前的时代背景下，已经没有任何知识体系能够完全满足文明之人的求知热情，同时也没有哪种知识会被视作文雅之士不可或缺的必备素养。一言以蔽之，曾经以丰富的理论知识哺育人们心灵的旧式固定课程已经被抛弃，但新的课程体系却仍未确定哪些才是最值得学习的文化内容。

我们都曾不止一次讲到“规训”（discipline）这个概念，但在此需要申明的是，所谓“规训”在学术上本来有着相当明确的定义，但近来教育学专业的学者以此为主题展开了诸多辩论，反而导致大家的理解变得混乱起来。就目前的情形来看，人们提到“规训”时，通常强调的是其德性内涵，而非从发展智识能力的角度考虑其在思维训练方面的含义。譬如，我们常常听说，本科学习的过程大致就像速记学习、厂矿工作、营地钻探和足球比赛，都要求学习者严格按照规训进行操作，并借此获得认可。毋庸置疑，此处提及的“规训”乃是一种道德规范。尽管开展上述活动也需要接受相应的训练，但没人会真正认为它们会与古典学、数学、物理学和经济学一样，纯粹是为了提升学习者的智识能力。根据当前情形，美国大学在道德规范方面的要求明显不够，以至于学术群体中懒惰松弛之风大为盛行，这必然会对学者的未来造成不良影响。我们正在针对上述缺陷积极采取补救措施，而且已经取得了一定的成功；不过，如何提高学生的纪律意识，与哪些课程对学生思维的发展最为有利，是两个截然不同的问题。也正是因为两者之间存在差异，我们才不需要从道德规训的角度考虑大学入学考试。

至于何谓“心智训练”（mental discipline），对此问题展开讨论并非明智之举；笔者的意思是，这个概念本身就不适合拿来进行公开讨论。凡是使用此概念者必然会招来批判，而批判者的理由主要是以下几点：首先，“心智训练”会将人类的思维生生分割成几种互不相干的能力，而每一种能力的提升都必须接受特定形式的锻炼；其次，“心智训练”暗示学习者并不具备主观能力，只会被动接受外部刺激，这样的话，人们以苹果为道具学会的加减乘除，就完全不能用于股票操作。为了避免引起不必要的争端，我们必须尽量不使用较敏感或有歧义的概念。

为了消除误解，我将采取比较温和的表达方式。笔者认为，本科教育应当以培养学生的公民品格为导向，引导他们了解人类文明，帮助他们形成清晰的思维，从而能对错综复杂的现实问题进行准确分析和妥善处理；除此之外，本科教育还应当激发学生的想象力。接下来，我们将进行举例说明。假设有这样一个人，他（或她）对雅典时代、罗马帝国、封建制度、英国大宪章、法国大革命等世界历史大事，以及自己民族和国家的历史知识都不甚了解，对人类在文学、艺术和音乐方面取得的伟大成就，以及哲学流派和宗教思想也不太熟稔，甚至对能量守恒定律、力的平行四边形法则、人的生物节律等基本科学原理全都一无所知，那么，我们基本可以断定这个人对人类文明完全不够了解。在当今时代，没有哪个人可以做到通晓万物，但也不能人人都只关心发生在自己专业领域内的事情。现代学者应当形成一个学术村落，居住在其中的每一个村民都应熟悉周围邻居的大致情况，但不需要全都了如指掌。在德国，由于文科中学和实科学校实施了严格统一的课程内容，因此到了高等教育阶段，学生便拥有共同的知识基础。但美国却不具备类似的中等教育机构，因此学生进入大学时的知识基础参差不齐；直到目前，美国大学仍未针对这一缺陷做出系统性的弥补措施。有鉴于此，我希望能对美国大学的课程设置进行全面调查，并对学生在专业学院和研究生院的后续发展进行比较研究。如果有人愿意这么做，我们必将从中得出许多有价值的发现。

与传承文明相比较，帮助学生拓展能力以及形成正确的思考习惯——分析证据、抽象推理的习惯，是一件更不容易完成的任务。然而无论对个人还是社会，此种习惯的形成都至关重要。对于个人而言，无论生活还是工作都离不开理性思考；对于社会而言，公民品格的形成亦有赖于此。一旦人们对公共事务的理性认知出现偏差，社会必将面临不可预知的危险。在过去，我们曾经有过惨痛的教训，但这并不保证未来不会重蹈覆辙。事实上，今天的人们似乎仍然被各种非理性的观念、情感所控制，被许多似是而非的理论所困扰，并且正在呈现出愈发严重的趋势。如果任由此种趋势不受限制地发展下去，我们的社会在未来便有可能遭受更严重的破坏。

非理性的推导方式观念在当前的美国社会极其普遍。譬如，许多人都能观察到一旦新月出现暴风雨就会放晴，但却不明白月亮为何会对气候产生影响，甚至许多文雅之人亦是如此。此外，人们也不明白为什么大家会笃信若有十三个人坐在餐桌前共同用餐，其中必有一个人会在那年死去；他们不了解死亡晚餐的典故究竟出自何处。[1]如果一个患有小儿麻痹症的孩子被带到城市，人们或许能够发现不久之后会有其他孩子染此病症，但大多数人不清楚这种疾病可以直接传染。同样，大部分美国人也不明白，如果有人曾经用手摸到毒藤而受伤，是否就可以断定他易受感染。针对上述现象，一个拥有系统思维训练的人通过仔细观察皆能找到原因；这不仅因为他曾修习过形式逻辑或机会理论等相关课程，更因为他形成了分析证据、深入思考的良好习惯。除此之外，一个拥有科学思维的人还必然具备宽广的知识背景，面对许多错综复杂的问题，能够抽丝剥茧地找出背后的影响因素。对于不同现象之间的频繁联系，这种人几乎具有近似本能的感知力。譬如月相变化与天气变更，首次发现并无多大意义，但如果持续观察，他必然能够了解两种现象的先后出现绝非巧合。同样，具有理性思维之人还了解表面上十分健康的人，在一年内猝然离世的情况并不少见；即使此类事件与十三人共同用餐的现象偶有重

① 死亡晚餐的典故出自《新约圣经·马可福音》，讲的是耶稣与十二位门徒在逾越节共进晚餐，他们坐席正吃的时候，耶稣突然说："我实话告诉你们，你们中间有一个与我同吃的人要出卖我了。"随后耶稣果然被接到密报的士兵逮捕并处以死刑，出卖他的正是十二门徒中的犹大。文艺复兴时期，达·芬奇根据这段故事绘制了传世名作《最后的晚餐》。——译者注

叠，也不能说明任何问题。理性之人还知道流行病的传播途径只有那么几种，与病人发生直接接触就是最常见的传染方式，因此受感染之人的到来与某地疟疾的集中暴发，这两种现象必然具有直接关联。最后，青藤毒素只产生于有毒的常青藤（另外还有少数几种植物也能产生这种毒素，但人们平时无法接触到），如果在日常生活中有人感染此毒，其必定摸过毒藤。

在当前美国社会，我们经常能够发现非理性的推理方式。譬如，有人仅仅认识一两个读书时成绩并不优秀但在生活中取得成功的人，便据此推导出学业表现糟糕的学生在离开学校后要比优等生更有前途，或者断定学业表现与事业成功毫无关联。但他们却不否认反应灵敏乃是一大优点，因此即使认识几个发展不错的迟钝儿童，他们也只会认为愚笨之人并非完全没有机会。毋庸置疑，人人都知道龟兔赛跑的故事只是一个意外，即使偶然赢得了一次胜利，但无论在此之前还是之后，都没有人会把赌注押在乌龟身上。只要明白这个道理，我们就没有必要费时费力地搜集数据来证明学业表现与职业发展的内在联系。

无论选择哪个学科，只要有好的导师，再加上自身努力，学生基本上都能在一定程度上形成分析证据和正确推理的能力。不过，不同学科的修习对上述两种能力的形成分别能有多大程度的促进作用，我们尚不得而知。只有在某些特殊情况下，我们才能得出比较准确的结论。譬如，研究理论数学必然比研究历史更能锻炼学习者的抽象推理能力，而学习历史显然要比学习数学更能提高证据分析能力。但总体而言，不同学科的学习究竟通过何种机制来提升人们的理性思维能力，关于这个问题我们仍在黑暗之中摸索；在之后的时间里，教育研究者应尽力在此当面拨云见日。

综上所述，对于理性思维能力的形成机制迄今为止我们仍然知之甚少，有关想象力的激发过程更是一片茫然。在此需要申明的是，此处提及的“想象力”，并非不切实际的幻想，而是一种穿透表层现象进行理念建构的能力，这种能力乃是构成一切人类智慧的基本元素。不过，到底采取什么手段对激发想象力最为有效，是从事以科学实验为代表的实践推理，还是练习以抽象思维为代表的逻辑推理，抑或二者兼有？关于这个问题，我们仍在寻找答案。假设上述两种行为都有利于激发想象力，那么又当依照何种次序和比例来开展相应的训练？学习主修学科之外的其他学科知识，对于想象力的激发究竟有利还是有害？对于一个科学工作者，阅读哲学、文学和历史究竟是能激发想象力还是会转移注意力？对于一个从事文字工作的学者，学习科学知识究竟是大有裨益还是只会浪费时间？以上所有关于想象力的讨论，只靠个案分析根本无法得出结论。有的人可能会反思自己曾经接受的教育在哪些方面与他人有所不同，然后自行忖度过往的教育经历对于激发想象力产生了怎样的影响；实际上，这样的个体猜测基本上也不具备普遍解释意义。也有不少人喜欢反思课程学习能产生何种程度的正面效应，这样的个人思考似乎更有参考价值。的确，想象力的生成在很大程度上取决于个人性格；但即便如此，我们仍然可以有选择地进行调研，譬如针对在同一领域工作但教育背景不尽相同的群体展开大规模调查，必能得到不少颇有价值的结论。

接下来我们将进行一个颇为有趣同时也颇具启发意义的比较，即同时考察医学与教育学两个学科的知识发展情形。就在一个世纪或更久以前，医学领域还是各种理论相互争斗的战场，布朗氏学说(the Bruneian Theory)[①]、顺势疗法(Homeopathic Theory)[②]等不同医学流派各持己见。不过，以全面观察、详细记录和临床试验为特色的现代科学理论一朝出现，便立刻牢牢把持了医学研究的主导地位。科学研究法尤为医学院校的教育者所推崇，以此路径，他们对人类疾病知识理解的精度和准度都大幅提升。反观教育学的理论发展，时至今日仍旧处于百家争鸣阶段，许多似是而非的观点广为流传。以医学为参照，教育学同样需要向科学研究阶段迈进。

毋庸置疑，科学研究方法在教育学领域的应用不可能像医学领域那样简单。医生可以在动物身上进行疾病测试，但教师却绝

① 其主要观点是：疾病皆因刺激过分或不足所致。——译者注

② 顺势疗法又称同类疗法，其主要观点是：如果某个物质能在健康的人身上引起病人患某病时的病症，将此物质稀释震荡处理后就能治疗该病症。顺势疗法由德国医生塞缪尔·哈内曼（Samuel Hahnemann）于18世纪初创立。当时的欧洲医学界盛行放血、水蛭、抽气罐、吞服泻药和砒霜等令人毛骨悚然的治疗方法，药物治疗还很稀少。哈内曼想要放弃这些恐怖的疗法。他让一些健康的人服用金鸡纳霜（奎宁），这些人很快出现了发热、脉搏加快、四肢发冷等与疟疾病人相同的症状。由此哈内曼得出一个结论：这些药之所以能够起到治疗效果，是因为它能够产生同样的症状“以毒攻毒”，于是他构架了“同类治愈同类”的治疗理论，顺势疗法这个源于希腊语homoios（相似）和patheia（患病）的单词从此诞生。后来哈内曼又作了一系列的论证，在健康的志愿者和他自己身上试验其他药物，然后逐渐形成了相对完整的治疗理论。现代医学研究发现，顺势疗法不比安慰剂有效，指出该疗程带来的任何正面感觉，都只不过是安慰剂效应及人体的自然康复。尽管遭到科学界否定，但顺势疗法在欧美却广受普通民众欢迎，20世纪60年代，顺势疗法在美国盛行一时。据美国国立卫生研究院官方网站介绍，1999年的一次调查表明，大约有600万美国人在使用这种疗法。1994年世界卫生组织还将这种疗法推广到很多国家的卫生体系中，包括德国、英国、印度、巴基斯坦、斯里兰卡、墨西哥等。——译者注

不可以轻易拿学生进行教育实验；除非能够预见最终的结果对受教育者有利，或者至少不存在危害。我们没有权力仅仅为了观察实验结果，便有意对某个学生实施糟糕的教育；正因为如此，实验研究法便在很大程度上失去效力。不仅如此，科研人员也不能把人类的思维进程放进试管中，因此也就无法通过着色、分离、显微镜观察等一系列实验步骤来确定其科学本质。

除了上述顾虑之外，科学方法在教育领域的应用还存在其他不便之处。譬如，不同人体对于同一种化学试剂或细菌的反映程度虽然具有差异，最终的结果总体还是比较相似。但在教育领域，不同个体对同一刺激的思维反应却绝不一致。在实施教育刺激之前，研究者无从知晓学生的脑袋里已经存在什么样的观点，不清楚除了教师之外学生是否还会受到其他因素的影响，也不清楚在课堂之外还有哪些事物也在发挥教育作用。人类的大脑就像海绵，能够吸收各种各样的知识，并将其融为一体或者转化成其他形态。思想之河是由许许多多小的溪流汇集而成，我们既无法阻挡水源的汇入，也无从分析汇聚之后的河水分别来自哪条溪流。孩提时期，人们处于学校教育的第一阶段，此时学生思维比较简单，所受外界影响也比较有限，因此对教学效果进行精确分析相对比较容易。对此阶段，科研人员已经展开调查。然而随着时间的推移，学生的成长环境越来越复杂，针对教学效果进行科学分析就变得越来越困难；而且，我们的意图并非分析特定教学方法对知识获取的影响，而是探究不同学科对于学生能力发展的影响，这又进一步增大了分析难度。由于影响因素极其复杂，个体反映又存在很大差异，因此哪怕我们开展了大量的个案研究，到最后也几乎无法得出有效结论。在漫长的人生赛道上，一个天资聪颖、精力充沛的人哪怕在早期阶段接受的教育十分糟糕，后来取得的成就也有可能超越那些早年有条件接受优质教育但生性迟钝、意志薄弱之人。因此，对教育进行的科学分析绝不能针对个体，而是要展开整体性的调查。为了保证准确，教育调查只能依照极其有限的几条路径来展开，其中最常见的一种就是数据分析。为了消除异常现象，样本规模要足够庞大；为了避免出现系统误差，调查者还需要对数据进行编辑。虽然这项工作相当辛苦，但总归切实可行。为了能对高等教育拥有更加深入的理解，高等教育研究者同样需要展开数据调查。为此，每所高校都应当分享调查结果，同时美国最大的几个教育基金组织也应当面向所有高校开展综合性的数据分析。不过即便如此，此项工作仍然存在一个重要困难，那就是如何正确衡量大学教育对学生后期发展的影响。学生在离开大学之后取得的成就，并不完全依靠自身能力；起点是否顺利，家世是否显赫，财力是否雄厚，以及婚姻、健康状况等诸多因素，都能对事业发展起到一定影响作用。因此，要想对毕业之后取得突出成就的学生作出准确的归因分析，一方面需要拥有非常庞大的样本数量，另一方面还要进行详细的调查研究。因此，我们基本上不太可能做到准确无误。近年来，哈佛大学各个专业学院已经开始针对毕业生的在校成绩与个人成就之间的关系进行统计分析；迄今为止，收集上来的数据基本可靠。以此为先导，我们将会寻找和实施更多的统计方法，进而获得越来越能反映现实的分析结果。

若要摄入蛋白质、淀粉、脂肪等营养成分，人们既可以选择牛肉、面包和黄油，也可以选择大豆、马铃薯和猪肉；同样的道理，若要提升学生的智识能力，教育者也可以在许多不同学科开展思维训练。就营养成分而言，如果从刚刚提到的六种食物中每次随机抽取三种从而形成多个组合，不同组合提供的营养必然有所不同；同样的道理，如果将此方法应用到教育领域，必定也会产生不同的效果。此外还可以确定的是，无论什么学科，其最终的学习效果都在很大程度上取决于最初设定的教学目的。以高中阶段的拉丁文课程为例，过去很多学校都曾开设此门功课，其主要目的在于通过大量的词汇背诵和严格的规则约束来锻炼学生的记忆力。但除了锻炼记忆能力之外，拉丁文的教导也完全可以以学习语法结构为目标；如果从读者的角度出发，也可以认真欣赏其文学价值。

威廉·詹姆士（William James）早年曾在哈佛大学开设过解剖学与生理卫生比较课程，他曾说过，在所有前来听课的学生中，他能分辨出哪些学生有意申请医学院的专业学位，因为这些人的注意力主要集中于具体的解剖学知识，而其他学生则对这门课与更加广阔的科学世界之间的联系更感兴趣。由于关注对象不同，上述两类学生的学习结果也存在很大差异。同样的道理，无论是何学科，学生从中汲取的知识大概都与其思考方式和前期积累有关。多年前，两位来自哈佛大学法学院的毕业生对自己读书期间的主要收获作过一个对比分析。首先两人都有一个共同感受，即在哈佛大学法学院的读书经历并没有教会自己多少可以直接应用于实践的律法条例。不过，关于自身能力是否有所增长，二者的回答却大相径庭。其中一个学生在本科阶段主修历史，他认为在法学院就读期间自己最大的收获就是增强了理性思维能力；另一个在本科期间主修数学，对他而言，攻读法律的主要收益是明白了寻找原始权威材料的重要意义。

从教育者的角度来看，不同学科的教学实践应当分别对应哪些方面的能力提升，一般都有一个相对固定的套路；然而从受教育者的角度来看，不同个体在同一门课上的客观收益和主观感受皆不相同，因此也不可能完全符合学校开设此门功课的一般性目的。以前文提及的两个法学毕业生为例，在他们看来，专业阶段的法学研究，与本科阶段的历史和数学研读，在思维训练上所能发挥的作用必然有所不同。毋庸置疑，每个学生都会从自己的角度出发对同一门课程作出不同的解读，这并不存在任何问题。但总体而言，不同学科对学生思维的影响究竟有何不同？或者再进一步，许多不同的学科组合起来又会产生怎样的效果？对于这些问题，我们目前仍旧所知无几。我们必须要在上述未知领域开展实实在在的科学调查，而非一味使用逻辑推理来进行理论建构。我们要使用科学方法进行详细周密的调查论证，不能仅仅通过观察少数案例便轻易地下结论。

就当下实践来看，关于美国教育的未来发展主要存在两种意见。一方面，教师群体倾向于基于过往经验建构一个覆盖全部阶段的教育规划；他们认为，如果这一举措得以实施，美国的教育质量必将得到很大改善。另一方面，也有一部分人士以自己笃信的教育理论为根基，希望为未来的美国教育构建一个全新的操作框架。对于当前的教育现状，无论人们是否表示满意，都不能为未来指引一个安全的发展方向。在长期的实践经验中总结出来的结论的确颇有价值，但如果仅止于此不作突破，教育就会出现停滞甚至腐败。在一个急剧变化的世界里，所有的历史经验都比较片面且存在缺陷，更重要的是，已知经验无法与未来发展相吻合。除此之外，新近流行的教育观念大多也是针对既有问题提出对策，尽管其中包含不少有效建议，值得我们认真考虑，但总体来看仍不足以为美国教育提供一个具有长远眼光的建设路径。

在文艺复兴时期，由于当时的人们对古希腊文化经典的理解愈发全面，因此才引发了彻底的教育革新；与之相类似，随着当今时代的知识扩充愈演愈烈，根本性的教育改革早晚也会出现。无法想象，在现代科学方法已经大行其道的年代，美国教育仍会对此毫无反应，并继续保持一贯的混沌状态。

我们所在的这所学院拥有崇高的声誉，其所处的中西部地区居住着勇敢的人民，大家坚信必须通过不断的改革才能促进教育的持续进步。毫无疑问，这个国家也比世界上其他任何国家都更有能力摆脱传统的束缚，这里的人民不仅能够承继优良传统，而且更善于开拓进取。相对东岸城市，卡尔顿学院所处的地区人口成分更加均一，但行业结构却十分多元，这对于建构成熟的地域文化十分关键。哺育了卡尔顿学院的中部河谷也注定将成为美国大陆的一块光荣沃土，在这片土地上巍然耸立的众多学府将使整个国家受益良多。至于那些先辈们在蛮荒时代历经艰辛创建起来的传统高校，虽然它们经过两代人的努力已经颇为成熟，并且颇以自身的历史过往和现实地位为豪，但也无可否认地沾染了自以为是、故步自封的坏毛病。本着开拓进取之精神，满怀感恩之情和信任之意，我们在此济济一堂，共庆卡尔顿学院的五十周年华诞。

考试的艺术

1920年12月15日在密歇根大学伯顿校长
就职典礼上的致辞

我们今天在此共聚一堂，既是为了庆祝伯顿先生荣任密歇根大学校长，也是为了表达我们对这所伟大大学之未来的希冀与信任，更是为了一起盘点美国教育发展的成败得失。众所周知，当今美国教育既具备不少优点，但也不乏缺陷。从小学到大学，无论哪一阶段的美国学校，培养出来的人才都具有令人印象深刻的机智反应和适应能力。不过，这一功劳不能完全记在教育系统头上，在一定程度上还要归功于当前的社会环境。因为当前环境要求每个人都要具备全面素养，所以不仅拥有高等教育经历的人大多反应灵敏、善于应变，而且就连那些教育水平十分有限者身上也不缺乏上述两种优秀品格。不过也必须承认，教育的功能常常被低估。人们往往过于在意自身的内在品质，对接受过的教导却心存轻视。人们与生俱来的机敏天性和适应能力绝不会因为接受教育而被削弱，事实上，这两种能力在美国大学毕业生身上体现得尤为突出。对此，战后的社会发展已经予以证实。事实上，通过回顾历史可以得知，美国人民身上最重要的两种品格就是随机应变和适应环境；正是由于这两种品格的突出作用，美国社会才取得了无以伦比的伟大成就。在一段并不算长的岁月里，我们把广阔的荒蛮之地转变成文明沃土，将巨量的矿产资源从地下开发出来，同时还为千百万人提供了各个行业的工作岗位。但无论如何，光辉的岁月已经成为过往，甜蜜的历史不可能被人们永久品尝。时至今日，美国人民亟需学会更好地保护现有资源，同时更全面、更科学地进行开发和利用。曾经为美国社会带来巨大成就的大规模、粗放型的发展模式已经成为过去，今天的美国人必须在已有基础上进一步提高生产质量。

人类智慧的表现形式不仅包括充分发挥自己的长处，同样也包括尽量弥补自身的缺陷。就美国教育而言，当前存在的一个巨大缺陷就是过于粗放、不够精细。与欧洲各行业的从业人员相比较，美国人的知识不够宽广，根基不够扎实。莫里斯·科勒瑞（Maurice Caullery）①教授刚刚出版了一部关于美国大学生活与科学文化的著作，其中提出了这样一个观点："美国工程技术人员的培训条件与其欧洲同行大不相同。相比之下，后者在科学理论上能够得到的指导无疑远远优于前者。笔者还曾听说，由于战争爆发，一大批法国工程师前往美国避难，从而极大促进了当地的工业发展。这是一个无可辩驳的事实，不过我想要表达的意思是，我们的巴黎理工大学（Ecole Polytechnique）和中央理工学院（Ecole Centrale）在招生时都有一套富有竞争力的入学考试体制，而美国大学在此方面基本上毫无建树。据笔者调查，美国工程技术院校的大一新生入校时的知识基础大多十分薄弱。"除此

① 莫里斯·科勒瑞（Maurice Caullery），法国生物学家，生于1868年，逝于1958年。——译者注

之外，科勒瑞还认为："美国工程技术人员的综合素质同样令人担忧。"为了证明这一观点，他援引了《曼恩工程教育报告》（*Mann's Bulletin on Engineering Education*）中提供的信息——在22个美国工程技术院校的全体大一新生中，仅有三分之一的人能解简易代数方程。有人告诉我们，英国生理学学者的物理学和化学综合知识水平皆远远高于他们的美国同行；不仅如此，但凡对英德两国学界稍有了解的人，都可以在不同学科举出更多的相似例子。

关于美国教育发展规划为何不够周密和细致，我们接下来照例列举几个具体原因。第一个原因十分明显，即美国学生从出生之后到大学毕业这段时间用在学术探究方面的时间严重不足，尤其是在童年时期，这种现象尤为突出。长期以来，美国教育界流行这样一个理论：学生在教育实践中的主观努力意愿越小，他的进步速度反而越快。在这个理论影响下，美国学生的求学生涯明显呈现出起点晚、发展慢的整体趋势。

第二个原因，则是各级学校的课程列表总是不断更新，而新添加的课程既没有经过严格的论证，也不是在已有课程基础上所作的有机拓展。譬如，如果有人认为乡间漫步和自然观察对学生的发展颇有裨益，那么美国的中小学校便极有可能将这两种活动插入课程列表，同语言、历史和数学等传统学科一样安排在正式教学时间，而非在课外时间进行。

第三个原因是美国大学缺乏严格的学习标准，目前这个问题正在变得愈发突出。数年前，大多数本科院校的情况都比现在稍好一些，而今这个问题似乎已经蔓延到中小学校。就在去年，一位学生从中部附近地区某所颇为出色的高级中学毕业，并参加了大学入学委员会测试（College Entrance Board examinations）。这个学生曾在中学毕业典礼上代表同届毕业学生致辞，但在入学测试中他的五门功课分别获得以下分数：英国文学50分，拉丁文41分，美国史37分，古代史30分，平面几何33分；而在中学时代，上述五门功课他全都获得了双A成绩。[①]只有物理学，他在中学时取得的等级为B，而此次大学入学考试只得了28分。在此需要澄清的是，这个学生参加的入学考试各科试题及教材皆非某个高校单独负责，而是由一个多名大学、中学教师代表组成的联合命题委员会集体决策而成。不可否认，学生在中学时代的知识储备与入学考试的命题内容可能存在一定出入，譬如文学、历史甚至拉丁文等学科都有可能出现此类情况。然而无论如何，如果一个学生的物理成绩在中学阶段十分优异，无法想象他为何会在大学入学测试中考出28分的成绩。

正是由于缺乏严格的标准，才会在很大程度上导致美国的教育评价体系以获得学分为导向，而非以取得学术成就为目的。无论中学、大学抑或其他任何教育机构，课程学习都只被当作教育的手段而非目的；考试成绩也并非所谓的最终奖励，而是一个监督手段。从当前的状况来看，学生对待修习课程获得学分的态度，就像储户在银行存取货币一样。货币本身虽无价值，但毕竟与贵重金属相挂钩，而学分的积累却不代表能力的提升，其只能表示学习者阅读并理解了某些终将失去现实意义的文章。换一个比喻，修习课程积累学分有些类似于把麦子搬进谷仓储存起来；或者，其更类似于把需要在冷藏环境下储存的水果放进一个缺少

① 作者原文中的表述是“double A”，该用法在当下美国中学基本已经不复存在，根据相关资料推测，此处的“double A”应该类似于当前美国中学考试中的“A+”成绩，亦即百分制考试达到90分以上。——译者注

制冷设备的库房。实事求是地讲，有些时候，美国的学校教育甚至很像焚尸炉。

“一个文雅之人应当忘记希腊”，这是一句英格兰人世代传颂的格言。事实上，这句格言所要表达的意思并不是真正要让文雅之人忘记与希腊有关的所有知识，而是让他将字面意思转化为实际行动。此外，即使为促进思维习训而使用的阅读材料具有更长久的生命力，学习者也应当明确辨清什么是教育、什么是信息。关于这个问题，我们可以再次引用科勒瑞教授的观点：“千万不要将教育与信息相混淆。从学术的视角观察，美国教育体系中有着太多的信息，而教育却太少太少。”智识发展不能仅靠信息和知识的积累来实现，更重要的是学会如何利用已有的积累；同样，修习课程和积累学分也都是手段而非结果。当一个人的生命终结，我们通常都会对其一生进行回顾和总结，此时，他曾经获得哪个学校的文凭、取得过哪个学院或大学的学位往往不是讣告中应当出现的内容。有鉴于此，当学生的正式教育阶段结束后，我们不应该关注他曾经做过什么，而应关注他当前正在做什么，以后将怎样做。

我们究竟能否对学生的过往和现实进行妥适的评价，能否对其能力正确地划分等级？在我看来，这项工作并非无法完成，但问题在于当今美国的考评制度乃是以知识获取为导向，这就为填鸭式教学模式的盛行提供了支持。事实上，真正有效的考评制度注重的是学生对知识和信息的应用能力。通过测试，我们不仅应当能够了解学生对信息的掌握程度，同时还应知晓他们对知识的理解和联系能力。简而言之，我们真正需要测试的是学生对课程的整体掌握程度。如果我们想要提高学生对学科课程的整体掌握能力，就必须改变以往以获取知识为导向的教学模式，转而注重更加严格的基础能力训练。因此，以培养基础能力为导向的考试制度不仅是我们当前亟需形成的评价模式，而且还有助于促进学生形成整体性的领域认知思维，同时帮助他们摒弃过去那种细小、散碎、孤立的知识获取模式。总而言之，我们必须牢牢记住，考试制度的实质在于对教育内容的控制。如果考试目的在于检测学生对基本原理的理解程度，那么教师就会在此方面加强指导，同样学生也会在此方面付出努力。反之，如果考试目的只是敦促学生掌握一些散碎驳杂的知识，那么教师自然也就只会要求学生死记硬背。在当下，许多美国学校根本不对学生进行考核，那么这些学校自然也就没有任何理由和动力去提升自己的教育水平。

综上所述，当下美国教育制度最为严重的缺陷，就是以累积学分为导向、机械僵化的课程训练。为克服这一缺陷，我们应当尽快设计一套以敦促学生整体掌握学科基本原理为目标的综合考试制度。设计此种制度并不困难，但问题在于其要求学生具备相应的实践技能。因此，如何提高考试制度的艺术性，绝不是一个可以简单解决的问题。迄今为止，美国教育界在此方面的探究仍然处于起步阶段，尤其是如何评价学生对已有知识的应用能力，已有的研究更是十分有限。近期，学术界出现了一系列颇为有趣的心理学测验，这些测验对于评价学生的基础能力具有一定效果；但总体而言，评价方法还比较粗糙，在细节上仍然存在较大缺陷。当下的心理学测验只能在学生能力评价上获得最基本的信息，而我们未来所要努力的方向是对学生的专业学术知识应用能力进行评价。在当前阶段，所有希望提高美国考试制度艺术性的人，可能都无法在短时间内得偿所愿，在此方面我们取得的进展的确非常有限。有鉴于此，我们必须进一步重视对考试制度的研究，将其视作与教学行为同等重要、同样具有研究价值的教育进程。实质上，查明学生掌握知识的真实水平，切实了解他们的进步与缺陷，的确是与传播知识同等重要的教育手段。真正的教师不仅会持之以恒地促进学生的心智发展，而且能准确把握学生的学习进度和发展程度，这也是优秀教师必须具备的两项功能。就目前情形来看，美国学校教学制度——尤其是讲授制度的一个重大缺陷，就是基本无法掌握学生的学习和发展。我相信，只要不断改善考试制度，使其致力于促进学生对课程知识的整体掌握能力，美国教育必将迎来重大进步。

如何激励最具天分的学生

1921年3月17日，在全美优等生荣誉学会普林斯顿大学分会年度庆典上的致辞

近来，全美优等生荣誉学会终于变得实至名归。但与此同时，也有一些人批评它不够民主。不过在我看来，这种批评却标志着巨大的进步。詹姆斯·斯蒂芬（James Fitzjames Stephen）在数年前撰写了一部作品，其中着力分析了为何自由和平等不仅没有必要齐头并进，而且事实上二者还具有天然的内在冲突。提倡自由，定会造成不平等；这句论断一经问世便迅速传播开来。基于上述观点，詹姆斯·斯蒂芬通过仔细观察后还进一步提出：从长远来看，民主制度倾向于保障公平而非自由，当自由与平等发生冲突时，民主政体甚至会煞费苦心地对前者进行压制，从容保证后者通行。何谓民主？对此我至今尚未发现一个准确定义，但却清楚知道许多野心家往往都是假民主之名，行罪恶之事。我甚至能预料到，在不久的将来我们的社会将公然谴责某些奶牛比其他同类产奶更多，因为这不符合民主原则。大家无须对此感到惊讶，如果平等已经成为第一要义，那么出现上述情况又有何不可？为什么我们不认为某家奶牛挤出的奶比另一家多乃是违反民

主原则的？为什么我们没有制定一条法律来禁止奶牛的产奶量超出某个标准，否则便会被送到屠宰场？面对以上问题，人们应当能够轻松给出答案："因为奶牛挤出的奶越多，就越符合全体民众的利益。"

奶牛的问题容易解决，但人类自身的发展又当如何对待？所有生活在集体中的人们，究竟是应在智识发展上齐头并进、和光同尘，还是应鼓励少数天才脱颖而出、一骑绝尘？如果我们赞成前者，那么是否意味着人类社会就比奶牛群体更加民主？我希望人民不要再被这样的谎言所欺骗。我们必须谨记，人类社会的最大财富不是地下的矿藏，也不是地上的土壤，而是人类自己；为了最大限度地实现整个社会的利益，每一个人都应当竭尽所能地发挥自己的潜力。既然我们能够理解奶牛产奶更多符合人类的集体利益，那么也应当明白个体能力的充分发展更有利于人类福祉。

然而，对于人人都应获得平等机会这个民主原则，美国人却常常将其具体理解为"聪明孩子不能比不聪明的孩子发展更快；不聪明的孩子也应当获得聪明孩子所能获得的一切；换句话说，为了与大家保持一致，出类拔萃者必须让出本应属于自己的发展机会"。扪心自问，现实情形是否的确如此？如果真是这样，难道我们忘记了充分发挥自己的潜力乃是每一个个体——事实上也是整个社会——的固有权利？难道才华出众之人不应该比天资平平之人获得更好的发展机会？为了整个社会的利益，我们必须牢记：充分发挥自己的潜能乃是每一个个体的基本义务，这个义务从出生那一刻起就已经开始发挥效力，直至大脑停止思考它才彻底消失。我想告诫每一位美国公民，对于刚刚提到的那个基本义务，正在大学就读的学生尤其需要认真履行，因为人生中再没有哪一段时光能像大学时一样有利于全面提升自身的各项潜能。在进入职业生涯后，人们也可以在某个方面不断提升自己的能力；然而关于全方位的智识提升，只有在大学阶段人们才能获得无可替代的绝佳机会。

多数人都生而平凡，因为“平凡”这个定义本就是针对多数人而言。虽然平凡乃是多数人的生存状态，然而通往平凡之路的过程却不尽相同；多数人的平凡实属自然而然，但也有一部分人本来具有出众的天赋，然而却被外在力量推进平凡的人群。

为何有些人的平凡实属自然，而另外一些人的平凡却是被逼无奈？在我看来，此种现象与当下流行的一些偏见息息相关。纵观整个美国社会，人们大多对天才缺乏理解，甚至还对其带有些许的嫉妒和厌恶。现今美国中小学普遍存在一条潜规则：聪明学生无法获得全力发挥自身学习能力的机会——换句话说，他不能比别人学得更快。今天我们所在的普林斯顿大学与我本人供职的哈佛大学在招生标准上基本保持一致，因此这两所大学同样都面对着持续不断的抱怨：为何要把准入条件设得如此之高？为什么不能向所有拥有高中毕业证书的学生大开方便之门？与前文提及的聪明学生不能获得更多机会一样，这个问题也是由来已久，只是尚未获得较高关注度。

美国学生在中小学阶段的全面平庸，导致美国大学在招生阶段存在诸多问题；各高校招收的学生要么本就天资平平，要么早已泯然众人。我们最大的问题，就是未能努力激发学生最大限度地发挥自己的能力。美国当下的整个教育体制都被赫尔巴特教学思想所充斥，“不让任何学生感到学习吃力”“好的教育必然是快乐的教育”，诸如此类的观点大行其道。在此我想提醒大家，我们正在犯一个极为严重的错误。教育者的确需要努力让教育变得快乐，但无论如何，无法让学生为之努力的教育必然不能称为好的教育。此外我们还须牢记，真正的教育应当是自我教育。教师可以为学生提供帮助，但却不能强行对其施加影响。时至今日，美国的大学教育已经不像过去那样任由学生放任自流，但仍有不少人直到毕业仍然所知无几。不仅如此，我们甚至几乎不可能阻止此类现象继续发生。我再次重申，所有真正的教育，最终的指向必然都是自我教育；教师愈是信奉这个理论，学生就会愈发努力。

除了前面提及的种种问题，对于当前的美国教育，笔者还存在另外一个忧心之处，那就是我们一直都未能有效刺激学生的主动意识。在教育过程中，究竟何物最能激发学生的学习兴趣？是把课程设计得尽量简单直白？不，决不是这样！真正能够引起学生关注的，必然是他愿意付出努力的东西，易言之，是对困难问题的解决。对于一个意志坚强的人来说，世界上最大的乐趣莫过于通过艰苦卓绝的训练全力发挥自己的才华。在教育过程中，年轻学子当下真正在乎而且对未来也确有裨益的行为，必然是努力促进自身能力的提升。就好比一个赛艇运动员，他是否会因为身体感到疲劳而停止训练？我们应当牢记，脑力训练在很大程度上也与体力训练相类似，二者都需要在艰苦的训练中克服不适感，否则学习者的潜能就永远无法充分施展。

在大学中，学业表现优异的学生并不能获得周遭人群的承认，这是美国教育的另一个败笔。在美国，取得优秀的学习成绩并不是一件值得称道的事情，世界上没有任何一个别的国家会出现类似的情形。只要大家去调查美国优等生荣誉学会成员的后期发展情况，就会发现他们登上《名人录》的概率远远超出常人。同样，在读期间成绩优异的学生毕业后成就一番事业的机会，也绝非普通学生可比。有段时间，我对此方面的数据颇感兴趣，并着力进行了一番整理分析。我的调查对象主要是本科毕业于哈佛学院，然后进入法学院和医学院就读的学生。我统计了哈佛最近二十年的法学院毕业生，以及最近十六年的医学院毕业生，最后得出的结果令人印象深刻：无论在法学院还是医学院，凡是本科毕业时获得最优荣誉学位者，后来获得专业荣誉学位的概率也远超同侪；获得优等荣誉学位者紧随其后；获得初等荣誉学位者再次之；而本科毕业时获得普通学位的学生，后来获得专业荣誉学位的概率最小。

本着将研究进一步深入的念头，笔者又对本科毕业于耶鲁大学的哈佛法学院学生进行调查。若能够获得相关数据，我也很乐意针对普林斯顿学生展开类似的研究。根据琼斯教务长（Dean Jones）发来的资料，我掌握了近十年来所有毕业于耶鲁，而后进入哈佛法学院就读的学生曾经获得的学术荣誉。在哈佛，学术荣誉共有十三个等级，其中最低等级的荣誉就是公开发表哲学演讲。我将上述学生在哈佛法学院获得的各级荣誉作了一个综合统计，同时与本科期间曾在普林斯顿获得各类荣誉的学生进行对比，最后发现二者的排名顺序基本一致。唯一的异常在于，本科毕业时未获任何学术荣誉者在专业学习阶段的学业表现，稍稍超出了本科期间曾经获得最低级别学术荣誉者。

至此为止，上述调查结果已经能够给出不少启迪，尤其考虑到哈佛法学院的优秀毕业生以后几乎必然都会有所成就，我所进行的调查更加具有启发意义。在英国，如果本科学生就读期间能在牛津剑桥模式的学术测试中取得佳绩，那么毕业后他很可能会被招进高层政府机构。在法国，高中毕业生如果想要进入中央理工学院——世界上最强的工程院校之一，就必须通过一个面向全国高中生、竞争极为激烈的入学考试，最终只有极少一部分应试者能够脱颖而出。总而言之，除美国之外的其他发达国家，学业成就无不被视作一项重要的个人能力指标。反观美国，学生是否能在大学足球队获得一席之地，竟然成了公众眼中至关重要的能力指标。事实上，调查结果显示，大学运动员学生毕业后的平均成就要远远小于学业优秀生。出现这种结果，应是自然而然的事情。请大家认真思考一下，我们在大学毕业之后的岁月里，应付各种事务究竟主要是靠脑力还是靠体力？毋庸置疑，大脑得到充分训练的博学善思之人更容易获得成功。知识和学术乃是大学赖以存身的根本原因，而大学管理者竟然不对在此方面取得优异表现者给予足够的关注，这实在是美国高等教育最严重的失误之一。在社会生活中，我们曾无数次地讨论过什么是“徒具血气之勇之人”（man with red blood）——亦即那些血液不经大脑流过、做事缺乏周密思考的人。

美国是一个年轻的国家。直至相当晚近的时候，我们才触摸到文明的边缘。迄今为止，我们尚未真正领略何为教育的价值、方式和功用，最关键的是，我们还没有学会如何进行教育评测，因此才会在规模不断增长的同时失去了许多内在的应有之义。如果请教一些耄耋老人，问询一下七八十年前美国大学的大致境况，我们就会得知那时候优等生所获得的尊敬远非今日可比。毋庸置疑，如果大学自身不对学术成就给予足够的尊重，那么它们绝不可能获得社会的高度认可。

大家应当记得《但以理书》中的箴言：“凡智慧者，必如天光般闪耀；凡使众人归义者，将如星辰般永恒。”世界上的伟大智慧皆存于学者内心，而富有教养的年轻学子便是将在未来闪耀的星辰。然而，我还想提醒大家，并非所有的星辰都能将光芒映在人们眼中。在座诸君，我们都将消逝在岁月长河中，甚至不会留下一丝痕迹。我们的学识可能并不渊深如海，我们的创造力可能也不足以震撼世人，因此未来的人们才会把我们忘记。然而，许许多多肉眼难以看见的星辰聚合在一起，所发出的光芒定然超过寥寥数个能被人们看到的亮星；同样，那些众多未能在岁月长河中留下痕迹的学者，他们所曾为人类文明作出的集体贡献，也一定超过少数名垂青史之人。在座各位美国大学优等生荣誉学会的成员，各位有志于从事学术事业之人，无论我们的名字能否被历史铭刻，都请谨记，永远不要放弃为未来的人类文明添彩增光。唯有如此，才能鼓舞我们所在的大学不断前行。

弗吉尼亚大学致辞

1921年6月1日，在弗吉尼亚大学百年庆典上的致辞

这所由美国历史上伟大的设计师、富有哲人智慧的政治家[①]所创建的大学，已经迎来百年华诞。在这个举行庆典的日子里，能以美国私立大学的发展前景为主题发表演讲，我感到万分荣幸。那位创建了弗吉尼亚大学的伟人曾经为了国家的独立而浴血奋战，为了自由和民主而撰写宣言；在历任驻法大使、美国国务卿、美国总统等职务之后，他最终又回到这儿。在之后的岁月里，这位早已名满天下的伟人并没有停下为人民服务的脚步，在此处，他又为急切盼望智慧之光的美国国民树立了一座知识灯塔。

时至今日，从东海岸到西海岸，美国的高等学府已经众星云集，但高瞻远瞩的弗吉尼亚大学创建者仍是后人追随的伟大榜样。在这个星球上，大概只有护卫在我们国土两侧的海洋一直未曾，也永远不能被人们所改变。古来今往，无数先行者都曾迈出

① 此处作者所赞美的，乃是弗吉尼亚大学创办者、《独立宣言》的主要起草人、第三任美国总统托马斯·杰佛逊。——译者注

探索海洋的脚步。尤利西斯从海格力斯之柱起航[1]，哥伦布发现了新大陆，北欧人将航船驶到格陵兰岛，看到了今人眼中的大西洋。在某种意义上，海洋是永恒的象征，永远流动不止，但又永远平静如昔。在此层面上，海洋最典型地代表了人类精神，既变动不居，又永恒长存。作为此种精神最纯粹、最有力的具体承载，大学亦当能够体现“变”与“不变”的文明精髓。

基于共同的理想，一所所形态各异的美国高校紧密团结在一起。出于共同的目的，它们获得了飞速发展；因为拥有高贵的信任，它们在这片辽阔的土地上钟鸣不绝、弦歌不衰。长期以来，美国高校都在相互敦促，既踏踏实实地满足当前社会之所需，又兢兢业业地培养未来社会之栋梁。

弗吉尼亚的钟声已经回响了一个世纪，作为兄弟院校员工代表，我们今日前来此地，既是为了表达自己的景仰和敬重，同时也由衷希望这所伟大的高等学府不仅拥有令人仰之弥高的历史成就，而且还能随着岁月的更迭愈发生机盎然。我们由衷相信，尽管弗吉尼亚大学在过往岁月里已经为国家作出了重大贡献，但在新世纪它还将承担更重的责任，产生更大的影响，收获更高的声誉。

① 尤利西斯（Ulysses），又名奥德修斯（Odysseus），希腊神话传说中的人物，系伊塔卡岛之王，曾参加特洛伊战争，并献木马计攻陷特洛伊。在率领同伴从特洛伊回国途中，因刺瞎独眼巨人波吕斐摩斯，得罪了海神波塞冬，从而屡遭波塞冬的阻挠，历尽各种艰辛危难，直至第十年才孤身一人回到故土。海格力斯之柱（pillars of Hercules）在西方经典中一般指直布罗陀海峡两岸边耸立的海岬。——译者注

耶鲁大学致辞

1921年6月22日，在耶鲁大学安吉尔校长
就职典礼上的致辞

作为“知识之宠儿，人才之摇篮”，耶鲁在220年的发展过程中影响力一步步扩大，从大西洋沿岸到太平洋沿岸，再到内陆，这所大学都播下了种子。今天，耶鲁学子济济一堂，共同举行新任校长的就职典礼。首先，让我们对那位刚刚卸下校长职务的伟大学者致以崇高敬意。由于思想非凡、明智果决、生性和善，他不仅深得耶鲁校友拥护，而且普遍受到其他高校学者的尊敬与爱戴。在此，我们再一次满怀感激，向他表达自己的敬重和喜爱。同样，我们也真诚祝贺新任校长接过衣钵，坚定不移地带领这所百年名校在永不停止的前进道路上继续踏上新的征程。

时至今日，巴黎索邦的四方庭院里仍有许多黎塞留时期的建筑沿着人行道一线排列。而在某些更小的区域内，甚至还存留着一些中世纪学舍。七个世纪的岁月悄然而逝，巴黎大学依旧鲜活如昔。在这漫长的七个多世纪里，帝国早已陨落，王权亦被推翻，但这所世界上最为古老的大学之一，却经受住了一次次狂风暴雨的洗礼，至今依旧巍然挺立。

在牛津，王政时期修建的塔楼依旧直指天际。牛津校园里有一条名为“死灵步道”（Dead Man’s Walk）的小路，其名称来自当年反对英王查理一世[1]的暴政，并在此被射杀的人们。尽管曾经一度陷入腥风血雨，但牛津大学仍然顽强地度过了那段危险的岁月；在那之前发生的玫瑰战争，同样未能动摇这所大学的根基[2]。英国历史上一次次的王朝更迭，牛津大学全部安然度过，自封建王权被民主政治所代替，其更是获得了更加强大的生命力。在剑桥，最让人心驰神往的去处则是三一书院的学术方庭。

---

① 查理一世（Charles I），又称查尔斯一世，詹姆斯一世的次子，1625年继位，1649年1月30日被处死，是唯一一个在位时被处死的英格兰国王。查理一世在位期间的一个社会特点就是宗教冲突频发，臣民们普遍对他们国王的信仰持不信任态度。在三十年战争中，他的失误帮助新教势力不断发展，同时他又迎娶了一位信奉罗马天主教的公主，导致国内宗教冲突进一步加剧。此外，查理一世还重用具有争议的教会人物，并试图迫使苏格兰进行宗教改革，从而引发了主教战争。这一切促使英格兰和苏格兰国会更加坚定了自己的立场，最终促成了查理一世的灭亡。——译者注

② 玫瑰战争（Wars of the Roses；1455—1485）是英王爱德华三世（1327—1377在位）的两支后裔——兰开斯特家族和约克家族——为了争夺英格兰王位而发生的长期战争。“玫瑰战争”一名于当时并未使用，而是在16世纪，莎士比亚在历史剧《亨利六世》中以两朵玫瑰被拔标志战争的开始后才成为普遍用语。此名称源于两个家族所选的家徽，兰开斯特家族的红玫瑰和约克家族的白玫瑰。战争最终以兰开斯特家族的亨利七世与约克家族的伊丽莎白联姻为结局，结束了法国金雀花王朝在英格兰的统治，开启了威尔士后裔都铎王朝的新统治，同时也标志着英格兰中世纪时期的结束和文艺复兴的开端。——译者注

方庭门口有一座小型建筑，牛顿、麦考利（Macaulay）[1]和萨克雷（Thackeray）[2]都曾在此有过一间陋室，这对居住在此的后世学子无疑是无以言表的巨大鼓舞。

大学的生命胜过了任何形式的政府机构、任何社会的文化传统、任何国家的法律和任何时代的科学思想，体现了人类某种从不消亡的永恒需要。在人类社会所有创造物当中，没有任何其他事物能够像大学一样经受得起岁月长河的反复淘洗；而在大学中从事管理和教学的人，就是一环又一环向前无限延伸的历史长链。他们所从事的工作绝不只是为了自己，就像维斯塔贞女（Vestal Virgins）[3]一样，他们守护着永不熄灭的圣火，为所有寻觅光明之人指引方向，为永恒闪耀的知识之火添加新鲜燃料。

正是本着这种精神，作为兄弟院校代表，我谨在此祝贺安吉尔先生，就像耶鲁历史上每一次的正确选择那样，您和您所在的这所伟大学府又一次迎来了新的契机。

---

① 托马斯·巴宾顿·麦考利（Thomas Babington Macaulay，1800—1859），英国维多利亚时代早期辉格派历史学家、政治家。1800年10月25日出生于勒塞斯特郡苏格兰贵族之家，1822年到剑桥大学研习法律。1830年被选为议会议员，1839至1841年任陆军大臣。1847年在爱丁堡竞选失败退出政界。此后，撰写《自詹姆斯二世和威廉三世即位以来的英国史》（即《英格兰史》）。另还有《古罗马叙事诗》等作品。——译者注

② 威廉·梅克比斯·萨克雷（William Makepeace Thackeray），英国维多利亚时代最具代表性的小说家之一，与狄更斯齐名，其代表作品是世界名著《名利场》。——译者注

③ 古罗马的维斯塔贞女，即将自己的生命奉献给家庭与处女守护女神维斯塔，并在她的庙里守卫圣火的贞女。——译者注

康奈尔大学致辞

1921年10月20日，在康奈尔大学法兰德校长就职典礼上的致辞

在这个节庆的日子里，我谨代表东部诸所古老大学向法兰德校长献上祝福。一方面，今日我的致辞专门献给康奈尔大学这所知识渊薮，既对其多年来取得的不朽功绩表达敬仰，也由衷相信未来它将取得更大的成就；另一方面，我也希望把祝愿献给每一所美国学院和大学。在座各位虽然来自不同高校，但我们同样都在大学中生活，都有着大致相似的思维方式，因此我的祝愿具有广泛宣扬的坚实基础。

庞塞·德莱昂（Ponce de Leon）曾在我们的国土上四处寻找可以使人永葆青春的不老泉①，众所周知，他最终一无所获。不过德莱昂的失败并不是因为没有找到正确的地方，而是因为选择

① 胡安·庞塞·德莱昂（西班牙语：Juan Ponce de León），1474年出生于西班牙巴利亚多利德，1521年去世于古巴哈瓦那，同克里斯托弗·哥伦布第二次前往美洲新大陆，是首任波多黎各总督，1513年发现佛罗里达。今天波多黎各南岸最大城市蓬塞就是以他命名的。他从印第安人那里听到了许多关于不老泉的故事，于是下决心找到不老泉，但最终没有找到。——译者注

了错误的时机。在他看来，不老泉必然是大自然的恩宠，但事实上这样神奇的事物只能出自人类之手。生有双翼的珀加索斯（Pegasus，飞马）凌空飞过，其四足踏过之地便有泉水涌出，这样的故事只会出现在希腊神话中。对于美国人而言，并不存在什么珀加索斯的喷泉；然而，知识的脚步却已经踏过我们的国土，无论是繁华的都市、宁静的小镇还是偏僻的村庄，留下了一处处长生不老的智慧源泉。去看一看吧，无论是沿着河水顺流而下，还是登上运动场四处眺望，抑或是公众目力所不能及的地方，都有人在做着最有价值的事情——在教师的指导下，一代又一代的学生沉浸在人类留存下来的智慧中。当然，饮过智慧泉水的人并非真的就会长生不老，这种事情不会在现实中出现。然而，在那些学术厅堂里，却的确有一股永不停歇、不断壮大的青春河流一直向天际线延伸。带着年轻的希望，这条河流永远奔腾不止，永远让我们的国民感到喜悦而充实。

为了让这条河流不断壮大，我们不仅需要继承悠久的历史传统，而且还要观察生动的社会现实，继而将一切知识和智慧皆汇入其中。虽然不同的知识机构所作的贡献不尽相同，但它们都在竭尽所能地不断付出。感谢每一份努力，就像所有颜色的光谱必须汇合在一起才会形成纯净的白色光芒一样，真正的智慧亦是源于全体学人的共同奋斗。

单色的光芒只能映射一种颜色，微弱的光亮只能照出模糊的轮廓。每个人的双眼都要投向前方，但是要想真正看清前面的道路，就必须拥有澄净的目光。作为知识的瞭望塔，每一所大学都应当努力照亮人类社会的前进道路，它们凝聚在一起，就能为人们提供指引前程的纯白之光。

阿默斯特学院致辞

1927年11月4日，在阿默斯特学院皮斯院长就职典礼上的致辞

今天，我们在此共同祝贺皮斯先生荣任阿默斯特学院院长，肩负着沉甸甸的时代责任，他将开创一段新的历史。每次在这样的场合，我们的思维都会深深地被任职者将要从事的工作所吸引。

在座诸位，在我们当中的大部分人——我希望是绝大部分人——看来，大学教育的真正功能并不在于促进职业发展，不是为了实践技艺的培训或职业能力的提升，而是为了培养和解放学生的心智，帮助他们在更广阔的范围里拓宽视野、提升能力，从而帮助他们日后在任何岗位上都能应付自如。毋庸置疑，知识的发展定然是大学教育总目标的一部分，但也仅仅只是其中的一部分。大学教育的主要目的在于实现思想自由；以此为导向，学生不仅要努力摆脱各种社会偏见——无论古代还是现代，传统还是现实——对思想造成的束缚，要学会勇敢面对各种各样的实践和理念，更重要的是，要学会自由地思考。

一开始，人类并没有足够的能力进行自由思考，因此绝非在

光明中轻装前行。在文明初期，人类的思维困在黑暗的洞穴中，大家只能摸索前行；直到勇敢者凿开岩石射进几束光亮，人们才慢慢看清大自然的些许奥秘。从此以后，为了获得更多的光亮，人们在洞穴中钻探不休。时至今日，如果人类的思维仍在受到束缚，那么其更多是因为内心的封闭，而不是外在的约束。具体而言，是因为人们对世界漠不关心，对生活随意放纵，对现实缺乏了解。

与所有立体之物相类似，自由精神也有三个维度。测量长度的指标是机敏，即人们能够对可见范围内的一切有趣之物主动作出反应，其对于自学能力的形成至关重要。测量宽度的指标是视野，即人们对各种思想——譬如文学与艺术、科学、哲学或形而上学——都应当进行不同程度的认知，同时关注人与人之间的复杂关系。至于测量深度的指标，则是人们对艰深知识的掌握程度。

人们必须学会自如运用精神力量，否则它就永远无法发挥作用。至于如何才能自如运用，这项能力既非来自书本，也不是源于课堂。譬如，一个人可能遍阅古今中外的知识典藏，甚至成为行走的字典或百科全书，但这仍不能保证他能获得精神的解放。简单重复前人编辑的公理绝不意味着已经抓住核心要义，在辩论中机变百出也不表示辩手能够深刻理解大家关心的主旨；无论有着多么生动的幻想，都不能等同于真正的想象力。关于想象力，有时候人们也会将其与思想自由相提并论。实质上，这二者乃是针对同一事物的两种视角，当使用“想象力”这个概念时，我们谈论的是人们对未知之物的切身感知。无论如何，精神力量必须是个性的、自然的。

学生在毕业时能够拥有什么样的观念并不重要，关键问题是如何将这些观念付诸实践。如果学生习得的观念是对教师权威的服从，是某种形式的知识架构和社会崇拜，是对流行意识的本能反抗，这就意味着他仍未摆脱外在束缚。进一步讲，即使学生能从自身出发，主动建构某些思想观念，但如果推理比较粗糙、研究比较浅薄、观察比较片面，那么他就依然无法摆脱自我束缚。因为他没有认真体验探究真理的理性思维，所以仍旧无法获得真正的思想自由。真理就像水晶，具有许多切面，我们再怎么努力也只能观察其中的一部分。但是，我们至少也要仔仔细细地观察其中的一个切面，并深刻理解其他人眼中所看到的切面很可能与自己有所不同；否则，就永远无法摆脱心灵的束缚。

让人们的智识力量获得解放，让勇于冒险的思想艺术得到传播，一直都是阿默斯特学院以及新英格兰地区其他高校倾力承担的历史使命。在此传统下，我们衷心祝愿稳重精干的皮斯校长带领阿默斯特再创辉煌。

哈佛的综合考试与导师制度①

一、 哈佛考试制度的历史发展

作为学术成就的评价方式，考试制度在哈佛历史上一直占据重要地位。尤其艾略特校长将更加严格的习训方式引入法学和医学两个专业学院之后，考试制度更是在整个大学领域内得到广泛使用。随着选课制度的深入实施，考试在哈佛又承担起另外一个特殊功能。在所有实施选课制度的学院，学生都可以在一定范围内用选修课程来替换原先的必修课程。最初这一政策只在高年级推行，后来逐渐延伸到大一大二的低年级学生。随着时间的推移，选课制度实施范围越来越广，最后除了英文写作和现代语言等少数几门入学考试未曾涉及的科目，原先所有的必修课程都可以用选修课程进行替代。当然，选课制度也并不完全自由放任。

① 本文是发表于1927年的一篇关于哈佛近期变革情形的报告。在撰写此文时，笔者获得了其他同事的帮助。尤其是哈佛大学首席导师哈罗德·伯班克教授（Harnold H. Burbank）和历史、管理和经济学考试委员会主席亨利·约曼斯先生（Henry A. Yeomans），他们两位都为我提供了大量的相关信息。——原文注

凡是用选修课程替代了必修课程的学生，都必须满足以下条件才能获得学位：首先，英文课程必须获得A等成绩；其次，除英文外至少还要修满16门课程；此外，选修的每一门课程都需要接受一次甚至多次考试，并且必须通过。所有选修课程的考试题目都由任课教师单独设计，因为只有教师本人最清楚这门课程究竟覆盖哪些内容。如此一来，要想获得学位，就必须一科一科地修习各种互不联系的课程，从而不断积累学分。以大学考试制度为准绳，中学教育和大学入学考试不久后也基本沿用了大致相似的政策。起初，大学入学考试有着严格、固定的课程修习要求，所有规定课程都必须同时进行；选修制度实行后，大学申请人就不再需要按照原先的计划行事，他们会在政策允许范围内尽可能地减少课程修习的时间和数量。因此，与毕业测试一样，大学入学考试也逐渐变得重形轻质、内容散乱。

自选课制度全面实施以后，对其进行的首次革新出现在1908年。基于对“让考试成绩成为学术能力综合评价指标”的考虑，哈佛大学在这一年任命了一个调查委员会，并根据调查结果形成了书面报告。1909年6月1日，委员会提出应当为课程选修制定相应的规则，“为了让学位授予具有一定的区分度，每个学生都选择在某个领域修满若干门课程；除此之外，为了避免知识面过于狭窄，学生除了主修专业之外还需要对其他各个学科大类的课程都有所涉猎”。哈佛大学教师委员会对选课制度调查委员会的书面报告表示认可，随后又于同年12月成立了一个名为“课程选修委员会”的常设机构，其任务就是负责选课制度改革计划的具体执行。这个计划与其他高校的专业选择规定大致相似，都是为了保障学生能在某个学科拥有系统性的知识储备，从而为未来的深入发展打下根基。

哈佛大学对学分制评价体系更加直接的改革出现在1910年的春天。这一年校方正式规定，凡是入学时未能通过法语和德语考试的学生，都须在大学期间至少修习的16门课程中选修考试失利的其中一门或两门。但是当真正实施这项政策时，又出现了新的问题。譬如，有些学生选修了法语课程，但相当大一部分人竟然无法阅读法文教材。于是，现代语言课程的考评规定便不得不作出调整，原先对学生的平时要求是当堂展开讨论，后来变成流利阅读散文；最后，期末考试也以检测阅读能力的方式举行。总体来讲，此次改革的主要意义就是首次打破了单纯的学分制，并引入了一种能够直接对学生能力进行测验的评价方式。

沿着首次改革的努力方向，1911年1月，哈佛大学又出台了新的改革措施。此次改革的具体手段是在原有入学考试制度基础上，又提供了一套新的选择方案，亦即今日哈佛人口中常常提及的“新计划”(New Plan)。改革的动机在于扩大哈佛学院的招生范围，从而为那些日常教学不单单以入学考试为导向的中学打开一扇方便之门。就其结果而言，此次改革的最大成就是建立了一套新的招生考评规则。在此之前，大学入学考试并非连续进行，而是对学生中学四年修习的所有课程断断续续地进行单科考核。在此之后，凡是愿意接受哈佛学院入学考试制度改革计划的中学，都开始使用一套新的文化课程；入学考试则集中对四门主要功课进行考核，不仅难度比以往有所提高，而且放在同一时间进行。自从这一举措开始实施，大学入学考试的目的就不单纯是对学生过去四年学习的知识进行检测，而是着重评价他们在教学过程中获得的各种能力，以及最终形成的综合素质。毋庸置疑，此次改革放弃了以前以教学内容为考核导向的评价方式，是大学为深入了解学生的综合素养所作的一次有益尝试。

为了进一步解释集中考试制度的核心要义，艾略特校长在1908至1909学年的年度工作报告中提出："我们希望，在新的选课制度实施规则下，哈佛大学能够围绕大学教学的主要领域，在学生本科阶段临近结束时普遍施行某种形式的综合考试。"不过，最先落实这个计划的部门并不是哈佛学院，而是医学院。众所周知，攻读医学是一个颇为艰难的过程，学生除了必须修习专业课程之外，还要了解许多相关学科的基础知识，并且，其他学科的理论知识与医学专业的实践应用又缺乏足够的显性关联。迄今为止，美国教育界仍在沿用逐门累积学分的考核方式，学生只要修满一定数量的课程，便可自动获得学位。此种做法引发了不少抱怨，有人提出，由于内容固定，导致考试缺乏弹性，无法对学生形成有效的激励。根据批评者的意见，以学分获取为导向的评价方式，会导致学生在临近毕业时难以对前期修习的课程拥有足够的理解，无法协调不同课程之间的关系；最重要的是，这样的评价无法帮助学生获得足够的学习动机。有鉴于此，哈佛大学在1910年春又成立了一个调查委员会。该委员会首先对美国医学院校"修课程、拿学分、获学位"这种盛行的培养体制进行了调查，然后又对欧洲医学院校的考试制度进行了调查。调查发现，欧洲医学院校普遍实行两次综合考试，前一次考试主要考查综合性的学科知识和实验课程，后一次考试主要考查临床知识。调查结束后，委员会向医学院教师委员会建议采取后一种考评制度，并得到了肯定的答复。1911年3月，哈佛大学医学院教师委员会暂时批准了1910年调查委员会的建议，而后又召集另外一批人员重新组建了一个具体负责制订计划的执行委员会，最后于1911年10月正式采纳了综合考试制度。

一开始，综合考试制度在哈佛医学院的实施并不顺畅，因为人们大多将其视作对已修课程的简要回顾，所以综合考试并没有展示出其应有的评价功能。必须承认，欧洲医学院校将综合课程划分成两个不同部分的举措，事实上也存在很大缺陷。高等院校之所以要采取综合考试制度，其中一个主要目标就是让学生将理论与实践两大知识板块进行联结，从而促进专业综合能力的提升；易言之，就是促进学生将科学理论以及在理论基础上衍生出来的实践技艺进行有机统一。直到战争（第一次世界大战）结束，这个理念才真正被医学院的师生所理解。自此之后，大家终于明白，所谓综合考试，就是要对学生提出综合性的问题，并敦促学生将实验科学知识应用于疾病的诊断和治疗。之后数年，医学院终于制定出真正意义上的综合考试制度。其具体做法是：首先将两次考试合并成一次，其次将考查方式分成笔试和口试两部分；考试日期则是定在本科四年学习生涯临近结束时。综合考试制度的确立为哈佛学生树立了一个真正有效的学术考核标准，其不仅能够敦促学生切实关注学校的教育目标，而且在一定程度上影响了整体的课程教学效果。不过，有一个现象令我感到十分好奇。自哈佛大学率先发起入学考试计划与导师指导制度等改革措施以后，许多与哈佛存在同样问题的美国高校纷纷进行仿效；哈佛医学院的综合考试制度自实施以来一直运行良好，但不知为何却始终没有被其他医学院校所效仿。

哈佛医学院采取综合考试制度之后不久，其他学科也慢慢开始采纳这一措施。1911至1912学年，神学院率先实施神学学士和硕士综合考试，并取得了良好的开端。与此同时，历史、管理、经济等系科也纷纷对此问题表示关注。经过一年的认真研究，人文与科学学院（Faculty of Arts and Sciences）终于在1912至1913学年的冬天正式支持实施这一计划。从理论上讲，各系科都有权自行处理综合考试相关事宜，但实际上这项工作却是由一个专门委员会进行负责。这个委员会有三位成员是由人文与科学学院直接任命的，由于他们担负了综合考试的管理工作，因此可以免除半数教学任务。综合考试包括口试和笔试两部分，于第二年的秋季开始正式生效。所有主修历史、管理和经济的学生，除了正常修习课程之外，最后都要参加统一的综合考试。为了进一步提供补充指导，各学科还为学生配备了导师，其主要职责是对任课教师讲解的课程内容作出权威解读。如此一来，所有修习上述学科的本科生都被安排在统一的综合考试和导师辅导之下，从而形成了当时规模最大的集中考试体系。

上述改革计划的实施并没有遭遇较大障碍。但自从综合考试制度开始施行以后，主修历史、管理和经济的学生开始减少，因为那些水平较差或信心不足的学生会转到其他未实施综合考试的系科。不过，此类事件的发生不仅无损大局，而且能在短时间内起到显著促进作用。人们曾经以为实施集中综合考试的准备工作着实不易，但由于执行委员会的精明强干，这个任务被他们完成得十分出色。尽管如此，上述学科的综合考试制度也并非一蹴而就。导师所要承担的任务之前从未有人做过，能够胜任这个岗位的人少之又少，因此各学科不得不慢慢摸索经验。除此之外，哈佛还通过与牛津、剑桥开展为期一年的导师交换计划，来获得一些关于导师指导的启示和借鉴。但是经过数年时间的实践，改革计划却一度陷入濒临崩溃的险境。由于改革带来的效益一时之间并不明朗，因此不仅反对者的声音越来越响亮，而且就连许多原本持肯定意见的人也产生了怀疑。直到世界大战爆发，虽然类似于综合考试的考核模式早已广泛应用于荣誉学位或荣誉奖项的申请，但将该制度应用于全体学生毕业测试的学科仍旧只有历史与文学。

真正的危机发生在战争即将结束之时。出于军事目的，哈佛大学在战争期间实施了一系列改革，结果导致所有学科的教学指导都呈现出一定程度的流动性。为了进一步分析综合考试制度是否可以推广到其他学科，人文与科学学院再次任命了一个调查委员会。综合多数人的调查意见，委员会认为集中式的综合考试不应当只在一个学科实施，要么普遍采用，要么干脆废除。经过全面、仔细的研究，委员会提交了一份书面报告。1919年4月，哈佛大学教师委员会通过投票作出了如下决定："（哈佛大学）应针对所有主修人文与科学诸学科的学生统一实施综合考试，并在考试委员会的监管下对所有报名参加综合考试的学生进行统一管理"；此外，"所有新近入学的大一新生，皆需参加综合考试"。自此以后，除了数学和自然科学，所有主修人文与科学学科的学生皆被纳入统一考试和导师指导等改革措施的实施范畴。面对这一趋势，有些学生并不情愿，他们认为人文与科学学院不应强行指派导师，并因此而感到焦虑不安。在此情形下，院方十分明智地作出了一个新的改革决议，即将政策制定权下放到每个系科或学科；这个举措不仅能够有效刺激各学科纷纷开展改革实验，而且能够促进导师制度的永久确立。整体来看，人文与科学诸学科对导师制度的价值还是表示信任的，事实证明他们的确作出了明智的选择。凡是实施综合考试但未采取导师制度的学科，后来全都受到学生抱怨，因为大家不得不在缺乏指导的状态下迎接一个颇具难度的重要测试。不仅如此，与那些同时实施了综合考试和导师制度的学科相比较，缺乏导师指导的学生在毕业时获得荣誉学位的情况也大为逊色。有鉴于此，到1924至1925学年，所有施行综合考试的系科都为学生配备了导师。

自此以后，综合考试和导师制度在哈佛大学正式确立下来，并缓慢而稳健地向前发展。两年后，数学系开始实施此制度；又过了一年后，生物学系和生化学系也决定步数学系之后尘；至此为止，学生规模较大、但仍旧沿用原有考评制度的系科，就只剩下了化学系和物理系。因为化学和物理两个系的情况比较特殊，学生必须要在实验室中完成大量研究工作，所以其考评制度唯一出现的变化就是学生可以自行选择考核方式——既可以选择传统考核，也可以参加综合考试。迄今为止，哈佛尚未决定复制牛津剑桥的教学革新，弃用课堂指导或当堂考试，并主要依靠导师辅导——除非导师负责讲授大量的讲座课程。从学生的反应来看，哈佛本科生基本不会抱怨因为参加综合考试而导致学习负担过重。由于课堂教学和当堂考核仍然存在，因此除了那些有志于申请荣誉学位者，一般情况下学生都把综合考试当作一种“专业测评”。申请荣誉学位的学生必须撰写学术论文，这项工作将会花费很多时间，因此他们的课程作业会适当降低要求。鉴于以上情形，哈佛大学教师委员会决定为各系科推荐的荣誉学位申请人专门制定新的考核政策。新政策实施后，荣誉学位申请者只用修习两门讲授课程，可以一门在大一大二完成，也可以两门都在大三大四完成。不过大家并不轻易使用此项特权，一般只在为了撰写论文而不得不节省时间的情况下，学生才会放弃课堂教学和当堂考核，转而接受一对一的导师辅导。

二、 运行机制

（一）综合考试

就在数年前，大部分美国人还将考试视作一种令人生厌的东西。大多数教师都认为自己对学生的学识进益了如指掌，根本不需要强迫他们接受任何形式的考试。一般来说，考试都是为了了解学生的学习状况而举行的，但如果此事由第三方来负责，教师也会成为考核对象。在此情形下，考试的实施还蕴含另外一层意思——检测教师的教学行为是否符合教育目标。除此之外，由第三方掌控的考核机制还隐含了对课堂教学效果的不信任，其背后的意思是：无论学生是否认真听课，教育者都不能确认他们是否真正掌握课程知识。如果学生不够勤奋，教师可以通过严明纪律来使其端正态度；但如果认为教学效果的改善必须通过严格约束，如此做派将是对教师人格的侮辱，类似于强行要求一个正直之人主动证明自己的清白。不仅如此，此举还会将教师和学生的注意力从真正的教育目标上转移开来。为了处心积虑地应付考试，教师将会变成填鸭者，学生则会变成谙熟答题技巧的投机者。以上论述并非想要说明考试制度缺少价值，而是意在告诫大家凡事过犹不及。由于先天禀赋不尽相同，当前已经取得的成就和对未来前景的设定也存在差异，因此对学生的考核绝不能一概而论。除了传统的笔试和口试，撰写论文也是一种颇为有效的评价方式。在过去的一段时间里，形形色色的考核办法在教育界频频出现，你方唱罢我登场；直到人们意识到了研究这一问题的重要意义，并深入展开理论探讨和实践观察，上述乱象才有了根本性的改变。以评价学生的先天禀赋为目的，教育研究者发明了智力测验和能力倾向测试。此外，研究者还发明了一种新型测试，其主要特征是设置大量问题，然后让受测者迅速回答“是”或“否”。据说这种测试更有利于综合考察学生能力，比以前普遍采用的课程命题更全面、更准确、更易于进行对比。不管上述观点是否成立，新的考核方式的确具有十分重要的改革意义，值得教育研究者进行长期观察。无论采取哪种考核方式，要想获得上佳成绩，应试者都必须尽力迎合出题者的心意。综合考试的考查范围覆盖本科生主修学科的所有课程，着重评价学生对基本理论的运用能力，而不是对课程知识的掌握程度。具体而言，综合考试主要测验学生对课程内容的综合理解力、对学科理论的整体领悟力以及理论联系实际的应用能力。简而言之，其旨在考查学生是否有潜力在某个学术领域成为博学宏才。

综合考试制度的目的在于让学生对某个学科有一个整体性的把握，要实现这一目标，就需要学生尽可能地进行自主探究。为了评价其最后的学习成绩，更为了树立一个基本的学业评价标准，就必须设计一套综合性的最终考试。上述观念乃是综合考试制度的实质目标，也是其他一切相关措施赖以展开的理论基础。不过，在具体的实践操作过程中，综合考试的主旨往往会被大家所忽视。由于导师制度的实施，学生易于受到导师个人喜好的影响，从而很有可能将注意力集中在非常有限的知识领域。幸好我们采取了综合考试制度，从而为导师和学生指明了共同努力的方向。如果没有综合考试，除了具有极高学术品位者，大多数本科生要么会像找不到球门的足球运动员一样无所适从，要么就会完全沦为导师的应声虫；无论是哪一种，他们都将完全丧失整体把握学科知识的探究能力。如果综合考试难度过低、过于肤浅，就会妨碍导师充分发挥自己的指导水平；如果考试内容过于偏狭、分布不均，就会严重挫伤学生整体把握学科知识的学习热情；如果评价指标片面侧重背记能力，那么导师和学生都不会主动对各门课程之间的内在联系进行深入钻研。由此可见，考试命题才是最至关重要的，其基本上决定了整个考试制度的品质和效果。总而言之，综合考试的目的在于让学生真实展示他们对学科知识的整体掌控能力；无论学生是博闻强识还是才疏学浅，综合考试都能让他们暴露自己的知识盲点。也正因为如此，为参加综合考试作准备才会成为一项颇具难度的任务；要想获得佳绩，应试者必须花费大量的时间和精力。有鉴于此，学生较多的系科一般都会在一定程度上减轻主考人的其他学术负担，从而让他能够专心负责考试设计。至于那些课程最多、课时最长的系科，一般会在三门主课教师中各选一位来主要负责综合考试的相关事宜；为了集中精力设计考试，这三位主考官只需承担相当于普通教师一半的教学任务。

综合考试实施以后，几乎所有系科的考试委员会都同时采用笔试和面试；至于具体的操作情况，各系科可以根据自己的教学经验和价值取向进行自由裁量。从具体实践来看，不同系科的操作方式都有些许差异，但总体上还是具有共性。一般而言，申请荣誉学位的学生和笔试成绩未能达到普通学位授予标准的学生皆会参加口试，而其他普通学生只需参加笔试。至于参加笔试的次数，以及口试时间的持续长度，各系科的规定也不统一。主修课程持续时间最长的学科会举行三次笔试，每次持续三个小时；为了改善教学质量、提高学生成绩，其他系科也很有可能随时准备增加考试次数。历史、管理、经济、古代与现代语言以及文学等学生人数较多的学科，通常都会举行两次笔试，一次主要考查综合知识，另一次侧重考查专门知识。历史、管理或经济等学科的本科课程持续时间最长，因此考试次数也最多：首先，学位申请人需要参加一次非主修学科综合考试，内容涉及另外两个相关学科；其次，再参加一次主修学科综合考试；相对于非主修学科综合考试，主修学科考试内容更多、考核更细；最后，学生再根据自己的研究方向，参加第三次更加深入的专业综合考试。以文学学科各方向的学生为例，在准备撰写专业论文之前，所有人首先必须参加一次以圣经文学和莎士比亚著作为主题的综合测试；然后，主修古典文学的学生还需要再参加一次以两位现代作家为主题的测试，主修现代文学的学生则需要参加以两位古代作家为主题的测试。主修现代文学者可以阅读古典文学作品的翻译版，主修古代文学的学生也拥有同等权利，可以在修习现代文学时选择自己最熟悉的语言。有志于申请荣誉学位者除了参加综合考试之外，常常还要撰写学术论文，这也是一项非常耗费精力的工作。学术论文的撰写质量在很大程度上能够决定荣誉学位的等级，尽管精深程度无法与博士论文相提并论，但少数文学学士荣誉学位获得者的论文也颇有可取之处。不过，总体来看，学士学位获得者撰写的学位论文在质量上差别不大。

为了保证品质，考试委员会需要综合考虑方方面面的因素。首先，委员会成员必须要与任课教师和指导教师保持友好关系；除此之外，他们还要考虑另外两个方面的因素：一方面，命题委员会必须就基础知识的覆盖范围和考试命题的本质意义作出独立判断；另一方面，他们也不能完全忽视授课教师在课堂上涉及的教学内容。易言之，授课教师的课程讲座提供了部分内容，导师辅导也提供了部分内容，虽然二者在重要程度和覆盖范围上存在差异，但都是学科知识的组成部分，考试委员会必须将它们全都纳入命题范围内。因此，若非事先已向授课教师和辅导教师同时发出预告，考试委员会不得随意扩大命题范围。学生有权要求委员会推荐基础阅读材料，如果后者拒绝告知大致考试范围，从而让导师无法提供准确的考前辅导，那么大家的学习热情必定受挫。不过总体而言，考试委员会基本上还是能够既独立自主又合乎情理地对整个教学进程进行评价；其评价对象不仅包括学生的学习状态，而且包括教师的教学质量，尤其是导师的辅导情况。

关于导师辅导，各系科考试委员会大多认为也有必要设定一个考核标准。但是如果站在导师的角度进行思考，这种要求略微有些苛刻。一般情况下，导师为学生提供的辅导都不限于课堂教学涉及的范畴。相对于单一科目的课程教学，导师提供的辅导必须更加系统全面。除此之外，我还想提醒大家，学生必须能够轻松获得与综合考试相配套的学习资料，而且这些资料还必须以教科书的形式出现。道理也很简单，毕竟不能指望本科学生像学者对待学术研究一样深入细致地为参加综合考试作准备。

以上经验皆来自最先采纳综合考试的学科，接下来我们仍以这个学科为参照，进一步讨论如何通过命题设计来分别评价学生的知识获取情况和理论分析能力。由于要把系列知识综合传授给每一个学生，导师实质上扮演了教练角色；为了督促那些游手好闲的主考人，考试委员会必然也会设置一些与实时信息有关的考题，但整体而言综合考试的主要内容还是学生的日常习训。其要求学生必须掌握基本的知识和事实，但最终目的并不仅仅是为了获得知识。考核学生的真实目的在于了解他们应用知识处理问题的基本能力，但如果学生未能充分掌握相关知识和理论，也就不可能做到学以致用。如果想要了解学生对一个宏大主题的掌握情况，最好的方法莫过于让他们围绕一个命题撰写评论，因此，综合考试至少应当包含一篇短评。如此一来，命题人又将面对一个十分棘手的任务，那就是如何给出合适的短评题目。如果题目过窄，对学生而言可能有失公允；如果太过广泛，就很有可能使学生的评论变成简单的总结归纳。一般而言，好的授课应当均匀覆盖课程内容中的每一个知识板块。因此，如果考试命题涉及的范畴过于狭窄，那么学生在某一个板块的粗心大意就会影响其整体考评的结果。为了避免上述情形的出现，同时又能激发学生的创造性思维，命题者一般都会设计一些挑战日常观念的命题。为了展开论述，学生必须引经据典来佐证自己的观点。不过，在此过程中也常常存在偏离主题的危险。为了避免此种情况的出现，命题者应当给学生留出充足的时间，同时给予适当的提醒。

关于综合考试，还有一个多年来被大家反复提及的问题：是否需要将申请荣誉学位的学生与申请普通学位的学生分开考核？关于这个问题，有些人激烈反对；反对者的意见是，如果将申请不同学位的学生分开考核，那么他们应考阶段的学习内容也必须有所区别，如此一来，才华出众的学生很可能从一开始就以获得荣誉学位为导向，有选择地进行学习，从而丧失了从容吸收各种知识、全面丰富自己心灵的大好机会。相对而言，如果非要作出区分，比较可取的办法是让荣誉学位申请人再参加一场考试；或者还有一个更便捷的办法，就是在普通试卷的基础上再专门为荣誉学位申请人增加一些试题。多数情况下，主考人都会在正常考题之外再准备几套试题，荣誉学位申请人必须从中选出一套作答，其他应考人则可以根据自己的意愿选择或者放弃。

以上内容皆是来自于历史、管理和经济诸学科的主考人工作报告，大致能够反映设计一套客观公正、切实可行的综合考试存在哪些典型困难，以及可以采取哪些常用措施。接下来，我们将列举历史和英语学科曾经设计的几个典型命题，让大家对命题论文的设计方式有一个大致了解。以下皆是1926年6月份的综合考试命题，题干部分皆摘自教材原文。

中世纪历史

6.“自日耳曼人征服欧洲大陆以来，迄今为止最具决定性的事件就是法兰克人与教皇的联盟；事实上，这也是人类历史上最具重大意义的一次结盟。”请阐述这段话的内涵。

文艺复兴史

5. “由于多重因素的影响，16世纪的思想属于君主，而12世纪的心灵却是属于大众。”

现代法国史

10. “拿破仑所做的工作就是将旧世纪的法国与新时代的法国相融合。”请阐述这段话的内涵。

美国历史

1. “美国独立战争的核心问题乃是大英帝国的殖民体系。”

英国文学

“通过分析下面文字中任意三段的内容、格式和用词，回答以下问题：(a) 作者分别是哪种文学风格的代表人物；(b) 这些文字的写作年代。”

下面列举的大约25行文字分别摘自斯威夫特（Swift）、华兹华斯（Wordsworth）、阿斯克姆（Ascham）和H.G.威尔斯（H.G. Wells）的作品。

总而言之，综合考试不仅提高了毕业要求，而且增大了失去学位的危险，这绝不是危言耸听。根据1924至1925学年的历史档案，在这段时间里，各系科参加综合考试的毕业生共有577名，其中518名通过考试获得学位，余下59名学生考试失败因此无法获得学位，占总人数的10.2%。1925至1926学年参加综合考试的毕业生共有549名，其中508名通过，41名未通过，失利百分比为7.5%。失利学生所占百分比之所以会下降，主要是因为现代语言学科开始实施导师制。许多考试失利者会在之后多次参加综合考试，其中大部分人都能顺利通过。总体来看，所有第一次没有通过综合考试的学生，其中将近一半的人能在第二次考试中通过。

（二）导师制度

如果缺乏正确的引导，本科学生将无法将各种彼此分裂的课程进行有机联结，也无法在一个共同的学科背景下对所学内容进行整体审视，导师的出现正是为了解决这一问题。在大学一年级行将结束，本科生刚刚选定主修学科时，教师委员会会为每个学生都配备一位主修学科导师，从此以后，学生的所有学习问题都可以向导师寻求建议。从学术团体的角度来看，导师的功能在于帮助学生应对综合考试；但这并不意味着导师要对学生进行指挥或灌输——这样的做法或许能够帮助学生通过考试，但却必然偏离设计考试的真实意图，无法提高学生的学术能力。从学生的角度来看，导师辅导的目的在于帮助他们全面探究自己的主修学科，并提高他们的自我教育能力。如果导师制度运转良好，以上两个方面事实上是一体两面、齐头并进的。然而，无论任何时候，导师都有可能蜕变成教练，这时候他们更喜欢对学生进行控制而非为其提供指导，更愿意悠闲自在而不是兢兢业业。对于这种随时可能出现的危险，我们必须时刻保持警惕；不过到目前为止，哈佛尚未出现类似的迹象。

关于导师，首先必须明白这是一个功能性的职务，与学术等级无关。在大多数系科，辅导学生的任务最初都会落在新教师身上。无论能力如何，老资格教师往往不喜欢尝试新事物。但年轻导师终将慢慢变老，一旦他们获得像老教师一样的资格，也多半会辞去导师职务。因此，要想让导师制度长期稳定地发挥作用，就必须将其设计成一个独立于助教、讲师和教授等学术职务的长效职位，这也是哈佛大学最初引入导师制度时的既定政策。的确，也有一些老教授非常乐于拿出部分时间承担导师工作，数学系的教师更是全部如此。导师辅导也是一种教学行为，其工作难度和可敬程度都丝毫不逊色于讲座授课。事实上，大多数的导师都兼顾教学和辅导。根据一次对各系科导师制度实施情况的简单调查得知，至少有一半的导师兼有辅导学生和讲座教学工作，而且这种情况还在呈逐渐上升趋势。在业已采纳综合考试制度的系科中，有一位首席导师提出，所有导师都应当兼顾教学和辅导。一方面，教学能够激发导师的灵感；另一方面，根据这位首席导师的意见，只要同时辅导的学生超过15个，导师就不可能完全掌握所有人的心理状态，因此必须将任务均摊给所有的教师以降低每个导师的指导人数。从目前的情况来看，每个全职导师同时辅导的学生基本上都在25至45人，大家普遍认为可以将人数适当减少。

关于学生与导师进行交流的时间和频率，不同系科的情况各不相同。通常情况下，导师每次为学生提供辅导的时间都设定为一个小时，有时也会在半小时或45分钟内。至于辅导频率，有些学科至少每隔两周才为大二学生安排一次与导师交流的机会，但这种情形只会出现在规模较小的系科。在大多数情况下，大二学生每一到两周就可以获得一次交流机会，而大三和大四的学生每周都能与导师进行交流。不过，导师辅导的实际执行情况并不固定，事实上，学生与导师之间的交流常常要比任何规定都频繁，尤其是那些荣誉学位申请人，在撰写论文期间，他们只要遇到问题便会随时寻求导师的建议。正常情况下，导师与学生之间的交流应单独进行，不过有时候两人结伴或三五人一组的沟通方式似乎还会更加有效。对此问题，各部门都尚处于试验阶段，因此并不限制导师如何具体操作，他们完全可以根据学生素质进行灵活处理。

学生与导师交流的目的绝非获得信息，就其本质而言，导师辅导并非私人讲座。导师为学生提供辅导的真正目的，在于让后者为自己制订一套学术研究计划。经验显示，在交流过程中导师发言越少，辅导效果反而越好。相对而言，导师更多的是鼓励学生自行解决问题，而非为他们提供直接帮助。总而言之，整个过程都是苏格拉底式的启发与对话，而不是单方面的传授和说教。除此之外，在师生交流过程中，学生已在课程讲座上学到的东西也尽量不要重复提及。有时候，学生也可能出现无法理解某些课程问题的情况，此时导师也可以为他作出必要的解释；不过课程知识大体上只是作为发散学生思维的整体基础，或者在学科领域内联结其他理论的既有论述。关于这一观点，几乎所有导师都会表示赞成。毋庸置疑，如果想要在课程基础上对本学科涉及的基本理论进行扩大和完善，或者从不同的角度进行阐释，那么必然需要阅读许多课程之外的资料。根据已有经验，在此方面比较有效的方法是要求学生根据目前正在阅读的书籍或正在研究的主题撰写一份报告，或者也可以与导师进行交流。从目前的情况来看，撰写报告的指导形式很有价值，因此正在逐步推广。主题报告的撰写不仅有利于学生加深对学科知识的掌握，而且还能提高他们的英文写作水平，这也是综合考试着重考查的能力之一。

在哈佛学院，学生与导师的关系非常独特，与其他所有关系都不相同。导师也是教师，但却不用设计考试、评定成绩。除此之外，他也不会依照学校纪律对学生进行规训。如果导师安排了交流讨论而学生并未参加，他无须将此上报给院长。尽管导师有权阻止那些不听建议的学生参加综合考试，但在哈佛历史上他们从未行使过这项权力。学生不按时参加导师会面的情况在前期并不少见，不过这种事情发生的频率已经稳步下降。究其原因，一部分是因为准备综合考试使学生感到迫切需要导师提供建议，另外则是因为随着时间的推移，师生之间的感情也在不断加深。在学生心目中，导师是向导和友人；在导师看来，以上两种定位也比较准确。从导师的角度出发，他的工作首先在于促进有学术探究意愿的学生获得充分的发展，其次才是诱导那些缺乏主动意识的学生对本学科产生探究兴趣。不过，如果导师本人对指导学生缺乏兴趣，那么以上所有工作都无法起到应有的效果。尤其是荣誉学位申请者，更需要导师的精心指导。事实上，导师是否具有帮助学生获得成功、让他们尽可能获得更高荣誉的热切期盼，比他们提供的具体指导更有价值。因为所有学生都能感受到这种追求卓越的殷切期盼，并从中获得精神动力。

由哈佛学院当前的发展趋势可以得知，学生辅导制度的实施正在促使一批知识渊博的指导教师不断涌现。授课教师只需面对一部分选择某类课程的学生，而导师辅导的对象却更加广泛，因此他们必须具备宽广的视野，这对学生的发展十分有利。不过，导师制在哈佛毕竟还是新生事物，而且我们不曾也不能对牛津剑桥模式直接进行复制，这绝不是一个明智的做法，我们必须从当前的基本条件出发，整体建构一套与自身相融合的导师制度。有鉴于此，导师群体应享有高度的工作自由，他们可以针对每一个学生制订不同的最佳指导计划。不过在通常情况下，各个系科和学科的导师都可以每间隔一到两周便在午餐时分进行一次会面，大家可以相互交流学习经验和探讨共同面临的问题，从而进一步改善指导方法。如此一来，不同部门的导师工作便可锻接为一个有机整体。

三、制度效果

在试图评价导师辅导和综合考试的实施效果之前，我们最好先来好好回顾一下设计这两项制度的基本目的。第一，二者都致力于促进学生的发展；第二，二者都将学生视作整全之人；第三，二者都倾向于让学生学会更加有效的教育自我；第四，二者都希望激发学生自身的学习兴趣。关于以上目的，第一条基本上不需要进行过多解释。我们从前曾经引入德国大学的教育理念，将大学的功能定义为广泛地向学生提供各种发展机会，并鼓励学生根据自己的兴趣爱好从中作出选择。随着时间的推移，这一理念已经逐渐融合到美国大学的整体背景当中。无论在任何大学，教育者对学生个体的发展都在给予越来越多的关注。因此，至于何为高效的导师辅导，这个问题已经不言自明。

至于何谓将学生视为整全之人，目前大家对这个观点的认识并不那么清晰。随着选课制度的持续推行，以选修代必修的现象越来越常见，单科课程逐渐成为教育的基本单位，修满一定数量的学分则成为完成学业的基本要求。这种现象在美国大学已经十分普遍，大家的区别只在于是否对学生的选课行为设置限制条件。此类情形不仅出现在高等院校，中等学校也不例外。如此一来，美国教育已经普遍成为积攒学分的学习市场。这绝非理想中的教育模式，因为其评价指标在于前期的课堂进程而非最后的学习效果。更糟糕的是，这样的举措将课程视作教育的基本单位；而实质上教育真正的基本单位只有一个——学生自己。所谓课程，只是为达到目的——为学生提供教育——而采取的手段，唯有学生，才是教育的真正目的。学生之所以要接受教育，其根本目标就在于促进自身的整体发展，而不是汇集各种零零碎碎的知识片段。最终他能够成为什么样的人，才是真正最重要的。实现这个目标的最佳方式，莫过于让一批学识足够渊博的教育者来对学生的学习进行全面督导；然而，这并不现实。因此，当学生选择了自己的主攻方向之后，再为其配备一位在此领域具有宽广视野的导师，应当要比各门课程单独教学更有利于其学术生活的整体发展。事实证明，这一举措的确成绩斐然。

第三个目标——让学生学会更有效的教育自我——同样十分重要。除了基础指导和机械训练，所有高级阶段的真正教育，都是让学生进行自我教育，教师只在一旁给予协助、提供指导和激发动力。因此，导师可以为学生提供帮助，但却不能以此代替他们自己的刻苦努力。信息的获取也不能替代能力的锻炼，这个道理不仅适用于单科课程的学习，而且更适用于为迎接人生挑战而作的准备。然而，美国民众以及大部分教育工作者似乎都忘了这个道理。“教育”与“指导”（instruction）只是意思相近，而非完全等同，但是根据当前的实际情形，“指导”几乎已经成为“教育”的唯一手段。正是因为这个原因，美国教育界才会普遍出现教师教得太多，而学生学得太少的不利局面。教育者真正要做的是激发学生的主体思考，而不是让他们接受信息，这也正是导师职能的个中真义。当一个导师面对学生时，他真正的任务不是提供具体信息，而是告诉对方到哪里去查询；也不是直接表述他者意见，而是鼓励对方通过阅读和讨论形成自己的观点；简而言之，就是帮助学生通过身边一切可资利用的学习资料对自己进行教育。一位来自大系科的导师委员会主席提交了一份报告，其中他这样表达自己的观点：“综合考试和导师辅导为我们带来了两个方面的巨大收获：一方面，教师开始将整体性的领域知识传授给学生，而不再是为他们提供一系列彼此之间缺乏关联的单科课程；另一方面，学生也逐渐学会通过与导师的亲密交流，更加深入和独立地探索自己所选择的学科，并最终学会更有效地进行自我探究。”

第四个目标是激发学生进行自我教育的兴趣，要想做到这一点，就必须先让他们找到感兴趣的学科。如果一个人把注意力放在方法上，最后他可能会失去方向，这样的事情在我们身边时有发生。对此美国教育者有着十分强烈的感受，大家一致认为，如果学生本人不感兴趣，教师基本上不可能使他在某个学科取得优秀表现。但问题在于，为了解决这一问题，我们太过重视寻找学生的兴趣所在，而忽略了如何帮助他们对美好之物产生兴趣。事实上，大多数的孩子和年轻人都不会觉得学术探究是一件多么有趣的事情，因此如果任由他们按照自己的兴趣进行选择，那么在大多数情况下他们都会选择最不费力的学习方式。简而言之，好逸恶劳乃是人的自然天性，如果以此行事，必然会降低学生的努力程度，因此也就削弱了教育的价值。在一定程度上，努力行为的确取决于既有兴趣；但在更大程度上，兴趣却是源自自觉努力。对于普通的年轻学子而言，只要将自己的精力积极投放在任何一种知识的探究上，他们都能从中找到乐趣。这正是导师的职责所在。一方面，导师需要通过发现兴趣来引导学生努力进取；另一方面，导师还要通过敦促学生勤学不殆而激发他们的学术兴趣。因此，在某种程度上，导师制度的施行不仅是为了帮助那些一开始就明确了方向的荣誉学位申请者，而且还面向全体学生。我们相信，在导师的激励和指导下，不仅所有学生都能从中获益，而且多数有能力的学生都可以获得比原本更高的学术成就。就此情形，我们可以通过一个荣誉学位申请人统计表来举例说明。

1923至1926学年单科学术荣誉申请人占全体学生人数的百分比

年份	大四学生与OCC学生申请人*占全体学生人数的百分比(%)	全体申请人占全体学生人数的百分比(%)
1923	21.7	23.2
1924	28.0	31.8
1925	30.5	41.0
1926	39.5	47.0

*OCC学生申请人的意思是指那些不参加课程讲座的申请人（out of courses candidates），这些学生不与其他学生一起获得普通学位，他们会有选择地推迟这一程序。

当然，本文列表中统计的学生尚未获得学术荣誉；并且，由于一部分不参加课程讲座的学生在一定程度上拥有直接申请荣誉学位的特权，因此事实上也扩大了这个列表的统计数字。如果想要进一步了解新制度实施之后的效果，对学生毕业时最终能够获得学术荣誉的真实百分比进行统计似乎更能说明问题。

年份	获得学位者总人数(人)(不计战争期间颁发的学位)	荣誉学位获得者		采取综合考试学科的荣誉学位获得者	
		人数(人)	百分比(%)	人数(人)	百分比(%)
1922	547	114	20.8	82	15.0
1923	581	139	23.9	111	18.9
1924	584	171	29.3	120	20.5
1925	637	177	27.9	136	21.4
1926	648	184	28.4	143	22.1

根据各系科导师委员会主席的一致意见，导师辅导对学生申请荣誉学位的确产生了巨大的影响，至少直接导致了申请人数的增长。来自几个规模最大的系科的导师委员会主席认为：“在我看来，学术荣誉申请人的增多应当完全归功于新的指导方式……

我基本可以肯定，凡是有能力获得学术荣誉者，其中百分之八十五到百分之九十的人现在都在提出申请。也就是说，只有不到百分之十五，甚至不到百分之十的人，本来有能力做得更好，但却选择了普通学位。”毫无疑问，现在的哈佛学生要比以前更加努力。他们对自己的奋斗目标更加明确；与此同时，我们似乎也能看到大学里的学术竞争精神已经有所恢复。在学生眼中，综合考试——学生们把它叫作“学科测试”(divisional examinations)——要比课堂测验更能真实地展示自己的才华和学术水平；至于不同课程之间缺乏关联的课堂测验，在学生看来仅仅付出一些努力进行死记硬背便可轻松获得高分。

四、制度成本

导师制度实施后，各系科都需要为全体导师的薪水准备一笔不菲的开支。许多规模较大的系科会为导师薪资专门建立预算，另外一些系科则将其包含在兼职教学薪资当中，将这两部分支出相加，就可以大致估算导师制度的总支出。本年度，全体导师的总薪资为173114美元。毫无疑问，这不是一个小数目。如果哈佛大学各系科全都同时实施全职导师制度，除非能够获得新的捐赠资金，否则将无力支付导师薪资。不过，实际的情况是各系科轮流实施此项制度，因此也就不会导致学校的财政支出遽然出现大幅增长。除此之外，就像在前文中曾经提及的那样，许多系科一开始都是让年轻教师担任导师，这些教师的职业生涯刚刚起步，所以薪资水平相对较低；随着时间的推移，他们的资历越来越老，薪水也会越来越高，但在一段时间内仍然无法达到平均水平。

不过，薪资问题决非实施导师制度的唯一障碍。真正的麻烦并不是耗费多少资金，而是与原来那个被替代的制度相比较，新制度的支出成本是否划算。这笔账很难用货币进行计算，因为教师的薪资水平一直都在不断上升；或者反过来讲，货币一直都在贬值，所以将不同时代的教师薪资相对比完全没有任何意义。事实上，将学生人数与教员人数进行比较才能得出更加精确的计算结果。一方面，这种对比可以消除工资率造成的误差；另一方面，此举还能排除年龄的变化。1900年，哈佛就曾出现过一次性招募多名年轻教员的先例，导师制度实施后，类似的情形再次发生。在上述两个时间入校的年轻教员最初的起薪显然较低，但随着时间的推移，他们的薪水定然会慢慢增加，从而导致教职员工整体人数不变的情况下总的薪资支出有所增加。鉴于以上情形，我们分别相隔7年，对1890至1891、1908至1909以及1926至1927三个学年学生与教师（包括导师在内）的人数进行了对比。

年份	人文与科学诸学科全体教员			人文与科学诸学科全体学生		
	教师委员会成员（人）	非教师委员会成员（人）	合计（人）	本科生（人）	研究生（人）	合计（人）
1890至1891	67	19	86	1339	110	1449
1908至1909	135	53	188	2238	387	2625
1926至1927	206	156	362	3329	864	4193

从上表可知，1890至1891学年的学生与教师比为16.85∶1，1908至1909学年的学生与教师比为14∶1；1926至1927学年的学生与教师比为11.6∶1。如果我们将这几个数据点进行标定，就会发现它们完全呈直线下降状态。易言之，教职人员与学生人数的比例一直在增长，完全不受导师任命的影响。实际上，在我们论及的这段历史时期的前半段，哈佛所做的事情是在收益允许

的前提下尽量增加讲座课程的数量。之所以有此行为，是因为哈佛大学和其下属各院系当时都有一个雄心勃勃的计划，那就是尽量扩大招生规模，并尽可能地促使本部门提供的讲座课程覆盖更多的学科领域；由规模扩大而带来的额外收益，又可用来招募新的教师和开设新的课程。而在后半段时间里，之前的观念出现了变化。随着课程和教师的增多，大家逐渐感到即使继续向下发展，大学提供的讲座课程也不可能覆盖所有的学科和专业；而且，我们也不想任由事态如此发展下去。这时候便有人提出，目前的课程科目总体上已经十分充足，数量的增长应当到此为止，接下来要做的事情就是将新增加的收入用于导师制度的实施。由此可见，导师制度的运行成本无论如何都不会超过继续实施先前政策所需要支付的费用。

从另一个角度来看，政策变革也给哈佛带来了新的问题。由于学生规模的扩张速度超过了课程数量的增长，因此修习每一门课程的平均人数都比以前有所增加，由此授课教师的劳动强度也随之增大。不仅如此，由于改进了教育方法，学生对自我教育的兴趣越来越浓，对专业知识也愈发精通，由此便带来了对课程质量的更高要求以及对导师辅导的更多需要。在此期间，研究生的数量也出现了大幅增长，这必然也会带来更大的教学压力。学生规模的扩张不仅加重了任课教师的负担，而且还导致导师辅导学生的实际时间远远超出事先约定。尤其是正在撰写论文期间的荣誉学位申请者，他们一旦出现问题就会随时找导师沟通，从而导致后者自身工作的持续性经常被打断。综上所述，到目前为止，如果我们还想招募到最优秀的授课教师和学生导师，就必须明白一件事情：与其他工作岗位相比较，处在这两个岗位上的教师事实上处于不利境地。他们不仅需要花费大量的精力做好自己的教学和辅导工作，同时还要进行学术研究和发表成果。就在本年度，哈佛大学教师委员会已经对此情况进行关注，并在综合考虑师生双方意见的基础上修改了原先的辅导计划。新计划的主要特色是专门为基础课程留出了两个阅读期，在此期间所有的讲座课程和导师辅导都会暂时停止，由学生自主进行经典阅读。第一个阅读期从圣诞假开始，到期中考试结束；第二个阅读期则是从五月七号或八号到期末考试。实际上，在第二个阅读期，哈佛大学按惯例将会先后举行毕业生综合考试和博士学位申请测试，因此导师将会继续和大四学生进行交流，但对其他年级的学生则无暇顾及。设立阅读期主要出自两个方面的考虑：首先，由于哈佛教师普遍觉得自己的工作强度已经超过了其他大部分高校的同行，所以需要通过缩短教学周期使总的教学时长与欧洲大学保持一致，从而减轻教学人员的负担。其次，是让学生更加深刻地理解个人能力的提升必须通过自我教育来实现。对于大四学生，新政策的实施对他们毫无影响。届时，申请荣誉学位者正在辛苦地撰写学术论文，其他人也必须全力以赴备战即将到来的综合考试。不过，对于大二大三的学生来说，他们还是希望在认真阅读经典文献期间能够与导师和任课教师沟通。事实上，年终考核也会对学生阅读的认真程度进行考评。毫无疑问，必然也会有一部分大二学生一开始无法理解新政策为何重要以及重心何在，他们可能会觉得在阅读期结束之前的最后几天应付一下便可。他们也可能会因此而陷入学习困境，有些学生会继续保持自己的阅读习惯，也有的学生会因为缺乏监督和指导而放弃学习。不过，这些都是教育改善过程中不可避免的伴生现象。当然，我们也不应忽略大一学生，不过因为他们本就尚未分配导师，所以基本不受影响。并且，大一期间开设的也全部都是与经典阅读密切相关的基础课程。

毋庸置疑，导师制度的实施是一场伟大的改革，但是在哈佛人们早已对各种各样的革新司空见惯。事实上，我们最宝贵的传统就是永不停息地进行变革。变革意味着实验，而实验则意味着在行动之初并不清楚具体怎样操作才会不出差错。时至今日，导师制度已经获得大学理事会（Governing Boards）的正式批准；在此方面我们已经运行了将近二十年，接下来我们仍将向着远方的目标进行新一轮的探索。

大学期间的自我教育

1928年4月，论坛发言整理稿

无论是教育抑或其他任何事物，其基本原理和假设都有一定的限制条件，而且只有在一定的应用范围内其原理和假设才会有效。甚至，即使在有效范围内，某个原理依然有可能在一定程度上与另一个性质相近的原理相重叠。由于每条原理都有局限，因此究竟哪一条更加适用，或者两条原理在何种程度上能够达成一个强强联合的折中方案，这是一个颇有争议的话题。通常情况下，那些喜欢以偏概全的人往往倾向于以自己支持的理论，或者以自己对该理论的理解为绝对立场，完全没有意识到自己所持的理论已经游走在失真的边缘；一旦有人从另一个角度提出见解，他们就会立即将对方视为正在发动进攻的异己分子。

就目前的情形来看，几乎整个教育领域都已成为百家争鸣的学术乐园。针对许许多多的教育问题，人们提出了形形色色的理论，但全部都是一家之言，没有哪一种堪称绝对正确。因此，无论人们支持何种理论，都无法否定其他理论的存在价值。在教育过程中，由于指导实践的基本理论本就存在许多争议，因此一般而言，教育者的明智之举就是综合考虑各种不同意见，而非抓住某种理论抱残守缺。譬如，有些教师主张严明纪律，这在初始阶段或许有效，但持续下去只能带来非常糟糕的后果；还有些教师坚持认为学生的所有问题都应自主思考，但事实上人们在拥有足够的判断能力之前，一味自行其是只会有害无利。就好比教师有时候会让学生解释何谓商业组织和社会机构，但在大多数情况下学生的观点都是来源于教师的一面之词。学生常常以为自己能够掌握事情的真相，但事实往往并不如其所愿；正因为如此，他们以自己眼中所谓的“真相”为依据推导出来的结论必然也就谬以千里。

基于以上论述，笔者所持的观点也就呼之欲出：关于教育问题，保持理论的多样性非常重要；至于各种不同的理论各自价值究竟几何，则取决于后续的实践情形。因此，我们当前亟需强调自我教育的重要意义。这并非否定其他教育理论，而是呼吁大家关注一个尚未得到足够重视的基本原则。纵观以往的美国教育，从文法学习到研究生教育，都过于依赖教师教学，对学生在缺乏教师督导情形下的个人努力关注不足。事实上，同其他原则一样，自我教育在学生的每一个发展阶段都应当发挥无可替代的重要作用，而且其功效可以一直持续到生命终结。

关于自我教育，其主要涉及两个方面的内容，二者相互联结但并不重叠。首先，自我教育意味着学生具有积极主动的学习意愿；其次，自我教育还意味着学生具有自我导向的进取意识，亦即自主探究的刻苦精神。

积极主动的学习意愿适用于学生的所有发展阶段。甚至在初期的基础教育阶段，学生也有主动学习各种技艺和被动接受教师驱使的区别，对此每位教师都应深有体会。譬如，学生越早掌握乘法表，对未来的学习就越有好处。从某种程度上讲，这的确更像一种交易工具而不是教育内容；但是学生的主动学习意愿却对教师的教学有着莫大帮助，只要有了这种态度，学生就会迅速跨过机械运算上升到逻辑思维阶段。综上所述，作为自我教育的一种表现形式，主动学习意愿的重要性显然不会被大家所忽视。但关于其第二种表现形式，就没有前者那么广受认可了。

自我导向的进取意识是自我教育的另一种表现形式，其意味着为了某个目的有意识地自主开动自己的头脑。随着个体的日渐成熟，此种能力将会发挥越来越重要的作用。通常情况下，人们在讨论问题时总是喜欢使用明喻，这种直白的比喻方式的确通俗易懂，但也同样容易使人产生误解。直截了当的比喻论述可以用来例证一个观点，但却无法表明一种原理；而且，人们所举的例子与想要表达的理论二者之间的紧密程度，通常也不足以继续向下推导。因此，我们必须放弃以明喻的方式进行理性思考。不过，如果仅仅关注教育手段，我们还是可以用明喻的方式来对比讲述教师指导和自我教育二者之间的区别：前者就像把学生放进手推婴儿车或汽车，而后者则是让他参加锻炼。通过前一种方式，受教育者可以在较短时间内行进较远的距离，但是在此过程中，其肌肉强度和使用技巧并没有得到提高。如果从直白的比喻过渡到一般的生物学法则，那么我们就可以更加清晰地理解这个道理：人体器官的自然功能必须要在不断的使用中才会正常发展，如果长期闲置不用则会逐渐退化。当然，人们也不能让器官超负荷运转，更不可使其受到伤害；但是，为了充分发挥其功用，我们必须在正常范围内让其达到最大效能。这个道理不仅适用于肌肉和脏腑，而且同样适用于大脑。

如果说教育的唯一目的就是获取知识，那么达到这个目标的最快方式就是将知识用一种易于记忆的形式，呈现给一个随时准备好接收外在信息的大脑。上述方式正是从前拉丁文法教育的常用手段，为了便于记忆，教育者还专门为之谱写了韵律。事实上，旧式的法学和医学专业的讲授式课程教学也是以此方法为基础的。为了更好地传授知识，教师课前会认真准备，然后在课上为学生讲解。有时候教师也会将教学内容印刷成册分发给全体学生，要求他们几乎是逐字逐句地进行诵读。然而，如果教育的目的是让学生学以致用，那么他们就必须亲自付诸实践。事实上，教育的目的并不唯一。首先，机械训练就是教育目的之一，比如不同形式的数学方程运算，其锻炼的是人们的反应力和准确性。其次，学会“编码知识”（codified knowledge）也是目的之一，其强调的是让学生系统接受各种通常被认为是真实、有价值的事件与观点。再次，也是我们此处最为关注的一个教育目的，就是让学生学会正确对待和处理各种纷至沓来的新事件、新环境和新观点。为了正确应对各种突如其来的变动，学生必须依照从其他事件中学到的基本原理处理事情。易言之，学生必须将过去学会的理论应用到新的环境中，在多数情况下他都需要根据具体情形进行随机应变。我们常常听说，今日美国的年轻学子应以当下存在的问题为基准来武装自己的头脑，这句话不无道理，但并不完善；因为当他们成长到具有足够影响力的时候，所要面对的问题却必定已经今是昨非。因此，即使将来所要面对的问题如今尚未发生，对其实质情形根本毫无了解，学生仍然应当能在事情到来时作出明智、准确的应对，这才是我们真正需要帮助学生形成的能力。这种能力又叫作“应变力”，是学生在大学教育中最重要的收益之一。

如果想要提高自身的应变能力，学生的惯常思维就必须变被动为主动。易言之，学生必须习惯掌握主动，不能一味被动接受教育者为他们准备的系统知识。对此，威廉·B.门罗（Munro）教授还是一所小型学院的年轻教师时便有亲身体会。门罗认为，阅读一些本专业的伟大经典将对学生大有裨益，因此便向全班学生布置了当堂诵读的任务。没想到，此举却在学生中间引起了恐慌，一名学生甚至说出这样一番话语："坦白地讲，门罗先生，大家认为您的要求不够公平。按照我们的理解，学校向您支付课酬的目的就是让您阅读这些经典，然后再告诉我们其中说了些什么；而现在，您却要求我们自己阅读。"这段话极其典型地表达了"婴儿车"教育论者的观点——学生不需要在教学过程中付出任何主动努力。毫无疑问，这种机械的教育进程十分不利于大脑的开发。门罗的学生完全曲解了课堂教学之功能，他们不明白讲座授课的主要目的绝非单纯传递事实，而是通过相关制度的描述、系统知识的呈现以及学科问题的分析来激发大家的思维运行。课程讲座的确颇具价值，但它毕竟只能在有限范围内传播知识。毫无疑问，学生在教师督导下进行艰深的思维训练的确也能有所作为，但是如果想要获得经久不衰的效果，还是需要学生尽量做到自主探索，然后再与教师进行交流，或者最好能够与其他同学展开探讨。我们必须防止学生形成在教师指导下亦步亦趋的学习方式。在哈佛大学开始实施导师制度的早期阶段，曾有两位来自牛津的导师到此工作，未过多久，受过二者辅导的学生便发现了他们与本校导师在工作方式上的差异：每当学生在学术问题上感到困惑或出现谬误，我们的导师总会向大家解释问题究竟在什么地方，而来自牛津的导师则会静静等待学生自主寻找解决办法。

除了以上论述之外，个人努力对学生的德性养成也十分重要。那些一味被动接受他人指令的人，断然不会拥有锐意进取的奋发精神。对于大部分学生而言，强大的精神动力都是来源于自己的内心。我们曾经无数次地听说要激励教师和学生，但如果只是在轻松愉悦的状态下完成此事，大家肯定无法持续具有奋发图强的斗志。当然，保持愉悦的心情的确也有重要意义，但对于激发进取精神却影响有限。有一位教授曾经向我讲过这样一个故事：某天傍晚，他与一些本科学生就某些书中的内容进行了交流，在接下来的一周中，所有曾被教授介绍的书籍几乎都被学生从图书馆借阅一空。学生有此举动，表明他们的兴趣远远不止停留在与教授进行交流的那一刻。易言之，学生心中已经种下一颗好奇的种子，因此他们才会不断继续进行深入阅读。这颗种子最初可能源自教师——这也是教师身上最可贵的职业精神，但是其日后的萌芽和生长却来自学生自己的辛勤浇灌。随着学生的不断努力，这颗种子将会继续茁壮成长，并进一步形成持久的发现意识和探索精神。培养这种精神正是案例教学法和实验教学法的主要目的之一；与讲授式教学法相比较，无论案例教学还是实验教学在传播知识的速度上都相对较慢，但这两种方法却远比前者更能让学生变得生机勃勃，能让学生主动考虑自身的发展，并付出持之以恒的努力，直至成为博学多才之人。事实上，也唯有把握住自己的方向之后，学生才能通过对知识的探索和领悟成为文雅之人。

如果没有主动探索的意识，学生就无法真正掌握任何一门学科；只有放弃过去那种仅对教师传授的内容进行简单重复的方式，充分运用自己的头脑展开思索，学生才会摆脱他者观念的束缚，建构为己所有、为己所用的思想世界。从这个意义上讲，高等教育的最佳形式，就是学生在教师指导下进行自我教育。

时至今日，教育界已经充分了解个人努力与主动意识的重要意义，所有顶尖的法学院校以及博士研究生招收单位都在此方面对学生提出了要求，医学院校也在慢慢跟进。但在本科教育范畴内，教育者对学生本人的进取心和主动性仍然缺乏足够的认识。此问题最具代表性的一个现象，就是教授们长期要求学生尽力完成自己布置的任务，而许多高校也将学生的课堂作业完成情况当作申请荣誉学位的必备前提。直到近年来，我们将自我教育视为本科教育基本要素的原则，自我教育才终于在美国教育界有了立足之地。

从当前的情形来看，如何改革本科教育乃是美国教育系统最棘手的难题。在基础教育阶段，遵守纪律和服从权威乃是一种正面的教育力量；到了中等教育阶段，这种力量的正面效应便逐渐削弱；而到了大学阶段，由于办学规模的膨胀和学生年龄的增长，严明的纪律所能起到的正面作用更是十分有限。对于职业院校和专业学院的学生，为了职业发展而奋发努力是他们最真切的上升渴望，但是这种感受对于本科阶段的学生而言又未免过于遥远。在许多学生心中，本科阶段仅仅是从单纯的学校教育走向真正的社会生活的一个过渡期，家长们心中也常常作此念想；他们不明白本科教育的价值究竟何在，也不清楚这段教育会将学生带往何方。对于多数家长而言，评价本科教育的主要指标就是实际功效，因此，各种能够为学生带来社会声誉和强健肢体等显明利益的课外活动，才是他们最为关注的对象。正如伍德罗·威尔逊在担任耶鲁校长期间所说的那句名言：“配角表演大出风头，主角演出却无人喝彩。”由于在耶鲁主持了一系列教育改革，据说威尔逊校长还受到了一位校友的抱怨。在后者看来，由于威尔逊的所作所为，亲切可爱的老式学院已经不复存在，取而代之的是令人生厌的高教机构。不可否认，课外活动也是学生生活中的重要组成部分，但绝不是大学赖以生存的主要根基；如果高等院校只是喜欢对课外活动下足功夫，这样的教育机构定然难以久存。根据目前掌握的事实，本科学生对于大学生活的偏狭态度虽然客观存在，但总体而言，毕业校友和社会公众在这方面的问题更加严重。

本科教育的主要目的，就是为学生今后的人生打下宽广的思想根基；尽管具体的学习内容不免或多或少地具有一定的职业倾向，但除了那些日后想要继续在本专业从事教学工作的学生，其他人对于知识的学习和应用并不具有十分明显的专业取向。他们真正需要关注的是不同基本问题之间的内在联系，在这一点上，本科教育与职业教育有着根本的区别：无论是环境还是内容，后者都已彻底职业化。不仅如此，在本科阶段各种基本问题之间的联系事实上并不那么紧密。之所以强调学生要对此加以关注，主要目的不是直接应用于现实，而是激发他们的成就动机，鼓励他们努力获得更强大的智慧力量和更高尚的道德修养。

进入本科阶段之后，许多曾在中学阶段激烈抵制学校纪律的顽劣学生已经不复存在，他们基本上没有机会再去接受严格的管教。然而，对未来前途漠不关心、只图过关不求上进的学生却随处可见。在这些学生当中，甚至还有不少颇具天资之人，如果能够正常发挥自身的能力，这些人本可以提高学术造诣，甚至做出一定的成就，但是面对僵化的课程学习，他们逐渐变得萎靡不振。对于一个潜心学业的学生来说，最常见的学习方式就是阅读经典著作。但是对于不求上进的学生而言，即使他们能够逐字逐句地阅读几页教师指定的资料，也根本无法厘清作者贯穿在字里行间的思想主线。要想做到这一点，就必须主动思考，这是一个不断主动付出努力的自我教育过程，其出发动机在于对钻研某个知识领域的浓厚兴趣以及透彻掌握这个学科的坚定决心。

“人为”地创造一种“自愿”的努力精神，这个观点本身似乎自相矛盾；在美国教育界，为了避免这种悖论的出现，教育者倾向于尽量不要“努力”地让学生付出努力。换句话说，教育者需要让学习者能够轻松面对课业，或者至少也要让他们在愉悦的心情中进行学习。以此观点为基础，有人又衍生出另一个新观念：因为努力必须是自愿的，所以必须让学生探索那些他们天然具有兴趣的学科。但实践证明，学生“天然就有兴趣”的行为往往不是探索学术，而是尽情玩耍或无所事事。事实上，人们对于所有严肃事物的兴趣往往都不是与生俱来的。在大多数情况下，人们都不是因为对某件事情感兴趣才努力去做（尽管他们自认为如此），而是因为做了某事才对其产生兴趣。譬如，成千上万的美国人都曾忽然间十分痴迷填字游戏，但这绝不是因为他们对此天然就有兴趣，如果真是这样的话，就根本无法解释这项消遣活动为何在短短数月之后就流失了一大半的玩家。与“兴趣带来努力”的假设恰恰相反，人们正是因为曾经想要努力解出谜底，才对字谜游戏这种除了打发时间之外既缺少吸引力又不具价值性的消遣活动产生了浓厚兴趣。的确也有一些人十分享受精神劳动带来的乐趣，但几乎所有人在面对某个难题时都渴望能在不过分劳体伤神的情况下得出答案。因此，在指导本科学生这个问题上，应当先让学生参加一些他自认为可能会感兴趣的探索工作，一旦他开始从事这项工作，就会顺理成章地真正对此产生兴趣。

一位来自历史与文学系的资深导师多年来一直坚信“每个学生生来必然就有钟情之物”。事实上，这位导师的坚持实属难能可贵，虽然他自己可能并没有意识到这一点。曾经有一次，这位导师询问自己的一个学生为何要选择历史与文学作为主修专业。

对此问题，师生二人的对话是：

> “反正我对其他学科也不感兴趣。”
> “那么你真的是对我们这个学科感兴趣吗？”
> “不是的。”

学生的回答似乎令人沮丧，不过导师并未就此罢休，他继续询问学生有没有喜欢阅读的书籍，学生的回答是斯科特（Scott）的小说以及其他同时代作家的作品。听到这些之后，导师告诉学生他应当是对浪漫主义文学情有独钟，并建议他最好能够探寻浪漫主义文学与法国大革命之间的关系。于是，在接下来的两周内，学生便如饥似渴地查阅相关资料。毫无疑问，这位导师的教学方式获得了成功；但他并不是“发现”，而是为学生“创造”了一个学术兴趣。而如果这个学生还具备一定的才华，那么他之后的整个人生都将深受此次事件的影响。

为了让学生的兴趣得到强烈激发，教师所要解决的问题或学习的科目不能设计得过于简单，要有一定的难度。只有曾经付出过艰辛的努力，人们的思维能力才有可能得到提升。除此之外，如果学生所要探讨的系列主题持续时间太短、彼此之间缺乏联系，他们的学习兴趣也不可能持续太久。因为给人们带来强烈精神享受的源泉乃是思考本身，而不是不断变换的讨论话题。所以，教师为学生设计的学习主题最好具有可持续性，并且尽量涵盖比较广阔的知识领域。事实上，这也正是当前几乎所有高校都规定学生必须选择主修学科的意义所在。

一位年迈的水手曾经说过，除了用黄油噎死，杀掉猫咪还有很多种其他方法。诚哉斯言！这句话蕴含的道理，同样也可以用于当今的美国教育界。为了让学生拥有经久不衰的学习兴趣，就目前的情形来看，东海岸各高校普遍采用了一个行之有效的方法：要求学生首先选择一个主修学科，经过两到三年的学习之后参加并通过综合考试，否则便无法毕业。这个所谓的“综合考试”绝非对前期课程内容的简单回顾，而是广泛涉及无论哪一门课程都不可能完全涵盖的学科基本原理。为了准备考试，学生必须在课程教学内容之外自主阅读大量的相关书籍。自从综合考试制度开始实施以后，学生便有了一个准备时间足够充裕、涉及内容足够全面、学习动力足够具体的奋斗目标。不仅如此，按照既定的出题方案，在正常的情况下仅仅依靠死记硬背根本不可能获得一个好的成绩。因此，这项制度的目的并非让学生通过考试，而是让他们全面掌握学科原理。学生只有理解到这一点，才能顺利通过考核，否则就会在考场上折戟沉沙。至于这个方法能否获得成功，主要取决于出题人的功力是否深厚。掌握考试的艺术绝非一件可以轻易完成的小事，对此美国公众知之甚少；不仅如此，综合性质的考试更是所有考核形式中最不容易操作的那一种。为了保障这项制度的顺利进行，导师的辅导即便不是绝对不可或缺，至少也称得上十分重要；如果缺乏有效的指导，学生仅凭自己的力量不太可能找到正确的学习路径。不过在此亦须谨记，我们关注的主题是综合考试，而不是导师辅导。导师的职责并非向学生传授知识，而是帮助他们进行自主探究。实践证明，各高校实施综合考试制度以后，许多本科学生的学习兴趣被强烈激发；而未曾实施此项制度时，学生长期呈现无精打采的状态。随着这一计划的持续进行，所有关心美国高等教育问题的人士都将亲眼目睹其继续获得成功。

在布朗大学克拉伦斯·巴布尔校长就职典礼上的致辞

1929年10月18日

据说，圆桌骑士加拉哈德（Sir Galahad）有一次曾经与圣杯（Holy Grail）擦肩而过。[①]因为忘记询问眼前经过的东西究竟是何物，所以他错过了这次机会。与加拉哈德一样，我们这些身处高等教育机构中的人常常也会忘记询问自己，为何我们身在此处？我们究竟意欲何为？正是因为停止了思索，所以即使我们曾

---

① 加拉哈德与圣杯的故事出自英格兰广为流传的古代传说。加拉哈德是亚瑟王传说中的一名骑士，他在亚瑟王朝中的地位是独一无二的，因为只有他才能最终寻得圣杯的下落。公元33年，犹太历尼散月十四日，也就是耶稣受难前的逾越节晚餐上，耶稣遣走加略人犹大后吩咐11个门徒喝下里面象征他的血的红葡萄酒，借此创立了受难纪念仪式。后来很多传说相信这个杯子具有某种神奇的能力，如果能找到这个圣杯并喝下杯中所盛之水就会返老还童、死而复生并且获得永生。这个传说广泛延续到很多文学、影视、游戏等作品中，比如《亚瑟王传奇》中，就有人说他终其一生的最大目标就是找到这个圣杯。华格纳的歌剧如《帕西法尔》《罗恩格林》，也都是以圣杯骑士的故事为题材的。相传彼世安温的魔法炉是圣杯的前身。目前在欧洲大约有200个古酒杯被认为可能是耶稣最后的晚餐时所使用的圣杯。——译者注

经有过目标，也无法真正实现。以上论述尤其适用于当今的美国本科教育，因为此方面目前无疑乃是美国教育体系中最困难、最失败的工作所在。专业教育的目的显明而具体，而本科教育的指向却模糊而混乱。当然，人们也完全可以用华丽的辞藻宣讲何谓本科教育之理想，但就像水手通过观察桅杆顶上的圣艾尔摩之火（St. Elmo's fire）①来决定航向，纯粹的理念阐发在实践中缺乏指导意义。的确，本科教育承载了难以估量的价值，其意义是如此之重大，以至于我们根本无法找到衡量之物。

近来，可能因为迫于压力，有些学者不得不勉为其难地告诉大家一个所有人都能清楚看到的现实：美国本科教育之所以能够继续存在，很有可能是因为校友和公众喜欢观看大场面的竞技运动。易言之，校友们投之以惠顾，大学则报之以演出。我们的确做了很多事情，然而悲哀的是，做对的却不多。为了回馈社会，尤其是为了报答校友。高等院校纷纷举办竞争激烈的体育比赛，但是仅仅只有激烈的比赛并不能让人感到满意，因为大家更渴望获得胜利。于是，为了战胜对手我们不遗余力。但不幸的是，其他高校也有着同样的想法，所以公众和校友必然不会对每一场比赛都表示满意，无论当下还是以后，这个事实都不会改变。有鉴于此，大学与公众和校友绝不可能形成“倾情表演与热心惠顾”的稳定关系。

为了能让更多的观众观看演出，表演者必须把竞技场修建得

① 圣艾尔摩之火是古代海员观察到的一种自然现象，经常发生于雷雨天气中，在如船只桅杆顶端之类的尖状物上，产生如火焰般的蓝白色闪光。“圣艾尔摩之火”这个名称起源于一位3世纪时的意大利圣人圣艾尔摩（又被称为圣伊拉斯莫），由于传说圣艾尔摩一直是海员的守护圣人，因此早期时当人们在狂暴的雷雨中看到船只桅杆上发生发光的现象时，会认为是圣艾尔摩显灵保佑自己。——译者注

越来越大——至少要和对手的一样大；如此一来，竞争便永无止境。就在今年，我家乡的一所学校拒绝了一个扩大旧体育场观众席规模的建议，因为大家坚信校友们会把娱乐放在第二位，把学生的发展放在首位。学生们的总体意见也倾向于此，这说明他们在面对不同的价值选择时有着相当理性的判断。毋庸置疑，娱乐活动和竞技体育对于年轻学子而言的确是一种十分有效——甚至不可或缺——的训练方式，但亦须谨记过犹不及。就此问题，两个具有古老传统的国家能够给予我们深刻的启示。这两个国家的语言和思想一直在美国大学传授，两国的大学也都拥有引人入胜的大型体育活动，但不同的是，他们的体育运动理念却与我们大相径庭。提及竞技体育，大概没有谁会比古希腊人更重视这项活动，更珍视比赛胜利的价值。但即便如此，古希腊人仍然将举办竞赛的目标清晰地设定为促进青年人的体质发展，并且一直将此理念传承不绝。而在罗马人眼中，竞技体育的价值不过是取悦观众，所有为增强青年人的健康与强健而开展的训练都隐而不见。是学习希腊还是追随罗马，对于我们来说这难道不是一件不言而喻的事情？作为一个抽象命题，大概没人会反对我们刚刚给出的观点；但问题在于，如何指导大学体育运动的开展并不能只靠抽象理念。美国高校频繁举办校际体育竞赛，为此还开展旷日持久的宣传活动，从而吸引了大批观众蜂拥而来；从这个角度来看，难道我们不是已经在内心深处不知不觉地步了罗马的后尘？在希腊人看来，为了让运动员内心燃烧的竞技之火永不熄灭，一年举行一次大型的体育竞赛就已经足够。美国大学可否以希腊为榜样，每年只举行一次囊括各项运动的校际竞赛？

关于希腊与罗马两种竞技方式的讨论，大家无须针锋相对。让我们作一个简单的假设：大学教育的目的就在于为学生谋福祉；具体而言，就是要充分提升他们的各种潜力，帮助他们在国家发展的宽广舞台上获得恰如其分的表演机会。《权利法案》告诉我们，“人人生而自由，生而平等，都被造物主赋予了一系列自然的、必要的、不可剥夺的权利；其中就包括了……寻求安全和幸福之权利”。时至今日，我们不止一次地听说美国宪法已经落后于时代；至少在教育领域，这句话的确与现实观念相符合。根据当前的公众心理大概可以看出，人们似乎正在预谋着出台下一条宪法修正案，其主要目的就是主张每个人都有追求和获得大学学位的权利。不仅如此，美国公众还希望攻读学位的过程应是轻松愉悦的，因此获得学位的评价标准也应当触手可及。易言之，我们必须让大学学位变得唾手可得。道理也很简单：因为既然人人都有获得学位的权利，那么大家自然也就可以在付出有限努力的情形下拿到这个应得之物。以此推演，大学教育的目的便从智识发展变成了社会交往。至于教授要做的工作，在公众看来应当是激发大家的兴趣，同时稍微传授一些知识，但绝不能让学生陷入令人生厌、不够体面的繁重课业当中。一言以蔽之，就像现代医学手术那样，获得大学学位的“手术”也应当是无痛的。

在此，我再一次提醒大家，高等院校不可能按照普遍流行的公众意愿行事，上述那种一厢情愿的想法根本就不可能实现。大家不妨将学业研修视作运动训练，队员们一边聆听教练的指导，一边观摩他的行为；但要想获得任何一种值得拥有的能力，都必须下足功夫。要想更上一层楼，就需要加倍努力。除此之外，其他一切关于成功的假设都违反人类天性，尤其违反年轻人的天性。通常情况下，年轻人不会将无须付出努力便可轻松获得的成功看得太重，对唾手可得的东西也不会用心珍惜。以参加校际体育竞赛的运动员为例，与获取胜利相比，降低训练的努力程度、疲劳程度和痛苦程度，甚至减少大家受伤的机会，统统都不是他们想要的东西。二十年前，美国大学的管理者曾经要求修改竞赛规则以降低运动伤害，但运动员们对此却并不认同。事实上，只要年轻人能够找到值得付出能力的目标，同时评价标准也能够保证客观公正，他们一定会渴望发挥自己的全部实力。

为解决上述问题，我们需要不断摸索走出困局的路径。大学首先应把那些学习能力不足或求知意愿不强的学生拒之门外，要在此方面出台成熟的制度。如果高等院校不加限制地随意招收学生，必然会将评价标准降到全体学生的最低水平；更糟糕的是，整个学生群体的进取精神也会随之跌至低谷。难道这样的做法不违背民主吗？关于这个问题，虽然大家的观点见仁见智，但可以肯定的是，降低标准招收学生的做法一定违背了“人人生而自由，人人生而平等”这个原则。在法律面前的确人人平等，然而人们的智识水平和进取精神绝不能一概而论。这是一个最基本的事实，任何老生常谈的政治口号都不能予以否定。根据巴斯德（Pasteur）[①]的观点，让每一个公民都能充分发挥其才干，这本身就是民主的一种表现形式。与其他政治原则一样，民主也需要为公众谋福祉，因此也就必须为最有才华的公民提供充分施展才华的机会。

除了将缺乏能力和不够勤奋的学生拒之门外，美国大学走出

---

① 巴斯德，法国化学家，细菌学家。巴斯德的主要贡献在于把微生物研究从形态转移到生理上来，从而奠定了工业微生物学和医学微生物学的基础，开创了微生物生理学，其发明的巴氏消毒法直至现在仍被应用。基于巴斯德的发现，整个医学迈进了细菌学时代，得到了空前的发展。在美国学者麦克·哈特（Michael H. Hart）所著的《影响人类历史进程的100名人排行榜》中，巴斯德名列第12位。——译者注

困境的另一条路径就是放弃过去那种会让学生庸庸碌碌、懒懒散散的低水准评价机制，并努力激励才华出众者展现自己的全部潜能，然后对成绩突出者予以褒奖。乌龟击败兔子的故事从来不曾也永远不会让年轻学子感到热血沸腾，酣睡的兔子或许也不应当受到责备，真正有问题的是那个让它无所事事、昏昏入睡的外部环境。就像故事里的兔子一样，由于当前我们令人昏昏欲睡的制度体系，太多才华横溢之人虽然身处一个风起云涌的时代，但大学环境却让他们睡眼惺忪。如果我们能够唤醒兔子的竞争激情和进取意识，乌龟根本没有获胜的可能，读故事的人也不会再把注意力从对比赛的兴趣转到对乌龟的敬重。

巴布尔（Barbour）校长，对于您的当选我首先表示祝贺，但同时也予以同情。在我之前的一位哈佛校长——尊敬的詹姆斯·沃克（Rev. James Walker）先生在卸任数年后曾经发表过一段评论，后来他还专门将此转告给艾略特（Eliot）校长。沃克先生认为，大学校长职务的确能让一个人过上体面的生活，但所要涉及的工作却令人生厌。由于时过境迁，大学校长职责已与沃克先生所处的时代颇有不同，但在诸多方面其仍然会让就任者苦苦挣扎、备受煎熬、无比困惑、满怀失落。但即便如此，我们还是不会就此放弃努力，也不会在疲倦和痛苦面前选择逃避，就像为荣誉而战的年轻运动员。我们深深懂得，轻而易举就能完成的工作不值得拥有；美国的未来需要年轻一代拥有强韧的性格、远大的抱负和成熟的智慧，而这一切都源自我们所在的高等教育机构。只要坚守这个理念，大学校长便有机会成为一个功德无量之人。在此位置上，他们不仅可以实现自己的抱负，更能够致力于国家的进步，每一个有抱负的人都应当对这样的机遇梦寐以求。因此，巴布尔校长，我再一次向您表示衷心的祝贺。

知识的拓展与教育的扩张

节选自1933年6月2日发表于宾夕法尼亚大学的讲演

在刚刚过去的两个世纪中，知识的拓展比以往任何时候都要来的更加迅速，并且其增速还在不断提升，迄今为止其形成的体系已经如此之庞大，以至于人们不由得为如何面对而感到困惑。的的确确，在教育领域，哪些知识应当忽略、哪些知识应当涵括是令人头疼的难题。当然，与此同时人们对于知识原理的探讨也从来未曾停止，譬如18世纪的物质守恒定理，19世纪的能量守恒定律和生物进化理论。由于基本理论的发展，无比庞杂的既有事实被梳理成简明扼要、条理分明的知识体系。对基本原理的不断总结，的确为人们系统梳理持续增长的知识片段提供了便利，但却不足以应付知识体系急剧扩张带来的教育问题。基本原理的意义在于将各种散碎分离的信息分门别类地归入统一的知识体系，从而使其更易于为学习者所掌握。然而问题在于，面对一个巨大无比而且仍在不断扩张的知识体系，即便拥有基本原理的指导，教育者也无法减轻人们在求取、保持和应用知识时所承受的巨大压力。

的的确确，知识的增长已经远远超出了任何个体所能接纳的范围。那种无所不知、无所不晓的百科全书式人物，早已成为古老的传说。过去的人们曾经以为，只要一个学者能够熟练掌握自然哲学这一门知识，就足以在整个高等教育界通行无阻；在今天看来，这简直是个笑话。随着自然科学相关知识的极大增长，原有的单一领域已经分裂成物理学、化学、植物学、动物学等多个分支学科；不仅如此，诸多分支学科又都可以细分成更加繁复细致的下辖专业。面对此种情景，现代人在谈论科学领域的求知行为时不无幽默地嘲讽自己“学得越来越多，懂得却越来越少”[①]。这是一个客观存在的求知现象，人们在将细微之处不断放大的同时，视野所能触及的范围自然也就不断缩小。基于同样的道理，我们愈是让学习者集中精力探究主修学科，就愈发将他们的目光囿于狭窄的范围之内；在这种情况下，学习者自然会向学科壁垒之外的领域投去好奇的目光，但如果他们试图对其他领域的知识作出评论，就很有可能被视为擅闯禁地的入侵者。

伴随着知识王国的持续扩张，近年来学术界又出现了一个与分科学习方向相反的发展趋势。越来越多的越界者正在跨越学科壁垒，挖掘出一条又一条的地下通道，由此他们可以直接越过边界，出现在知识高墙的另一边。如此一来，学科之间的界限便遭到了严重破坏，已经无法防止外来人员的侵入。于是，许多原先各自为营的知识领域现在已经不再那么壁垒分明，而许多原本无人问津的地带则成为每一个具有理性诉求之人开拓进取的知识富矿。譬如，关于电子及其派生知识，无人能够说清究竟应当将其归入物理学还是化学的实验范畴；又譬如有机细胞，究竟是将其放在植物学还是动物学的视野下才能进行更好的探究，也无人能

① 译者注：作者的原话为：learn more and more about less and less。

够予以回应；再譬如，生理化学到底应当作为哪一门学科的分支专业，物理、化学还是医学，这个问题同样无人说得清楚。关于最后一个问题，正确的答案显然是三门学科的联合。时至今日，所有科学都已发展到新的阶段，不同学科不仅常常并肩前进，而且相互重叠、相互吸引。

不仅如此，当下的每一门科学都时常需要其他学科的支持。如果某个高校只让身处其中的教师和学生探究某一个学科，完全不允许他接触其他领域的知识，必然踽踽难行。这样的机构也有可能沦为单体样本采集场所。现代科学的发展趋势是从分门别类到系统建构，再从系统建构到实践应用。而将理论诉诸实践又涉及诸多方面的变革，先是化学、物理、生理等方面的知识革新，最终是物质世界和社会心理的整体转型。若要了解以上进程，学习者就必须打破传统学术分支的窠臼，大量地从广阔领域内汲取知识；知识储备愈是丰富，对科学领域的了解就愈是全面。

以上论述清晰地传达了这样一个信息：任何想要为科学知识的殿堂增砖添瓦，或者想为学习者提供高水平教导之人，都必须超越学科限制，对整体的基本科学原理有一个大致的了解。他并不一定要在细节上面面俱到，但却应当拥有在任何平行学科求取知识的能力。除此之外，是否他就不再需要其他方面的知识了呢？对此我的观点是：无论哪种理论都存在局限性，科学知识以及其他知识同样如此，因此，学习者涉足的领域越是广阔，求知的方法就越是高明。

无论在哪个领域，讲授法都不可或缺。在生活中，每个具有社交本能和探索意识的人都可以通过与他人的交谈获得大量知识。假设有一批来自不同领域的杰出学者，他们出于健康或者其他因素的考虑，自发在一些杳无人烟的地方建立了图书馆和实验室，然后招收年轻学子，让大家在此充满好奇地自主求知、共同思考和相互理解，而不是直接向他们传授某些领域的固化知识。再假设这些年轻学子在上述环境下将会持续不断地围绕不同主题与自己、与同伴以及与那些负责教导他们的杰出学者进行对话，这样的教育氛围是多么的令人神往！由于拥有了这样的教育体验，当年轻学子离开此地时定然不仅能够深入掌握主修学科，同时还会具有无比珍贵的宽广根基。即使他们未曾接受某些学科的讲授教学，也可以在与人交流和自主探索的过程中对其进行理解。一言以蔽之，博闻强识并非只是书虫学生的专利，问题的实质在于如何利用闲暇时间，如何在社会交往中获得精神满足，这才是一直保持激情洋溢、兴趣盎然的真正秘密。

如果在我们的社会中真的出现前文描述的那种大学，你会将自己的孩子送到那儿去吗？遥想未来的美国大学全都展开这样的美好画卷，未来又将呈现出什么样的状态？我们的国家会不会因此而繁荣昌盛，我们的人民会不会因此而高情远致？当然，也有许多人会认为以上设想未免太过荒唐。在他们看来，好逸恶劳、甘于平庸才是年轻人的天性，因此我所描绘的蓝图根本找不到赖以生存的现实环境。必须承认，我想实现的确是一个美好的梦想，与现实有着相当的距离；但即便如此，也不妨碍我们不断朝着这个方向前进。年轻学子的热情一旦被激发，就绝不会继续好逸恶劳、甘于平庸，刚刚过去的世界战争已经证明了这一点。无论在哪个年代，年轻人都渴望能将自己的青春和热血奉献给心中的崇高，同时他们也非常容易受到理想主义者的影响。根据我的亲身经验，关于学业成就和运动荣誉二者价值孰重孰轻，尽管美国媒体一直不遗余力地鼓吹后者，但一般说来美国学子仍比普通大众有着更加深刻的理解。事实上，学生在大学生活中的最大收获，并非那些引人注目之物，亦非最能迎合公众品味的东西。

若要梦想实现，必先坚持信念。作为教育者，要坚信梦想可以成真；作为家长、校友和公众，要坚信未来值得期待。即便无人能够预测究竟要走过多远的路才能到达终点，作为每一个普通公民，我们也应当坚持将梦想铭刻在心。

将考试变作教育过程

在马萨诸塞理工学院1933年毕业典礼上的致辞

后由哈佛教师档案重印

I

从普通教师到美国参议院委员会，审判者大多都不受被审判者欢迎。大约在三十年前，考试在校园中还被大家视作可有可无、令人生厌的东西。教师群体坚持认为自己最了解学生的学习状态，并将考试视作对自己工作的诉讼状——良善公民断然不会随意受到他人的审判，在他们看来，考试制度的实施意味着对教师指导行为的怀疑。就在距今不远的1926年，格洛弗·萨默斯（Grover T. Somers）教授针对美国大学和中小学师生对待考试的态度作了一项调查。根据调查结果可知，美国学校的教师和学生都不喜欢考试，都认为其毫无价值。这样的调查结果并不出人意料，因为考试的主要功能就是形成规训，亦即敦促学生潜心向学，其次才是核定学生的成绩等级。从当前的实施情况来看，考试制度显然非常不受欢迎，无论是负责考核的教师还是参加考核的学生都对其持有抵制态度。不仅如此，考试的规训功能也未能得到正常发挥，此功能的发挥程度往往取决于学生投机取巧的操作难度。为了能够顺利通过考试，学生会想方设法利用和欺骗教师，并且从不将此类行为视作不可饶恕的罪过。更有甚者，如果有人能在腹内空空的情况下顺利通过考试，不仅不会被当成过错，反而会被视作聪明伶俐的表现。

除了规训之外，考试的另一个主要功能——评价——近来变得非常突出。由于美国高校的申请者不断增加，再加上社会公众普遍认为太多的大学生无法从课堂教学中受益，因此关于改善考核标准的呼声便日渐高涨。为了更加透彻地了解大学教育的目标和状态，美国人对于究竟应当采取何种方式评价学生的能力、成就和发展前景，产生了越来越浓厚的兴趣。当然，所有考试本质上都同时带有规训和评价之义，但究竟将哪一个作为主要功能，还是具有很大的可操作空间。近来开展的诸多教育研究和实验中，考试的规训功能被刻意忽视，因为在现实生活中大家越来越觉得有必要准确把握年轻学子的当下素质和未来发展，所以考试的评价功能越来越受重视。如此一来，是否能够准确评价学生就决定了考试的价值高低。当然，任何考试都不能做到完全公平公正，但至少可以尽量做到客观、公正。

就长期存在的情况来看，导致考试结果不够准确的首要原因就是评价者的主观判断。为了消除这个因素，所有带有主观色彩的考题都可以换成答案绝对客观的考题，如此一来任何手握答案之人都可以不偏不倚地进行成绩统计和等级评定。毫无疑问，改革之后的考核方式的确具有较高的应用价值，但其究竟可以评价哪些方面的能力，精确度又如何，还有待进一步的证明。从本质上讲，拥有标准答案的客观题根本无法体现学生的细节辨识能力，也无法展现严谨的逻辑推理。大致来讲，参加这样的考试主要依靠答题速度，根本没有多少时间进行深入思考。

接下来介绍的是考试的第三种功能，其既非规训，亦非评价，而是教育。迄今为止，关于考试的教育功能这一论题尚未引发太多的讨论。接下来，我将根据自己的理解对这个话题进行举例说明；由于即将列举的案例都源自笔者本人的观察，如有不当之处敬请大家谅解。哈佛大学法学院在成立一年后开始设立可选择的考试制度，学生可以根据自己的意愿参加或放弃考核。此时的考试肯定不具规训功能，因为学生是否参加完全出于自愿；其实施目的也不是学院教师对学生进行评价，因为考核结果一般不会计入课程分数，除非其他形式的评价对学生完全没有作用。此类考试的目的主要是让学生了解自己的学习情况，继而有针对性地在教师的帮助下获得学业进益。由此可见，在这个案例中考试完全是在发挥教育功能。接下来我再列举另外一则来源于哈佛大学法学院的案例，即兰德尔教授（Langdell）提出的案例讨论考核法。严格来讲，学术讨论并非考试，但在一定程度上带有考核性质。当笔者任教于法学院时，每天都有大约四十名学生参加讨论，八到十人一组。案例讨论的目的一方面在于将课堂上呈现的问题继续进行阐释，另一方面则在于充分激发大家的竞争精神。实际上，这样的行为也是一种考核，或者说是每个人都在全班同学面前进行自我评价和彼此考校。在这个案例中，讨论行为绝非是对学生进行规训。除了培养竞争意识，此举亦非对学生进行评价，因为整个过程不会留下任何书面记录。如果我们可以将学术讨论也视作某种形式的考试，那么其效果应当纯粹是教育性的。与之相类似，其他所有形式的主题论辩、学术报告和问题分析应当都与法学院的案例讨论具有异曲同工之妙。以上行为的开展无疑都包含规训和评价两种意蕴，但首要目的还是实施教育，亦即帮助大家学以致用。

以上几个案例可能并非全是通常意义上的学业测验，但在本质上皆可归入此类；并且，它们无疑都属于教育进程。当然，可能有人也会提出这样的疑问：作为某种考核，上述举措大概都会出现在学期中旬，但在期末时分如何能让最终考试发挥教育功效？我认为这一问题又可以从三个方面予以作答：首先，要设定考核标准；其次，要让学生表述自己的思想；最后，要提升学生的观念整合能力。以上三者既相互交织，又各具特色。

II

当某一阶段的教学计划即将结束之时，任何形式的考试都能引导学生关注学习重点。如果即将到来的考试只是强调历史事实、发生日期和数学公式，那么教师就会将这些东西视为重中之重，学生们也会努力记诵。如果考核内容能在短时间内通过死记硬背来掌握，那么大部分学生在平时都不会付出努力，因为等到考试将近的时候再来临阵磨枪也不迟。但是，如果考试命题要求应试者必须真正理解主修学科的重要意义和基本原理，那么此种考试定然有利于提高教师的教学质量和学生的努力程度。当然，要想做到这一点也需要满足几个前提条件：首先，考核形式应当是撰写论文；其次，考试命题应当打印成册并公之于众；再次，考试题目应当具有实验性和现实性；最后，考试范围应当广为人知。只要能够做到以上几点，学生就会把参加考试视为自己企望达成的学术目标。如此一来，考试行为便具备了更加深远的教育意蕴。反过来讲，如果学生不能理解自己参加考试的根本目的，那么考试行为也就基本上不可能发挥教育功能。

行文至此，我希望再次根据个人观察进行举例说明，不当之处仍然恳请大家谅解。1910年，哈佛大学医学院引入了综合考试制度。自实施以来，综合考试先后呈现出几种不同形式，经过一系列的实验，事实表明其中某些形式更具成效。具体而言，综合考试理所当然要体现“综合性”。首先，这意味着全体学生在为期四年的课程学习临近结束时都必须参加这场考试；其次，考试范围还应当覆盖之前所学的所有内容，既包括实验理论，亦涵盖临床知识。这样的综合考试当然具有评价功能，但却并不以此为主要目的；事实上，无法通过综合考试的学生只占全体应试者的极小一部分。在一段时间内很多人一度无法理解综合考试的意义何在。哈佛医学院的部分教师似乎倾向于将其视作对课程重点的总体回顾，但其真实目的绝不仅止于此；综合考试不仅考察学生对各门课程的掌握情况，更要求他们对四年来所学的全部课程知识相互联结、整体运用。就医学专业而言，要实现这一目的尤为不易，因为各门课程相对离散，很难把握彼此之间的关联。对于医学专业的学生来说，解剖学、化学、疾病诊断与治疗、外科手术与处理这些课程之间的相互联系在一开始并不那么明显；而在之后的学习过程中，教师的授课方式也很有可能让他们的学习一直处于最初的离散状态。医学的学习艺术是将人视作一个完整的有机体，而综合考试的考核艺术则是让学生也以这种眼光看待自己所学的知识。为了达成这个目标，考试题目应当是综合的而非专门的，每一道试题都应当能够联系多门课程。在此我再一次重申，综合考试的真实目标不是对学生作出评价，而是向学生传递一种学习态度；尽管其并不存在什么完美回答，但却能显著激发学生对医学学科的整体思考，与此同时也能引导教师反思如何跨越学科限制，开展综合教学。

所有意义明确的阶段性考试，都会对学生的学习态度产生积极或消极的影响，这种影响在一定程度上也都可以融入教育过程当中。如果主考人能够多从这个视角看问题，那么考试的教育功能必然会更加突出。

Ⅲ

将考试融入教育过程的第二条路径，就是要求学生系统表达自己的思想。如智者所言，如果未曾用自己的话语去诉说或撰写，人们将永远无法真正掌握任何学科；易言之，学生必须学会用自己的观点表达曾经学过的课程内容。之所以如此，是因为表达自我观点包含了对自己的思想进行有序组织、系统阐述和主旨澄清等数个步骤，绝不同于只是面对主考人给定的问题回答“是”与“否”。人类最伟大的天赋不在于解决既有问题，而是发现新的问题。考试的价值也正在于此，其至少应当引导学生去努力思考如何发现新的问题。通过此种做法，学生能够减少在背诵记忆方面耗费的时间，避免一味重复教材或教授说过的语言，从而将更多的精力投入到意义理解、语言组织和观点表述等自我能力的提升中去。如果学生提前就被告知学期临近结束时将会参加这样的考核，那么他们必将早早用心准备如何有序论述学科知识。

平心而论，综合考试的答案应当涵括不同观点，因为就同一个问题每个学生都可以从不同的角度进行回答。除此之外，主考人也不能将答题人的记述能力作为评分依据；每个考生的观点构思和表述都应当与他人有所不同，因此只有对本学科浸淫甚深的资深教师才能对大家的成绩给出妥适评定。当然，此种考试也会由于个人判断的主观性而无可避免地导致不确定因素的出现，但在精确评价机制无法发挥教育功能的情形下，我们还是应当将此作为一种可供选择的考核方式。

Ⅳ

提升学生的观点整合能力，同样也有助于发挥考试的教育功能。在学习过程中，学生很容易把信息记忆和公式积累当成全部的求知内容；如果最后的考试再单纯行使评价功能，学生更会自然而然地强化被动接受的学习观。获取知识只是教育的部分目标，随着时间的流逝，大部分曾经掌握的知识都会消弭不见。更重要的是如何学以致用，这意味着要对所学的知识进行联系、对比与组合。尤其重要的是，要学会从不同的视角看问题；这种能力是得到提升还是受到限制，基本上取决于采用何种类型的考试。关于这个问题，我们可以再次引用哈佛大学医学院的先例。最初，哈佛医学院借鉴了欧洲医学院校的做法，将考试按照课程性质分成两次，一次是实验类课程综合考试，另一次则是临床类课程综合考试。但是，大家慢慢发现综合考试的真正目的乃是让学生综合应用上述两类知识，因此便把两次考试改成一次。改革后的考试更具综合性，每一道考题的解答都需要同时运用实验和临床两个领域的知识。

大学教育想要实现的最终结果，乃是帮助学生扩展思维、提炼观点，引导他们形成敏锐的感知能力、正确的理性思考能力。当然，最重要的，还是要促使他们形成内在的知识品味和独立的思想追求。品味和追求一旦形成就永不消逝，并且拥有此种素质者还会永不满足地探索一切可资利用的知识。如果我们能够充分意识到考试的教育功能，那么它将有利于上述目的的实现。

教育是一个外延宽广、内涵复杂的实践过程，我们从中能够学到一些理论，但更多的还是积累经验；考试的艺术尤其不易展现，因为在它身上承载的目标不止一个，而且诉求方向各不相同。要想同时实现各个目标，仅靠一套规则是不可能做到的；而且也没有哪一套规则是为教育活动量身定做、不可或缺的，不同教育者选择的路径最初可能存在差异，但最终的结果往往殊途同归。最后，我必须再次提醒大家，作为学习过程中一个至关重要的促进因素，考试的教育功能至今尚未获得应有的关注。

大学、研究生院与本科学院

1933年8月刊登于《大西洋月报》

I

在美国教育史上，丹尼尔·科伊特·吉尔曼（Daniel Coit Gilman）是一个成就非凡的人物，他在某个领域无以伦比地推动了美国高等教育的发展，但与此同时他也犯过错误。在讨论这个问题前，必须先要弄清吉尔曼的工作目标，否则对于这个案例的解析就会与我们所要讨论的主题南辕北辙。

1876年，吉尔曼就任约翰·霍普金斯大学首任校长，这时候还很难确定他将要推出哪些具体施政计划。事实上，很有可能就连吉尔曼本人也无法回答这个问题，因为他对约翰·霍普金斯大学的改革措施是在担任校长的过程中慢慢思考成型的。但毋庸置疑，吉尔曼的整体目标一定与众不同，因为在美国高等教育史上从未有一所高校像约翰·霍普金斯大学那样，无论教学还是研究都拥有最大限度的自由。这所大学刚刚诞生便沐浴在自由的文化氛围之下，拥有最伟大的学者，也有着光辉灿烂的发展前景。至于究竟应当通过何种方式来获得预期效果，吉尔曼并没有作出明确阐述，他更多地是在思考整体性的发展目标，而不是具体规划治理准则。当谈及大学与学院的区别，以及约翰·霍普金斯大学为何拒绝沿用四年制本科教学传统时，吉尔曼的回答是：我们找不到任何一种理由来拒绝一位学士学位获得者继续攻读研究生课程。他进一步指出，哈佛大学“实质上也已经放弃了学院传统，引入了现代大学的自由体制”；密歇根大学与康奈尔大学则“更是早早采纳了现代大学的分科教学方式”；除此之外，“弗吉尼亚大学更是从成立之日起便坚定贯彻与本科学院截然不同的大学理念”。

在以上列举的几个例子中，吉尔曼并无一处提及研究生院。事实上，他在约翰·霍普金斯的办学计划中也没有使用“研究生院”或“研究生指导”之类的概念。由此可见，吉尔曼所阐释的理念只是一种高层次的教育方式，而不是一套学位体系。“关于确切的实施规则”，如吉尔曼所言，“尚未完全确立。我们必须要与各个学院和学校进行商讨之后才能作出决定；整个体系必须完美衔接，我们必须未雨绸缪；虽然相关讨论一直在进行，但鉴于城市学院、农学院和圣约翰书院目前的建设进度，最终结果的出台定然还会继续往后推延。毋庸置疑，正如美国公众所期待的那样，我们必定会有一套高屋建瓴的发展准则”。随后，吉尔曼再次表态，约翰·霍普金斯大学将会大量招收在自由教育的某个分支出类拔萃但在其他分支相形见绌的本科毕业生。“我们将对这些申请人进行考核，参考他们本科期间获得的学分，然后将其分别安放到最合适的学科领域进行学术探究。毕竟，对柏拉图造诣颇深者有可能对欧几里得所知无几。除了校准升学条件之外，我们也努力会在其他方面有所作为。”显然，吉尔曼此处表达的意思是该校的准入资质应当与前期接受的教学相关联，而非单纯考虑申请人的学位授予情况。这一观点的提出，也符合其一直坚守的自由大学观。

在吉尔曼的引领下，约翰·霍普金斯大学横空出世，仿佛智慧女神雅典娜从宙斯的头颅中跃然而出。无论是首批教职员工的招募还是年轻学子的选拔，吉尔曼都充分展示了其精明干练的领导作风。仅仅数年，约翰·霍普金斯大学就俨然成为优秀本科毕业生的圣地，以其自由之理念、探究之精神以及重质轻量的培养模式，吸引着来自全美本科学院的杰出青年。这或许本来就是约翰·霍普金斯大学的宿命，但有可能却是予其大笔投资的巴尔第摩和俄亥俄铁路沿线的负担[①]。约翰·霍普金斯大学成立之后，医学院的发展的确蒸蒸日上，但整体的研究生教育却步履蹒跚。究其原因，应当是在霍普金斯大学研究生院成立后不久，其他资金充沛的综合大学也纷纷筹备研究生院，从而导致前者遭遇了激烈的发展竞争。需要澄清的是，其他美国大学研究生院的办学理念并非来自吉尔曼，因为就在距其就任约翰·霍普金斯大学校长三年前，哈佛大学就如期授予了数个哲学与科学博士学位——其中一位博士后来还成为吉尔曼治下的大学教授。此外，哈佛还在那一年授予了二十多个艺学硕士学位。在其他综合大学，类似的情形也已屡见不鲜。但必须承认，约翰·霍普金斯大学在巴尔第摩的崛起极大地推动了美国研究生教育的发展。一时间，它以无以伦比的显赫名声引领了当时大学的发展潮流。无论吉尔曼是

① 作者这句话语带双关：一方面，约翰·霍普金斯大学位于巴尔第摩市，由于全美的大学毕业生都对这所大学趋之若鹜，因此通往此处的铁路轨道便要承载更多的重量；另一方面，杰出大学的成长也离不开大笔资金的支持，铁路公司作为投资者必然也会慷慨解囊。——译者注

何初衷，他的执政方针都直接促成了今日我们熟知的研究生院理念。

Ⅱ

如果非要从吉尔曼校长的所作所为中挑过错的话，那么接下来我们所要提到的就是其中一个；当然，即便吉尔曼校长的确犯过错误，也决不能把所有责任推卸到他一个人身上。让吉尔曼犯下过错的工作，就是学位授予。假如——由于此处更多的是进行逻辑推理，所以需要多作假设——吉尔曼的主要目的在于培养终生进行知识探究的原始创思者，而这种人才在每一代都不可多得，因此对待此类人物的最佳方式就是让他们慢慢酝酿学术成果，按时为其授予学位实非上策。在当时，人们的确无法预料研究生学位的发展前景，但在今日来看其结果似乎早已注定[①]。

就人才培养质量而言，当下的美国大学与欧陆大学不可同日而语。后者有着极其严格的竞争机制，经常由国家统一举行学业测试；而在美国，高等学位只是从事教学工作的资格凭证。不仅如此，当前美国高校的学位考核标准甚至还在显而易见地不断降低。以博士学位为例，作为最高学位，其本应只授予那些最具创造力的优秀学者，但如今却成为谋求高校教师职位的通行证，硕士学位则已普遍成为大城市高中招募教师的基本前提。在一定程度上，“提高学位标准”也是用人部门的无奈之举。各级学校并

①“五十年前，相当一批霍普金斯的毕业生虽然已经获得学位，但事实上却腹内空空；而吉尔曼先生一直致力于让此类学生所占的比例继续扩大……时至今日，在我看来已经可以确凿无疑地断定，每一个霍普金斯大学的学生都以求取学位为目的。”（摘自约翰·霍普金斯大学校长埃姆斯1931年11月的年度报告。）——原文注

无必要普遍提高员工的学历学位水平，但是由于美国高校人才培养数量的上升和质量的下降，用人单位必须提高硬性要求。这就好比市场定价，要想控制面包的价格，就必须同时严格控制其他相关原料；如果制作面包需要的原料价格上涨，而面包的价格又被限定，那么最终的结果要么是面包师退出市场，要么是大家做面包时偷工减料。

接下来，我们将以硕士学位为例展开论述。在高中阶段，并不是所有教师都能胜任高层次的学术工作。其中许多人知识足够丰富，教学也非常出色，但不具备高深学问和原创精神。在中学阶段，一个教师可能搞不懂深奥复杂的势函数（potential functions），也不明白何为非欧几何学（non-Euclidean geometry）和高阶微分方程（higher differential equations），但这并不妨碍他成为优秀的数学教师。不仅如此，对于教导中学生学习代数、几何和三角函数这项工作，他完全有可能比那些杰出的数学家做得更好。无论毕业于哪个本科学院，本科阶段的课程都足以帮助数学专业的毕业生胜任中学教师工作；与之相类似，其他专业的毕业生同样具备此种能力。现如今，之所以连中学教师都需要具备高学历，归根结底乃是一种高等教育"大暴发"的幻象。当前美国大学的研究生教育基本上是以积累学分为主，甚至相当一部分中学教师是在课余或暑期完成的课程。如果修习者是将研究生课程当成自我提升的一种手段，那倒是一件值得肯定的事情；然而如果将此视作培养优秀学者的必备阶段，就纯粹属于无稽之谈。总而言之，中学教师既不需要也不可能成为杰出学者。但在当前情况下，许许多多的人都有接受研究生教育的强烈需求，因此各大高校的研究生院也择机而动，迅速扩张研究生招收规模。如此一来，美国大学的研究生院便日益沦为学位加工厂，批量加工大批热情勤勉但却注定平庸的高学历年轻人。当然，高层次学历教育的规模提升势在必行，然而问题是我们是否需要将教育规模的迅速扩大与伟大学者的个性培养相结合。

博士教育的情形虽然要比硕士教育更加严谨，但在本质上也大同小异，因为所有优秀本科学院的教职工作都将获得博士学位视作必备条件。易言之，博士学位已经成为获得高校教师资格的一个基本条件，而想要进入那些最优秀的大学必然需要拥有一个同级大学的博士学位；至于如何打造有利于产生原始创思者的学术环境，美国高校似乎大多对此事都不怎么关心。只要是学位教育，都必然遵循一定的例行程序和既定规矩，尤其是在培养规模较大的情形下；而这些因素的存在，必然会在一定程度上损害原始创思者所需要的自由气氛。对于一个有能力为人类思想的进步作出伟大贡献的天才学生，究竟应当在什么时候给他充分的学术自由，这并不是一个可以简单作答的问题；但基本上可以肯定的是，这个时机要提前于美国大学设定的时间。当牛顿还是剑桥大学的一名本科学生时，就已经构思出微分方程的基本要素。埃瓦利斯特·伽罗瓦（Evariste Galois）[①]年仅二十岁时就在一次决斗中去世，而决斗日前夕他在寄给友人的信件中为后人留下了伟大

① 埃瓦利斯特·伽罗瓦，1811年10月25日生，法国数学家，现代数学中的行列式理论的创立者。他用群论彻底解决了根式求解代数方程的问题，而且由此发展了一整套关于群和域的理论，人们称之为伽罗瓦群和伽罗瓦理论。20岁时，死于一次决斗。据说1832年3月他在狱中结识一名医生的女儿并陷入狂恋，因为这段感情，他陷入一场决斗。自知必死的伽罗瓦在决斗前夜将他的所有数学成果奋笔疾书记录下来，并时不时在一旁写下“我没有时间”，第二天他果然在决斗中身亡，时间是1832年5月31日。但是这个传说受到后世史家质疑。——译者注

的行列式理论。此种类型的案例还有很多很多，在此我们无须一一列举。一年又一年，美国大学每年都会授予大量的博士学位，然而与此同时我们却时常在大学校园里听到人才难求的抱怨。其实原因也很简单，那就是美国大学的研究生院根本无法吸引具有强烈进取精神的人，因此也就无法培养出足够优秀的研究生。有人认为这个问题之所以产生，是因为大学教授收入微薄，在我看来这实属主观臆断。对于一个具有学术品位的人来说，如果他能获得合适的发展机遇，那么基本上可以判断他应当不会像法律和商业领域的专业人士那样斤斤计较费用问题。

所有的经济学家应当都对“格雷欣法则”（Gresham’s Law）耳熟能详，亦即所谓的劣币驱逐良币理论；事实上，这个理论在经济学之外的领域也同样适用。在入学条件和毕业要求保持不变的情形下，大部分素质较高的学生都会选择攻读专业学院而非研究生学位。时至今日，美国大学的研究生院已经成为高等或中等教育机构教职人员的研修班，并且还是由未来的中学教师占据主导地位。事实上，美国大学研究生院当前的招收对象，无疑大部分也只是具备中学教师资质。对此有不少人提出一个建议，即用提高奖学金的办法来吸引更具天资和抱负的学生。毫无疑问，这是一个糟糕的提议。提高奖学金会让学生的学位修习生涯变得更加舒适，神学院在一百年前就曾尝试过这个做法，结果前来这个部门的优秀学生不但没有增加，反而逐渐减少。事实证明，无论是提高奖学金水平还是降低收费标准，以物质奖励刺激学生的措施，总体来看至今尚未取得过理想效果。与法学、医学等专业学院的学生相比较，研究生院的学生常常在尚未有能力获得稳定收入之前就过上了同等优渥的物质生活，这绝非深谋远虑之举。

大致而言，时下美国大学研究生院的表现不仅相当出色而且不可或缺，但却与吉尔曼校长所构思的未来大相径庭。它们的确也培养了一批优秀学者，但总体来讲却无法吸引和激励那些最具天赋的年轻学子。为了对这种情形进行改善，我们需要打造一套新的方法——在此我不愿使用“组织”这个概念，因为其蕴含着某种僵化刻板的东西，而这正是我们所要极力避免的——来形成一种更具激励效果的教育氛围。在此氛围下，学生应当能够与不同学科的卓越人物进行广泛接触，能在一定范围内拥有更加独立自主的探究机会，能够形成更具创造性的探究目的。

Ⅲ

研究生院的出现对美国高等教育产生了诸多方面的影响，其中之一就是阻断了本科学院的进一步发展，对此我们尚未给予充分关注。如果溯源而上，对美国本科学院的兴起展开分析，将会更加清晰地认识到这一点。这段历史可以追溯到殖民时期，早期移民以英国的牛津和剑桥为模板，并以同样的名称在马萨诸塞的湾区创建了第一批学院机构。早期的美国学院皆是提供住宿的纯粹教学组织，并不具备专为大学所有的学位授予权。不过，哈佛大学成立后虽然并不具备任何权威认定，但在殖民当局的默许下获得了类似学位授予的组织权力，因此也有权自主处理内部事务。通过上述手段，美国学院相当于篡夺了英国大学的皇家特权，但是此举并未受到后者反对；不仅如此，两所英国大学甚至还对哈佛首任校长邓斯特（Dunster）的学位授予权表示认可，后者颁发的学位遂与牛津、剑桥两所英国大学授予的学位具有同等效力。这也成为哈佛的一项特权，一直延续到牛津和剑桥不再对国外大学颁发的学位给予同等待遇。自此以后，直至独立战争爆发，以英式住宿学院为蓝本、拥有学位授予权，因此也能够自行出台办学规章的美国本科学院便一直开枝散叶，逐渐形成了美国大学的传统模式。

自哈佛成立之后的两个世纪，美国传统本科学院基本上没有出现新的发展；事实上，18世纪的欧洲大学也正处于倦怠期。19世纪甫一开始，欧洲高校便立刻重新焕发出勃勃生机。就在此时，文艺复兴运动也开始进入美国，与之相伴的还有因为法学和医学院校的大量创立而带来的教育规模扩张。然而，尽管这时期教育界激流涌动，却并没有对美国传统学院及其教育规章产生多大影响，直到独立战争时期这种局面才有所改变；此后，美国学者开始将目光投向德国大学。南北战争结束后，美国一部分最具天赋之人选择赴德留学，他们在哥廷根大学、莱比锡大学或柏林大学等德国大学获得了研究生学位之后又回到美国，并决定用德国大学的研究生教育改造传统的学院教学。换句话说，这些留学生的改造计划实质上是以德国大学为模板，将研究生院叠加在美国传统学院的根基之上。

鉴于德式大学体制与美式传统学院缺乏共通之处，因此很难说清以前者为模板引入的研究生院究竟怎样才能适应新的环境，或者到底应将其放在什么样的位置。如果将研究生院视作一个专门为研究生准备的学习和科研平台，那么其地位大致上与牛津、剑桥的受薪院士团（prize fellows）相类似；如果的确如此，那么本科学院就应当自由发展，一些实力最强的学院甚至有可能演变成更高级的教育机构。但是如果完全仿效德国大学，那么研究生院就应当是钻研高深学问的唯一场所，因此本科学院便不再具备高等教育的全部功能。在此情形下，本科学院必然处于相对较低的办学层次，从目前的情况来看多数美国大学也的确照此为之。事实上，美国的大学教授基本上都希望按照德国模式兴办研究生院。他们一再表示，如果可以选择的话，自己更希望为研究生提供指导。“研究生院就是大学的标志”，这一观点已经普遍流行；既然许多，甚至大部分大学教师都持这样的态度，那么大家自然也就不愿努力提升本科教育的办学水平。

所有欧洲国家的大学都与中等教育机构相衔接，这样的做法才是合情合理的。而美国高等教育的一个显著趋势，却是将中学教育的工作放在本科阶段进行。亚伯拉罕·弗莱克斯纳（Abraham Flexner）在四月份的《大西洋月报》发表了一篇文章，其中论述了研究生教育在美国出现之前有关本科学院教育的传统观点。弗莱克斯纳提出，“传统学院的学者以及后来出现的科学家，皆在两个方面引导学院生活——一方面为学生提供教学，另一方面则是在有限的闲暇时间里研究学术。自从研究生院出现在巴尔第摩之后，学院生活就只剩下了教学”。究竟是什么原因让美国本科学院沦为纯粹的教学机构？要回答这个问题，必须回溯到19世纪90年代初，美国大学研究生院逐渐壮大的时期。此时哈佛新生的平均年龄为19岁零4个月，基本上与英国大学和德国大学一致。无须讳言，美国中学的教育水平无法与欧洲国家相提并论，但大部分原因是由于这里的初等教育起步晚、进度慢。近年来，美国的中等教育已经有了很大的改善，尤其值得一提的是，过去四十年里哈佛大学在招生要求不曾降低的情况下，学生入学年龄下降了一岁。

将18至22岁甚至年龄更大的本科学生当作中学生来教导，不仅是时间和金钱上不可原谅的极大浪费，更是导致青年学子丧失斗志的罪魁祸首。无论如何，都没有理由继续再对这个年龄的学生实施中等阶段的教育；事实上，除了大学层次的教育之外，任何其他形式的教育都不适合那些在中学阶段严于律已、根基扎实的成年学生。换个角度看，如果到了这个年龄仍旧缺乏探究高深知识的能力，那么这样的学生已经无法突破自身的发展瓶颈，他们强行留在大学只会影响其他学生的进步。因此，我们正面临两种选择：其一，提升本科学院的整体水平，从而使其逐渐接管研究生院的办学功能；其二，就是完全放弃原先的本科办学模式，缩减学习年限，将其作为中等教育的延伸和补充——为优质高中的毕业生提供为期一年，为普通高中的毕业生提供为期两年的延长学习。

当然，全部废除本科学院也并非没有可能，如此一来，中等阶段的教育就全部与类似于初等学院（junior colleges）之类的过渡型教育机构相对接。此种现象在西部十分普遍，尤其是在加利福尼亚州。有人曾经提出过类似的建议，但没有得到全面贯彻，因为根据那些招收初等学院毕业生的大学反映，这里的学生仍然将延续传统本科学院的传统，将初等学院教育当作前两年的本科课程来对待。如果上述提议得到采纳，那么美国大学就像德国大学那样成为专业学院的聚集体，但问题在于我们并没有后者那种将各学院融为一体的传统和历史背景。更重要的是，至少就当前的情形来看，美国的初等学院尚不具备德国文科中学那样的师资条件，而且学生群体也不如后者那样经过精挑细选、严加管理，专为大学提供优质生源。如果要以德式体系为模板对美国教育进行改造，应当是一件比较有趣的事情，但谁也无法预料结果究竟如何。

就当下情形来看，要想废除本科学院必然需要面对许多不利条件。类似的局面不仅出现在美国，而且作为美国高等教育理念发源地的英国和德国也存在相似情形。经过数个世纪的积淀，各国高等教育皆习惯于将未来可能从事各种行业的年轻学子——在美国，他们大多是未来的律师、医生、政治家、公务员和教师；而在英国，本科学生毕业后越来越倾向于进入商业领域——纳入一个具有统一文化氛围的学者社群。在这样的环境中，学生不仅可以接受直接教育，而且能够形成共同的文化生活，能够加深彼此之间的接触和交流。在毕业生心目中，这种经历十分珍贵，它会让大家都对母校怀有深深的眷恋和无限的忠诚。在英国和德国，大学会以不同形式为年轻学子营造共同的生活经历；而在美国，发挥上述职能的机构则是本科学院。不久前，一个来自某所州立大学的学生告诉我，他们那里的本科生认为学会与人相处要比聆听教学指导更加重要。无须夸大，让不同性格的年轻学子彼此之间进行亲密接触，这一行为的确具有十分重要的教育意义。由于专业学院的学生既不需要、亦不可能形成一个学术共同体，所以本科学院一旦被取消，我们将无法寻找其他的教育机构来发挥学者社群之功能。毋庸置疑，在此方面研究生院也同样无法替代本科学院，即使其成员几乎全是未来的教师。因此，美国大学的研究生院既不需要也不可能成为德国模式的副本。总而言之，大量的事实业已证明，那种试图在牛津、剑桥式的本科学院基础上叠加一个德式研究生院的计划，最终的结果只能是既失去英式学院之神韵，又学不到德国大学之精髓。大体来看，在美国大学体系中，本科学院和研究生院长期各自为政，现如今我们最好能够同时考虑二者未来的发展道路。

Ⅳ

根据一直以来的实践情形，研究生院只不过是教职人员和技术专家的培育中心，与医学院和法学院等专门培养职业人才的机构一样，皆无法独立形成一所真正的大学；然而，如果本科学院的格调能够得到提升，却有机会发展成真正的大学。有人或许会认为将本科学院升格成现代大学的做法有些异想天开，但事实上一部分最优秀的学院已经基本接近实现这个目标，这些学院培养的优秀毕业生已经在许多方面可以与牛津、剑桥的毕业生相媲美，如果采取进一步的努力措施，他们完全可以做到与后者全面相抗衡。不出意外，定然也会有人认为美国本科生对学术研究毫无兴趣，因此对上述学院的努力视而不见。但事实上，这样的学生到处都有。在英国，许多学生也只不过是以“及格”成绩获得本科学位，这实质上意味着其学识水平相当低下。令人欣慰的是，在当前的美国高校，无论是本科学位的考核标准还是申请荣誉学位的学生比例都已大大提高。在德意志帝国时期，当时我们还在不遗余力地赞美德式大学的先进制度，而许多德国大学生却根本不愿申请学位，也不打算认真读书，他们只是优哉游哉地在大学住上几个年头，然后返回家乡经营庄园。除了严格意义上的职业院校以外，此类学生的存在让所有的高等院校都饱受困扰甚至陷入绝望；但在那些最卓越的美国本科学院，大部分游手好闲的学生已经被早早拒之门外，其余学生在教育者的引导下都被唤醒了对学术成就的尊重与渴求。不仅如此，要想在这些最卓越的美国学院取得学位，申请人需要付出的努力程度定然超过以“及格”成绩获得学位的英国大学生，那些根本就无心学位的德国大学生更是无法与之相比。

虽然我们一再表示要将最卓越的美国本科学院升格成能与欧洲大学相媲美的高等学府，但不可否认此处所牵涉到的核心概念却未免过于模糊和宏大。美国“大学”与欧洲“大学”的定义并不完全等同，事实上任何两个不同国家的大学都不可能完全重叠。任凭美国学院如何发展，都不可能像德国大学那样具有高度纯粹的专业性，同样也不可能像英国大学那样注重博雅教育。因此，美国大学与欧洲大学并不需要在技术层面上表现趋同，而是在大致范围和教育品质上保持一致。总而言之，美国的高等学府和专业学院无须仿照任何别的国家，而是要适应本国国情；但是，它们必须追求卓越，决不能为了可以模仿他国大学而歪曲高等教育的本意。

提升本科教学水平并不意味着放弃研究生教育，不过升格之后的本科学院必然会接管研究生教育的部分工作，正如研究生课程也向高年级本科生开放。研究生院同样具有其不可替代的主体功能：首先，对本科教育的不足之处作出完善和补充；其次，为中等以上教育机构培养师资——履行这一功能决不意味着教学技术的传输，高等教育阶段关注的是求知能力和个性养成，因此研究生教育为未来教师提供的乃是不可或缺的专业学科知识。

提升本科学院的办学水平必定意味着研究生教育功能的调整，由于前者教育质量的提升将会在一定范围内与后者当前发挥的作用相重叠，因此研究生教育必须在放弃一部分任务的同时进一步扩大自身功能。未来的研究生教育必须更具弹性，必须更加关注个体成就；这意味着我们要放松制约个性发展的各类陈规，让那些专业功底业已非常扎实的学生自主发展。研究生院决不可将自身定位为大学，然后将招收进来的研究生视作中学毕业生。对于身心皆已相当成熟的研究生而言，仅仅通过修习课程来获得学分根本无助于发挥他们的真实水平；这样的考核方式不仅不应当出现在一所真正的大学，而且更不适合用来评价那些优质学院的本科毕业生。归根结底，伴随着美国卓越本科学院的品质提升，当前的美国研究生院已经跟不上高等教育的前进步伐，我们必须对其进行改造。

V

首先，让我们回到本次讨论的原点——吉尔曼校长关于“培育”（foster）未来美国伟大学者的崇高理想。在这里，我之所以没有使用“培训”（train）这个词，乃是因为其蕴含着某种正式的组织程序；我也没有使用“教导”（educate）或“指导”（instruct），因为这些词汇通常都意味着信息的传授，都不适宜用来养成伟大学者。吉尔曼校长若要达成自己的理想，就必须激发学生的探索热情，要做到这一点不能依靠上位者制定系列具体目标，而是要让探索者利用自己的想象力设计一条人迹罕至的求知之道。或许人们会怀疑年轻学子是否有此视野。历史早已证明，天才人物不仅可以，而且必须，为自己的思想寻找出路。当然，再伟大的天才在启程之前也必须配好装备；因此，大学中的所有资源都必须向他们开放，既包括充裕的知识馆藏，也包括丰富的学者阅历。与此同时，大学还要切记莫用按部就班的一般规则羁绊天才人物的行进脚步，这些东西或许对普通人有所裨益，但对真正的天才却有害无利。除此之外，正如笔者的一位友人曾经说过的那样，当天才人物刚刚踏上学术探究之路时，如果教育者只是向他展示知识世界的某个角落，那么即使前者再具天赋，也同样无法配齐各种必需的求知装备。

关于上述观点，既有教育体系的支持者或许会提出反驳；在他们看来，当前的美国研究生院也能为天才人物提供发展机会，而且一部分伟大人物正在从这里诞生，只是数量上必然十分有限。事实的确如此，但问题在于如果研究生教育想要获得进一步的改善，就必须对当下美国研究生院的组织方式作出调整。由于涌进了太多能力平平、胸无大志的学生，与此同时又实施一套与批量生产相配合的常规教学程序，以至于美国研究生教育不仅无力吸引天才人物，而且即使招来少数能力出众者，也无法鼓励他们勇攀高峰。如要激发天才人物的创新精神，就不能将获得学位设计为他们的奋斗目标，也不能让课程和考试分散其注意力，而是要设法鼓励他们集中精力朝自己的目标不断迈进。研究生院要为学生打造一个跨学科的交流平台，以便各个领域的天才学子都能与同侪和前辈进行接触和交流。

接下来大家请放眼眺望：首先，我们早早就在全国范围内挑选一批才情纵横的青少年学生，其中每个人都有立意高远的学术计划。然后继续畅想，每个学生都被赋予一定时限，而且如果完成阶段目标，这个期限就会自动延长；在此期限内，他可以安然享受舒适的膳宿，可以尽情利用大学为他提供的各种资源，可以自由地讨论、探究和实验。再畅想这些学生每周都有一次机会与本校最具创造力的学者同桌而坐共进晚宴，在此期间他们并不过多讨论个人话题，而是开怀畅谈知识海洋中的股股思潮，并且话题愈是分散，取得的效果愈是良好；因为此举并不是为了获得显性知识，而是藉由谈话过程中无比活跃的学术气氛来激发大家的想象力。假如上述设想全部成真，那么我们的研究生院将会呈现出一幅怎样的情景？

巴黎的梯也尔基金会（the Foundation Thiers）就致力于将我们描述的以上设想变为现实，不过只有一个地方存在出入，那就是基金会里只有成员之间的交流，缺乏与前辈学者的互动。相比之下，剑桥大学三一书院的受薪院士社群似乎与设想中的情景基本一致，而且这里已经培养出一大批卓越人才。授薪院士社群只能活跃在那种不以保存、传播知识为唯一目标的大学。在这样的校园里，大家不仅能够获取旧的知识，而且还能以开放的心态广泛求取新的知识。最重要的是，只有这样的地方才能够培养创新之士。要想将上述设想变为现实，美国大学首先需要吸引那些最具创新思维的优秀人才，然后再将他们置于一个激荡着思想热情的环境之中。这里没有平庸之人，只有层层筛选出来的卓越之士。大家在此不仅可以自由自在地交换思想、互诉抱负，而且还可以获得成熟学者的鞭策和鼓励。此类计划值得我们进行尝试。在哈佛，我们将这样的组织称为“研究员协会”（Society of Fellows）。

大学与学院

1933年冬刊登于《耶鲁评论》

I

尽管在多个方面都有进步，但我们的高等教育机构总体而言仍未让美国公众感到满意。多年来，关于如何改善美国大学，这个话题已经引发了广泛讨论，但在其组织结构接近完善之前，我们仍然希望听到各种各样的理性建议。

在六十或七十年前，除了专门面向政府、法律、医疗和工程等行业兴办的专业学校之外，传统本科学院是美国唯一承接普通高中和技术中学的高等教育机构。总体来看，本科学院的课程设置相对死板，通过标准也不算高，但是这里有着浓厚的学术文化传统，学业优异者能够得到尊重。在最古老的本科学院以及后来陆续建立的此类机构中，学习成绩名列前茅的优等生会受到大家的一致尊敬。他们的名字不仅会被同学牢牢记住，而且也会被教师所铭记，人们皆相信他们在离开学校之后会大有作为。但是，这种传统已经被破坏，部分原因是由于选课制度的实施摧毁了优等生的存在意义，同时也使其失去了受人尊敬的土壤——正如哈德利校长（President Hadley）所观察到的那样，我们已经忘记了课程体系本身也可以是一套激烈的竞争机制，而开展竞赛的前提是参与者必须具有一个共同的评价标准。选课制度的出现，导致学生的课程计划和教师的教学设计都失去了统一准则，原先的竞争机制自然也就无从谈起。除了选课制度，还有一些比较复杂的原因，共同导致学业出众不再受人钦羡，运动健将和社交达人成为新的校园偶像。19世纪80年代初，一位美国本科学院的毕业生曾经谈到，当他以名列前茅的成绩从学院毕业时，只有自己的母亲对此感到无比欣慰，其他人对此根本不曾关注；然而，当他几年后又在牛津取得了首屈一指的学业成就时，那里的人们给他写了数十封贺信；不仅如此，日后当他离开英国前往欧洲大陆国家游历时，遇到的人也会一次次地赞扬他曾取得的优异成绩。而在美国，这个时候恐怕连做母亲的也不会因为孩子在大学里获得出色的学习成绩而感到欣喜。

就在选课制度逐渐实施的同一时期，研究生院开始在美国兴起；其目的最初在于选拔致力于为学术发展作出贡献的优秀学者，但没过多久便成为所有希望从事教师职业之人的共同选择——在大都市应聘高中教师逐渐需要硕士学位，高等院校的教师职位则统统要求应聘者具有博士学位。其导致的结果就是大学里充斥着聪明、勤奋、温顺的学生，但真正的天才却寥寥无几。即便如此，教授们还是普遍认为指导研究生要比教育本科生更加受人尊敬。与此同时，“研究生院才是真正的大学”这一观点也开始流行。对研究生院的追捧以及对本科教育的漠不关心，不仅导致美国本科学院的学术水平无法得到提升，而且也降低了研究生院的办学水平，使其根本无法实现吉尔曼校长当初在约翰·霍普金斯定下的设想——培育杰出学者。

关于美国大学的改革，在谈论这个问题时，我们最好先来明晰其究竟是何目的，然后再去探讨如何实现这一目标。大学的首要目标在于学术，或者具体而言，是为了促进学术的传输和发展，这个说法大概能被所有人接受。如果仅仅涉及学术发展，那么大学就只需拥有一批具有创造力的学者，以及少数——譬如40到60人——有资质继承前辈学者学术衣钵的天才学生。如此一来，目前大概十分之九的本科生和研究生都不具备在大学立身的资格。这样的机构在特定条件下可能具有重要价值，但却不能全面履行大学之功能。根据大家的共同理念，大学应当向一切有意愿、有能力钻研高深学问之人敞开大门。

那些喜欢把研究生院独立视作大学主体的“老朋友”，通常喜欢提出这样的观点：学生进入本科阶段之后，前两年的学习应当在初等学院，然后再进入研究生院开启真正的大学生涯。换句话说，初等学院实质上是中等教育或高中教育的延伸，其存在的意义就是作为研究生院的附属部门继续为学生进行真正的学术探究作好准备、打牢基础。

如果按照上述设计，初等学院提供的准备工作应当与通识教育有关，这样的教育应当在真正的学术探究开始之前完成。然而就像大家在经过一次次的辩论之后指出的那样，关于何为通识教育，目前的共识大概只停留在字面上。抛开这个问题，我们对上述观点应当给予全面批驳。在我的理解中，通识教育，抑或心智培育，应当与人终生相随。衡量一个人是否拥有成功的通识教育，其中一个标准就是看他能否从各门学科的书籍阅读以及同各种有趣之人的对话交谈中获得乐趣和智慧。对于一个拥有良好教养的人来说，他的思维永远在拓展，他的观念总是在更新。通过阅读和交谈，这样的人能够不断接受新观念的刺激，因此他的想象力同样也会永无止境地向前延伸。

没有几个人会认为单单通过中等教育就可以让人们获得高层次的文化素养，同样的道理，刚刚成型的研究生院也无法独力承担文化传播之功能。研究生教育注重的是学术能力，探讨的是专业问题，在这样的氛围下通识知识根本没有存身之地。具体而言，当下美国研究生教育的主要目的乃是让年轻学子为应聘教学岗位作准备，其次才是为学术发展作贡献。因此，从某种意义上讲，研究生院本质上也已经成为某些行业的专门教育机构，与法学、医学等专业学院并无本质区别。几乎所有的研究生都希望毕业后能够在大学、学院或中学获得一席之地；少数人将会成为律师、医生、教士或商人，另外还有极少数人会继续从事学术研究以增长学识。因此，大学教授联合会向高等院校教学委员会提交的报告才会得出这样的结论："纵观年轻学子的求知生涯，只有在本科学院才能获得探寻宽广知识的兴趣和灵感；如果在此阶段他们无法做到这一点，那么后期的研究生教育基本上不可能弥补缺憾。"

既然研究生院实质上已经变成学术从业者的职前培训机构，那么我们不禁想要提出两个问题：首先，将高等教育的育人范畴仅仅限制在学术领域是否不够明智？其次，如果进入大学就读的学生群体来自于社会各界，凡具有中等以上学历者，无论从事何种职业都有资格申请入学，这样的做法是否更加可取？关于以上两个问题，我想大概没人会给出否定答案。若事实果真如此，那么我们的大学——某些"老朋友"一度认为研究生院就足以代表美国大学，经过反思后，他们又加上了专业学院——就必须作出重大改变。如果研究生院和其他专业学院能够吸引那些真正潜心学术的优秀人才，而不是大量招收将研究学术当作谋生手段的平庸学生，那么美国大学的未来定会产生重大改观。

令人唏嘘的是，迄今为止美国学术界还未曾将上述计划提上议事日程，更不用说曾经作出尝试。即便我们想把上述计划付诸实践，“老朋友”们很可能又会提出用四年的本科教育为纯粹的学术探究作准备实属浪费时间。顺着这个逻辑我们也可以提出反驳：既然四年本科过于浪费，那么再在本科学院当中将学生的中等教育延长两年是不是也纯属多余？美国的基础教育本就起步过晚，并且对于天才学生而言此后的学习进度也过于拖沓。很久之前，笔者的一位友人曾经说过，美国教育的问题在托儿所中就已开始显现。正如另一位友人所说的那样，当今天的美国青年还在校园里练习如何传球时，他们的祖父在这个年龄已经能够指挥舰队进行环球航行。而在更久远的年代，先祖们在大学时期已经能够将希伯来圣经翻译成希腊文，并且当时的生活条件远没有今日那么舒适。历史告诉我们，但凡天资出众之人，皆在非常年轻的时候，就可以从事学术研究或者其他需要责任感的工作。在这一问题上，今日的美国学子已经远远落后于前辈学人。值得庆幸的是，美国大学生的入学年龄已经开始下降。根据一所大型本科学院的招生记录，该校本科生的平均入学年龄已经比四十年前几乎下降了整整十二个月；但招生条件和培养要求与过去相比并没有任何降低。通过调查可知，美国本科学生的年龄下降现象并非孤例，而且入学年龄仍有下降空间。

如果在本质特征和培养目标两个方面都能作出改变，研究生院并非完全没机会成为美国大学的真正核心。革新之后的美国研究生院应与欧洲大学更加相似，同时也更接近早期美国学院的理想；那还是邓斯特担任校长的时期，哈佛大学颁发的学位曾被给予与牛津、剑桥以及其他欧洲大学同等的待遇。当然，不可否认哈佛在筹办时期的办学目标也是培养牧师——亦即那个时代的教师，但实际情形从一开始就没有朝着这个方向发展。总体来看，早期的哈佛毕业生大概有一半人不会选择教会工作。同样不可否认，当时的本科学院也非常原始、简陋，但今日的欧洲大学多半也是从同样的情形发展而来。在我们的观念中，现代德国大学似乎具有高度的专业化特征，因此它们的课程讲座、考试体制和学位制度也是高度分化的。但事实上，德国大学的特色并不止于学科分化和专业发展。当然，我所观察的时间乃是战争爆发之前，那时的德国大学正享誉世界；关于战争结束之后的情形，我并不十分了解。在当时的德国大学，大部分学生都会经常参加本专业之外的课程讲座，而且相当一部分学生都不打算参加为学位授予而设的专业测试。正如俾斯麦（Bismark）所言，（在欧洲大学）三分之一的学生劳累过度、自取灭亡，三分之一的学生游手好闲、自甘堕落，还有另外三分之一的学生未来定会统治欧洲。俾斯麦这句话的意思是，只有那些不被专家身份所限的学生才能获得真正的统治力。显而易见，俾斯麦所提到的第三类学生不太可能出现在今日美国的研究生院，但却会大批进入本科学院。事实上，时至今日，拥有大量天才的本科学院仍是牛津、剑桥培养杰出学者的坚实基础。反观美国大学研究生院，许多教授提议通过降低培养目标和考核标准来吸引即将结束中等教育的天才学生。正如我在前文中所说的那样，这样的观点根本就是缺乏考虑。

除了对研究生院进行革新，我们还可以通过提升本科办学品质来实现构建伟大大学之目的。这绝非异想天开，事实上如果吉尔曼校长当初的设想能够被执行——研究生教育仅面向少数能为人类知识作出重大贡献的天才学生，我们建设伟大大学的目标很有可能已经实现。以吉尔曼校长的设想为导向，本科生院应当成为大学的核心部门，研究生院只招收极少数天才学生；这些学生之所以能够脱颖而出，乃是因为他们能在本科毕业论文中展示令人惊叹的原创能力。进入研究生阶段之后，他们将会潜心钻研学术，为做出真正的科研成果作好准备。从目前的趋势来看，获得博士学位仍将是在美国大学谋得教职的前提条件，这是我们不得不去背负的历史负担，也是我们实施改革的必然阻碍。但无论如何，如果教育要发展，就必须教导社会公众认清一个真相：真正能够说明问题的乃是学术成就，而不是其他任何炫人眼目的表面文章。

如果要将本科学院提升到理想的高度，我们必须要在入学阶段就设置严格的招生标准，只允许那些具有较高学术能力的学生进入大学。不仅如此，在入学之后我们还要尽快为他们设置一套具有大学水平的培养标准。就目前的情况来看，此举最好从大一结束前就开始实施。在度过一年的大学生活之后，有天分的学生应当已经开始崭露头角，如果有些学生此时仍未达到培养标准，那么他们就必须被毫不留情地淘汰出局。为何需要研读高等学业？在进入大学之前，大部分学生可能对于这个问题的认识都比较浅薄。因此，当学生进入大学后，教育者必须要尽快使其转变观念，让他们真正理解何为学术探究之真谛。这是一个十分艰巨的使命，但绝非无法完成。但凡真正了解本科生的教育者都明白一个道理，只要学生能够意识到自己所做的事情意义非凡，他们大多会甘愿为此竭尽全力。

以上变革的意图在于营造宏观的学术氛围，而非要对课程体系进行调整，亦非改变大学生活的构成要素。譬如，改革者虽然大力呼吁改变体育表演在大学生活中备受重视的不利现象，但并非是要将其废除，而是鼓励人们更加关注学术探究等更具永恒意义的大学要素。众所周知，如果严厉禁止儿童玩耍，就会使他们变得死气沉沉；同样，引导年轻人潜心向学亦非让他们完全放弃体育运动，这一举措的真正意图是让大学生正确对待体育竞赛，使其更深入地理解体育运动对于个体发展的真正价值。问题的关键在于如何促进学生思维意识的转变，只有方向正确，方法和措施才有存在意义。如果在学生和家长心目中大学教育的第一要务仍是社会交往，那么当今美国大学的窘境就不会发生本质变化。如果大学当局付出足够的努力，目前的局面定然会出现重大改善。由于鼓励学术并无任何独门秘诀，因此改善大学氛围的方法也应当视具体情况而定。文雅之人应当博百艺且专一长，如果只有专精，学生必然偏私狭隘；如果只有博约，则会沦为信息碎片收集者，无法深入理解基本原理。有鉴于此，本科学院虽然无须面面俱到，但最好也要开设多门学科以孕育通识文化；如此一来，学生不仅可以广泛接触不同领域的知识，而且还能从中寻找自己最有兴趣者进行深入探究，而一旦将他们限定在某一特定领域，相当一部分学生必然会因为缺乏选择而失去兴趣。要知道，对于任何学科知识，唯有受到强烈好奇心驱使的学生才有可能进行自我教育。

事实上，为将本科学院升格成真正意义上的现代大学，当前已有学院在不同程度上依照上述路径作出尝试。近年来，几乎所有优秀的美国本科学院都在切实提高人才规格、努力提升学术水平，并且其中部分学校已经取得显著成就。尤其是那些在某个方面改革最为彻底的高校，譬如以牛津、剑桥为模板引入学术荣誉制度的哈佛大学，业已比之以往有了重大进步——去年哈佛本科生毕业时拥有不同领域学术荣誉者已经达到全部毕业生的32.8%。除此之外，甚至不少学士学位申请者已经能够像博士学位申请者一样精心设计学位论文。对于这些已经实现重大改善的优秀本科学院，我们完全可以断定一个事实：凡是能够在其中获得人文学科荣誉学士学位的毕业生，无论任何学科专业，其表现出来的学术实力至少不弱于一般美国大学的人文学科硕士学位获得者。

以上论述绝非在鼓吹一套普遍适用于美国各大高校的通行计划，因为笔者一直坚信当今美国教育界应当多方进行有益的改革实验，并用多元发展取代一元标准。在本文中笔者想要表达的观点，仅仅只是呼吁美国大学为了实现进一步的改革完善，就必须针对那些有志于求学问道的年轻人建立一套核心机构。不管学生怎样规划自己的未来，无论是潜心向学继续深造，还是投身职场学以致用，抑或志存高远经邦济民，他们都必须在大学期间拥有一个真正的学习平台。要想实现这个目标，彻底改革研究生院是一个待选路径，但在现实操作过程中此种方式并不可行，因为研究生院的普遍革新将会导致美国本科学院被废弃或降格。一直以来，独立运行的本科学院都是美国实施高层次通识教育的中坚力量，如果对其进行废弃或降格，我们很难承受如此之大的损失。因此，更加理想的改革路径应当是提升综合大学本科学部的教学质量，以及将最卓越的独立本科学院升格成真正的现代大学。当然，实现这一目标绝非易事，不仅需要树立高瞻远瞩的改革方向，还需要具备坚定不移的改革信心和开拓进取的社会理想；但是，上述目标确实可行，事实上，目前已有不少院校作出了颇为成功的改革尝试。

学位、奖励与荣誉

原载于1934年的《哈佛教师档案》

就目前的情况来看，美国大学的学位授予情况更加接近自己的中世纪前辈，而非现时代的欧洲大学。这种貌似十分怪异的现象究竟是如何产生的呢？首先需要澄清的是，我们的学位体系绝不存在复古倾向，因为其在相当晚近的时代才被引入美国大学。尽管学位制度最早出现在13世纪，但对于美国大学而言，这一制度的采纳却是以进步之名义，绝不存在任何复古动机。接下来，我们将对美国学位制度的发展历史稍作梳理，然后再进一步探讨其真实效果和重要意义。

现代大学皆缘起于中世纪，那时候的大学已经有了相当规模；其招生人数甚至直至十分晚近的时代才被现代大学所超越，在此之前任何时期的大学都不能与之相匹敌。为了建立一套学术课程体系，并确保其能够充分得到实施，大学需要设计一个与之相配套的学业证明或学位证书，尤其是对于那些希望从事教学的学生而言，这一证明或证书尤为重要。因此，早期的学术认可证明（Licenciate）——或者教师任职资格——便应运而生。随着时间的推移，这套认证体系又不断发展和演进；经过不同年代和不同国家的实践，这套体系逐渐形成了典型的三级学位制度：学士学位，硕士学位或教师任职资格，以及博士学位。凡是完成“三科”（trivium）[①]和“四学”（quadrivium）[②]等艺学知识的学生，都可获得学士学位；而博士学位则是由法学、医学和神学三个高阶学科的大学教师委员会各自单独授予。至中世纪时代即将结束的时候，这套学位体系已经基本成型。如果对以上学位在现代欧洲大学的发展情形进行观察，定是一件十分有趣的事情。当然，我们并无必要全面了解欧洲各国的具体情形，只需对法国、英国和德国的大致情况作一个简单梳理。

在人类历史上，巴黎大学是第一所发展成型的中世纪大学，后来虽然经历了无数的兴衰变迁，但这所大学体现了非凡的韧性，至今仍旧保留了许多早期传承。经过数个世纪的发展，巴黎大学的中世纪学士学位已经变成高中会考制度，亦即现代法国公立中等教育；不过就课程内容而言，其仍然与最初的三科和四学遥相呼应。另外两个高阶学位至今仍属大学教育之范畴，并且其名称也是一脉相承。硕士学位或教师任职资格（Licence）需要两到三年的专业学习，而且除了医学之外其他主要学科都保留了学位考试制度。获得硕士学位之后，便可继续攻读博士学位；通常情况下这一过程只持续两个年头，申请人的主要任务是撰写学位论文。当然，不同学校的具体情况不一而足；而且与公务人员相配套的博士学位，与其他形式的博士学位也存在明显区别。不

① 所谓“三科”，即语法、修辞和逻辑（主要是辩证法）三门中世纪艺学知识，乃是中世纪大学“七艺”（Seven Arts）教育中的基础内容。——译者注

② 所谓“四学”，即天文、算学、几何、音乐四门中世纪艺学知识，乃是中世纪大学“七艺”（Seven Arts）教育中的高阶内容。——译者注

过在我们看来，法国学位最重要的特征就是其迄今只保留了两级学位——医学除外，因为该学科只颁发博士学位，而且二者具有明显的高下之分。

相对而言，英国和德国的现代学位体系则与中世纪大学相去甚远。就在不久以前，牛津和剑桥仍然只向学生定期授予学士学位。根据学科划分，这两所学校的学士学位分为艺学（Arts）、科学（Science）、文学（Letters）、医学（Medicine）、法学（Law）、神学（Divinity）以及其他小学科。学士学位的获得，标志着学生已经完成了相应学科的大学课程。要想获得牛津大学的文学、科学学士学位，或者剑桥大学的法学学士学位，申请者还必须首先获得艺学学士学位；而且以上三种学位基本上不会重复授予同一个申请人。英国大学虽然也保留了艺学硕士（Master of Arts）学位，但这种学位已经不再具备高阶学术意义，只要学士学位获得者继续登记在册，并按时缴纳费用，几个学期后便可自动获得。英国大学也向学生授予博士学位，但在法学、医学以及其他一些小学科，申请者只需提交一部与本学科有关的已出版著作，便可满足授予条件[①]。因此，上述几个学科的博士头衔与其说是一个学位，还不如视作某种可有可无的学术装饰。为了吸引殖民地学生和外国留学生继续留在大学深造，直到数年前，牛津和剑桥才开始颁发哲学与科学博士学位（Docterate of Philosophy and Science）。假如牛津、剑桥也像美国大学一样将博士学位视作大学教职的必备条件，那么牛津“优等生学位课”（honour schools）和剑桥“荣誉学位测试”（triposes）等制度的重要性和

① 要想获得律师、内科医师和外科医生从业资格，申请者必须要在英国四大律师学院和伦敦各大医院完成实习训练，与牛津、剑桥的大学学位关联不大。——原文注

影响力都将大幅削弱。迄今为止，英国大学的博士学位几乎都是授予外籍学生。

相较于历史悠久的法国和英国大学，德国大学处于后发位置，在中世纪时代取得的成就也不可与前两者相提并论。但近现代的德国大学却焕发了新生，其成功地将高深学问和科学探究变成新的大学使命，从而吸引了全世界的学生。在外国留学生心目中，德国大学代表了当今世界高等教育的最高成就，它们授予的学位乃是证明一个人拥有高深学术造诣的唯一象征。在法国，由于学士学位的含金量跌到大学水平以下，其硕士学位同样也在降格，只有少数有资格授予博士学位的地方除外。因此，在当今的法国，源于中世纪大学的三级学位体系实质上只有博士仍旧保留了传统地位。有资格授予博士学位的学科包括神学、法学、艺学和哲学，其中哲学博士几乎是所有非实用类学科博士学位的统称，因此也被视作学术训练的最高水平；就目前的情况来看，法国的哲学博士学位制度已被其他国家的大学普遍仿效。

早期的美国本科学院继承的是英国传统，只向学生正式授予学士学位，后来又追加了一条规定，即缴费满五年的学士学位获得者可以获得硕士学位。因此，事实上美国大学的硕士学位并不在常规学位体系内。医学院创建后，美国大学开始向该学院的毕业生授予博士学位（Doctor）①，从此以后这个术语也逐渐成为内科医生（physicians）和外科医生（surgeons）的通用称呼。此格局一直延续到南北战争时期，自19世纪70年代初期以后，美国大学学位体系开始在两个方面实施变革，由此两种新学位慢慢浮

① 在这里“Doctor”具有双关含义，既是“医生”资格，也是“博士”学位。——译者注

现。其中一个是艺学硕士学位（Master of Arts，亦即人文学科硕士学位的统称），该学位要求本科毕业生再在学校进行为期一年的住读生活，并顺利通过学位考试。另一个则是哲学博士学位，该学位源于德国，基本上是与艺学硕士学位同时被引入美国大学。这两种新学位一朝问世便风靡全美，从此以后美国大学就像六百年前的中世纪原型大学一样，形成了学士、硕士、博士三级学位体系。有时候，美国大学的专业学院也会出现一人获得多个同级学位的现象。与欧洲大学相比较，获得叠加学位的美国学生显然更多，尤其是近七十年来，这一数字更是明显呈现上升趋势。

在对历史沿革进行简单回顾之后，接下来我们将对学位制度的实施目的和重要意义展开讨论。大致而言，大学学位主要具有三重属性。首先，从大学的角度来看，学位是一种正式凭证，可以用来衡量自身的工作效率和学生的学术水平。如果缺少这个评价指标，大学教育就将变成《爱丽丝梦游仙境》中的“考克斯赛跑”，大家想跑多远、想跑多快全凭自己的意愿。对于一个充满求知激情的学术群体而言，这种情况大概是再好不过了，因为大家都能充分自觉地探求真理；但对于以教学为主要目标的学校来说，照此行事无异于自取灭亡。其次，从学生的角度观察，学位制度的存在能够激励他们持之以恒地付出努力。如果学业出色，就能获得文凭、得到奖赏；如果表现糟糕，就会失去学位、收获耻辱。没有人希望像某些印度人那样，在名片上写下“未通过艺学硕士”（Failed Bachelor of Arts）字样[①]。再次，从公众角度来看，大学文凭标志着实实在在的个人成就。

---

① 此处应当是作者对早期印度留学生的嘲讽。——译者注

大学学位的确应被视作某种明确的学术标识，但无论如何其都不应靠考试成绩来获得。事实上，通过考试只是获得学位的最低要求。英国大学的法学和医学博士学位甚至完全不涉及任何形式的考试，它们关注的是申请人是否具备真才实学。那些注重课程作业的学位则比较依赖考试，尤其是当申请者人数达到较大规模时，考试的作用就更加突出。毋庸置疑，任何大学都不可以随意授予学位，申请人必须满足一定的条件才能获得。通过考试只是获取学位的最低标准，申请者只要满足相关要求就可以获得相应学位，但这并不意味着学位的价值就仅仅只是取得考试成绩。通过考试获得学位的方法最适合在规模较大的高等院校推行，因为其中多数人都只能满足基本标准，甚至还有一部分人只关心最低要求设在何处。在此需要注意的是，即使只是设定最低标准，竞争机制也会在较小范围内发挥作用。

从目前的情况来看，提倡考试制度的大学管理者正在努力提升学位授予的最低标准，尤其是专业学位，更需要对申请者提出严格要求。除了机械性的考试，其他考核方式都不会出现精确评价，通常情况下主考人都会对申请者进行大致评估。只要学生的成绩接近最低标准，一般都会准许通过。所有人都不希望仅仅因为细微的差距，便断送自己的未来。事实上，只要曾经出现一个略低于最低要求但仍旧获得通过的案例，为了公平起见，后来者也会提出同样的要求。不过此处可能出现一个十分糟糕的问题，那就是校方有可能会将之前获得学位者的最差成绩当成通过标准，从而降低后来者的考核要求。通常情况下，获得学位者所占的比例都不会呈现下降趋势；考核者适机调整考核标准即可，无须对少数失败者进行刻意照顾。

仅仅通过机械性的程序设计，很难提高大学学位的含金量。

有时候，校方也会提高最低成绩标准，但此举基本上没有多大意义，因为只要得到教师的认可，学生就能获得高于最低标准的分数。举个例子，如果考试成绩分为从A到E五个等级，等级越往后表示成绩越差。经教师委员会商讨，C表示通过考试，那么教师很可能会将一部分——并非全部——原本只能获得D的学生划定为C。事实证明，如果研究生和本科生都选择修习同一门课程，而学校对研究生的成绩要求相对较高，那么任课教师便会倾向于给予前者较高等级的成绩。

正如前文所言，在美国大学一人获得多个学位的比例正在不断增加，而且远比其他国家高。如此一来，美国的学位体系便形成层级相叠的金字塔结构，人们倾向于将低阶学位视作高阶学位的垫脚石。在这样的体系中，每种学位都按照既有方案被置于特定位置。易言之，在这个由种种学位建构起来的学术大厦中，每一种学位都须各就各位，决不可侵占他者的空间。每个学科的学位设置都只能向上延伸，于是整个体制逐渐变得僵化而刻板。事实上，已有不少大学的课程被分成研究生和本科生两个泾渭分明的阵营，二者之间互不相通。在此情形下，想要提升本科教育的品质显然是困难重重。如果牛津大学在上世纪初期首倡“优等生学位课”课程制度时也推出博士学位，与此同时修习“优等生学位课”的学生仍旧只能获得学士学位，那么毫无疑问绝大多数人都不会还像今天这样选择此类课程。然而，正是由于“优等生学位课”的存在，牛津大学才能在施行常规学位计划的同时，鼓励每一个具有强烈进取精神的学生不断追求卓越，并由此促进了本科教育水平的极大提升。总而言之，叠屋架床的学位结构将会导致每一层级的教育水平停滞不前。在美国大学，学士学位综合考试仅仅意味着对本科阶段的学习总结，而在欧洲大学，学位综合考试却会被当作“博士学位答辩”的预演，这意味着学士学位申请者已经“侵入”上层学术领地。当然，在这里使用“侵入”这个概念绝非表达谴责，而是为了引起美国大学的沉思。

与作为底限的学位授予体系相对应，大学当中还存在另一套表示上限的认证体系，那就是我们常常提及的学术奖励。在美国，奖励这个概念并不常用，我们的教育者比较倾向于用奖牌来表彰成绩优异的中小学生。在美国大学，人们更喜欢举办考试、评比论文或开展其他各种形式的竞赛活动，并为获奖者颁发现金奖品、奖学金、荣誉称号、表彰证书或其他形式的头衔任命等。与美国相比，欧洲大学更喜欢使用学术奖励。譬如法国的巴黎高等师范学院、中央理工学院、国立美术学院以及其他国立大学，都是在入学时采取极为严格的竞争机制，通常情况下，报考这些学校的申请人数倍于招生人数。由于存在激烈竞争，因此能够拿到录取通知本身就是一种奖励。并且，与学位测试不同，招生考试的报名人数常常数倍于录取人数，这种高淘汰率有利于保证质量，不可能让考核标准轻易降低。学位的授予面向所有通过考试的人群，因此其表示的是最低标准，而学术奖励则是颁发给那些在竞争中脱颖而出的优秀者，因此代表的是最高水平。由此可见，如果一个教育机构想要批量产出达到某种标准的人才，那么颁发学位就是最合适的途径；如果想要激励和挑选一批杰出人才，那么最佳方案就是实施一套旨在激发竞争的奖励机制。

尽管学位制度和奖励制度在本质和效果上都具有很大差异，但它们并非互不相容，相反，两者如能彼此结合，对双方都有裨益。在此方面业已取得良好效果的例子就是牛津大学的“优等生学位课”和剑桥大学的“荣誉学位测试”。二者向学生授予的学位与其他学位没有任何本质差别，都具有完全相同的法定权利和资质，但不同的是它们更倾向于鼓励学生努力追求卓越。对于学生而言，能够通过“优等生学位课”和“荣誉学位测试”不仅意味着自我满足，而且还对职业生涯的起步具有实际帮助。虽然上述两种学术荣誉都具有三到四个等级，但每个等级的获奖人数都有严格的限制；虽然总的获奖人数每年都不一样，但在申请者眼中其存在价值和竞争力度一直都备受肯定。

值得关注的是，当前美国大学的本科阶段已经普遍引入了多种形式且都具有竞争性质的荣誉制度，但最需激发学生追求卓越的研究生院却仍然在此方面毫无作为。在研究生阶段，美国大学仅仅向学生授予毫无区分度的普通学位。反观德国大学，在此方面它们与美国大学截然不同。仅以博士学位为例，德国大学就设置了四个不同的等级——普通学位、初等荣誉学位、优等荣誉学位、最优等荣誉学位。学生如果未来想在大学获得教授职位，一般情况下都必须拿到最优等荣誉学位。说到此处，关心美国大学的各界人士会自然而然地提出一个疑问：既然我们已经从德国舶来了博士学位，那么为什么没有将如此重要的荣誉制度一道引入呢？到底是我们的无心之失，还是我们觉得这并不重要，再或者是这套制度与我们的主观意愿背道而驰？少有美国教授了解德国大学学位的分级制度，更少有人真正理解这套制度的重要意义，也没人愿意探究德国大学获得荣誉哲学博士学位者所占的比例。毋庸讳言，今日的美国研究生院远远未能达到其最初设计的目标，缺少内部竞争应当是造成这一现象的部分缘由。遥想当年的约翰·霍普金斯大学，许多最具抱负的青年学者将其视为学术圣地，才华横溢的年轻学子更是趋之若鹜；然而时至今日，这所大学培养出来的大部分研究生显然都已趋于平庸。假如约翰·霍普金斯大学没有迅速增加招生扩大规模，或者能够引入竞争实施淘汰机制，或者保持精英群体的独立性，再或者实施学位荣誉分级制度，那么这所大学应当仍能保持昔日之盛况。

就目前的情况来看，美国教师事实上并不十分了解学生心理，他们希望学生能在轻松愉悦的氛围中自主学习，而后者却因为在学业上找不到成就感转而在田径场上尽情体现竞争精神。美国本科生之所以缺少学术抱负，而且对学业成绩缺乏应有的尊重，一方面是因为美国大学缺乏真正意义上的竞争机制，另一方面则是因为他们已经深深相信现有的荣誉学士学位只颁给那些勤学苦练、温良恭顺的学生，而不是发给真正的出类拔萃者。不仅如此，就连美国大学教师委员会也不相信学业成绩与个人能力存在正向关联，因此也从未尝试着向公众证明本科期间的优异成绩预示着未来的社会成就。尽管各种身份的人士都曾从不同的渠道统计过大学成绩对未来成就的影响，并且无不赞成前者在很大程度上与后者乃是正向关系——当然也不排除个别异常情况的出现，但在我们国家，社会公众的普遍认知与上述统计结论恰恰相反。多年来，笔者在毕业典礼上一再强调美国公众要像英国社会那样关注毕业生的学术荣誉，然而似乎徒劳无功。看来，只有等待政府招聘对学生的大学成绩作出具体要求，才能对大学生的学术追求形成切实有效的杠杆作用。

在欧洲各国，优异的学业表现要远比在美国更有价值，更能得到广泛的认可。譬如在英国，如果学生能够获得牛津大学高级人文学科课程的一等成绩（Greats），或者剑桥大学数学学科课程的甲等成绩（Wrangler），那么只要他进入法律界，就基本上预定了一个高阶席位，或者也可以说是已经推开了一扇通往法官席位的方便之门。只要稍微浏览英国和美国的《名人录》，就会发现两国名人自传的写法存在显著差异。英国名人在自传中通常都会提及他们在大学毕业之际获得的学术荣誉，以及本科阶段荣获的突出奖励。而美国名人在自传中只会列举获得的各种学位，一般都不包含任何荣誉和奖励。如果哪位名人在自传中写出自己本科阶段获得的学术荣誉，美国公众只会这样认为："好吧，真是一个奇怪的家伙。"

总而言之，美国高校并不鼓励竞争，因此也就不常给予学生奖励；它们更喜欢使用一套层级相叠的学位体系，每一级学位都只表示获得者达到了最低通过标准。至于为何会出现这种局面，由于原因太过复杂，笔者无法在这篇短文中一一讲述清楚。事实上，此种情形的出现并不是因为某个既定政策，而是出于某种本能。换句话说，美国高等教育先是无意识地假设学生讨厌竞争，然后又欠考虑地实施了一系列拒绝奖赏、鼓励平庸的学术制度。这是一个基本事实，我们必须对其进行认真反思。

年度报告（1908—1909）

选课制度的变迁

关于本科教学事务，本年度最重要的变化就是如何对选课制度进行修订。这个问题非常重要，因为我们期望在更大范围内努力改善本科教育的学术环境。

就当前的情况而言，人们确认美国大学已经为公众提供了相当广泛的教育机会，未来我们亟需解决的问题是如何尽力改善本科阶段的教育质量。对于学生来说，他能从大学教育中获得收益并非那些不在自身关注范围之内的机会，而是自己真正能够把握和利用的东西。目前，在全美各地的高等院校中都能听到有关本科教育质量的抱怨，大家普遍觉得除了职业训练之外，本科生不仅自己不重视学术探究，而且还对其他潜心学业的学生缺乏尊重。与此同时，参加体育运动获得荣誉却被普遍视为本科学生最重要的个人成就。对于当前美国大学轻学术重体育的现象，我们必须弄清一个基本事实：造成这一局面的原因，并不是人们真心认为学生在体育运动中表现出来的勇猛精神和超凡技术在本质上优于在求知方面取得的卓越成就。如果我们对一个学生说，未来你注定能够书写一部了不起的历史著作，或者必定可以提出一个万众瞩目的科学发现，他一定会感到无比自豪；如果我们告诉学生你未来将会成为世界上最伟大的职业棒球运动员，他却很有可能感到极其惊讶。然而尽管如此，他们仍然常常会在大学期间不辞劳苦地练习运动技能，却对本为分内之事的学术探究冷眼旁观。这种现象似乎告诉我们，即便学生本人十分清楚孰轻孰重，他们的即时期望与长远志向之间仍然可能存在错位关系。这种错位无疑在很大程度上要归因于哪种行为能够获得更多的掌声；必须承认，普通大众对于成功的定义会对学生产生重大影响，毕竟没有几个人在一生中的任何时刻都能保持清醒，对外界的喝彩声无动于衷。但是，除了这个理由之外，本科教育的价值错位还存在另外一个原因。由于缺乏有效的竞争机制，在美国大学本科生的心目中成绩排名已经成为死记硬背的代名词，因此他们宁可将热血青春挥洒在运动场上。关于体育和学习，学生们提出了一个很好的隐喻。他们将自己比喻成原始人，体育对他们来说就像狩猎，而学习则像耕种。体育运动对于德性品质的提升无疑具有重要作用，但学术探究的价值决不应当受到低估，之所以出现目前的现象，要么是我们的考试制度出了问题，要么就是学生未能认识到成绩排名的重要意义。为了弄清原因，哈佛大学人文科学学院于1908年成立了一个特别委员会专门调查此事。

经过一段时间的调查和研究，特别委员会认为改善目前局面的最佳策略，就是要求普通学生首先选择一个学科进行集中探究，在此基础上再广泛涉猎其他学科的选修课程。如果这一策略变成现实，那么所有学生都应当将此方式作为基本原则，如有学生想要自由选修课程，必须向校方作出理性解释。

新政策的实施主要具有两重目的：首先，此举意在要求学生理性选择课程，在通百艺而专一长的原则下保证他们所受教育的系统性。一般情况下，高等教育是否系统主要体现为本科学院开设的课程是否合理，但具体的教学指导和个人探究也可不拘一格。因此，为了保证制度具有弹性，我们必须扩大选择范围，与此同时也要容许例外发生。其次，我们希望本科学生能够严肃对待自己的大学课程，认真做好整体性的选修计划。上述政策的实施要以一套稳定的选修课程体系为前提，但事实情形并非如此。根据以往的经验，每学年的前几周，哈佛的选修课程都会出现大范围变动，有时候甚至还会出现根本性的变化。

关于新近出台的这套选课制度，其价值显然取决于第一重目标是否能够实现。一方面，我们必须让学生对专业课程的集中探究给予足够的关注；另一方面，也要保证他们在专业课程之外尽可能地广泛涉足其他领域。所谓集中探究，亦即要求每个学生都必须在某一学科至少选修六门课程，或者围绕某类学位从不同学科选择与之相关的系列课程。相对于集中探究，分散学习更加简单。首先，我们需要将所有本科阶段开设的课程分为四个大类，然后要求每个学生都从各个大类选修一定数量的课程。因为通识教育的目的乃是熟悉各种不同的思想方式和思维过程，而不是多多学习具体知识，因此课程大类并不以学科关联为划分原则，而是按照学习方法进行区分。第一个学科大类涵括的是各种表达艺术——譬如语言、文学、美术、音乐等；第二个学科大类则涉及自然科学或归纳科学；第三个学科大类乃是所谓的归纳性社会科学，譬如历史、政治、经济等；第四大类则涉及各种抽象研究或推导方法，譬如数学和哲学，此外还包括法学以及其他各种社会学说。

增强学习兴趣

特别委员会需要解决的问题并非只是改革本科课程，事实上，课程改革甚至算不上首要目标。当然，努力促进本科生的思想深度和知识广度也是一大任务，但目前更重要也更艰巨的任务，是如何激发学生的学习兴趣。要想激发学习兴趣，仅靠提高学位标准不太可能实现，尽管此举同样颇有价值。学位标准的提升可以鞭策懒惰之人，但却无法唤醒学生的探究热情，也不能培养他们的进取精神。因为学位通过标准亦即对学生的最低要求，而最低要求无论怎么提升都不可能超过平均水准，因此也就无法激励最有才华之人。除此之外，一味喋喋不休地强调最低标准，反而有可能削弱大家对卓越精神的内在渴求。

美国社会正在陷入所谓的学位崇拜情结。在大学里，学生若要申请进入专业学院，必先获得学士学位。在许多本科学院，拥有哲学博士学位几乎是应聘教职的必备条件。就其目的而言，上述举措都是希望通过要求申请者具有较好的前期教育，从而提升引入人才的质量标准。但在此必须指出，将学位作为人才评价标准的做法并不妥当，因为其仅仅代表获得者达到了通过学位测试的一般水准，并不表示任何较高水平的学术成就。准确地讲，美国大学的学位课程修习基本上处于不温不火的状态，整个过程都不存在任何激烈竞争，因此也就无法让学生拥有（最值得鼓励的）卓越追求。

不仅如此，关于学位授予体系，美国大学目前正在面临过度依赖机械评级的危险。在过去，传统的本科教育要求所有学生接受同一种课程制度，研读同一套知识体系，因此只要通过一个全面覆盖的综合考试，便可在很大程度上准确评价学生的知识掌握程度。随着专业课程的不断增加以及选课制度的不断深化，上述情况已经不复存在。在这种情况下，美国大学逐渐形成了一个新习惯：除哲学博士外，其他所有学位都只要求学生修习一定数量的课程以及获得相对满意的分数，对于课程的系统性和整体性则不再进行考虑。因此，我们事实上已经将修习课程当成了实施教育的唯一手段。毋庸置疑，选课制度的实施可以摆脱单一课程体系的局限性，从而能在一定范围内提升学生的知识广度，同时对其勤奋程度也有一定的鞭策作用。然而，这一切都掩盖不了其重量不重质的本质缺陷，我们绝不能忽视其潜在危险。对于大部分的普通学生来说，从众多大学课程中选择一定数量的科目并逐一进行修习，在很大程度上就像手拿参观手册的游人走进外国画廊，他们只会按照指引走马观花地感受一下星级作品，然后转身就忘得一干二净。修习一门课程，从任何角度来看都不等同于了解一个学科。哈佛大学一贯要求本科学生在入学时通过法语和德语考试，否则就必须选修相应的语言课程。然而一位来自非语言专业的导师反映，每一次他在课上要求学生阅读一部难度适中的书时，能用法语进行阅读者仅有不到一半，而能用德语进行阅读者更少。针对这个棘手问题，近来哈佛已经准备采取措施进行纠正。无论如何，通过考试获得高分都只意味着学生曾在修习课程时付出过一定的努力，除此之外并不具备任何长远价值。新的选课规则实施后，我们希望哈佛大学能够针对即将毕业的本科学生，普遍采用某种形式的主修学科综合考试制度。

以课程数量为依据，以取得学位为主导，此种教育模式的最大危害就是致使大家仅仅关注及格分数。正因为如此，太多天资出众之人都将自己的目标设定为三年修满学士课程，创下最快毕业纪录，然后再去申请硕士学位。这样的学习方式未免失之草率，如果能用四年时间扎扎实实地付出努力，课程可以少选，但钻研却更深入，如此一来必然会有更大收获。虽然这个道理人人都懂，但在当前环境下大家仍会选择前一种学习方式。简而言之，由于学位本身缺乏优劣之分，因此能力出众的学生倾向于多拿一个学位来显示自己卓尔不同。换句话说，大家更在意的是数量的多少，而不是质量的高低。既然连优秀学生都如此选择，那么比他们天分更差或者抱负更低的学生必定会依样模仿。为了纠正这一不利影响，同时激发学生的卓越追求，不少学者力荐我们仿照英国大学，建立一套以学士学位为基础的荣誉学位制度。不过，这套荣誉学位的课程选择和考核方式是否也要像英国大学那样另行设计，对此大家并未形成清晰的论断。与此同时，设置荣誉学位究竟是何目的，大家也缺乏统一意见。事实上，牛津、剑桥向本科毕业生授予的学位是完全相同的，无论是普通学位申请人还是荣誉学位申请人，获得的证书并没有什么差异。关键之处在于两所大学的内部人士不仅都对学术荣誉高度认可，而且他们还能让英国公众对此深深信服。自荣誉学位制度实施以来，牛津、剑桥在每年的大学手册或入学须知上总会印上该年度的荣誉学位获得者。能够获得荣誉学位对于英国本科学生来说的确是一件值得庆贺的大事，这一殊荣不仅会在当下受到公众钦羡，而且在他以后的人生历程中也会被人们屡屡提及。如果我们想要培育美国本科生的探究热忱，就必须在美国大学中培养对学术成就的崇拜精神。如果学生在本科阶段获得的学术荣誉不具长远价值，或者不能得到大学自身的真正认可，那么学生本人和社会公众就更不可能对此给予重视，此时教育者也就无法指望本科学生集中精力钻研学术。因此，如果我们果真想要激发本科学生的进取精神，就不能一味关注学位标准，而是要在强调最低达标成绩的基础上设立不同等级的荣誉学位，与此同时也要重视学生在文学或其他单科上赢得的学术奖励。一言以蔽之，我们必须将学生的注意力从满足最低要求这个问题上转移出来，让他们在自己力所能及的范围内努力追求最高荣誉。

入学年龄

学生最适宜在什么年龄开始本科阶段的学习，这是一个值得重视的问题。近年来，本科阶段平均入学年龄并没有出现增加趋势，但是由于技术知识的不断增长和职业训练的持续延长，本科阶段的学习年限一直面临着有可能被缩短的压力。无论如何，相信凡是推崇本科教育价值，在本科学院学满四年的人们，都不会同意缩短本科阶段的学习年限。的确，许多年轻人都希望尽早开始职业学习，不少高校也都开设了双学位课程，从而为学生提前结束本科阶段的课程提供了选择良机。但我们同样也要看到，还有一部分学生更青睐于以自由教育为主题的四年制本科教学。这些学生更关心的问题是如何尽早进入本科学院，而目前的平均入学年龄对他们而言似乎有些晚。无须讳言，选择四年制本科学院的学生大多比其他同学更聪明；普通学生需要在高中阶段读满四年，而他们则可以提前一年进入本科学院，这样的做法将更有利于他们的发展。近期，有人针对哈佛大学本科生的入学年龄作了一个统计，从中发现了一些颇有意思的数据：近五年来，被哈佛大学直接录取的本科生平均年龄为十八岁零四个月，带有附加条件录取的本科生平均年龄为十八岁零十一个月，未被录取的申请人平均年龄则是十九岁零三个月。[①]从以上数据可以看出优秀学

① 此处统计的年龄是从9月份的开学典礼算起。——原文注

生普遍早慧，而哈佛大学本科学院的当务之急就是从全国各地四处搜寻此类学生。就目前的情况来看，美国本科生的入学年龄被人为地向后推迟了，许多学生本来已经完全作好了进入大学的准备，但我们的教育者却以“年龄太小不宜入学”为由将他们留在高中阶段。今年，哈佛共有66名学生通过了本科入学考试但却未能正常入学，为了弄清原因，我们特地对他们展开了调查，其中36人说明了原因。在这36人中，有4人进入其他大学就读，另有22人选择推迟一年入学；推迟入学的22名学生大多来自马萨诸塞州的东部地区，其他人则来自全国各地，甚至有人来自遥远的密尔沃基。上述通过招生考核却未赴哈佛就读的学生，其中大部分人年龄在十七至十八岁之间，其中少数学生甚至还不到十七岁。毋庸置疑，除了给出明确回答的22人之外，肯定还有其他学生因为同样的原因未能正常入学，只是我们未能掌握他们的信息。事实上，为了推迟学生进入本科学院的学习时间，全国各地到处都有学生被故意拖在高中，哪怕他们能够轻松达到大学的招生条件。由于本科学生大多希望早日进行职业培训，大学一直承受着课时削减的压力，而中学教育又迟迟不愿放手，两面夹击之下，崇尚自由探究的本科教育不得不被迫缩短。更严重的是，美国教育正在将那些天资聪颖、完全有能力进入大学深造的学生束缚在中学阶段，这种做法不仅不利于学生尽快提高学识，而且还会损害他们的进取精神。

基于以上论述，我们完全有理由相信美国大学应当降低本科学生的入学年龄；而对那些学有余力的学生而言，尽早进入大学深造也是一大利好。实施这一计划的最大困难来自学生家长的阻拦，很多人不愿意自己的孩子在尚未完全成熟的年纪去享受大学校园里的自由生活。但事实上，哈佛大学新生寝舍对学生的管理要比高中更加负责，并且，来自导师的善意建言对学生的成长更为有利。在大学的新生寝舍里，由于导师对学生的指导十分细心，因此师生之间比较容易形成亲密的关系，根本用不着中学阶段的严厉规训。由于学生在进入大学前就已经非常稔熟严于律己的纪律，因此在进入相对自由的大学寝舍之后，无须使用太严格的规章制度，大一新生就能毫无困难地融入这里的社群生活。通常情况下，大学一年级的生活经历能在很大程度上决定本科学生如何度过自己的大学生涯，因此我们有必要对其进行精心安排，从而改善整个本科阶段的求知氛围和社群生活。为了实现这个目标，哈佛正在筹建数栋配有公共餐厅的学生寝舍，完成此项工程需要耗费巨额资金，目前我们正在多方筹措中。

关于研究生院的奖学金问题

当前，教育界人士正在一再呼吁美国大学努力吸引一流人才担当教职，并且反复强调要实现这一目标并非易事。大家普遍认为，大学吸引一流人才的最大障碍乃是薪资问题。

但事实上，一流人才对大学教职缺乏兴趣的主要原因并非无法获得高额薪资，而是这样的人根本就不愿意进入教师培养程序。就目前的情况来看，美国大学生在本科阶段就已经对学术探究失去了兴趣，奖学金对他们也缺乏足够的吸引力，这才是我们难以吸引一流人才进入教师队伍的首要原因。在那些最具天赋的学生心中，美国大学的学术生活实在单调乏味、难以忍受。正因为如此，我们不得不怀疑美国大学研究生院的办学理念是否明智——它们以研究生规模的增长为豪，为了在全国范围内与其他高校竞争生源，竞相为学生提供多种多样的奖学金。然而，大家似乎忘记了一个世纪之前的神学院，其正是由于太过轻易地向学生提供大笔奖学金，才导致办学水平大幅下滑。时至今日，似曾相识的画面又在研究生院再次上演，因此我们无法不担心美国大学教师的培养质量可能面临灾难性的后果。

就奖学金的发放比例来看，研究生奖学金获得者占全部人数的百分比，是本科生院奖学金获得者所占百分比的4.5倍，医学院的5.5倍，商学院的7倍，法学院的10倍以上。然而反观当前现实，在上述部门中，胸怀大志、自立自强的学生最青睐的却是奖学金发放比例最小的法学院。

科研津贴和奖学金是两个完全不同的概念。前者可以大规模发放，因为其目的在于为科研人员普遍提供帮助；但后者却不能如此操作，因为其目的在于对那些能力最强的学生专门给予奖赏。研究生奖学金应当授予那些有可能作出对人类世界具有实际价值的贡献的知识创新者，同时也可发给出类拔萃之人。

过于慷慨地向研究生提供奖学金，此种行为的危害具有潜伏性。由于大家都在敦促美国大学不惜重金招徕一流人才，这才致使研究生院为此下足成本。的确，也有部分优秀学者会受到高薪诱惑，但总体来说此举所能吸引的人大多都是平庸之士。这些人勤学不辍、温良驯顺，但却缺乏学术动力和进取精神。在缺乏外界帮助的情况下，他们更喜欢舒舒服服地做一些最无挑战的事情，而非敢于特立独行。由于庸碌之人成群结队，导致那些本来充满活力的锐意进取之人也受到影响。无须讳言，劣币驱逐良币的格雷欣法则同样适用于人才的培养。一言以蔽之，如果美国大学研究生院意欲吸引那些最优秀的年轻学子，并将他们培养成未来的大学教师，那么一定不能在初始阶段就让他们放眼望去尽是坦途。

关于上述问题，哈佛的情况绝不是最糟糕的。如果我们有针对性地设计奖学金和津贴制度，为少数最具创造能力的学者集中提供优势资源，那么哈佛大学的学术格局必将呈现出更加美好的发展趋势。如此一来，亟需资助的一流人才就会以更加热切的心情努力与对手展开竞争，而申请成功者就可以将全部身心投入到创造性的学术工作当中——这正是一所研究生院的最高目标。

年度报告（1909—1910）

现代语言阅读

据笔者观察，当前大多数美国本科生都无法流畅阅读德语或法语教材。学习现代外语知识对于学生的好处已经无须多言，外语口试的意义同样也不可小觑。本质上，口试并不关注学生对课程内容的理解程度，而是检验他们对专业能力的掌握情况。如果能将这一原则灵活运用并普遍推行，美国高校必将获得更大利好。传统考试体现的是态度，只能让学生的注意力集中于既定教学内容；而口头考试展示的则是能力，能够反映学生对学科主题的综合掌握程度。如果采取这样的考试方式，学生就需要主动担负获取知识之责任，这样参与课程就不再是最终学习目的，而是通往广阔知识天地的一条可行路径。在这条求知道路上，他们将会感受到在课程内容之外进行自主探究的可贵价值。根据许多学者的观察，美国学生的自主探究之惯习已经被看似琳琅满目实则缺乏营养的知识菜单所破坏。我们曾经以为只要多多益善地向任何十七岁以上的学生提供本科课程，就完全可以满足他们的知识需求，然而由于他们对每种课程都只浅尝辄止，最后反而丧失了探究能力。因此，刚刚提到的那种以主题为导向、由任课教师之外的多位考官共同负责的面试制度，已以各种方式在许多国外大学广泛应用。当然，如果过度使用，此种考核方式也存在一定风险，不过目前我们主要还是关注其优点，然后让美国大学进行尝试。

年度报告（1910—1911）

医学院

在这一年里，医学院教师委员会正在讨论如何对医学博士的学位考核方式进行彻底改革。一直以来，学位授予都是以修习课程为主要方式，前三年为必修课程，第四年为选修课程。自从集中考核制度实施后，学生至少可以在前三年中不用被动接受安排，而是可以集中全部精力在某一学科完成规定学时的课程，然后通过相应的考试，就可以一劳永逸地完成任务。不过，此种考核方式遭到了诸多批判。大家纷纷抱怨当前的考试制度不仅缺乏弹性，而且无法激励学生。在这样的制度下，学生虽然能够顺利毕业，但却难以避免知识存贮不够、整合能力不强、继续学习动力不足等诸多问题。有鉴于此，1910年春天，医学院任命了一个特别委员会，专门负责对僵化死板的医学课程进行改革。为了完成任务，委员会成员详细调查和比较了美国大学医学院与欧洲大学医学院的学位考核制度。调查发现，美国大学医学院通常采取修习课程积累学分的方式授予学位，无论必修还是选修，学生只要修够一定的学分就可以顺利毕业。欧洲大学医学院则使用两场综合考试，一场主要针对综合的科学或实验知识，另一场则以临床知识为主题。通过对比，委员会认为欧洲大学的学位考核制度更加有效，更能综合考察学生的知识积累情况，同时也能引导他们整体掌握医学学科的基本理论。因此，他们决定也在哈佛医学院施行综合考试制度，全体学生都必须参加两次考核，每次考核都包括实践、口试和笔试三个环节，以全面考察学生对医学的领悟、判断和技能。至于对具体知识细节的背记能力，则不再是主要考核对象。就内容而言，第一次综合考试主要涉及入学后前一年半修习的实验课程，第二次综合考试则主要涉及在此之后修习的临床课程。综合考试制度实施后，单科考试仍然存在，但是其功用已经转变为学生修完此课的程序证明，以及申请参加综合考试的基本前提。

欧洲大学的医学考试制度与目前美国常见的考试制度具有很大区别，前者是针对整个学科采取综合性学科测试，后者采取的则是单科计分、学分积累的离散式课程测试。经过认真观察可以发现，欧洲综合考试实质上与哈佛大学新近推行的本科入学考试和法语、德语口试理出同源，因此其应用范围不应仅仅限于医学院校。无论如何变革，考试制度总会存在缺陷。在中世纪，大学是由教师和学生联合集结而成的学者社群，这个时候双方完全可以共同相约取消考试。然而大学一旦成为具有一定规模的公共机构，考试制度就必不可少，考试的性质和规模则会在很大程度上影响学生的学习态度。如果学生必须通过所有课程的单科考试才能获得学位，那么每一门课程都会被他当作一套具有终极指向的封闭知识体系；如果学生未来需要接受的是面向整个学科的综合考试，那么他就会将课程学习视作通往最终目标的一种手段，同时将单科知识视作学科知识体系的部分内容。如果在施行单科考试制度的同时再采用选课制度，那么还会对学生产生更加显著的影响。由于只需累计计算各门单科成绩便可达到学位授予标准，那些游手好闲的学生必然倾向于选择考试最易通过以及内容相互重叠的单科课程。但是，如果需要面对的是综合考试，那么他们就会被那些能够为其提供全面知识储备的课程所吸引。无论什么形式的综合考试，如果想要发挥其价值，都必须拥有高明的管理艺术。指挥考试的艺术无论是从难度上还是从机制上一点都不亚于通过考试，而这种能力的获得完全来自实践经验。我相信，在特别委员会的管理下，医学院的此次考试制度改革定然能够取得一个令人满意的结果。

年度报告（1911—1912）

综合考试

在介绍医学院的综合考试制度时，笔者曾经对其遵循的基本原则稍有描述，但只是浅尝辄止。因为这个问题涉及美国教育实践的一个根本性改革，其重要程度甚至超过美国大学多年来所有曾经尝试过的努力，所以接下来我们应当专门对其进行全面论述。综合考试的实施带来的不仅是技术手段的改变，更是教育目标的改革；不仅是方法的变化，更是观念的革新。据我所知，除了苏格兰和英格兰的某些地方大学，欧洲大学全都实施了不同形式的综合考试制度。在历史上，美国本科学院也曾使用过此种制度。譬如，哈佛大学就曾一度要求本科生在毕业前参加综合考试，只是当时的考试形式还非常粗糙。此外，还有一些本科学院也曾施行过大致类似的考试制度，直到上世纪中期之后才逐渐废止。自从美国本科学院的课程设置变得愈发繁杂，原先的综合考试便受到持续不断的批评。类似的批评今天我们也能听到，只是对象变成了德国文科中学毕业生的综合考试制度。批评者认为，在课程变得日益繁杂的情况下，要想通过综合考试就必须同时复习各种互不相关的课程知识，这实质上意味着学生首先要囫囵吞枣地接受填鸭式教育，然后努力将课程知识背记在心。关于综合考试究竟是利大于弊还是弊大于利，早先还能引起一些争执，然而自从选课制度在美国本科学院，尤其是在哈佛大学本科生院全面实施以后，这个问题便失去了讨论的价值。按照选课制度的设计，学生完全可以随心所欲地从所有教师开设的课程中选择自己的心头所好。在这种情况下，如果采取综合考试，就必须横跨许多不同学科。事实上，这样的综合考试只能逐渐沦为各门单科考试的简单重复，既不能鼓励学生自主探究课程之外的学科知识，也无法引导他们将不同领域的知识进行有机整合。根据新的课程计划，本科学生必须在某个主修学科选择至少六门相关课程；正是由于这个变革，综合考试便可作为一项颇具价值的教育工具再次发挥正面功用。对于学生在其他多个学科分散选修的课程，综合考试虽然依旧无能为力，但在主修学科却大有用武之地。其最大的正面作用就是帮助学生集中精力做应做之事，亦即认真钻研学科体系，而非不假思索地单纯接受课程知识。只要考核方法设计得当，我们完全可以引导学生从整体上深刻思索主修学科的真正要义，并努力做到触类旁通。如此一来，学生不仅能够努力钻研学科知识，而且还会因此产生学习兴趣。除此之外，为了弥补不同课程之间的知识罅隙，学生还在求知兴趣的诱导下主动探寻课堂之外的广阔天地——要知道，今日美国的本科学生早已令人痛惜地丧失了独立阅读之惯习。

综合考试并非只有优点，其同样存在缺陷。一方面，综合考试能够将学生的注意力从单科课程转移到学科整体；与此同时，它也有可能导致学生以通过考试为目的，从而对不太可能出现在考试当中的事务失去兴趣。因此，如果使用不当，综合考试同样可能沦为填鸭式教育的助推剂——学生为了通过考试在专家导师的指导下死记硬背大量散碎知识，根本不愿用心掌握整体性的学科理论。但是，如果使用得当，综合考试便能极大改变美国大学本科教育的现状；它能够促进知识的协调，能够拓宽学科视野，能够超越散碎的理论记忆，让学生深层次地把握基本原则。除此之外，综合考试的实施从某种意义上还可以激发学生的求知动机，这一点任何其他形式的考试制度都无法做到。

如果只是独立施行综合考试，那么盲目乐观的心理就会使学生不断推迟自己的用功时机，直到考试临近，他们才发现时日不早。这样的结果并非我们所愿，除非改革者认为大学教育真正愿意接受的只有那些一心向学之人：就像我们在德国大学看到的那样，相当一部分学生并不打算申请学位。当然，在美国大概没有人会认同以上观点。美国大学必须努力形成自己的风格，并引导学生勤勉向学。与德国大学不同，美国大学并非由各种专业学院组成的联合体，因此无法为学生提供直接的职业激励；因此，我们就更要想方设法激发学生的进取精神。正因为如此，我们虽然提倡综合考试，但这并不意味着将原先的单科考试全部废止。除此之外，如果希望所有学生都选择一个主修学科，并希望他将课程学习视作手段而非目的，还希望他多多进行课外阅读，那么我们就必须在课堂教学之外为他们另行提供特别指导。这就是我们曾经提及的导师角色，英国大学在此方面提供了很好的榜样；导师与学生可以频繁进行交流，不仅为学生提供课业方面的辅导，而且还可以在课外阅读和期末备考等多个方面进行答疑解难。因此，要想完整实施综合考试计划，导师辅导乃是不可或缺的必备要素。针对主修学科设计的综合考试为所有普通学生带来的最大益处，就是迫使他们将所学课程相互联系，并将其视作一个有机相连的知识整体。除此之外，为了填补不同课程之间的知识罅隙，学生还需要自主阅读课外文献，并由此逐渐理解教育之真谛就是形成自省自修之习惯。一旦形成此种习惯，学生就不会只是遵从教师的督导，半推半就地从大学搬运知识，他们将会自觉克服困难，独立自主地求取真知。

但凡曾经与美国教育有过亲密接触者，无不对一现象扼腕不已——虽然越来越多的人进入大学学习，然而真正具有求知兴趣的学生却寥寥无几；不仅如此，大家还普遍对学术成就缺乏尊重。我们相信，在集中学习专业课程的基础上实施综合考试，将会有效革除美国大学的此种弊病。事实上，英国大学早在一个世纪之前就采取了类似措施。1802年，牛津大学开始以综合考试为基础实施分级考核制度，五年后这项制度又演化成人文、数学、物理三个学科的“优等生学位课”①。以上为激发学习兴趣和提高学术尊严所作的努力，不仅效果显著，而且影响深远。分级考核制度在英国大学实施后不久，便成功地被普遍视作检验学生能力的典型措施，同时也成为牛津、剑桥两校学子打开职业之门的通行秘钥。美国本科学生和美国公众之所以不愿对学业成绩优秀者给予尊重，相当一部分原因乃是不同教师的课程打分标准不相统一，对此问题学生早有抱怨。除此之外，还有一部分原因是大家对一种现象的深刻怀疑——那些能在短时间内累积大量知识储备的学生，是不是真正的出类拔萃之人？但是归根结底，最根本的原因还是缺乏竞争。由于每个本科学生都能自主制订课程

① 剑桥大学的数学荣誉学位考试缘起于1747年，民法学分级考试诞生于1815年，古典学荣誉学位考试出现于1824年。19世纪中期以后，其他专业的牛津优等生学位课和剑桥荣誉学位考试也陆续设立。——原文注

计划，以致学术群体缺乏共同奋斗目标，因此大家自然也就感受不到他人成就的卓越之处。对于以上问题，只要能够形成计划得当的综合考试制度，就可以一举解决。综合考试一旦实施，就会立刻为学生提供统一的竞争标准，此外还能帮助学生形成相互竞争的学习环境和全力以赴的长远目标。这种能让学生竞相发奋的刺激因素在大学出现之后，不仅对那些渴望获得荣誉的优秀学生大有裨益，而且还能潜移默化地改良学者社群的整体气质。

年度报告（1913—1914）

入学年龄

本年度招生委员会主席的报告中有些内容非常有趣，不过除了这些内容，我还想与诸位谈谈大学申请人的平均年龄。根据目前的情形，哈佛新生的平均入学年龄为十八岁半，而未被录取的申请人平均年龄则为十九岁。这两个群体的差异，凡是对美国学生年龄比较熟悉的人士应当都能予以清晰的认知。就在去年，我们曾耗费大量精力整理了一份调查报告，根据其中的数据可以得知，入学时年龄较小的哈佛新生在进入大学后，无论学习成绩还是言谈举止通常都要优于其他同伴。总体来看，这些年少有为者大多都是兼具优秀天资与勤勉精神之人，其入学成绩和在读表现都能给予证明。关于这个问题，甚至就连那些早先被录取，然后推迟入学的学生也表现出相同的特征。在去年的校长报告中，我就已经提及此类现象，今年我将再度重申。在当今时代，无论从事什么职业都要事先经过长时间的职前培训，因此大家普遍抱怨教育过程太长、入职时间太晚。人们可以将必要的工作时间推迟一到两年，这完全没有任何问题，但疾病和死亡却仍会如期而至。因此，教育进程过于拖沓，事实上已导致美国人最富活力的青春时光被白白靡费，由此社会成就和工作效益也相应降低。为了解决这个问题，笔者认为至少可以缩短本科教育之前的教育过程。就目前的情况来看，大部分具有平均水准的学生都可以提前一年离开高中进入大学，这对他们的学业毫无影响；哪怕是最优秀的本科学院，也存在同样的情况。不仅如此，事实表明早一年进入大学对学生有百利而无一害，如果他们能够十七岁进入大学，那就最好不要拖到十八岁。越是天真无邪，就越能充分享受学术生活的真正乐趣。只要环境适宜，提前入学并不影响学生的德性养成。如果前期的学术功底打得比较扎实，早一年进入大学的青年学子不仅不用担心无法跟上教学进度，反而更能充分发挥自身优势。十七八岁的年轻人正处于一生中求知欲最为旺盛的时候，在这段时间他们完全是自然而然的探究知识，不用考虑所学内容未来将会派上什么用场。简而言之，这个年龄正是进行通识教育的黄金时期。如果学生年龄较大，而且态度比较认真，必然会想方设法让自己的学习内容与未来的职业发展相联系；如果二者缺乏关联，那么他极有可能对所学知识报以鄙弃之心。人们常常谈论学生是否“成熟”，但却并不了解成不成熟与年龄并没有太大的关系，其更多的是与环境和责任相关联。有时候，“成熟”也可能意味着老于世故。我们需要思考的问题是，如果学生进入大学的时间较晚，那么他们必将推迟就业时机；或者还有一种可能，为了尽早走上工作岗位，他们宁愿缩短在大学里的就读时间。假如最佳就业时机是二十一岁——事实上有迹象表明人们大多希望在这个年龄开始工作，那么学生必须在十七岁进入大学；如果入学年龄推迟至十八岁，那么他们就需要将本科学习时间缩减至三年。因此，最终我们需要分析的问题，就是今日的美国大学究竟应当减少课程缩至三年，还是让学生提前一年入学。从另一个角度来看，这个问题也是大学与中学的时间之争。在那些支持四年制本科教育的人眼中，这个问题的答案根本就是不言而喻的——学生必须在大学修满四年，只有如此才是真正完整的大学教育。

年度报告（1914—1915）

新生寝舍

修建新生寝舍不是一项孤立的方案，我们希望使用一套全新的住宿方式来安顿大一新生。此项举措是全美本科学院整体改革趋势当中的一部分，其目的在于让大学尽最大可能向本科学生施加正面影响，从而改变过去那种任由学生根据个人好恶选择课程的不利局面。无限制条件的自由选课制度，其本来用意是为学生在最大程度上提供广泛、丰富的可选课程，同时将选课责任交给学生，以期他们自主作出明智选择。在这种情况下，大学管理者的注意力自然就会转到课程列表上来，他们希望教师群体能够尽力为学生开设丰富、多元而全面的本科课程。认真负责的大学教师则会想尽一切办法，让自己开设的课程变得更有价值。在这种情况下，除非学生想要申请某个学科领域的学术荣誉，或者希望在这个学科继续深造，否则教师就没有义务建议学生如何选课。事实上，除了学生本人，其他所有人都不会插手此事。在此情况下，课程就变成了大学教育的基本单位，只要一门一门地进行修习，然后持续累积学分，最后就会自然而然地获得学位。如此一来，学生如何选择课程便成为不可预料之事，他们有可能作出极好的选择，也有可能作出极其糟糕的选择；有可能选择一系列整体统一的课程，也有可能选择一堆彼此之间毫无关联的知识碎片；情形的好坏在很大程度上决定于他们是否具有求知热情和选择智慧。如果选课得当，学生将会受到良好的大学教育；其获得的不仅是诸多课程学分的积累，更是一个有利于他们提升学识的知识体系。

真正的教育单位

从教育的本质来看，单科课程并不是，也不可能是真正的独立单位。真实的教育单位乃是学生个体。只有学生本人，才是开展教育活动的目的所在。教育中的一切教导行为，最终目的都是尽可能地将学生塑造成近乎完美的个体；诸如课堂、课程、纪律和其他外在影响，都是手段，它们的存在意义完全取决于是否有利于终极目的的实现。因此，如果将每一门单独设立的课程视作教育的组成单元，那么我们就是错把手段当目的，从而陷入失去方向的危险境地。

将学生而非课程当作教育的独立单元，这一目标在本科学院的实施要比其他大学部门更加困难；因为本科阶段主要实施通识教育，与职业教育相比较，其价值更加抽象、模糊，更难做到准确分析和清晰定义。为了实现这个目标，哈佛学院已经采取了一系列意义重大的改革措施。其中最重要的措施，就是实行“集中”与“分散”并行的选课制度：在十七门学位课程中，学生必须围绕某个特定领域集中选择六门以上课程，全部课程必须至少涉及六个不同学科；与此同时，所有学生在正式作出决定之前都必须咨询校方专门为其任命的选课导师。

综合考试

为了进一步落实以学生而非课程为独立单位的教育理念，历史、管理和经济等系科教师委员会一致通过了实施第二步骤的决议，共同要求学生在四年本科生涯行将结束之前参加一场针对主修学科而设计的综合考试。与过去那种修课程积学分的方式大不相同，综合考试制度的实施显著改变了本科学位的授予方式。这种方式虽然在欧洲大学屡见不鲜，但对于美国本科学院而言仍然十分新颖，因此可能需要一段时间才能被大家慢慢接受。为帮助学生准备综合考试，在大二甫一开始就可以为其指派一位导师。分配导师的主要目的，是为学生的课程学习和课外阅读提供指导。

学分课程的危害性

上述所有改革措施的共同指向，都是让美国大学脱离机械教育观的巨大危害。在当今美国，机械主义的教育观几乎随处可见，尤其是近来医学教育考核标准的不断提升，更是将此种观点表现得淋漓尽致。一般说来，机械主义教育观常常表现为学分课程的实施，其后果就是学生重视学分的积累但却忽视知识的获得。也就是说，如果一名学生修习并通过了某门课程，哪怕对课程知识的了解并不深刻，或者通过之后就将所学知识抛之脑后，他仍然能够满足毕业条件；如果这名学生能够很好掌握这门课程的整体蕴意，但却未能在考试中证明自己，那么他将一无所获。毫无疑问，修课程积学分是最简单的管理方法，但绝不是一种完善的教育制度。教会学生如何自我认知，如何获得知识，如何学以致用，这才是衡量教育有效性的关键指标。因此，所有渴望改善美国公立学校教育制度的人们，都必须努力祛除舍本逐末的教学模式，防止机械主义教育观将我们的聚焦点从个体学生转移到单科课程。

威德纳图书馆

在本年度，由于哈里·埃尔金斯·威德纳纪念图书馆（Harry Elkins Widener Memorial Library）的落成，哈佛大学不仅在外观上发生了最为显著的变化，而且其作为知识与研究中心的运行能力也同样得到了巨大推动。整个夏天，有赖于相关工作人员极其高超的管理技巧，所有图书全部被转移到新馆内，并分门别类地安放在相应的书架上。与此同时，所有图书的查阅目录也都作了进一步的改善，整座图书馆已经可以有条不紊地进行运转。几乎刚刚开始运行，这座新馆就获得了如潮好评；无论是馆内阅读，还是藏书外借，大家亲身体验之后一致认为新图书馆不仅便捷而且舒适。不过，哈佛大学新图书馆最先进的地方还不在于馆藏图书的多样丰富，而是在于能为教职员工和高年级学生提供舒适的阅读和交流环境。为方便教授和学生们进行即时交流和查阅文献，威德纳图书馆修建了六十个独立阅览室，另外还有一些放有大量图书的开放阅览室。所有阅览室都装有轩敞明亮的玻璃窗，室内配有桌椅，可供三百人同时使用。像这种能让诸多师生一同进入图书海洋携手游弋的地方，目前世界上仅此一处；不仅如此，威德纳图书馆的使用还缓解了戈尔学舍（Gore Hall）的逼仄环境，这必定会进一步提升哈佛学者的工作效率。在威德纳图书馆落成之前，哈佛学者长期在比较恶劣的环境中工作；新馆开始运行后，教授们就可以在放有本专业几乎所有主要文献的独立阅览室内舒适工作。因为工作环境得到极大改善，哈佛大学的教职员工以及所有关心这所大学的友好人士，都殷切期盼我们的教育事业更上一层楼。

为青年学生提供独立的研究职位

富有成效的学术工作并非只产生于教师队伍当中。实际上，撰写论文的学术习惯早早就应在年轻学子当中开始培养；就目前的情况来看，美国大学在此方面动手太迟。在一般的公众印象中，学术写作不能开始得太早；然而事实上这种习惯形成得越晚情况反而愈是糟糕。当人们年岁渐长，往往会变得越来越吹毛求疵、畏缩不前，到这个时候他们不仅难以进行长篇大论，甚至还会因为总是感觉准备不足而不敢提笔撰文。事实上，关于论文写作，无论是谁，无论到任何时候，都不可能做到完全准备充分。毋庸置疑，在最富原创性的青年时期，年轻人的学术作品难免存在粗糙之处，但这实属正常，教育者不应仅仅因为作品存在瑕疵而过度压制青年学子的创造力。反观当前的美国大学研究生院，它们很多时候都在有意无意地抑制学生的创造力，在此方面的具体表现，就是过度延长学生的修课时间。当然，真正具有原创力者所占的比例总是很小，哪怕是在知识渊博的学者群体中，情况亦是如此；然而，只要这种能力在人群当中显现，大学就应当立刻为其提供有利条件，而且越早越好。从美国大学的现实情形来看，我们在此方面的反应显然太过迟钝。为改善不利局面，美国大学应当借鉴英国大学或巴黎梯也尔基金会的研究津贴制度，为具有创造力的年轻学生提供研究职位。研究津贴获得者不属于任何专业学院，因为专业学院的学术氛围本质上偏于实用，而研究员职位需要的是基础理论研究人才。所有研究员必然都要与教授密切联系，并积极寻求批评和建议，但他们不需要亦步亦趋地追随后者，在撰写论文方面也不需要后者的具体指导。比较理想的情况是：只有已经度过了最初追随期的学生，才有资格获得研究员职位，自此以后他们便可独立开展学术研究。就本质而言，设立研究员职位意味着一种看似细微、实则真切的态度转变。就目前的情形来看，这项举措尚未提上议事日程，因此构思任何具体计划都为时尚早，但这并不妨碍我们未雨绸缪。

年度报告（1915—1916）

讲座与书籍

讲座授课是大学教育中极有分量的一个组成部分，同时也是不可或缺的一部分，但问题在于我们有可能过于依赖讲座课程，甚至将其当作最为重要的教学方式。此种做法存在两个方面的风险：首先，讲座课程过于泛滥将会导致学生形成单向度的接受心理，只会被动吸收教师传递的信息，却不愿从书籍中主动汲取智慧。如此一来，学生的受教育过程就变成了消极应付而非积极进取的过程。总体来讲，讲座授课的主要功能是激发参与者的思想火花，而非单方面地传递既成事实。如果只是传播知识，事实上铅印文字远远要比口头语言更准确、更详细。

过于重视讲座课程还存在另一个危险，就是将其当成大学教授的主要职责；如此一来，开设课程的多寡便被大学及其系科视作衡量自身贡献大小的主要依据，同时也被外界视作评价大学教育的关键指标。关于这个问题，我们需要进一步展开思考，因为其还牵扯到教育政策的主要导向。为了作出明确分析，同时也为了指出这个问题与本文讨论的主题究竟有何关系，首先我们需要弄清一个基本问题：本科学院的教学与大学其他部门的指导究竟存在何种关系？

就目前的情况而言，多数美国大学都采取双学位制度——在本科生院（college）获得普通学士学位之后，学生还会继续攻读一个专业学位。通常情况下，法学、医学和其他专业学科的部分课程也会在本科生院提前开设。专业学院的教师委员会虽然拥有独立地位，但皆服务于本科生院或与之相对应的本科部门，同时也服务于以人文和科学学科为主体的研究生院。然而，哈佛大学的情况却恰恰相反。一方面，我们的专业学院全都与本科生院毫无关联，它们分别形成了各自独立的教师委员会和学生生活。之所以采取此种做法，哈佛的理由是：严格的专业氛围有利于学生的专业学习。我们相信，在各所专业学院——譬如法学院——的学生身上之所以能够体现出热情洋溢甚至近乎凶狠的学习兴趣，在很大程度上正是由于专业氛围的形成。我们认为，将通识教育与专业教育截然分开能够获得最佳学习效果。另一方面，哈佛大学研究生院实质上并不存在一个完全独立的教师委员会，其在很大程度上是与本科生院共享教师资源。哈佛鼓励每一位本科生教师根据自己的学术进展情况，也同时为研究生开设课程。之所以出现这种情形，是因为我们未将研究生院当作专门培养未来教师的专业学院。一旦校方有此打算，研究生院的课程风格必将出现极大转变。从当前的运转情形来看，专业学院完全独立、研究生院与本科生院藕断丝连的组织结构似乎并无太大问题。本科生院与研究生院虽然拥有同一个教师委员会，但两者的学生群体却并无关联；研究生从不涉足本科生的体育活动和社交活动。研究生群体从未出现过缺乏干劲的不利局面，也不会因为经常与那些以修满学位课程为主要目的的本科生打交道而受到干扰。事实上，凡是达到研究生课程选修资格的高年级本科生必然具备较强的个人能力，与普通研究生相比，他们的求知热情也不会有所逊色。不仅如此，由于能够参与原不属于本科阶段的高水平教学和指导，能力出众的本科生必然可以从中受益。

课程数量

哈佛的教育制度是将专业教育与本科教育完全分离，并要求本科生专心从事课程学习；与此同时，所有的学术教导都向本科生和研究生同时开放。通过此种设计，哈佛大学的所有学术课程都被组合成一个整体，由此便易于对不同课程的质量作出评判，也可以明晰课程性质。通过上述安排，哈佛制定的大学政策引出了一个值得深思的问题。所谓大学，顾名思义就是一个普遍研究各种学科知识的地方，然而，这个原则却非常容易被混淆，人们一不留神就会将其理解为大学必须分门别类地提供所有学科知识的系统教学与指导。不仅如此，事实上各个学科也都面临着不断增加课程的巨大压力，大家似乎都在盼望各学科的所有方向尽皆独立开设课程。造成这一现象的主要原因，在于美国学生在选择入学时主要关注专业培养列表上的课程数量和丰富程度，而不是像德国学生那样理性考量开课教授的学术声誉。就在数年前，一位学术造诣十分深厚，而且教学能力非常出色的教授离开原来的学校前往另外一所大学任职。在离开之前，有一大批研究生参加他的讲座。在这位教授离开后，他原先所在的学校迅速物色了另外一位教授来填补空缺。新来的教授虽然也很优秀，但在学术声誉上却无法与前者相匹敌。在这种情况下，按照正常的理解，人们定会认为这位教授原先指导的研究生有一部分将会随他一同离开，另外许多有意报考他原先所在学科的新生也会转移目标。然而，现实的情形却与人们的设想大相径庭：当这位声名卓著的教授离开原先的席位之后，参加讲座的研究生基本没有减少。不仅如此，他在新大学开设的讲座也比原先人数少。

大学课程为何不断增多？其真正原因主要还是人们普遍下意识地相信所有课程都对学生有利，因此大学才会不断丰富课程列表吸引学生。基于这种认识，过去二十年中美国所有大型高校的课程数量全都出现大幅增长。

虽然课程的不断增长已经成为一个无法更改的事实，但我们仍然需要对一个基本问题进行澄清：在大学当中，每一个学科的每一个专业都开设课程讲座，这个政策是否明智？至少从没有一个欧洲大学有过类似的先例。由于课程数量大幅增长，致使一个学生无论主修哪个学科都不可能全面了解其具体内容；如果他试图这样做，就会被无穷无尽的讲座课程折磨得精疲力尽。对于本科学生，少数几门最重要的学科基础课程，再加上一系列专业程度相对更高的提升课程，就足以满足他们的需要。至于正在攻读文学硕士（Master of Arts）的研究生，由于期限只有一年，他们本质上与高年级本科生没什么差别，因此刚刚提到的那份课程列表同样也能满足他们的需要。至于那些立志要成为大学教授和杰出学者的研究生，为他们开设的课程最好采取小型讨论课的形式，以此帮助他们全面探索本学科的高深知识。此种课程与本科生的普通专业课具有本质区别，后者主要是介绍本专业的基本理论和研究方法；而在前一种课程的课堂上，大家可以在教授的指导下彼此联系、相互协作，但研究内容却不完全相同，其主要目的是通过相互批判促进彼此不断进步。在我看来，大学开设的课程，数量要少，内容要深。这样的设计不仅能够将导师从课堂上解放出来，从而为学生提供更多的私人指导，并且还有利于最富原创力的教研人员有效安排自己的时间，把更多的精力投入到具有创造性的学术工作当中。反观目前的美国大学，教授们无不处于不断准备新课的压力下，根本没有时间逐步整理自己的科学发现，也没有时间发表自己的学术创新。

在给出以上建议时，笔者并不打算压缩已有课程。但是，我们现在的确应当认真思考一个现实问题：当前所有美国高校显而易见都在无止境地增加课程数量，甚至还将这一行为视作高等教育的一个目标，这种理念是否存在缺陷？或者其原则上并没有什么问题，只是由于我们行动过度，从而牺牲了其他同样重要或者更加重要的大学目标？

年度报告（1916—1917）

学术自由

战争的爆发给美国大学的学术生活带来了不少新问题，或者也可以说许多旧问题又以新的面貌出现在我们面前。其中一个问题，就是大学教授的言论自由。在当前环境下，似乎不太合适深入分析这个问题涉及的种种原则，同时也不方便讨论其适用范围。在此，我仅在高等教育范围内谈一谈美国大学的学术自由。

已有的历史经验业已证明，对于那些终生致力于在本领域无限探索真理的人，只有他们能够无所顾忌地大胆钻研，然后充分自由地将自己的真知灼见传给学生，人类知识才能不断向前发展——或者说，只有这样才能促进人类知识以最快速度向前发展。关于这一点，大概没人反对。事实上，上述观念已经成为高等教育领域的一个公理，哪怕很多学术研究者事实上很可能发现的是谬误而非真理，甚至因此误人误己，我们也绝不能推翻这个公理。我们坚信，要想看清事物之间的内在关系，就必须让足够的光线照射其中，舍此之外别无其他途径。此观念的正确性虽然不容置疑，但其毕竟只是一个基本原则；当我们以此为指导处理现实问题时，就必须面对种种具体而微的困难，有时甚至难以付诸实践。因此，我们必须综合考虑方方面面的因素。对于一名大学教授而言，要想获得充分的学术自由，首先需要厘清学术研究的内外界限，其次是要明辨作为大学教师与作为个体学者的不同立场。这两组交叉存在的身份关系又导致了四个方面的细节问题，为了更深入地理解高校学术自由的内在蕴意，接下来笔者将对这四个问题一一进行解析。

首先，作为大学教师，教授如果遵照自己的岗位职责，在课堂上就自己研究的专业领域进行教学，此时他理应享有绝对的自由。易言之，大学教授必须完全依据自己的所思所见，毫无保留地向学生传授专业知识。这项要求乃是学术自由的首要前提，任何有违此原则的行为都将对知识发展造成危害。为了保障这一原则得到贯彻，教授在课堂上的讲授行为应当在比较私密的环境下进行。当然这并不意味着大家要把授课过程当成私人隐秘，而是表示授课内容未经同意不得公开。这是因为一旦教授在课堂上的言论被学生在课外重提，许多不具专业背景的人士就很容易产生误解，从而导致发言者处于屡遭攻讦的不利境地。更重要的是，由于缺乏整体的语义背景或者受到学术能力限制，学生在重述教授观点时很难做到完全准确，由此便会对社会公众产生误导。不仅如此，如要维持课堂教学的私密原则，还意味着教授本人也不应将此过程中产生的评论内容予以公开。与不设限制的公开讲座不同，教师授课的私密性同样要求教育者不得将其公之于众。据我观察，这条原则已被所有声名卓著的高等教育机构所认可。

其次，我们将要探讨有关学术自由的第二个具体事项，亦即教授在领域之内、教室之外的自由。前文已经指出，教授不得将当堂讨论的具体内容见诸报端。不过，这并不意味着教授不得把这些内容写进自己的学术专著，或者将其主旨进行提炼后在学术期刊上发表。恰恰相反，学术机构不仅需要研究知识，同时还要致力于知识的传播。因此，每位教授都必须履行自己的岗位职责，不受束缚地将自己的学术研究成果公开发表。当然，为了维护职业尊严、维持话语特权以及提升学术声誉，教授在自己的研究领域发表的所有成果都应符合学者身份、体现学术风格，这也是坚持学术自由原则的一个不言自明的题中之义。大致而言，这是一个仪礼问题，而非规则问题，在此笔者只是试图以建议的形式纠正某些不当行为，而非对其作出判罚。

如果教授在自己的岗位职责和学术领域之外发表观点，他究竟享有何种权利和义务？在这个多事之秋，对此问题我们的确很难不假思索地直接作答。这事实上已经超出了学术自由的讨论范畴，开始涉及公民的个体自由。从本质上讲，教授作为大学的一个成员，其岗位职责是在自己所属的学科领域开展教学和科研，因此他在学科之外的言论与学术自由毫无关联。譬如，一位研究天文学的教授虽然在本专业具有很好的学术声誉，但是在谈论保护性关税这个话题时，他并不具有任何特别之处。除了自己曾经作出深入研究的学科领域，大学教授关于其他话题的发言权都与普通公民别无二致。因此，大学和学院在聘任某位教授后，在其研究领域之外自然也可以像国家对待普通公民一样划定言论界限。关于这个问题，我们可以参考大学教授在课堂内外的不同定位。

无论综合大学还是本科学院，都需要对学生负责，这是一个不容置疑的事实。校方为了履行职责，需要强制学生参加课堂教学；而从学生的角度出发，如果教授在课堂上超出自己的专业领域发表一些攻击性或侮辱性言论，他们完全有权予以抵制。譬如，希腊语教授肯定不能随意在自己的课堂上对着学生高谈阔论接种疫苗有害无益，经济学教授也不应信口谈论培根乃是莎士比亚戏剧的真正作者；同样，研究细菌的教授也没有权利在课堂上对天主教教义妄加评议。由于以上案例涉及的道理清晰明了，因此当我们以此说明学术自由的限度何在，大概无人会予以否认。总而言之，在课堂上教授必须做好自己的分内之事，不能像一个普通人那样信口开河。他之所以能够站在讲堂之上，就是因为拥有大学教师身份，这是他的权利，但与此同时他也只能以这个身份发表观点，这是他的义务。关于这个问题，真正的困难在于如何在专业论述和非专业论谈之间划定一个明确的界线；只要划定好这个界线，大学教授就不会越线发表言论，因为课堂上的话语权不仅属于教师，同时还属于学生。在我看来，只要教师保留一丝谨慎，在课堂之上就不会产生剧烈矛盾。

关于高等教育的学术自由，目前出现的最严重也是大家感受最强烈的问题，就是大学教授在课堂之外发表的非专业言论。此时，他只是作为一个公民在发言。被大学聘为教授，并不代表公民权利比以前有所增加；不过，在获得教授身份之后人们是否将会因此失去某些权利，这个问题则颇有争议。当下观点倾向于赞成大学董事会对教授言论具有一定限度的裁量权，其理由来自一个基本事实：如果教授发表的极端言论或不当言辞伤害了公众感情，将会对其所在大学造成巨大危害。这种事情的确可能发生，有时候一位教授甚至会因为无心之失而给自己所在的大学带来无可挽回的伤害。譬如，某位教授发表了一篇论证接种疫苗有害无益的文章，只要他在署名时带上了自己所在大学的名字，公众就会认为这篇文章传达的观点就是这所大学的研究成果，是经过该校相关专业学术权威检验之后的最终结论，也是教师向学生传授的课程内容。虽然这位教授的研究领域只是希腊语，但在署名时却很可能不会加上专业头衔，在此情况下他很容易误导公众，与此同时也不正当地代表了自己所在的学校。

尽管大学教授的过界言论的确有可能对自己所在的机构带来伤害，但在我看来，如果剥夺他们作为普通公民的言论自由，所带来的危害肯定远远大于让他们畅所欲言产生的后果。首先，社会并没有禁止律师、医生、工程师以及其他职业的从业人员自由发言，单单将这种禁止强加于大学教师，显然会让他们感到愤怒和羞辱。如果禁止教授在专业领域之外随意发言，那么接受这个职位就意味着失去部分自由；在此情形下，他曾经发表的一切言论都有可能受到大学理事会的审查，如此一来大学教授就无法充分享受公民自由。无论是医生、律师还是工程师，只要他们愿意，都可以随意评论保护性关税之类的话题。既然如此，为何研究天文学的大学教授不可以在此方面发表意见？一言以蔽之，大学如果真的通过了教授禁言政策，将会沉重打击杰出人才从事学术研究的积极性。因此，禁止教授在专业之外随意发言虽与学术自由并无多大干系，但却约束了公民的个人自由，同时也侮辱了学者的职业尊严。

以上论述乃是笔者从教师立场出发，对限制言论自由的行为所作的辩驳。与此同时我们还应当了解，站在学校的立场考虑这个问题，同样具有十分重要的意义。如果一所大学或学院欲对教授言论进行审查，或者校方禁止教授在未获许可的情形下发表意见，其背后的假设是学校要对教授群体的言论负责。这种观点符合逻辑，大家有此想法也十分正常。但是，作为知识中心的大学主动包揽这类责任，此种行为实属不智。有的人提出，大学在战争期间应当遵循特殊原则，在这个时候大学董事会必须阻止本校教授发表与爱国思想相悖的言论。但是，和平时期的大学同样需要面对这个问题。如果大学有权利也有义务限制教授发表某些言论，那么它们同时也就拥有准许教授发表某些言论的职责。如此一来，就再也没有中间地带，这将导致大学在对待言论问题时只有两个选择：一是大学完全承担监督本校教授发表公共言论的审查责任，另一则是将教授当作普通公民，对他们的发言大学完全不作裁断，可由公权机构依据国家法律进行管理。

以上论述全都具有一个基本前提，那就是教授的公共言论完全发自内心。如果从某位教授的观点中能够发现道德问题，那么他将被视作具有道德缺陷之人：虽然他并没有付诸行动，但由于教师的个人品质对学生的发展具有至关重要的影响，他们言论不当基本上等同于行为失范。

在追求每一种美好理想的过程中，人们都必然需要作出一些妥协；有时候为了追求某些更重要的价值，还不得不在一些不那么重要的方面作出牺牲。因此，所有职业都有一套为了实现主要目标而专门设计的道德规范。依照职业规范，业内人士必须遵循一些对外界而言似乎并不那么重要的基本规约。但迄今为止，美国高校教师群体尚未制定一套相对完善的职业道德规范，因此无论是教师本人还是董事会成员，都无法说清这个职业的行为准则。由于彻底完善高校教师职业标准仍需不少时间，所以拥有漫长发展历史的高等教育机构便无须在此方面自讨没趣。

学术自由赋予教授的特别权利，与公民身份赋予个体的一般权利具有明显区别；教师授课期间使用的教学语言，与下课之后发表的公共言论也具有显著差异。只要大家牢牢记住以上两点，教授滥用言论自由、大学当局滥用威权限制言论以及双方产生摩擦等问题，都将大幅减少。此外也不要忘记，公民享有的一切自由和权利，都对应着同等的责任和义务。为了自己的名誉，同时更为了大学的荣耀和学者的尊严，教授在面向公众发表言论时必须头脑清醒、态度端正，绝不可哗众取宠、自吹自擂。大学教师必须谨记，除却本领域的专业问题，自己的所有言论都是表述自己，而非代表学校发表意见。如果大学教师能够遵守以上原则，那么治理委员会就应当尊重他们真诚表达个人观点的公民自由。在此情况下，我们既不用担心大学教授滥用言论自由，也不用担心他们的合法权利受到压制。

年度报告（1917—1918）

整全之人

由于战争的干扰[①]，美国大学原本平静而沉闷的生活氛围被

① 这里提到的“战争”，是指发生在1914年至1918年的第一次世界大战。作为第一次世界大战中的“后来者”,美国在1917年4月参战后动员了包括大学在内的各种社会力量为战争服务,以赢得这场“总体战”的胜利。大学在美国参与和进行战争的过程中起着积极且重要的作用,而战争反过来亦对战时及战后的美国大学产生了深远影响。正是在第一次世界大战的战火中,美国大学的教学、科研和服务职能在很大程度上均转向为国效力的战争轨道。美国大学在战时为国效力的经历不仅客观上推动了第一次世界大战之后美国高等教育的变化与发展,更为第二次世界大战乃至“冷战”时期美国大学与联邦政府之间的密切合作奠定了基础。1917年4月,随着美国正式对德宣战，各大高校的战争热情进一步高涨,大力支持参战。向政府请缨的请愿书或表示效忠的信件从全国各地的大学校园涌入华盛顿。身为哈佛校长的洛厄尔也曾宣称：“我校很清楚应如何为政府提供帮助……将竭尽全力来满足政府的需要。”战争的到来点燃了美国高等教育界的主战热情,也给美国大学的正常教学秩序带来了巨大影响。一方面是生源大量流失，另一方面也出现了师资短缺、财政困难的情况。（侯波.第一次世界大战中的美国大学［J］.美国研究，2015（1)：122，125.）——译者注

彻底惊破，由此我们也得到一个认真审视传统教育的绝佳契机。近期，教育界人士纷纷反思是否还要朝着原来设定的方向继续前行。多年来，美国大学一直将注意力放在如何改造学生上，目前却正在考虑如何改善传统的教育模式，不再只是强调单方面地灌输和指导。美国大学需要在学生群体乃至教师社群当中营造一种新的氛围，以便于大学师生更透彻地感知什么是均衡发展、更清晰地理解什么是大学教育的最终目标以及怎样才是实现此目标的最佳路径。进入大学究竟意欲何为？对于这个问题，绝大部分学生都缺乏清晰的认知，不少人甚至在学业过半之后仍然懵懵懂懂。相对于求取学问，美国学生更加青睐体育运动，对于如何成长为肉体和精神均衡发展的全面之人，他们基本上一无所知。在大部分的美国大学，虽然教育者皆颇为尽责，只有极少数人可能敷衍塞责，但他们却过于关注如何在自身所处的学科专业获得发展。除此之外，大学教师也没有将学术探究视作培养学生的一大要素，而是常常脱离教学独立开展。这种教学与研究相疏离的现象不仅广泛存在于不同学科，甚至同一学科的不同课程也常常出现类似的情况。数年前，一位在国外某著名大学任职的历史教授宣称，规模较小的研究所似乎更能为历史教学创造有利条件，而在综合大学中却无人将历史教育视作一个整体，大家都是在各自的研究领域内闭门造车。实质上，这种将学科知识拆解成散碎片段，然后教师们各行其是的教学方法不仅雕琢痕迹过于浓厚，而且对培养学生的整全思维毫无益处。总体来看，美国高校的教师似乎有些过于强调课堂教学的神圣性，却对知识传授之外的教育和引导疏于关注；与此同时，他们还一味注重模仿外国大学的考试制度，并试图通过此种方式对整个教育系统形成有效控制。究其原因，主要是各个院系的价值考核主要取决于其开设的课程数量，而不是学生水平和学术质量。

大学教育的最终目的并非只是锻造技艺娴熟的专业人员，这一步骤不应该发生得如此之早；尽管每一位本科学生都应当在一定范围内专攻某个方向，以便于更加深入地掌握此方面的知识，但是他的主要目的还是形成学以致用的良好习惯，培养准确敏锐的学术思维和拥有清晰严谨的表述能力。在大学中，本科学生需要通过察觉事物之间的内在关联来完善自己的洞察力；最最重要的是，他们必须学会通过持之以恒、层层深入地思考各种难题，来不断提升自己的想象力和应变力。传统的形式训练原则主张将人的思维分成不同的区域，现代教育学的领导者则认为任何专门习训都是帮助学生在特定领域内提高问题解决之能力，二者的共同之处在于都忽略了一段心理过程对另一段心理过程的影响。譬如，如果一个人掌握了微积分的运算法则，那么从此以后其可能喜欢从比例、运动和发展趋势的角度，而不是数量、位置和现有状态的角度看待所有问题。如果一个人学会了运用原始证据来实现对真理逐本求原，那么他一定对任何严肃问题都不再满足于掌握二手证据或信息。归根结底，人类的思维绝非各种彼此分离的散碎意识简单叠加，而是一个极其复杂的综合整体；每一个推理方法、每一则智识观念和每一种专业知识，都会对整体的思维习惯造成影响。正因为如此，大学教育才必须以完善整体的思维能力为导向；各个学科虽然仍旧需要分解成一系列的课程知识，但却必须考虑每门课程之间的关联和整合。学生之所以要修习不同的课程，目的也不在于将各种意见按照相似程度逐一叠加，而是学会将整全思维从不同的角度进行展现。

在校长年度报告中，我曾多次强调一个核心原则，那就是绝不可以也不可能将课程视作教育的基本组成单位；唯有学生个体，才是真正的教育基本单位。关于这个原则，我们必须谆谆叮嘱、频频敦促。在前文中，笔者也曾多次介绍如何围绕这个原则展开实践操作。在过去数年里，美国大学生对个人行为的认真态度以及对人格完善的关注程度已经有了显著提升，但整体情形仍然不容乐观。在战争期间（即第一次世界大战），美国教育界颇为盛行一种新的心理测试，其基本理念就是一一测量个体的各项能力指标，但是并不评价其能力提升的基本过程。就教育目标的实现情况而言，此种测试仍然存在缺陷，不过其实施理念却颇值得称道。在当今美国，上至高等教育，下至基础教育，都普遍存在一个严重缺陷，那就是一味强调课程的累积。这种行为好比将各级学校视作教育储蓄银行，学生只要在其中存够一定的学分便可以获得毕业证书或升学资格。然而，唯一能够通过教育储存知识，并在需要的时候加以运用的场所，只能是学生自己的大脑。为了评价学生的学习情况，经常举行学业测试是很有必要的，此举一方面可以避免学生为了应付最终测试而临阵磨枪，另一方面也可以运用综合考试艺术来评价学生的真实水平和技能。但是，仅仅采取考试措施，对于促进学生发展远远不够。经常性的学业测试只是一种过程评价的实施方式，决不可以与学生的真实成就相挂钩。

一则关于拜物主义的预言

近来整个美国社会都注意到一个问题，那就是我们的社会氛围已经由战争时期的慷慨激昂恢复为和平时期的宁静安详，这一转变过程的急剧程度值得我们认真反思。在战争期间，大家都能切身感受到美国人民强烈的英雄情结，能感受到人们为了理想勇于献身的崇高精神，也能感受到这个社会激情汹涌的亢奋情绪。

这些反应已经永久性地将美国文明推上一个新的高度，同时也深刻影响了这个国家的国民性格。但根据历史经验，大战过后的社会风气往往会出现转折。拿破仑战争结束后，物质文明时代接踵而至，欧洲人的核心追求逐渐转向财富积累。美国内战结束后，随之而来的则是政治道德的迅速滑坡，纽约特威德集团（Tweed Ring）贪腐事件的出现，更是创造了美国历史政治堕落的最低点。德国1870年战争结束后，唯物主义思想迅速膨胀，最后这个国家甚至不惜以武力手段来完成对全人类的剥削。当然，上述现象的出现也不是缺乏依据。站在唯物主义的立场，战争摧毁了大量的社会财富，同时导致大家债台高筑，等这一切结束后，人类社会自然会呈现出一副百废俱兴的情景。从精神层面进行分析，当伟大的道德担当已经完成使命，人们很容易变得道德松弛。因此，当大战过后，尤其是如此一场唤醒了美国人民爱国热情和献身精神的世界大战结束后，我们最好能够清醒意识到拜物主义的再度反弹。而最能阻止其卷土重来的关键机构，应是高等院校。有鉴于此，美国高校必须比以往任何时候都更加明确地担负起化育青年心灵的社会职责。教育者要让年轻人明白，任何物质都必然会被销蚀，而灵性真理和人类价值却会永恒长存。

年度报告（1918—1919）

面向未知的教育

战争的爆发让美国人看清了专业知识的必要性，当国家呼唤人民尽情发挥自己的力量时，受过专门培训之人立刻就能找到自己的定位；但是，通识教育的价值在此过程中同样显露无疑。在所有应招入伍的年轻人当中，拥有大学教育经历者大都展示出极其出色的个人素质，他们的适应能力和足智多谋获得了军方人士的一致赞赏。事实上，上述通过大学教育培养出来的个人能力不仅在战争期间至关重要，在和平年代同样大有用武之地。美国大学的一个主要功能，就是培养具有宽广根基的公民身份。无论在哪个现代国家，具有高等学位和专门技能的专家能手都必不可少，他们的存在是一个社会顺利运转的必要条件。但是，如要实现自我治理，心胸开阔的良善公民也是人类社会不可或缺的根本要素。正因为如此，虽然教育机构常常引导学生去了解当前正在发生的政治事件、公共议题、社会现象和审美观念，但仅有这些还远远不够，因为年轻人日后所要面对的生活与今日正在发生的现实必然存在很大出入。他们必须学习如何解决未来将要出现的种种问题，在此方面教育者既无法了解也难以预测，就像我们的父辈和祖辈无法了解和预测今日正在发生的事情。为了从容应对未来出现的问题，教育者必须帮助学生打下一个宽广而牢固的根基。我们必须努力培养头脑清醒的年轻人，教育他们去发现事物的真相，去广泛、细致地学习过去的人类经验，去接触伟人的思想从而让自己变得深刻，去明辨哪些问题根本而持久、哪些问题肤浅而短暂。这才是人文学科的真正意义——既研究过去的人类历史，同时也不放弃关注现代人的思想与行为。

住宿寝舍的必要性

在两年前的年度报告中，我曾经提到促进本科学生德性养成的意义和途径；这是一个非常重要的问题，我们应当进一步深入考虑在此方面的实践方案。一般情况下，只要严明纪律，本科学生基本上都能做到准确守时、勤学不怠；如果纪律松弛，他们也极易变得粗枝大叶、消极怠惰。但需要进一步说明的是，通过纪律进行约束对于性格的养成并无多大帮助，因为教育并非要求受教育者形成服从规则的本能，而是让受教育者养成自省自律、自我导向的真实性格。受教育者的性格养成大概可以通过两种方式来进行，一种是师生之间的私人接触，另外一种则是长期形成的优良传统。在规模较大、成员行为比较自由的群体中，通过师生之间的亲密接触来促进学生养成良好性格的做法不太现实。当然，教育者可以通过此种方式影响少部分学生，但除非这一小部分人主动以身作则，否则整个群体就不会发生实质性的改变。若要大部分学生都能受到影响，就必须建立一个情感共享、愿望统一、利益一致的社群共同体。总而言之，学生必须能在共同纽带的维系下产生强烈的情感共鸣，亦即形成团队精神。事实上，他们完全有能力做到这一点。据大学生预备军官训练团（Reserve Officers' Training Corps）的教官们所述，由于军事单位的首要训练任务就是形成高度一致的团队精神，所以他们在大学生预备役中对此有过专门关注。令人吃惊的是，他们发现大学生们在本科期间大多已形成了类似的集体意识。关于团队精神或集体意识的形成，校际竞赛功不可没；但令人遗憾的是，这种在体育运动中形成的团队意识并没有在其他方面影响学生群体。不仅如此，由于持续的时间和影响的范围也都比较有限，体育竞赛对个体的性格养成和群体的精神风貌都无法产生真正的促进作用。为了锻造一个紧密团结的学生共同体，同时也为了塑造一种对个体道德足以产生长久影响的社群传统，我们必须采取的一个重要举措就是建立一系列供全体本科生共同栖居的大学学舍。在这里，学生不仅可以一起入住，而且至少还可以共同用餐。在团结内聚的集体氛围中，学生当中的天然领导者将会率先感受到强烈的团队意识，然后他们就会把这种意识传递给群体中的每一个人。如果运用得当，集体意识不仅能为学生群体带来诸多正面影响，而且不会削弱每个学生的个性特征。就像古代的罗马和佛罗伦萨，这里的每一位公民和市民都具有高度的集体意识，但整个社会却并不会因此变得高度均质。在哈佛，大家都拥有一个共同理念，那就是尽可能地减少强制性的管理措施。因此，关于学生住宿问题，我并不建议限制除了大一新生外其他学生的自由选择。当然，如果学校能够大量提供组织有序、空间宽裕的住宿学舍，并尽力吸引在外居住的本科学生主动加入，一定能够产生巨大的正面效应。以营利为目的的私人寝舍不可能建立统一的学生社群，因为房东的眼睛只会盯着租金，如此一来租客便会根据家庭财富的多寡自然分裂成不同的小型群体。至于专业学院，这里的学生相对成熟，性格也都基本成型，因此不需像本科学院那样强调住宿学舍的重要意义。但即便这样，秩序井然的住宿学舍仍会让学生受益良多。

激发原创工作

如何激发具有原创性的学术工作，我们不仅需要对这个问题给予更多的关注，而且应当拿出更加有效的改革措施；因为在当前情形下，许许多多本来能够为人类知识宝库增光添彩的优秀教授，却因为教学任务和管理负担过于沉重，从而一再推迟甚至完全放弃学术写作。相对而言，人文学科在所谓的“研究发现”方面并未遇到太大困难；因为在文学、历史、政治、经济和哲学等学科，要想了解本学科的最新动态，或者保证课程教学的授课质量，教授们必须保持阅读和调研的习惯。问题在于，如果他们想把自己的研究成果公开发表，就会发现自己在时间方面颇有压力。资料收集随时都可以进行，不用专门安排时间，也不怕被打断；但是要想将研究发现付梓初版，就必须有条不紊地认真整理材料，为此作者必须要打起精神认真应付。尤其到了最后的定稿阶段，更是需要长期一贯地专注投入。这段过程可能持续数月甚至数年，在此期间研究者每日都要付出数个小时的努力。到了这个阶段，作者最好能够摆脱其他事务的纠缠，否则就很有可能迟迟无法完成任务。如果大学之功能不止是知识的传播，同时还包括知识的创造，那么在教授们创造知识的关键时期，比较明智的举措就是允许他们暂时中止一年甚至更长时间的教学；如有必要，甚至还可以为其专门配备文秘人员。在具体实施上述计划时必须牢记几点原则：首先，能够获得以上资助的成果创作者必须控制在一定限度之内；其次，即使计划存在缺陷，也必须果断作出选择；最后，无论选择如何明智，未被选中的人也会感到无比失望。除此之外，我们还要牢牢记住，大学的资金始终有限，不可能面面俱到地满足所有目标。如果某些系科总是一如既往地不断增加教师的教学任务和课程数量，或者不愿暂时中断某些课程，那么其中的教授们就不太可能从教学任务中摆脱出来专心进行学术创作。毋庸置疑，课程教学和学术创作都是大学的立足之本，二者均不可偏废。

年度报告（1919—1920）

教师群体与治理委员会之间的关系

在大学和学院中究竟如何处理教师群体和治理委员会之间的关系，这个问题近年来引发了大量讨论。为了深入理解此问题，我们有必要从历史和传统的角度展开分析。目前，法人结构乃是人们最为熟知的社团组织形式。这种公司制的组织模式诞生于资本家之手，组织所有者承担一切商业风险，负责选择管理者具体经营，并雇用不同层级的员工进行生产。组织中的所有人员都与公司——同时也意味着与资产所有者——签订一纸协议，借此明确自己的权利和义务。当前的法人机构之所以呈现出如此形式，其主要原因就是资本创造组织，同时承担运营风险。正因为如此，管理者委员会的成立才需要由资本所有者作出选择。基于这个原则，历史上也出现过其他形式的法人机构。为了保持资本回报率，同时也为了指导商业运作，资本所有者必须聚集一批工作人员，从而形成商业公司。无论商业公司存在多少种组织形式，我们都可以以最熟悉的那种为基础展开分析。但是这套逻辑却不适用于对大学和学院的组织分析，因为二者存在巨大差异，生搬硬套不仅会产生诸多困惑，而且还有可能造成不必要的损失。与公司制的法人机构不同，大学的运营风险无人可以承担。公共教育机构的目的并非获取利润，而是对知识进行保存、传输和创生。作为受托人机构（trustees），治理委员会（governing boards）[①]——有时人们也将其叫作大学理事会或其他名称——虽然被赋予了管理组织资产的法定名义，但却并非私人资本所有者的利益代表，因为大学根本就不存在任何私人所有者。事实上，治理委员会只是接受公众委托的资产保护者，其职责是促进大学朝着既定目标不断前进。

在大学刚刚诞生的中世纪，大学的资产所有权和组织治理权事实上都归属于学术团体。这个传统在今日牛津、剑桥的寄宿制学院仍有传承，学院资产的所有权和院内事务的治理权皆归于院士团。不过，多数大学都没有继承这项传统。在欧洲大陆国家，大学资产所有权通常归国家所有，政府是高等教育管理的最高权力机构。在美国，赠地大学的资产所有权一般都被托付给治理委员会，委员会成员最初是从教职人员中选举产生的。

关于哈佛，其组织结构的演变乃是一段颇有意思的历史。哈佛大学的前身乃是哈佛学院，成立于1636年，最初该校根据马

① 关于governing boards这个概念，在国内经常翻译为“董事会”，这种译法忽略了大学与企业的根本差异，具有一定的迷惑性。洛厄尔在这篇文章接下来的内容中对此论述得十分清晰：所谓董事会，乃是公司制商业机构的专用概念，是由股东会选举产生，对内掌管公司事务，对外代表公司的经营决策机构；而大学的governing boards乃是公共利益受托机构，不用对任何私人股东负责。根据原文语境，译者将governing boards翻译成“治理委员会”，主要突出其在大学内部的治理职能，以区别以商业经营为手段，以企业盈利为目的的董事会。——译者注

萨诸塞州立法机关的投票结果由州政府拨款筹建。1642年，州立法机关又通过了一项议案，将哈佛学院的统治权委托给一个由州长、副州长、地方法官以及其他六座附近城镇的地方官长组成的监事会。1650年，立法机关投票通过新的议案，哈佛由此获准成立法人机构，其遂以英式书院为模板，建立了一个由校长、财务主管以及五位法人成员（fellows）[①]组成的法人团体（corporation），不过该团体仍须接受监事会督导。在哈佛法人团体成立后的早期阶段，部分法人成员乃是在院内住宿的教师，亦即后来的本科学生导师。不过，不可能全部成员都在院内住宿，因为直到四分之三个世纪之前，也只有五位教师与校长一同在校内比邻而居。一般而言，住校导师都比较年轻，他们只是短期承担这份职责，与此同时随时等待教区主教的召唤。大概正是由于这个原因，法人团体才需要在校外遴选更成熟的法人成员。至此为止，距离哈佛学院获得办学特许已整整二十五年，其法人成员仍然包括附近城镇的地方官长。

至17世纪末期，哈佛曾数次试图修改大学章程，并引进外部成员，但因为种种原因这一计划未能实施。直到1707年，原初的特许状被北美殖民政府宣布具有法定效力，并一直保留至今。原先法人机构成员中的城镇官长席位不仅继续保留，而且还有所增加；至1721年，五人法人成员中学院教师仅剩下一人。同年，监事会提名两位本科生导师进入法人成员名单；这两位导

① 哈佛学院的fellows显然来源于英式住宿书院的“院士”这一概念；在英式书院的组织架构中，院士是居住在院内的正式成员，享有书院资产的支配权和管理权。至于书院资产，中世纪皆是来自私人捐赠，后来政府也逐渐开始注入资金，但这并没有从根本上改变住宿书院的基本性质。——译者注

师当初都曾在哈佛学院寄宿，并依据1650年办学特许担任过法人成员。监事会坚持要将此事办成，但众议院却不予认同，双方在对峙数年之后，最终因为州长的反对，这项议案被议会驳回。除此之外，由于法人团体中的地方官长对教会持有异议，后者希望剥夺他们的成员资格，从而又导致了一系列关于宗教问题的激烈争执。经过一段时间的对峙，虽然法人团体并未屈服，引发争执的地方官长也没有失去成员资格，但最终还是作出了妥协。校方承诺，本届任职到期后，将由校内导师代替地方官长的成员资格，正因为如此，三位本科导师才于1725年成为法人成员。

直至1779年，仍有两到三位导师或教授出现在法人团体当中，但就在这一年，哈佛大学的组织架构发生了重大变革。在此之前，哈佛大学不在校内住宿亦非教师身份的法人团体成员一直都由邻近城镇的地方官长担任——除了17世纪末那段纠缠不清的历史时期，当时校方想要运行一部新的章程，但却未能获得英王特许。1779年以后，由于殖民地爆发革命的强烈震撼，加上大学规模的扩张以及独立战争带来的财政困难，哈佛法人团体就像昆西（Quincy）[1]所说的那样，意识到“必须引入富有商业智慧和运营经验，同时熟悉公共事务的优秀管理者”。詹姆斯·鲍登（James Bowdoin）便是照此标准选举产生的第一位新型管理者，他于1779年被选为哈佛大学法人团体成员。自此以后，法人团体成员皆须符合此种标准，偶尔也有教会人士进入法人团体，但是他们的当选并非大学受迫于教会势力，而是由于当选者在意见咨询方面的个人价值。而从这以后以教师身份当选法人团

① 此处的昆西应是哈佛大学第十九任校长，后来成为美国总统的约翰·昆西·亚当斯。——译者注

体成员者，就只有伊利法莱特·皮尔森教授（Professor Eliphalet Pearson）和以法莲·格尼教授（Ephraim W. Gurney），二者的任期分别为1800至1806年、1884至1886年。

虽然改革已经出现，但之后的过程并非一帆风顺。1824年，十一位教师联名请愿，要求哈佛根据特许状的原初精神，优先将在校住宿、接受大学薪俸的教师选为法人成员，然后再把他们列入监事会成员名单。而正当相关方面对这份请愿书进行商讨时，持反对意见的约翰·洛厄尔（John Lowell）和持支持意见的爱德华·埃弗里特（Edward Everett）则四处散发传单，在私下里打起了舆论战。在宣传材料中，双方都竭尽所能地从现有记录中找寻对自己有利的历史证据；然而在读者看来，早期大学宪章的筹划者对英式书院并不十分了解，因此当时他们对“法人成员”这个概念的使用也比较随意，根本没有对当选者的身份作出任何特殊限制。1825年1月25日，监事会全体成员一致通过了以下决议：（1）“监事会不承认在校内住宿的哈佛教职员工在参选法人团体成员时具有任何专属特权”；（2）“监事会认为所有法人成员都不应因为住在校外而失去任职资格”；（3）“根据监事会意见，目前不适宜对哈佛治理机构的未来选举问题提出任何建议”。不过，除此之外监事会成员也觉得教职员工应当出现在法人团体成员名单当中。在此方面的一个明证，就是他们集体拒绝了法人成员杰克逊（Judge Jackson）法官进入下一届监事会的提议，直至法人团体表示愿意吸纳一位在校教师成为下一届法人成员，监事会才终于通过了这一提议。在接下来的十年中，约瑟夫·斯托雷（Joseph Story）和詹姆斯·沃克（James Walker）两位教授先后当选法人成员，并将他们在法人团体中的席位为教师群体一直传承下去。通过上述操作，教职员工终于在法人团体有了一席之地，但在校教师并没有立刻上位，这个机会直到1884年才终于到来；即便如此，当选教授也只在法人成员席位上坐了两年。总体而言，关于教职人员应在法人团体拥有一席之地的提议在1825年基本上得到了解决，这个问题此后再未引发人们的关注，时至今日大家也不愿旧事重提。

哈佛大学的组织演变提供了一个很好的案例，从中我们可以了解大学机构如何随着规模逐渐增大和组织日趋复杂化而发生功能的异化。相比之下，近代的美国大学和学院则没有经历这一演进历程，但它们从一开始就与中世纪的学者社群存在很大差异，除了校长之外，这些高校的法人团体从未吸纳任何教职员工；即便如此，这个团体在法律意义上仍被赋予了大学的资产所有权和最高统治权。毫无疑问，正是这种法律意义上的治理形式，导致人们倾向于将高等院校的受托治理委员会（boards of trustees）视作与商业组织董事会相类似的管理机构；这是一个非常糟糕的类比，虽然二者的法律地位大致相似，但两种组织的治理逻辑完全不能相提并论。时至今日，虽然在法律结构上已经产生了重大改变，但对于大学或学院这个机构最完美、最贴切的描述仍然是源于中世纪时代的那个古老理念，一个致力于保存、传播和创造知识的学者社群或行会。

既然大学或学院本质上都是学者社群或学者行会，那么为何要为其设置一个独立的行政机构？为何治理委员会要在教师群体之外招募成员？第一个原因，是高等院校需要谙熟商业运营的专门人才来管理庞大的投资基金。事实上，前文中已经提到这个问题，由于现代大学运行机制过于复杂，因此必须由来自不同领域的专业人士分别负责，以实现其在不同方面的功能。为此所采取的一个手段，就是将其学术发展与商业运营相分离。另一个原因则是高等教育已经具备了越来越多的公共性，其重要地位已经得到了现代社会的充分认知，因此，高等院校必须迎合公共需求，必须让大众欣赏其组织目的，同时理解其为实现目的而必须采用的种种手段。为此，每所高校都必须雇用精通现代社会运行规则的校外人士，从而让自己对外部社会产生影响。

除了上述理由之外，现代大学运行体制的构建还有一个并不广为人知，但却更加涉及根本的深层原因。无论哪个阶段的教学工作，归根结底都是一种公共服务，而对于每一种公共服务的行政管理必然都要由业内专家和业外人士共同执行。没有前者的努力，就无法保证效率；缺少后者的参与，大学将会变得故步自封、刻板僵化，无法与公众目标相协调。业内专家和业外管理者都必须各司其职，无论哪一方想要插手对方的事务，都会让大学的运行变得混乱不堪、摩擦不断。基于上述认知，现代大学阐发出一个外界所知甚少但内部广泛使用的基本原则：学术专家不得加入非学术性的行政管理机构从而变成其他同行的管理者。人们经常说要让具有教学实践知识的人进入学校董事会，但除非他们具有超出常人的判断力，否则他们就可能会认为自己对于技术问题的判断比一线教师更加高明，有时甚至可能产生灾难性的后果。外行不应在具体方法上试图指导内行如何实现目标，而应向后者预示所要达成的结果。多年以前，哈佛大学监事会在经过仔细考察之后，曾经得出本科学生英语写作水平存在重大缺陷的结论。监事会的此次举动完全是在自己的职责范围之内，因此这一行为取得了正面成效，哈佛大学的英语作文教学水平随后显著提高。但是，如果监事会试图对这个学科的具体教学方法指手画脚，他们就逾越了自己的权力界限，最终必定只能得到令人失望的结果。一方面，作为业外人士，监事会成员根本就不知道如何具体解决教学问题；另一方面，他们对教学事务横加干涉也会致使大学教师感到愤怒和沮丧。

除以上问题外，还有一个问题需要澄清。诚然，高等教育管理既离不开学术专家也需要业外人士，但是，作为一个学者社群或行会，为何要让一群非学术人员组成最高权力机构？原因主要有三个：

首先，高等教育办学目标的公共性——所有具有较大规模的教学行为都必须关注公众的深层需要——要求其必须接受社会公众的终极检验，而检验者的评判立场并非以学术为标准。在美国的赠地公立大学中，虽然治理机构并非经由公众直接选举产生，但并不能否认他们仍是真实意义上的公众利益受托人。

其次，非学术的治理机构要对高等教育的财政管理负责，而手握钱袋者自然应当拥有终极统治权。

再次，非学术治理机构是调和不同专家群体需求的唯一仲裁者，或者说是最令人满意的仲裁者。众所周知，在美国高校中不同学术部门就发展模式问题永远存在不同意见，对此必须有人作出评议。一个具有良好传统的大学，大家必然能够习惯于依靠一个完善的行政机构来对各种争议问题作出公平、明智的判决，而不是将决定权交给一个纯由各学科教职人员组成的教授委员会，因为不同学科的教授都会从本学科的立场出发，从而难免出现狭隘和偏颇的观点。

不过，如我们所见，非学术人员组成的治理机构虽然具有最高行政权，但却绝非商业意义上的员工雇主。他们的确是股东委任的资产受托人，但大学的经营目的是为了学术行会的发展而非资本红利的增加。治理委员会的唯一目标，就是帮助学者社群团结一致实现共同目标。治理委员会也是学者社群的基本组成部分，大学监事会的存在则是通过提供建筑、资金以及制度上的保障，从而帮助教授们在一个结构复杂的现代大学体系中更加有效地对年轻一代进行学识和道德上的训练。如果大家都能自觉维护这一原则，那么教授群体与治理委员会之间大部分的纠纷来源都会消失不见。在我看来，哈佛大学已经将这个原则深深植入自己的信念传统当中。

一般意义上的企业雇佣行为与大学中的学者社群治理差别很大。在商业雇佣体制下，员工根据自己提供服务的价值来获得报酬；如果企业不再需要他的服务，就可以将其解雇；至于每个员工所要承担的义务，则会根据雇主的需要尽可能详细地一一安排清楚。而在大学，教授可以终身任职；教职员工根据自己的学术职级获得报酬，职级相同者薪资也基本相似。尽管总体上大家都很清楚自己所需承担的义务与他者基本相同，但在具体的执行方式上个人却享有很大程度的自由。显而易见，上述条件在所有大学都普遍通行，各项条件彼此之间互为前提。大学教师之所以能够拥有终身职务，其基本前提仍是学术社群与企业雇员的身份差异。在企业范畴内，雇主之所以要为雇员提供职位和薪水，原因是想让对方帮助企业提高盈利能力。而对于大学而言，聘请教授的目的在于促进受聘者的学术创作，同时借助他们的教学能力促进学生发展。因此，企业雇员只要无法帮助雇主盈利就会被解雇。而大学教授的工作效益主要取决于其自身是否具有安全感，他们必须首先确认自己能够朝着一个不仅路途十分遥远，而且价值并不轻易外显的长期目标安心工作，然后才能充分发挥效能。在大学中，只要教师通过了试用期的考验就应当获得终身教职，除非他们自己做出不当行为，否则校方不得主动将其解聘，这是一条基本原则。与终身教职相协调的另一条基本措施，则是薪酬的相对均等。从职级角度考虑，企业机构的高层管理人员大概与大学教授相对应，前者完全根据自身价值获得报酬，一旦他们的贡献无法与薪水相匹配，就会被雇主解雇。企业会对所有员工的个人价值进行估算，然后根据不同的价值支付不同等级的薪资。教授拥有终身教职，通常不会因为未能表现出预期价值而被大学解雇；更重要的是，大学对教授的评价与企业对员工的评估绝对不能相提并论。如果一所大学试图像企业评估员工一样对教授进行评价，定会产生各种不公，进而引发众人不满；除此之外，这样的行为还会导致教授群体为了追求高额工资而抛弃应有的学术态度。因此，在大学中唯一可行的薪资制度就是为所有教授都提供相对接近的区间薪酬，然后要求他们尽力做好分内之事。在企业管理范畴内，雇主大概需要采用高额薪水来诱导雇员竭尽全力；而在大学教授群体中，却鲜有游手好闲之人。就具体事实而言，大学教授或许可能倾向于从事某个方面的工作，因此忽视其他方面的任务。譬如，有的教授本来更加适合教学但却坚持从事研究，也有的教授更加喜欢从事研究生教育工作，即便最有潜质的本科学生更需要他在学科基础方面提供指导。以上情形都会经常发生，但无法胜任本职工作的教授的确十分罕见。

综上所述，治理委员会在大学里拥有法律意义上的最高统治权，然而在实践操作过程中又无法像企业雇主那样拥有自由裁量权，因此我们需要进一步探讨其究竟应当与教授团体保持何种关系。实际上，只要我们始终牢记大学乃是学者社群或行会这一原则，治理委员会与教授团体之间的关系便可清晰浮现。从教师的角度出发，无论作为个体学者还是大学教师委员会成员，他们的职责和义务都是提供专门知识；而从治理委员会的角度出发，他们的职责和义务则包括财政管理、整体协调、决议仲裁以及公共政策的总体导向等几个方面。正如一位曾经担任过哈佛大学法人团体成员的管理者所说的那样，他们的工作就是“餐桌招待”。毫无疑问，治理委员会与大学教师委员会之间的关系绝对不是雇主与雇员、上级与下级或主人与奴仆，而是通过共同协作来促进学术发展。只有教授群体能够专注于自己的学术目标并对治理委员会抱有信心，与此同时治理委员会能够认识到推动学者社群的工作才是自己存在的真实意义，二者才能真正地和谐共存。由此可见，治理委员会与大学教师委员会应当始终保持意见互换，而大学决策的制定方法整体来看主要也是商量劝导，而非以权压人。受托人与大学教师委员会从来不是天然的对立关系，如果有人提出二者存在对立，那么正常的双方关系就会出现隔阂；如果二者都以对方为假想敌，那么就会引发工作失误；如果双方在现实中事事对立，那么这所学校的学术发展定然处处受挫。

治理委员会成员的提名和任命究竟应当谁来负责，是大学教师委员会、教授委员会还是校长，这是一个经常引发争议的问题。对于这个问题，非官方的处理方式似乎要比官方的处理方式效果更好。任何一个大学或学院的校长，如果在没有通过正式或非正式渠道事先征得教授领袖意见或得到多数教授首肯的情况下，便执意任命治理委员会成员，最后都要为自己的失误背负重大责任。历史经验告诉我们，这种情况似乎只有在学校发展需要启动重大改革时才比较适当。只要校长的正式提名遭到大学教师委员会或者大学教师委员会内部的教授委员会抵制，就会让治理委员会的原成员在面对新同事时处于一个不太舒服的状态，如此一来校方在提名委员会成员时便倾向于考虑能为大家接受之人，而非综合能力出类拔萃者。一个明智的校长不会在没有获得教职员工的支持下贸然进行提名，不过，除非大学教师委员会中存在那种能力才干都实至名归的人选，一般情况下治理委员会的提名权都应当属于校长。

虽然哈佛曾经作出多次尝试，希望用成文法规对大学教师委员会和治理委员会之间的关系作出明确定义，但在这组关系中，最理想的元素还是一种难以名状、无法定义的默契。就像一对夫妻，如果在家庭生活中他们需要通过制定规则来明确规定双方的权利和义务，那么毫不客气地说他们的婚姻已经面临失败。大学教师委员会与治理委员会双方关系的实质在于相互信任、相互尊重；至于双方所应承担的职能——也就是说，哪些事务需要己方承担，哪些事务需要对方承担，哪些事务需要双方共同协作——则最好根据以往经验和历史传统进行厘定。很多时候，历史传统远比成文法则更能发挥效用。与简单粗暴的成文法则相比较，历史传统是一套更加精密的操作手段；传统的应用要比规则的执行更加具有弹性，更加能够适应难以预测或者无法确定的突发事件和异常情形。除此之外，传统也更加稳定。规则经常会被修改，而传统则很难产生变化，因为它的出现不是人为制定，而是一个自然的生长过程。只有整体观念出现渐进改变，传统才会因此产生缓慢变化，其并不会因为多数人的投票意见而立刻出现转折。总而言之，传统不可随意修改，只能逐渐超越。

年度报告（1920—1921）

问题教学

近来，工商管理学院已经开始系统开发一套以解决问题为实施手段的教学计划。关于这套计划的目的和优势，多纳姆院长（Dean Donham）已经在计划书里进行了详细论证；除此之外，他还介绍了商业问题案例手册的编纂情况。总体而言，这套计划抓住了关于大学教育目的和方法的一些重要问题。

从幼儿园到专业学院，纵观教育活动的全部历程，有不少目标都能贯穿始终。在此过程中，不同学科要求学生发展哪些方面的能力，关于这个问题我们暂时不去讨论，因为其的确不易作答。首先，我们可以大致列举一下学校教育的各种目的。无论在哪个领域，无论在哪个阶段，我们都希望通过教师的课堂教学帮助学生获取知识、增强记忆，由此训练他们的观测能力、感知能力、辨别能力和审美能力，同时提升他们的分析与综合能力、艺术表达能力。以上诸种能力都可以在不同的教育阶段得到发展，但对于不同阶段的具体发生机制目前我们的了解还比较有限。事实上，不止一种上述能力的激发，几乎都可以通过任何教学方式予以实现。毫无疑问，以上各种能力都非常重要，甚至都不可或缺；但同样不可否认，分析和综合能力才是重中之重。所谓分析和综合能力，乃是一种针对当前面临的问题，从大量已有数据和观点中找出破解要点的能力；是一种发现事物之间的彼此联系，从而揭示事实意义的能力。这种能力不仅在抽象思维和理论科学领域发挥着至关重要的作用，而且对于解决实际问题也具有重要意义。但这也是一种最不容易获得的能力。和其他带有实践性质的教育目的一样，此种能力的获得主要通过实际操作。要想提高实干能力，就必须多多积累办事经验。不过，正如我们所看到的那样，美国的教育研究在此方面一直未能给予应有的关注，直到近年来情况才逐渐有所改变。过去的事实证明，以培养分析和综合能力为目的的实践教育，完全可以在整个教育过程中非常有效地得到系统体现。但是，这并不意味着实践教育也要像传统理论教学那样按部就班；要想开展实践教育，最有效的方式就是在学生最熟悉的领域寻找教学案例。

自从兰德尔教授（Professor Langdell）提出“判例教学法”（case system）以来，经过半个世纪的发展，通过呈现有待解决的问题从而引发师生之间交流讨论的授课模式，已经成为哈佛大学法学院的主要教学法。以此方法为指导，教师在课堂上呈现的问题皆是经由法庭判决的真实案例；根据课程大纲的主题设计顺序，所有案例全都汇集到一个手册中，这样一来学生们就可以在当堂讨论某个主题之前进行充分的阅读和思考。一开始主题讨论是由学生自行把握，整个过程虽然气氛热烈，但却失误颇多；经过反复尝试，才最终发展成由教师整体设计并指导开展的基本原则。就教学进度而言，判例教学法并不倾向于将法学原则和基本规则迅速传授给学生。所有的具体知识都可以通过讲座授课或者教材阅读来获得，但此过程并不能让学生拥有法律工作者必备的实际问题处理能力。不仅如此，讲座授课和教材阅读也不能像案例讨论那样激发学生对学识增长的强烈需求。判例教学法的引入让学生们充满了探究激情，无论是卧室、餐厅抑或街头巷角，他们随时随地都在围绕各种真实的或假设的判例案件展开热烈讨论；这种气氛热烈的探究活动已经成为哈佛大学法学院的骄傲，与此同时也是助其增添魅力和获得成功的一大要素。创造性乃是优秀法学家的必备素质，判例教学法似乎并不能显著提升这种能力；但对于帮助学生形成分析与综合的习惯和能力，判例教学法却能够发挥无以伦比的重要作用。迄今为止，判例教学法的重要价值已经在许多方面都得到了充分展现。首先，通过此种方法的实施，哈佛法学院已经培养出大批求真务实的法律工作者；其次，我们的实习生也得到了各大律师事务所的肯定；最后，由于成果显著，判例教学法已经从哈佛大学法学院推广到全美各大优秀法学院。

除了法学院之外，哈佛大学工商管理学院也系统采纳了判例教学法；迄今为止，该学院已经越来越倾向于鼓励学生在教师指导下对既定问题进行当堂讨论和解决。这种以问题为导向的教学方法已被视作培养商业管理能力的最佳手段；无论是银行家、制造商还是批发商、运输商，都需要在复杂的经营条件下准确找出对自己最为有利的关键要素，而问题教学法所培养的分析与综合能力能够帮助他们牢牢把握企业运营与商品交易的基本原则。对于商界人士而言，他们的主要任务就是解决各种各样的复杂问题，因此必须具备迅速进行综合分析的基本能力。

以解决问题为导向的教学法完全可以有效应用到教育过程的每个阶段，我在前文中就已经提出了这个建议。但是，教学问题的设计和解决必须以学生掌握大量相关知识为前提，而儿童与青年相比显然更难具备此方面的基础能力。由此可见，在基础教育和中等教育阶段，少年儿童通常还不具备足够的历史、经济、文学和自然科学知识储备，因此也就很难解决比较专业的学科问题。但是，他们仍然可以在其掌握的知识范围内展开主题讨论。在我看来，经典传统文学的学习无疑最适合采取问题教学，对此学生唯一需要担心的问题就是对语言文字的掌握，在此方面旧式希腊文和拉丁文教育颇具优势。除了经典传统文学之外，数学教育也可以采用问题教学法，因为解决数学问题所需要的基本常识人们在儿童时期就能掌握。当然，关于数学问题的设计也需要在不同阶段循序渐进地徐徐呈现，首先是简单的算术，然后才是代数、几何以及更为复杂的三角函数。事实上，如果不采取问题教学法，我们几乎不可能教会学生数学。除此之外，古代语言同样适合采取问题教学。孩子们在学习拉丁语句时，我们必须将其翻译成现代语言，在此基础上，再让他们逐一分析语句当中的名词、动词和其他引语。如果是名词，再让学生继续分析其词数、词格和性称；如果是动词，则让学生继续分析其事态、情态和人称。然后，学生就可以尝试着分析词语之间的不同区别，并在字典中分别查找。通过发现词语的造句功能以及不同词语分别对应的语法位置，学生就可以造出一个合乎理性的语句。语言学习就是一个不断消除疑惑和解决问题的过程，首先需要让儿童了解少量单词的含义并将其组成简单的句子，继而逐步接触更加复杂的语法和句型，最后再慢慢引导他们尝试着在自己所能理解的范围内去诠释文学巨匠的艰深思想。有人认为，以上学习过程只对真正具有学习兴趣的学生发挥作用，对其他缺乏兴趣者则作用不大。事实上，即便学生并非总是兴致高昂，但他们至少可以由此形成一个信念：基本上所有具有一定学习能力者都可以在努力翻译经典文学的过程中获益良多。当然，那些有意识或有能力主动付出努力的学生获得的收益肯定大于其他较为被动者。在我看来，死记硬背的旧式拉丁文学习法基本不具备教育价值。与乘法口诀表的功能相类似，语法规则无疑也是一种不可或缺的学习工具，能够在一定程度上帮助人们解决在翻译过程中遇到的相关问题。但是，工具本身并不具备多少教育意义，通过使用工具以解决系列问题，这才是锻造学生思维的有益方法。

毫无疑问，古典语言的问题教学法同样也可以应用于现代语言学习，不过后者由于语法结构和写作风格都比较随意，因此对未成年学习者的思维刺激相对不足。除了已经提及的数学和语言，物理学是中小学校开设的唯一天然适合问题教学法的现代学科。总体而言，在中小学教学范畴内，部分内容十分适合问题教学法，部分内容必须要等学生拥有一定知识基础之后才能开展问题教学，还有一部分内容则是为以后的深入学习所准备的分析工具。不过，并非只要采取问题教学法就一定能够培养出独立分析与综合的良好习惯；如果问题设计得过于简单，学生无需任何帮助就可轻松解决，那么也就无法掌握新的原理；而如果问题过于困难，学生凭借自身努力根本无法解决，这同样也不利于他们独立进行分析和综合。在问题教学的实施初期，教师通常都能让学生扮演主要角色，但随着过程的不断深入，就有可能倾向于直接指导。如此一来，学生就更加难以提高自己的分析和综合能力。一个学生在离开学校五十年后回忆往事，他的脑海中最有可能浮现的基本都是那些由教师进行设计，但自己亲自动手解决的问题；此外就是由学生主动论述，然后由教师进行纠正和解释的内容。至于那些由教师直接讲解的知识，多年以后基本上都会被学生忘得一干二净。从本质上讲，让学生背诵和记忆更多的是对其能力进行测试，而非通过讲解和示范让他们掌握相关内容；在此过程中最重要的环节是学生的自我教育，当前我们的学校教育在此方面存在明显不足。随着教育过程的不断深入，学生所要吸收的精神食粮逐渐以更易吸收的简化形式呈现在他们面前。或者换一种比喻，接受教育的程度越高，学生的知识之旅越像坐在汽车里走马观花，而不是亲自用自己的双脚寻幽探密。这样的学习方式的确能够让学生迅速开阔眼界，但是他们的内涵是否因此得到提升却颇值得怀疑；大概也是因为这个原因，大学教师有时也会抱怨许多大一新生学生在进入大学时缺乏独立思考的基本能力。

对于那些缺乏主动意识的学生而言，直接教学法或许具有一定优势；但对于那些精力充沛的学生，这种教学方式就无法满足他们的需求。如果一种教育不能促使学生主动付出努力，那么它就无法发挥筛选功能，无法选出真正的出类拔萃者。想要得到期望的结果，人们可以采取很多不同的方法；在教育过程中我们也要采取多种途径，多方发挥其应有功能，绝不能顾此失彼。不过，也有一些教育方法我们应当尽量避免使用；一种是教条主义，这种方法早已广受抨击；此外，目前还有一种以新赫尔巴特教育哲学为理论根基的教学法，其正在努力传播一个观点——教学的价值与学生学习的轻松程度成正比，这应当引起我们的警惕。

考试的价值与类型

由于当前美国中小学普遍盛行直接教学法，导致许多教师十分厌恶考试，此种情形在西部地区尤为突出。教师们讨厌的是那些超越记忆能力范畴的考试，因为其涉及不同形式的问题分析和解决——一种美国中小学生通常不太适应，因此表现不够理想的实践性考核方式。大部分美国学生都已经习惯被动接受，很少主动发表自己的意见，因此在面对实践考核时往往不知所措。有些教师认为考试根本没有存在的必要，因为他们自己向学生传授知识，所以理所当然最了解学生的情况。然而他们并没有意识到往水桶里注入的水量根本无法衡量最后储存的水量，因为渗漏总会发生。事实上，儿童总是最善忘的。还有一些教师不仅认为考试毫无必要，而且还将其视作一种对学生的控诉和对教师的侮辱；在他们看来，实施考试的理论前提就是他们的教学存在不足。但是，这些教师似乎忘记了，考试不仅能够帮助教师准确把握学生对知识的理解和应用情况，而且在应用得当的前提下还是一个不可或缺的教育过程。考试不仅可以考查学生对教学知识的背诵和记忆情况，而且也可以考查其对已有知识的应用能力。易言之，所谓考试，其本质在很大程度上也是一系列有待学生解决的教学问题。如果我们希望学生能够从做中学，那么最好的办法就是让他们时不时地在没有任何帮助并且互相竞争的情况下，动手解决一些相同的问题。这就是考试的真实意义。

年度报告（1921—1922）

考试的类型

近来，考试艺术在美国教育界受到了前所未有的热切关注。到目前为止，我们至少已经开发出三种完全不同的考核方式。第一种是“训诫型”考试，其主要目的在于考察学生是否认真执行自己应当完成的任务。但由于美国公立学校已经在很大程度上用口头教学法代替了个体探究法，大部分教学时间都是教师围绕指定教材进行课堂授课，因此原先经常举行的训诫型考试已经慢慢淡出人们的视线。传统的背记法在一定程度上可以用来帮助学生解读某些颇具难度的问题，但其主要还是用来测试学生对课堂教学内容的掌握程度。以背记为主要手段的训诫型考试一直以来都是教育界最为常见也最易理解的考核方式，而目前正在推行的另一套考试制度似乎正好与其背道而驰，所以遭到了教师的抵制。

第二种常用的考核方式我们可以将其称为“报告型”考试，其主要目的在于检验参加考试者掌握知识的大致范围和准确程度。譬如，许多高等院校仍在沿用的入学考试——当前已经全部由大学入学考试委员会（College Entrance Examination Board）统一管理，本质上便是“报告型”考试。除此之外，大学阶段的期末考试虽然不能完全定义为“报告型”考试，但在大部分情况下也可归于此类。“报告型”考试的唯一存在价值，就是评测参考人是否能够按照要求掌握相关知识。在大学的课程教学中，由于学生所接受的教育内容基本保持一致，因此采取“报告型”考试轻易就能客观、全面地评价他们的学习情形。但是这种考试也具有一个十分明显的缺陷，那就是其不可能完全覆盖或者平等对待不同类型的课程知识，因此对学生的考察必然存在偏颇和缺失。也正因为如此，有些中学教师才会抱怨大学入学考试的考题常常厚此薄彼，就连最最基础的课程内容都不能做到公平对待，这样的考试设计显然不够完善，最后的结果必然也无法保证公平。为了克服上述缺陷，“报告型”考试可以大量采用选择题，此举不仅能够增大覆盖范围，而且不会削弱考试的细致程度。

关于第三种考试，为了更好地形容其特征，我们可以将其称为“潜能型”考试；此种考试的目的在于对应考人利用相关知识解决关键问题的实力或潜能作出评价。“潜能型”考试并不过多考察学生对知识的记忆，而是主要评测他们在意义理解、实践运用、品性发展和思维养成等方面的发展情况；总而言之，举行这样的考试不是为了了解学生此前经历了怎样的发展过程，而是为了探知学生最后能够达到怎样的成长高度。此种类型的考试在哲学博士考核程序中已经十分普遍，但美国大学的本科教育迄今为止尚未系统运用。在本科阶段，口试算是一种比较常见的“潜能型”考试，其具备一定的独特优势，但却并非不可或缺。近年来，以智力评价为目标的心理测试颇为流行，其同样致力于揭示个人能力的不同适用类型。但遗憾的是，迄今为止此类评价虽然也已显示出一定作用，但总体而言还停留在基本信息的收集阶段。当前我们正在努力寻找另外一种考核方式，这种考试能够对应考人在某些领域的专业发展潜能作出评价。本科教育阶段的综合考试便是属于这种类型，其着力点并非仅仅停留在检查学生在某个学科已经获得哪些课程知识，而是更加关注他们对这个学科的整体理解；因为设计此类考试的目的并不在于要求学生反复习练任何以往的课程，而是帮助他们集中精力提升自己对某个学科的整体把握和综合应用。综合考试的到来只是意味着一段学习生涯的终点，如果学生不能以此为目标来指引自己的努力方向，那么他们就无法把握高等教育的真正立场。综合考试绝对不能频繁使用，真正的教育不可能发生于人们的内心之外，更不可能与受教育者的意志相违背。改变与提升归根结底还是需要自我教育，外在力量只能起到辅助作用；人们只有首先找到自己的目标所在，才能由外而内地体现教育之价值。如果受教育者仅仅只是将学好一门功课作为目标，那么他们的成长格局必然无法做到去掌握一个知识领域。当然，最理想的结果莫过于全面、彻底地掌握某个领域的系统知识，但实现这个目标需要花费的时间远远超过了本科阶段的年限允许。因此，在此阶段学生最好首先在大领域内选择某个方向进行集中研习，然后再循序渐进地向外进行知识拓展。的确，所有学生都要对自己就读的学科专业进行整体把握，但这并不妨碍每个人都选择自己的主攻方向；由此可见，综合考试如果是采取笔试的形式，就必须设计大量不同的试题组合，以便于让学生在接受整体评测的基础上亦能有所选择。不仅如此，每一道试题还都应当要求答题者综合应用多点知识，要让他们对不同事实之间的理论关系进行阐述。

在之前的年度报告中，我已经不止一次地提及为何要推行综合考试；到目前为止，哈佛大学已有许多学科采取了此类考试。

不过，关于综合考试的实施结果究竟如何，我还是首次作出回应。迄今为止，我们一共统计了1009人次有关学生参加综合考试的案例——如此庞大的数据无疑已经足以帮助我们得出一些可靠结论，其中包括那些首次未能通过然后重新申请考试者。除了历史、管理和经济三个学科之外，案例调查报告中涉及的其他学科皆是本学年才开始采用综合考试制度，应试学生总共为424人；预计下一年度还会有更多学科实施综合考试，因此参加考试的学生人数还会继续增加。

根据当前的规定，综合考试成绩合格已经成为本科毕业的必备条件；凡是未能通过综合考试者，哪怕此前的十七门单科成绩全部合格也无法获得学士学位。易言之，自从综合考试制度开始实施以后，学生首先要修满至少十七门单科课程，并保证全部合格，然后再通过独立举行的综合考试，最终才能获得学位。因为综合考试已经变得至关重要，所以我们才会专门留意未能通过考试的学生人数。历史、管理和经济三系科早在七年前就已经采用综合考试制度，在这七年里三系科共有773人应考，其中共有59人未能通过，所占比例为7.6%。首次考试失利者如有意愿还可申请两次补考，在此期间他不一定非要居住在剑桥镇[1]；而在这59位未能通过考试的学生当中，有19人申请重考，其中15人通过。1922年，在所有首次未能通过综合考试的学生中，有16人申请重考。除了上述三个系科之外，其他系科都是于1922年首次采取综合考试制度；应考者共计236人，其中16人未能通过，占全部考生人数的6.8%。根据调查得出的结果，不同学科未能通过首次考试的学生人数比例不均，这也是十分自然的现象。在

① 此处的剑桥镇为哈佛大学所在的波士顿市剑桥镇。——译者注

很多学生眼中，英语学科的综合知识应该不难掌握，但数据显示本年度共有125人参加该学科的综合考试，其中13人未能通过，比例超过了十分之一。总体来看，综合考试的实施还是取得了一定的成效。

年度报告（1922—1923）

学位等级

要想提高学生成绩下限并不困难。只需将原本比较轻松的课程变得严格一些，同时提高考评标准和毕业条件，基本上就可以做到这一点。而且只要采取上述措施，基本上自然就会得到想要的结果。但是，如果想要鼓励那些在能力方面毫无问题，但对学业进步缺乏兴致的学生从懒懒散散的状态中脱身出来不断追求卓越，这个任务就不再那么简单。然而，如果我们的高等院校想要实现最终目标，就不能不尽早考虑如何完成这一任务。事实上，我们早就开始寻找达成这一目标的具体手段，并且至今仍在探索；但每当有所进步，紧接着我们就会发现仍有许多问题尚未解决。

为了充分激发天才学生的全部潜力，我们专门采取的一个措施就是设立学位等级。众所周知，此项措施的创意源自牛津大学和剑桥大学，因此只需寥寥数语便可澄清其对于美国大学的实践意义。总体而言，牛津和剑桥的学士学位共有两种，一种是普通学位，一种是荣誉学位；不同学位分别对应不同的修习体系，二者虽并行不悖，但却并不必然互为依托。关于两种体系的差异，具体体现为学识等级和课程内容的不同。总体而言，荣誉学位的学术标准一般都要高于普通学位，但并不绝对，因为荣誉学位也分为几种不同等级；大家普遍认为，最低等级的荣誉学位比普通学位并无多少高明之处。无论牛津还是剑桥，荣誉学位都只颁发给那些集中修习某一领域者；主修领域的课程范围可以覆盖较广，但必须全部与主题相关。至于普通学位，牛津大学允许学生广泛选修各个学科的课程；而在剑桥，普通学位课程和荣誉学位课程则泾渭分明，该校要求普通学位申请者必须尽可能广泛地在不同知识领域选修课程。据说，正是由于这个原因，一些本来有能力获得荣誉学位的学生，却偏偏选择普通学位课程。

近三十年来，牛津和剑桥的学位制度同时出现了两个方面的变化。一方面，普通学位的通过标准变得愈发严格；另一方面，申请荣誉学位的学生比例也出现了大幅提升。众所周知，一套堪称成功的学术荣誉奖励制度，必须能够激发大多数学生努力发挥他们的潜能；其成功之处不仅体现在荣誉申请者的确具有出类拔萃的个人能力，而且还体现在有足够多的学生因为受到这个目标的吸引而奋勇拼搏。而通过上述两个变化可以得知，牛津和剑桥这两所伟大的英国大学已经基本做到了自己应做的工作。三十年前，只有少数牛津、剑桥的本科生愿意申请荣誉学位，申请者大概占全体学生的四分之一；时至今日，申请荣誉学位的学生比例已经大大增加，据估计已经接近全体学生的四分之三。也就是说，在当前情形下即使普通学位体系完全被废弃，也基本上不会影响荣誉学位和等级制度的有效运行。

不可否认，在刺激学生的学术抱负方面，英国大学的确取得了很大成就。在英国社会，获得较高等级的荣誉学位在很大程度上意味着打开了一扇通往人生成功的方便之门。荣誉学位获得者不仅能够优先申请大学教职和教会职务，而且还有大把机会在政界和律法界成就一番事业。事实上，英国大学生只要能够取得广受认可的学术荣誉，基本上就意味着可以立刻开启自己的政治生涯。同时我们也必须承认，迄今为止美国仍未建立一套类似于英国大学的学术激励制度，尽管用人单位对毕业生就读期间学业表现的关注比以往有所提高，但仍然无法与英国相提并论。因此，与英国大学相比，美国大学更应当着力激发本科学生的学术抱负，教育者必须设法让那些无所事事、不务正业的学生尽快回到追求学业进步的正确轨道上。

迄今为止，有数所美国大学已经建立起荣誉学位制度；与普通学位相比，荣誉学位申请者在教导方法和毕业条件两个方面都有特别要求。不过在这几所学校，申请荣誉学位的学生从来不是多数，有时甚至比例极小。总体来看，美国大学的荣誉学位似乎只能对那些本来就有强烈进取精神的学生产生作用，其余多数学生仍旧对此敬而远之。或许，我们当前最需付出努力的目标是尽快扩大荣誉学位在美国大学的影响范围。要想完成这个任务，必须先行回答一个问题：由于多方面的原因，美国大学很难像英国那样设计两套截然不同的课程体系，而如果缺少这个前提，那么荣誉学位制度究竟还能在多大程度上带来正面效益？因为中等教育标准不一、规矩不严，导致美国大学荣誉学位无法达到英国大学荣誉学位的专业程度。除此之外，毕业校友与社会公众对体育运动和课外活动过度重视，本科生对学术追求缺乏兴致，这些都是导致荣誉学位课程在美国大学难以实施的现实因素。

鉴于以上原因，在当前情形下美国大学比较明智的做法，就是放弃荣誉学位和普通学位相分离的二元课程制度，转而为所有修习相同知识领域的学生集中设计一套教学体系，并向在此体系下表现突出的学生颁发荣誉学位。在实施此项措施的过程中，学生不需要在本科生活刚刚开启时就必须决定是否申请荣誉学位——此种做法目前比较流行，但事实上却对学术荣誉缺乏尊重，而且常常还会引发负面效应。关于是否申请荣誉学位，学生作选择的时机不宜过早，因为在刚刚进入大学时他们尚未找到努力方向；经过一到两年的集中修习，如果学生对学科知识兴趣愈发浓厚，或者被导师激发了学术抱负，他们可能就会自然而然地主动申请荣誉学位。不仅如此，如果强迫主修某一学科的学生在毕业之前全部都要参加内容相同的综合考试，这种做法不仅能够增强优秀学生的竞争意识，而且还会抑制懒惰学生的自矜心理。正如我们所了解的那样，现在的年轻学生普遍有些自鸣得意，“只要我选择去做，就一定能做成，但问题是我根本就不在乎这些事情”。荣誉学位和综合考试制度的推出让所有学生都站在同一起跑线上，荣誉获得者必定能够获得大家的尊重，即便有人认为这种成功有一部分源自勤奋刻苦，但无人否认他们的确是在公平竞争中显示出超越同侪的实力。

事实上，学生们要比自己的老师更明白设置荣誉学位等级的激励意义。值得一提的是，就在两三年前，哈佛大学学生会甚至主动联系教师委员会，建议对业已生效的学术成就排位体系进行改革。学生代表认为，分榜公布各种荣誉等级的做法对于广大学生并无多大影响，校方应当将全体学生的学术成就全部列在同一个成绩榜上，此举更能改善学生的学业质量。实际上，学生会所提建议的目的在于为整个哈佛学子群体注入一种追求卓越的精神气质。如果这个建议能够成功实施，那么其将同时在两个方面发挥正面效益：一方面，那些自身天赋过人但是缺乏学术抱负的学生将会备受激励，并努力取得优异成绩；另一方面，全体学术荣誉获得者也会因此受到大家的普遍尊重，事实上这也正是实施荣誉学位制度的核心目的。除了上述建议，哈佛学生会还批评了旧有的荣誉体系，认为那种自愿参加综合考试以求获取荣誉学位的做法，实质上是将全体学生分成了两个泾渭分明的群体，一方是一心追求学术荣誉的少数派，另一方则是但求获得普通学位的多数党。

为所有学生准备同一种教学方法，并让主修相同知识领域者参加同一套综合考试，这样的安排并不意味着大家全都千人一面，最后的评价标准也非完全一致。事实上，就目前的具体操作情况来看，学业表现超越同侪者已经能够获得某些特权。譬如，在所有面向全体学生的公开课中，他们可以优先选择层次更高、难度更大的课程，而普通学生则不具备此种权利。正因为如此，他们的图书阅读权限比一般学生更大，更重要的是，他们还可以充分利用暑假时间修习高阶课程。如果学校为本科生配备导师，那么导师们毫无疑问会将主要精力放在目光远大的优秀学生身上。此外，综合考试的出题者也对优秀学生青眼有加；在考题中会有一部分题目要求学生广征博引，这显然是为荣誉学位申请者量身定做的。尽管如此，美国大学的荣誉学位制度总体上还是实施同一套课程体系和教学方法，并不会将荣誉学位申请者与普通学位申请者截然分开。其主要目的在于为表现优异者提供应有的荣誉，但与此同时又不让学生因为早期选择的不成熟而失去机会。也正是由于这种考虑，所有业已施行综合考试制度的系科才会要求所有申请学士学位的学生都要参加综合考试，而非仅限于荣誉学位申请者。

事实证明，在面向全体学生设计的一套公共教学制度下，导师的辅导的确能对激发学生的学术抱负起到正面影响。今年4月，我们对各系科毕业班学生申请荣誉学位的情况作了一个统计，总体情形大致如下：

> 既无综合考试亦无导师指导的系科，荣誉学位申请者所占比例为10.5％；
>
> 有综合考试但无导师指导的系科，荣誉学位申请者所占比例为7.9％；
>
> 既有综合考试又有导师指导的系科，荣誉学位申请者所占比例为21.5％。

当然，并非所有申请者最终都能如愿获得学术荣誉，但从上述数据当中我们可以清晰得知导师的鼓励让更多学生产生了追求卓越的内在愿望。事实证明，自从导师制度实行以后，申请荣誉学位的哈佛本科生人数明显有所增加。

年度报告（1923—1924）

硕士与博士

研究生院招收的学生分为两种，二者虽然并无根本差异，但总体来看的确存在一定区别。第一种学生以获得硕士学位为目标，在完成这个目标后他们就不再继续深造；第二种学生则是将获得博士学位作为最终目标。针对以上两种学生，研究生院所作的培养计划存在很大不同。对于前一种学生，研究生院的要求是至少修习四门高阶课程，并全部取得B等以上成绩。从本质上讲，硕士学位申请者所修习的课程应当具有一定的研究性，但校方在此方面并没有专门作出说明，因此，很多人的研究生生活与本科阶段的最后一年并无多大差别。对于这类学生而言，研究生阶段的学习生活大概相当于从一个学院转移到另一个学院，其学习方式基本上还是停留在本科阶段；学习内容虽然不再只是基础理论，但也不会比哈佛大学四年级的本科生高深多少。除此之外，学位的获得也都遵照统一标准，并不存在等级的不同。事实上，许多学科硕士研究生的教学质量还比不上本科生，因为后者还有综合考试发挥激励和监督作用，而前者则完全不具备此种功能。

与硕士研究生相比，博士研究生显然存在巨大不同。为了获得哲学博士学位，申请人必须首先通过一个标准十分严格的学科综合测试，然后根据研究方向参加一个更加强调深度的专业考核。最后，他们还必须撰写一篇学位论文，从中应当能够看出他们具备高深学问的探究能力。总而言之，硕士阶段培养的是学有余力的学生，而博士阶段造就的则是富有洞见的学者；前者适合在中学从事教育工作，后者则应当能够胜任大学阶段的指导和教学。

基于以上事实，我们还需回答两个由此引发的主要问题。第一个问题与当前美国大学的一个常见现象有关：本科毕业生必须首先获得硕士学位然后才能开始博士阶段的研究，这种要求是否明智？当然，大部分学生在本科毕业时都未表现出独立从事学术研究的能力。但不可否认，的确也有许多毕业于一流学院的本科生已经完全可以独立进行科学研究；对于这类学生，无须再耗费时间让其证明自己，而是应当尽快提供机会让他们在杰出学者的指引、批评和激励下进行自主探究。第二个问题：如果将硕士生和博士生全都定义为独立从事学术工作的个体学者，并给予相应的待遇，这样的做法是否对其中某个群体或两个群体都有好处；或者，还是应当将处于初期成长阶段的学者组成一个紧密结合的学术群体，其中每个人都能与另外一些来自不同知识领域但却全都志向远大的年轻人展开亲密交流。以上问题的波及范围非常宽广，影响也十分深远，甚至已经超越了美国大学当前的现实情境。这些问题抛出之后，必然会引发许多不同意见，因此一时之间难以作出定论；但其价值和意义的确十分重大，因此值得我们反复思考、深入讨论。研究生教育的重要性不仅在于每一位实习学者都要在此阶段努力学会如何进行学术探究，而且所有未来有志于成为大学教师之人，也都必须通过这段时间的学习获得终身从事创造性知识工作的动机和能力。一旦选择了以学术为业，无论是成熟的教授还是青涩的研究生，都必须生活在一个洋溢着进取精神的场域当中，这种场域不仅源自学者群体的独特气质，同时也源于每个人内在于心的终极价值。

医学考试

因为牵涉到两个备受关注的重要议题，医学院院长的此次报告引起了大家非同寻常的关注。事实上，报告中的两个议题并不新鲜，但此次论述的力度和权威性的确前所未有。第一个议题是毕业生综合考试制度。大家应当记得，早在三十年前，哈佛大学医学院就已经针对本科毕业生实行了综合考试，这时本科生院还尚未促成此事；不过必须承认，综合考试在开始实施的数年中基本上被大家视作一个学科知识综述，完全没有发挥其应有功能。在所有的教育艺术中，考试大概是最难掌握的一种，但其能够对教师和学生产生十分重大的影响作用。世界大战结束后，哈佛大学医学院对考试艺术作出了卓有成效的探究；过去曾被当作学科综述的综合考试，逐渐发展成一股促进知识连接的强大势力。这一变革同时影响了临床和实验两大医学分支学科。由于在毕业之前必须参加一个涉及范围广、相互联系深的综合考试，因此无论修习哪类课程，学生都必须保持对知识理解的新鲜度，与此同时还要学会将所有毕业前习得的医学知识都应用于解决实际问题。

流动基金

我曾在1917至1918学年的年度报告中说过这样一句话：“我们亟需创建一个此前从未有过的可动基金，其收益并不固定属于任何一个系科，也不专门用于任何一个目的……如能筹建一笔非抵押性质的流动基金，将会对大学组织的顺利运转起到巨大的促进作用。”就目前的情况来看，为哈佛大学筹建的流动基金数额应达到一百万美元。这个计划虽然貌似十分困难，但令人欣慰的是我们已经将其变成现实。遵照1858级已故校友威廉·F.米尔顿先生（William F. Milton）的遗志，一笔数目恰为一百万美元的遗产被捐赠给哈佛大学。这笔资金由米尔顿夫人终身托管，其初始用途是为哈佛修建首座大学图书馆；如果资金到位之后哈佛大学已经有了一座图书馆，那么这笔遗产便可“在大学法团的决议或请求下，全部或部分用来多次支付医学、地理、历史和自然科学诸学科的特别项目……或者，无论本科生院抑或各个系科，其他符合基本要求的特别项目或暂时项目等非常规支出，也都可以申请使用这笔资金”。关于米尔顿基金的相关信息已经发送到全体大学成员手中，同时通知者还专门提醒，基金使用申请必须在12月1日之前完成。当所有申请文件全部归档后，校方就会特别任命一个拨款委员会，负责筛选出符合要求的项目。当然，由于申请项目数量过多，特别拨款委员会不可能让所有申请者都能享受基金收益，因此许多人定会感到失望。但无论如何，这笔流动基金到位后，在专家团队的帮助下，哈佛大学管理者终于可以机动灵活地为那些最具创意的项目源源不断地提供资助。我们希望，在米尔顿基金的帮助下，哈佛学者在学术研究方面将会得到更多支持。

知识整合

多年以前，我的一位挚友曾经说过，每一位具有原创力的思想家似乎都喜欢在人类知识领域努力开辟一块新的领地。如果事实的确如此，那么此举一个非常重要的原则就是切勿故步自封；

大家合作共赢，才是比较明智的选择。不同的知识领域彼此之间的确存在界限，但思想深邃的研究者应能轻松突破藩篱，与志同道合者分工协作。时至今日，人类知识已经增长到如此境地，以致任何一个个体都不可能全面掌握一个以上的专业学科。事实上，为了进一步精耕细作，每个大的学科还会进一步划分为更小的分支学科。如此一来，所有学者都必须将自己的精力放在有限范围内。除了学科的细化，人类知识的快速增长还导致许多原本互不相干的学科如今已经紧密相联。有时候，人们在向某个未知领域进军时，常常会不自觉地闯入他人领地。譬如物理和化学，这两个学科在原有基础上生发出来的前沿理论已经不再那么泾渭分明。再譬如生物学，这个学科正在酝酿一个名为生理学的新分支，其主要特色就是越来越多地依赖物理学和化学理论来研究动物和植物的生长现象。不仅如此，在一些研究内容彼此纠缠的领域，不同学科还可以互相参照；譬如历史学和经济学，便是互相解释和参考的典型代表。而当前正在大行其道的心理学，不仅对于研究历史和经济十分重要，而且在哲学、政治学、社会学和教育学等多个领域也不可缺少。以上现象必然会给大学教学带来种种问题，更重要的是，大学的学术创新功能也必将因此受到重大影响。

由于高校规模的扩张和教职人员的增长，大学不可避免地被划分成许多部门和科系；各个部门和科系皆拥有一定程度的自治权，它们不仅可以在各自范围内自主进行教学和管理，而且还独立负责图书的采购和供应。如此一来，大学内部便形成了一个又一个的利益共同体。正因为如此，才会出现那些价格昂贵但又用之甚少的跨界书籍——亦即那些可供多个学科共同使用的书籍——被许多系科重复复印的现象。与此同时，部分系科还置大学的整体利益于不顾，一味申请资金扩大规模。如果上述现象愈演愈烈，高等院校就会面临危机；尤其是当系科发展成学院，并拥有独立的教师委员会之后，这种危机就会变得更加深重。不论情况如何发展，现代大学都须谨记一点，就是所有学术部门都不可闭关自守，绝不能将整体知识分割成不同条块，并严禁他人进入自家领地。恰恰相反，所有学科的求知之门都应当大大敞开，每一个希望跨越门户成见广泛观察的学者，都有资格在学术长廊里找到一把属于自己的座椅。只有这样，大家才可以从不同的角度互相观察、彼此协作。

总体来说，迄今为止哈佛还是避开了前文提及的那种险境，这让我感到非常幸运。事实上，也正是由于这个原因，许多具有创新精神的优秀学者才会接受邀请来此工作。这些学者抵达哈佛后通常很快就会发现，自己的四周聚集了许多虽然来自其他学科，但却全都视野广阔的同道中人。在这个群体中，每位学者都能从周遭同伴那里获得意见、建议和共鸣。易言之，哈佛已在某种程度上实现了知识的整合，对此威德纳纪念图书馆的设计风格可以作为佐证。大多数美国大学图书馆都习惯于将图书按照学科分类进行摆放，不同学科的图书直接与不同系科的课程相对应，其他系科的人士除非通过内部渠道，否则不允许随便借阅。而威德纳图书馆的图书则全部统一归类摆放，人们可自由借阅所有对外公开的馆藏。二楼专题会议室的设计初衷也是为了方便大家进行分组咨询和工作，因此通常根据具体要求置放一些即时使用的专题书籍，而非专向某些系科开放。教授工作室和读者阅览室则全都位于主馆内，以方便大家随时获取所需图书。上述安排并非偶然，而是经过专门设计之后呈现出来的效果。

年度报告（1924—1925）

文化课程

一直以来，人们似乎都比较喜欢宣扬这样一种观点：永远不要指望本科生能像专业学院的学生那样对学业进步充满兴趣和渴望，因为大家对通识性文化课程的学习态度绝对无法与获得职业发展的成就动机相提并论。不仅如此，美国公众还一度认为，由于本科阶段的优异学业与毕业之后的事业发展距离太过遥远，学生们无法真正理解二者之间的关联。并且，由于社会背景的差异，牛津大学、剑桥大学那种为了学术荣誉而奋勇拼搏的学习动力也不可能被美国大学所复刻。从本质上讲，本科课程的覆盖面的确比较广，有些课程与学生未来的职业发展结合得比较紧密，另外一些课程则与职业发展没有太大关系。对比上述两种不同性质的课程，再结合学生在各自主修领域申请荣誉学位的大致比例，应该能够得出一些颇有意思的结论。当然，两种课程之间的差异也并非绝对泾渭分明。譬如同样选择一个主修专业，有些学生的目的是为未来的职业发展作准备，另一些学生则纯粹是为了文化理解。大致来看，以古典学与数学为主修专业者常常出现上述情形。不过尽管如此，我们仍然能够发现某些专业要比其他专业具有更加浓厚的职业性质。对比所有专业大四学生的荣誉学位申请率，可以发现一些颇为显著的差异：与美术（52.0%）、哲学与心理学（53.9%）、管理学（55.5%）、历史与文学（75.2%）等通识学科相比较，化学（42.0%）、生物（30.7%）、经济（39.0%）、工程（17.8%）等相对偏重职业应用的学科，学生申请荣誉学位的比例要远远低于前者（括号中的数字即为各学科学生申请荣誉学位者所占百分比）。

年度报告（1925—1926）

医学考试

哈佛大学医学教育的最大特色就是为毕业生设计的综合考试制度，对此笔者曾在前文作过详细论述。医学院专门负责综合此事的考试委员会曾在报告中列举过实施这一制度的三大优势：“首先，通过设计一个更见成效的毕业考试，能够帮助学生在本科四年期间提高自己的学业表现；其次，在已有课堂教学方法的基础上，综合考试能为授课教师提供一套公正无偏的课程资源；再次，要求学生将本科四年的所有知识进行有机联系和综合运用，能够帮助我们提高本科毕业生的综合素质。”除此之外，综合考试委员会还在报告中陈述，委员们在过去的几年里一直“努力尝试设计一些新型考题，以评价学生对课程知识的综合运用，而非简单考察他们的记忆力。新考题涉及的范围非常广，学生必须认真思索选择从哪个角度进行切入”。由此可见，好的考试，尤其是好的本科综合考试，究竟有何本质特征？目的究竟何在？对于这些问题，哈佛大学医学院考试委员会已经在报告中给出十分出色的解答，以至于其他人很难再有更加精辟的解读。再考虑到医学课程的丰富性和课堂教学的离散性，按照以上三大原则设计出来的综合考试，价值更加突出。毋庸置疑，考试委员会在具体设计中充分体现了报告中提到的三重功能，并在现实运用中取得了显著成效。由于学业促进委员会在本科生刚刚入校时就提出了高标准的学业要求，同时出台政策不断剔除那些明显不符标准者，因此医学院的毕业生很少因为未能通过综合考试而无法获得学士学位。去年，整个医学院只有一位学生未通过综合考试。通过实施综合考试，哈佛大学医学院不仅深刻影响了学生的求知理念，让他们真正理解何为学以致用，而且显著改变了教授们的教学方式，使其逐渐能从整体出发开展不同方向的课程教学。

年度报告（1926—1927）

阅读季

不久前，另一所大学的校长发表了一段评论。在他看来，高等教育机构向前发展的一个主要障碍，就是如何与各种顽固传统作斗争。不过，在美国大学所有传统当中，必定有一个会让评论者给予正面评价，那就是时刻准备作出改变。毫无疑问，我们所在的哈佛大学同样拥有这种传统。哈佛人一直都在酝酿新的变革，并希望从中汲取智慧。事实上，哈佛之所以能够不断革新，原因在于具有明确的发展方向和可持续的恒定目标。从学生的角度出发，这个目标就是激发内心的远大抱负以及形成自我教育的良好习惯。事实上，唯一真正有用的教育，就是通过前期训练让学生慢慢学会自主学习和自我激励。为了实现这个目标，我们在其他方面出台了配套措施。这套措施的执行不仅对学生群体大有裨益，而且还能让教职员工受益良多。在去年的校长报告中，我曾指出哈佛导师由于在学生辅导事务上投入了太多的精力，以致很难保证在自己的专业发展和研究方面的工作时间。如果此种局面不能得到改变，我们就将面临卓越人才不断流失的巨大危险。

为了减轻导师的教学负担，校方建议他们限制学生前来求教的时间和次数。譬如，导师可以规定学生接受辅导的时间一天不许超过几个小时，或者一周不许超过几天。然而，对此建议导师们的答复是：如果继续实施现行培养计划，只要导师们经常将学生拒之门外，师生之间彼此依赖的亲密情谊和卓有成效的教学关系必将受到严重破坏。为了妥善解决问题，校方决定采纳一个新建议，即在每个学期专门划出数周时间，让学生自主阅读相关资料，导师暂时不为大家提供辅导。事实上，无论是专门为本科学生提供辅导的导师还是为全体学生开设讲座的教师，所有大学教员都面临着教学负担过重的问题。尤其是随着人们对大学教育质量的要求不断提高，课程讲座的承担者必须付出比以往更多的辛劳。学生的探究热情也在不断上涨，他们中的大多数都愿意更加积极主动地在课堂上进行批判和讨论，这意味着教师们基本上不可能再像过去一样年复一年地重复同样的内容。如果没有准备新内容，去年讲过的东西放在今年很有可能无法满足学生的需求。与欧洲大学相比，美国大学教师的授课时间几乎是前者的两倍；而能让教授们潜心学习和研究的假期时间却更加短暂。针对这个问题，历史、管理和经济三个导师负担最沉重的系科联名向哈佛大学教学指导委员会提交了一份计划草案；然后由教学指导委员会委任一个下属委员会，专门就此计划的细节问题进行修订和匡正。今年2月，教学指导委员会通过了修改之后的计划决议，随后哈佛大学董事会也通过表决给予认可。在此之后，几乎所有系科全都作出表决，一致表示除基本理论之外的其他课程全都立刻采用新的教学指导计划。这一举措的主要目的，就是在每学年设置两个阅读季，全部时间共有七周。在阅读季期间，除了基本理论或其他因特殊需要而进行的课程与指导，教师不再进行课程教学和课外辅导。如此一来，不仅教师们的教学压力可以得到缓解，而且学生们也可以通过自主阅读考试指定的相关材料尝试进行自我教育。阅读季与讲座授课一样，都属于正常的教学计划，在此期间如无特殊原因，学生和教师都不得远离学校。

法学院

前文曾经提到，哈佛大学法学院培养了大量优秀的律法工作者，但却很少走出杰出的法学理论家。对于律法工作者的培养，法学院将会继续保持这个优秀传统；但关于杰出法学家的教育，至今仍然没有多大起色。虽然哈佛大学的法学教授在理论上并不缺乏贡献，但直到1912年研究生院成立，哈佛大学法学院才终于开始为学生提供系统的法学训练。对于任何专业学院，理论性的学科知识拓展与实用性的专业技艺训练具有同等重要的地位，法学专业亦不例外，其同样需要从理论和实践两个方面为人类发展作出贡献。法律是人们最明确的强制性社会义务，也是人类文明得以存在的实施方法和基本框架。只要律法不失，文明便能长存；一旦律法败坏，社会就会崩溃。在此，我们应当满怀喜悦地铭记：基于总计两百五十万美元的捐赠资金，哈佛大学的法学研究已经拥有一个十分稳固的财政基础。

年度报告（1927—1928）

化大学为寄宿制学院

关于在哈佛学院建造一系列寄宿制学院的长远计划，目前尚未作为实践方案纳入本期校长报告。但是，必须感谢一位希望将未知变成现实的捐助人，由于他在这个秋天慷慨解囊，促使一度搁浅的住宿学舍建造计划终于提上议事日程。有了这笔资金，我们有必要再次认真讨论学舍建造计划。关于住宿学舍，围绕这个话题哈佛早已展开诸多讨论。在很长一段时间里，关心高等教育界的各界人士一致认为，学生人数的大幅增长已经给美国大学带来了众多不利，其中一个比较显著的问题，就是师生之间的个体交流已经变得十分匮乏。由于规模过于庞大，原本整合如一的学生社群逐渐分裂成许多互不来往的小型派系。这些小团体皆以地缘关系和家庭出身为组织根基，其中最著名的富裕学生群体集中居住在位于奥本山街（Mt. Auburn Street）的私人寝舍，人们将这片住宅戏称为“黄金海岸”。直到校方将附近的土地全部买下，这个颇有讽刺意味的名称才慢慢消失。由于缺乏有效的管理和指导，那些尚未开始考虑未来事业发展的年轻学子很容易变得爱慕虚荣、内心浅薄；如果校方一直对此置之不理，他们很难通过高等教育提高自己的思想和学识。因为出现上述趋势，美国大学不仅受到外界人士的集中抱怨，而且招致高等教育投资人的强烈不满。同样也是由于这个原因，人们才会过度关注高等教育的次要功能而非首要职责。对此伍德罗·威尔逊（Woodrow Wilson）在担任普林斯顿大学校长时有一句十分精彩的评论："（在当前的美国大学）穿插表演热热闹闹，压轴大戏却无人问津。"近年来，由于哈佛一直致力于为学生提供更庄重、更有趣的知识生活，因此整体情形已经比过去有了很大改观。既然前期措施已经取得了一定成效，那么我们就应当沿着这个方向继续前行。

为了促进哈佛学生在学术方面也有优异表现，我们采取的方法是让每一个人都首先确定主修学科集中选课，然后再广泛在主修学科之外的不同领域选修课程。此计划实施后，主修学科范围内的综合考试以及为学生配置辅导教师等具体措施也相继出台。历史、管理和经济三个系科率先进行尝试，待具体方案逐渐完善后，其他系科再陆续执行。时至今日，集中选课、综合考试以及导师辅导等新制度带来的正面影响已经无人质疑；甚至就连不久之前刚刚设置的自主阅读季，也清清楚楚地让大家看到了学生风貌的积极变化。总而言之，以上所有改革措施的努力方向都与前文中提到的知性生活相一致，其目的也都是为了提升学生的自我教育能力，因为此种能力乃是促进智识进步的唯一关键。

在以上改革措施陆续推行的同时，"化大学为寄宿制学院"的革新计划也没有淡出大家的视野。长期以来，无论大学教师还是校外人士，许许多多关心这一问题的人竞相发表自己的意见。1906年，已故的查尔斯·弗朗西斯·亚当斯（Charles Francis

Adams）曾在哥伦比亚为优等生协会作过一次演讲，随后又将演讲内容公开发表。亚当斯认为，寄宿制学院或书院（亚当斯比较喜欢这个称呼）应根据学生的主修学科进行划分，与此同时也要考虑住宿费用。在他看来，由于家庭财力的不同，学生应该根据自身情况分别住进完全免费的受赠学舍、专门为奖学金获得者提供的学舍、中产家庭出身者应住的学舍以及为百万富翁子女准备的学舍。毫无疑问，这绝对不是一个明智的建议。大约在同一时期，伍德罗·威尔逊在普林斯顿大学提出了将本科学生分别安置在数个学舍的“方庭”（quad）计划。要想执行这一计划，首先必须废除在我们看来毫无意义的学生俱乐部。除此之外，究竟依据何种原则将学生分配到不同学舍，也是一个长期困扰人们的问题。围绕这个问题，当时的普林斯顿大学曾经展开热烈讨论。大家一致认为，如果管理者在学舍人员分配问题上独断专行，必然会引起学生的反感，进而使整个计划运行不畅；但是如果完全将选择权交给学生，他们很可能会以入校之前的身份为依据，按照同一中学或同一阶层的天然关系划分住宿学舍。为了解决以上难题，有人建议让学生在某一学年全部住在同一个大型寝舍，如此一来他们就会自然而然地形成志同道合的新团体，由此便会大大减轻为学生分配学舍的工作压力。新生寝舍理念便是由此而形成，不久之后，大家就切实感受到了该理念的重要意义。

迄今为止，住宿寄宿制学院建造计划已经在设计者的脑海中完全成型，与之相配套的寝舍建造方案也已准备完毕，接下来要完成的任务就是按部就班地执行既定计划。不过，我们也必须意识到这项工作不可能一蹴而就。不可能纯粹因为住宿分配，便把哈佛学院突然分解成多个小型学生群体，我们必须循序渐进地开展这项工作。建造住宿学舍的首要目的，就是以此为载体培养一个能够产生求知动力和创新能力的学者群体。关于这类设想，与此相对应的则是另外一个研究者群体建设计划，其最佳模板就是人才济济的剑桥大学三一学院。两年前，通识教育委员会曾经收到过一份同样性质的建造计划，但由于客观原因未能予以批准；两年之后，我们仍旧希望富有远见的捐资人能够帮助这一计划早日变成现实。

正是在上述情形下，一位不愿透露姓名的捐资者来到了剑桥（即哈佛大学所在的剑桥镇）；这位捐资人本身对于住宿学舍建造就有着十分深入的理解，在他看开，将规模庞大的本科学院分化成多个住宿社群，对于美国大学至关重要。与我们的意见相一致，这位慷慨的捐助者也认为学生群体的划分不应当以当下的主修学科或未来的职业倾向为原则；恰恰相反，来自不同领域的学习者更应当齐聚一堂，从而有助于彼此形成深厚的人文背景和开阔的学术视野。基于对教育理念的共同理解，哈佛大学管理者与这位捐资人进行了深入的沟通；我们向他汇报了一个大约耗资三百万美元的学者社群和住宿学舍建造计划，而对方则极其爽快地承诺为哈佛慷慨解囊。稍后，双方又进行了一次会谈。在听取了大学法团和教师委员会的一致意见之后，捐资人当即表示，如果哈佛能够就学舍建造问题达成一个总体计划，并适时顺势具体实施，他本人将会提供绝大部分的必需经费；当然，在具体捐助意向最终敲定之前，哈佛方面必须先作细致评估。基于以上背景，人文科学学院随即共同达成了以下意见：

对于将所有本科学生按照合适规模划分成数个学术社群的理念，教师委员会一致表示欢迎，同时对业已围绕上述计划具体实施的实践措施表示欣然接受。

整个计划的经费预算目前也正在制定过程中。

根据目前初步形成的计划，首要步骤是修建一栋或两栋学舍，大学方面更倾向于一次修建两栋。首栋学舍完工之后，其余工程即刻启动；所有新建学舍都供哈佛学院的本科生作住宿之用。迄今为止，具体的修建细节仍有待敲定，但总体性的建造原则都已按照基本目标设计成型。至于此次学舍建造计划的基本目标，就是通过一定的分配措施将全体本科学生有机安置在数个住宿学舍，让学生在多学科背景下进行亲密无间的交流和互动，从而促进多元兴趣的激发和社群精神的培养。为了实现这个目的，学舍的住宿人数就必须维持在一定规模，如果太过庞大，学生又会自然而然地自发形成自我封闭的小型团体。至于每个学舍究竟应当住进多少学生才能达到最佳效果，在通过实验进行检测之前不太可能给出一个确切回答。不过，根据牛津、剑桥的历史经验，同时考虑英美两国青年学子的基本差异，我们认为200人到300人之间的规模应当最为合适；具体数字可以根据不同学舍的实际情况进行浮动，但全体学舍的平均人数不应超过250人。

当然，在计划实施过程中，也会不可避免地出现一些误解。其中一个误解，就是认为哈佛学院会被住宿学舍所取代，或者二者之间形成竞争。这样的说法毫无根据。事实上，学舍群落建成以后，除了导师们为学生提供课外辅导时不再使用授课教室或行政办公室，而是在学舍中的起居室和会议厅之外，其他方面的本科教学方法和指导模式都不会产生任何改变，一应事务仍由人文科学学院全权负责。寄宿制学院计划的实施目的的确是激发学生的求知兴趣和学术抱负，但其主体功能并非开展教育，而是提供社群生活。因此，在学生入驻学舍之后，院长办公室和行政管理委员会对于违规学生的纪律督导权也不会因此而削弱。

部分人士可能也会认为寄宿制学院的建造并不会为他们带来

当下未曾享受的利益；但即便如此，只要计划的实施没有脱离正轨，也不会有任何人的利益因此而受损。反之，住宿学舍承载的学生越多，它们的正面效应就会越大。一方面，这是因为规模越发庞大的美国本科学院自身所存在的问题；另一方面，则是因为住宿学舍所能提供的特殊环境。

寄宿制学院建造计划的实施，还将帮助个体学生获得更多关注。从理论上讲，关注每一个个体是本科教育要努力达成的终极方向；就当前的情形来看，我们有时候的确也能做到这一点，可惜这样的时机大多都是学生惹了麻烦后被叫到院长办公室受训。对于那些容易落在人后或不愿充分发挥其自身天赋的学生，最好的教育办法乃是防患于未然而非事后矫正。创建住宿学舍，就是要将巨型大学的丰富资源与小型学院的人性管理结合起来。

基于以上考虑，我们所要兴建的寄宿制学院希望将大二到大四三个年级的本科学生及其导师都容纳在同一个生活区域中。如此一来，每一个学生都有机会与周遭彬彬有礼的年轻同伴和学术渊博的导师进行深入交流和沟通。这种生生之间和师生之间的沟通与交流对于促进教育价值的真正实现极其重要，但在当前情况下其实施范围十分有限。事实上，我们的本科学生在私下交谈时很少提及学术方面的问题，如果这种状况能够得到改观，必然会对正式的教学指导起到补充和提升作用。

研究生院

鉴于哈佛大学以及其他高校在本科教育方面已经实施的变革，研究生教育的整体计划也应当作出相应修订。一方面，我们要对研究生的招生方式和培养目标作出重大调整；另一方面，还要废除各种阻碍学生发展的僵化程序。在目前的研究生教育体制下，许多学生只在研究生院学习一年，在这一年的时间里他们只需在所选学科修习四门功课。还有一些学生则具有更加远大的学术抱负，但问题是他们并未完全作好从事学术工作的前期准备；因此，在进入研究生院之后，他们必须先要经过一段时间的初步适应，然后才能独立探究。如此一来，在所有进入研究生院的本科毕业生当中，包括哈佛本校的荣誉学位获得者，只有很少一部分人从一开始便能独立开展攻读博士学位所要求的阅读和探索。鉴于此种情形，洛斯院长（Dean Lowes）在1925年提交的报告中建议对不同情况的研究生进行差异化培养。如果洛斯院长的建议得到采纳，那么对于前两种研究生将主要通过课程教学进行培养；第三种学生则可以直接申请攻读博士，他们也可以根据导师的建议和自己的需要修习课程，但却不需积累学分，因为博士研究生的主要任务是对自己所在学科进行总体性的把握，然后再集中精力撰写学位论文。如此一来，部分在本科阶段就在学术发展方面显示出巨大潜力的学生，就可以自进入研究生院之日起便开始攻读博士学位，而那些能力稍逊者则必须首先经过一到两年的前期准备才可以申请博士生身份。至于教学和指导方法，虽然不同类别的学生分别遵循不同的培养路径，但总体上变动不大；在此方面唯一比较显著的变化，就是博士研究生作为一个独特群体无须累积学分，这一举措的用意在于帮助这些能力出众的学者节省时间，从而将更多的精力投入到创新活动中。

生物学院

近期的生物学院创建计划与人文和科学教师委员会关系颇为紧密，但却不是严格的从属关系。事实上，此项计划的重要意义已经被相关人士在报告中一再重申，但直至近来国际教育委员会的慷慨援助，我们才终于能够将其付诸实践。按照具体步骤，首先需要完成的任务就是建造一栋大楼，如此一来原本分散在各处的生物学分支机构就可以进行集中和扩大。为实现此目标，国际教育委员会提供了两百万美元的资助。

一旦生物学院成功创建，原本分散进行的生物学相关工作便可以聚集到同一个核心机构；并且这个机构还与化学和物理学实验室相毗邻，因此又可借助后两个学科的资源在更多的交叉领域实现突破。当然，由于地理和环境因素，一些分支机构仍然需要分散在各地，譬如哈佛大学植物园、彼得舍姆森林博物馆（the Forest at Petersham）和位于古巴索莱达的亚热带植物园（Subtropical Garden at Soledad in Cuba）；但在科研方面，各分支机构已经在组织中心的督导下展开有效协作，而且这种合作趋势未来还必将进一步地加强。通过集中和协作，研究者不仅可以极其便捷地获得相关机构提供的资源，而且还可以无比振奋地得到同行专家的帮助，由此他们便可让自己的研究能力得到最大程度的自由发挥。毫无疑问，今后生物学院还需要继续扩大基地和设备，譬如一座农场、数个热带生物研究站以及更多的海洋生物研究设施等等；但即将到位的资金无疑足以帮助我们创建新的实验室和扩大研究人员规模，如此一来，我们必定能够在生物学领域获得更多发现，从而为人类的文明和福祉作出更大贡献。

医学院

由于范德比尔特学舍（Vanderbilt Hall）的落成，哈佛大学医学院又一次站在新的起点。在去年的报告中，该学院已经就此事专门作了介绍。长久以来，医学院糟糕的学生住宿问题一直困扰着关心这所学院的人士，尤其是乔斯林博士（Dr. Joslin）更是对之忧心如焚。在他的倡导下，医学院发起了一场寝舍改造运动。由于哈罗德·范德比尔特（Harold S. Vanderbilt）先生的慷慨馈赠以及该学院毕业生的无私捐助，一座崭新的住宿学舍终于从图纸上跃然而下。范德比尔特学舍的落成极大地改善了医学院众学子的膳宿条件，对此我们毋需赘述。然而，出乎意料的是，该学舍的出现还在教育方面带来了可喜的改变。在此之前，医学院的学生们一直分散居住，这样的住宿方式很容易使人感到孤独和无趣，即便学生能够通过其他途径摆脱这种困扰，也无法从校园生活中获得太多文化熏陶。而当大家集中入住范德比尔特学舍之后，不仅人人都可以和各个年级的同学相依相伴，而且还与导师们比邻而居，尤其是那些尚未成家的年轻教师，更是可以成为学生们亲密无间的良师益友。就像我们所看到的那样，在这里人人都可以随意自如地与自己身边的同学，与年龄和学识都比自己成熟的长者交换观点、切磋学业。毋庸置疑，大量高度精专的课程学习有助于培养灵活的头脑，同时也让学生对基本理论充满旺盛的求知热情，而这种素质又恰恰最适用于学舍学生的对谈交流。而管理者和教育者与学生紧密接触，又前所未有地激起了积极向学的求知气氛。以范德比尔特为中心，这种气氛弥漫在整个医学院。如我们之所见，通过与同伴、与师长在课堂之外展开热切交谈来实现心灵与心灵的碰撞，这样的氛围能够形成最强大的隐性教育力量；范德比尔特学舍用出色的实践充分证明了这一点。

在范德比尔特学舍门廊的顶部，镌刻着巴斯德那句广为流传的名言：“在科学观察的领域里，机遇只垂青有准备的头脑。”（Dans les champs de l’observation le hasard ne favorise que les esprits prepares.）长期以来，哈佛大学医学院都在坚定不移地帮助学生用整体性的眼光看待医学问题，将其视作生命科学有机体的一个构成部分，而非孤立存在的学科教学和研究。通过综合考试的实施、课程形式的放松和住宿学舍的建造，医学院已经一步一步地接近这个目标。在本年度的院长报告中，艾德索博士（Dr. Edsall）详细回顾了自己就任十年来医学院取得的上述成就，此外还具体汇报了在此期间获得的财政支持、与各大医院形成的良好关系以及在科学研究方面取得的种种成就。报告指出，由于拉马尔基金会的捐款以及来自其他各种渠道的资产捐赠，哈佛大学医学与公共健康的联合收入已经是十年前的四倍；不仅如此，各大医院每年也向在本院从事临床工作的哈佛教授划拨大笔款项，用于疾病治疗方面的理论研究。正是基于上述缘由，哈佛大学医学院近年来不仅在基本设施的建设上取得了长足进步，而且更是将一大批优秀的医学学者，尤其是大有前途的年轻学者，牢牢地吸引在自己的工作岗位上。根据艾德索博士的陈述，十年前当他刚刚就任院长时，哈佛大学医学院只能提供20个高级研究职务和同样数目的初级研究岗位；而现在，这个数字已经达到各有60个，这还不包括30位来自全国各地和其他国家医学研究组织的访问学者；易言之，同时在哈佛从事医学和公共健康相关研究的教职员工已经达到150人。研究设施的改善和科研人员的充足迅速转化为科研成果的激增，在这一阶段涌现的医学新发现中，最具代表性的就是乔治·迈诺特（George R. Minot）博士在治疗恶性贫血方面取得的重大成就。在此之前，恶性贫血一直是令人绝望的致命疾病，而迈诺特博士通过肝脏治疗法成功地攻克了这个医学险阻。根据初步估计，仅在美国境内罹患恶性贫血者就曾一度达到25万人；迈诺特博士的杰出贡献切切实实地帮助这些人挡住了病魔的肆虐脚步。仅此一个贡献，就完全抵得上此前的全部投入；并且，哈佛医学的研究成果绝不会仅止于此。

艾德索博士坚信，哈佛医学和公共健康的未来与这所大学所在城市的基础科学紧密结合；与其息息相关的学科不仅有生物学，而且还包括物理和化学。若事实果真如此，我们更有理由尽快筹措建造生物学院所需的三百万美元。由于国际教育委员会已经拨付了两百万美元的捐赠，因此我们只需再去筹集一百万，整个计划所需要的资金就将全部到位。就目前的情况来看，物理学院的住宿、设备和资金业已相当完备，而化学院却亟需扩大规模。对此，国际教育委员会也作出了一个承诺：只要哈佛方面能够围绕这个计划自行筹措大约五十万美元的经费，他们随即就会捐出同样的数额。以上行动我们必须尽快落实，不得有任何耽搁。

今日，位于南非司法首都布隆方丹（Bloemfontein）的南半球天文台已经开始运行，诸多小型设备业已投入使用，大型望远镜也在安装过程中。十分感谢南非政府给予的大力支持，否则这个项目不可能进行得如此顺利。由于布隆方丹的气象状况更加稳定，因此这个新成立的天文观测站要比位于秘鲁安第斯山脉阿雷基帕市（Arequipa）的老天文台条件更加优越。与此同时，位于剑桥的北半球天文馆仍会正常发挥作用，一如既往地对宇宙中的行星、恒星、星云以及它们发射出来的光谱进行观测，并由此来推测恒星世界的构成以及我们在宇宙中的位置。

年度报告（1928—1929）

寄宿制学院建造计划

住宿学舍建造计划是一项伟大的教育实验，甚至从某方面来看这一举措称得上哈佛大学本科教育史上最伟大的尝试；这不是个一蹴而就的短期计划，而是经过多年来的酝酿和积累才慢慢走向圆满的长期工程。正是由于综合考试、导师制度和阅读季的次第实施，住宿学舍才逐渐从幕后显出身影；如果没有上述措施，寄宿制学院建造计划也不可能取得成功。总而言之，以上变革都有一个共同的方向，那就是让个体学生得到更多的关注，与此同时也促进每一个学生逐渐学会自力更生；换句话说，上述举措也可以被视作通过为学生提供更加便捷、更加丰富的指导，从而帮助他们学会自我教育。而从学生的角度来看，则是一个心智不断成熟、态度逐渐稳重的成长过程。这种教导和成长过程体现了大学教育与中小学教育的差异，凸显了前者的主体特性。大学阶段的教育主题乃是促进学生的德性成长，这一目标的实现有赖于学生自身对于心智、肉体和性格的发展需求；在此过程中，营造志趣相投的生活环境和积极向上的文化气氛，对于目标的实现至关重要。一般情况下，大学里的年长者多半都已形成了比较成熟的个性意识和集体担当；如果能让他们与低年级学生经常接触，必定能够起到良好的示范作用。住宿学舍的建立，也正是基于以上考虑的为促进德性养成而提供的社交机制。

研究生院

优质的教育应当是针对小型社群给予的悉心教导，而非面对庞大的学生群体草草进行集中培训；在这个理念的指引下，当前大学几乎所有大型科系都对学生规模作了限制。哈佛本科学院以及哈佛医学院、法学院和工商管理学院都以实际行动践行了这一理念；因此，当下也是时候认真考虑一下人文与科学研究生院究竟应不应该也实行此种理念了。

由于哈佛学院和拉德克利夫学院（Radcliffe）[①]的学生人数都已达到如此庞大的规模，导致我们的教职员工承受了沉重的教学负担，其他部门的情况也大致相似；而在其他领域，大学又不得不将越来越多的员工放在他们最擅长的工作上，譬如知识创新和社会服务。对于正在哈佛就读的一千三百余名男生和女生，没人可以预测他们究竟能为人类的知识发展作出怎样的贡献，也没人可以预测他们能在教育领域达到怎样的高度；然而，当前一个不得不去面对的事实是，进行全日制本科学习的全职学生比例正在不断缩减。二十年前，这个数字接近70%；而到了去年，就已经下降到44%。当然，我们绝不可以轻易断定非全日制的本科学生全是表现欠佳者；事实上，大学也常常聘用研究生承担本

① 译者注：哈佛大学的本科生全部集中在两个本科生院，一个是哈佛学院，另一个就是只招收女生的拉德克利夫学院。

科教学工作。但可以肯定的是，让研究生为本科生授课这种做法对于双方都无甚益处。除了必须为未来的教师提供课堂教学实践的教育学院，没有哪一个专业学院会允许如此之多的学生从事兼职工作。

研究生从事兼职工作的现象由来已久，但大学迄今为止仍未采取任何限制手段。近年来，在研究生工作报告和院长工作报告中，报告方已经多次督促学校管理层出台相关措施，要求那些有志于学术研究的学生和正在攻读博士的研究生必须有所为有所不为，否则他们就没有资格申请博士学位。在当下，由于研究生规模的不断扩大，我们不得不认真考虑是否需要将有限的精力集中在那些可塑之才的指导上。并且，当此项措施得到执行后，那些天赋有限或准备不足的研究生也不会受到妨碍，因为无论是综合大学还是大型学院，校方对研究生的学习时机几乎都没作出任何限制。这样的情况不仅发生在新英格兰地区，这个国家的其他地区也别无二致。

如果我们决定采取上述措施，就必须认真考虑其实施的范围和方法。一个比较彻底的解决办法，同时也几乎下意识提出的方法，就是让研究生院完全放弃艺学硕士学位，从而专心培养那些本科毕业后便立刻攻读博士学位者。就目前的情况来看，包含了综合考试和学术论文等考核方式的学士学位荣誉制度已经成为一个非常有效的选拔机制，其对学生的能力要求显然超过了硕士学位培养制度。对于普通硕士研究生，他们只需在主修学科领域内选择四门相关课程，功课成绩能够达到B级即可。因此，只要付出一定的努力，基本上人人都能够顺利通过。然而即便如此，每年仍有不少研究生无法获得硕士学位。针对这个问题，研究生院已在准备要求研究生必须参加综合考试或撰写学术论文，再或者同时提出上述两个要求，从而提高硕士学位的颁发标准。但问题在于，艺学硕士学位还具有商业价值。由于许多高级中学的管理者普遍喜欢聘任具有硕士学位者为本校教师，因此才有如此多人到研究生院报名；一旦要求提高，很多人就有可能难以达标。美国人普遍具有浓重的学位迷恋情结，由此带来了不少负面影响，积累学分获得学位的做法便是典型代表；笔者已经对这种做法进行了长时间的谴责，时至今日人们已能普遍感受其恶果。因为过于迷恋外在认可，导致美国学术界普遍认为所有学生都必须按部就班地一级一级攻读学位；要想申请硕士学位，就必须首先获得学士学位，而要想攻读博士学位，同样必须首先成为硕士学位获得者。如此一来，那些本有能力立刻准备迎接博士综合考试和学位论文的学士学位获得者，也不得不无谓耗费时间选修四门硕士课程，待获得成绩后才能最终开启自己的博士生活。毫无疑问，研究生院的功能就是培训具有最高水准的学术从业者。因此，我们应当认真考虑是否只向能够接近这个目标的学生敞开大门，并给予更大的自由，然后将他们组织成一个志向远大的学者社群，目光短浅者不得进入其中。

年度报告（1929—1930）

研究员协会

若想将博士研究生培养成纯粹的学者，就必须在招生阶段遴选出思维能力突出、前期准备充分的年轻人。毫无疑问，选拔和训练学术精英乃是研究生院的主要功能之一；不过，除了提供一定的学术训练，并通过论文撰写让大家初步领略学术研究之魅力，研究生教育并不能帮助这些头角峥嵘的年轻人获得更进一步的专业发展。为了弥补这一缺陷，有人提议另行创建一个研究员协会，其成员全部都是25岁以下，来自不同领域的杰出学者；学会将为所有成员提供一个共同的起居场所，在此大家可以随意自如地与周遭同伴频繁交流或共同进餐，并由此形成极具启发意义的学术氛围。事实上，这项提议并非原创，因为詹姆斯·拉塞尔·洛厄尔（James Russell Lowell）早在1886年的哈佛大学建校二百五十周年庆典上，就曾经发表过这样的演讲：

"赞助人如果想要促进大学的学术发展，没有什么手段能比在研究生群体中设置研究员席位，并为他们专门修建一栋共同栖息的住宿学舍更加有效；并且，最好能让这些居住在同一个学舍的研究员常常同桌共餐。要知道，当年红衣主教沃尔西（Cardinal Wolsey）在剑桥创建基督学舍时，用餐问题乃是他所关心的第一要务。的确，若要一群目标一致但路径不同的学者迅速融为一体，或者至少避免他们陷入各行其是的封闭状态，最迅速的办法就是为他们提供一个舒适便捷的社交场所。”

在不少英式学院，尤其是剑桥大学三一学院，享受奖学金待遇的学院院士便与我们所说的研究员职位属于同一性质。自设立院士学位以来，剑桥三一学院已经培养出一大批超群绝伦之人。最值得一提的是，在所有英籍诺贝尔奖获得者当中，竟然有一半之众曾拥有三一学院院士身份。

时至今日，人们常常提起学术协作的重要意义；事实上，不同领域的学者如能展开合作，的确能够迅捷有效地解决那些研究范畴比较明确且人员需求较大的难题。不过，并非所有问题都适合进行分工协作。这种科研方法有利于帮助研究者解决一些艰辛而复杂的学术问题，但对于那些最伟大的理论突破却无甚帮助，因为这种工作需要研究者提出从未有人思考过的新问题。这个过程就像文学或艺术创作，必须由创作者进行独立思索。选拔富有原创力的青年学者，并通过营造恰当的社群氛围来浇灌他们的想象力，并助其开花结果。这样的计划如果能够付诸实践，那么无论如何都值得我们作出尝试。此计划的具体实施办法如下：首先，由一批能力超卓且来自不同领域的前辈学者负责选拔工作，根据申请人的前期表现，从中挑出最具发展前途者；其次，新选出的研究员将会获得充足的定期津贴；再次，所有人都要签订为期三年的资助协议，在此期间如果能够展示出足够的研究能力，也可以再次签订一份新协议。亚历山大·阿加西（Alexander Agassiz）曾经告诉笔者，上述计划在他心中早已萦绕多时，但一直碍于外在条件限制未能落实；近年来，住宿学舍的修建恰好为我们提供了开展此类试验的绝佳契机。而实施上述计划的一个实质性步骤，就是为研究员们设计一套能让大家集体入住，并包含餐厅、会客厅和工作间的公共起居室。

存储知识

每过十年，哈佛大学用于扩展与储存知识方面的资源和精力都在成比例增长；伴随着人口的增加和财富的增长，尤其是伴随着国民性格的成熟，美利坚合众国也应当更加注重知识的扩展和储存。在已经过去的19世纪，美国人民的伟大使命就是让这块新大陆人烟稠密、工业兴盛；而在20世纪，我们的使命已经变成竭力提升这个国家的文明水平，在此方面，高等院校必须扮演不可或缺的重要角色。无论大学或学院，都要担负起培育心智和扩充知识的历史功能，只有高等教育充分发挥上述功能，美国社会才有机会不断前行。为了实现以上目标，我已在多个方向寻找可行路径。

在哈佛，威德纳纪念图书馆以及其他专业图书馆的落成，为人们提供了一座巨大的知识宝库。就学术研究可资利用的知识资源而言，哈佛已经名列世界第三，而且其储量仍在不断增长。

在前文中笔者曾经提到，哈佛大学生物实验大楼目前正在兴建。这项工程不仅能让原先四处分散的生物学诸学科聚合在一起，而且还为哈佛大学博物馆腾出了宝贵空间。由于原先的生物实验室终于可以转移到新大楼，原本拥挤不堪的局面得到化解，甚至还消除了火灾隐患……实际上，尽可能地将相近学科进行聚拢，乃是哈佛大学特意实行的一个建设策略。也正因为如此，哈佛大学博物馆才会形成管理一元、功能多维的运行情况。

年度报告（1930—1931）

本科生院

要想获得进步，最明智的做法不是从上层做起，而是打牢根基，这个道理同样适用于高等教育。因此，办好本科教育才是提升大学品质的第一要务。如果一所大学的本科教育没有打牢基础，那么它的研究生教育和专业教育都将陷入危险境地。正因为如此，哈佛大学人文科学学院再次针对本科教育提出了新的修订方案，此次方案的实质目的乃是革新大一新生的指导方式。早在1902年，在教师群体中就出现了对旧式人文学科教学方式的批评；教师们的批判激烈而中肯，他们指出针对低年级学生开设的大班制讲座课程无论广度还是深度都难以令人满意。有鉴于此，人文科学学院专门组建了一个“教学改进委员会”，其首要任务就是调查各项课程的实施水平，但还兼有其他职能。首次会议召开后，教学改进委员会决定对本科生院的教学情形展开全面调查，并面向师生双方广泛咨询了一系列相关问题。问卷发放后，委员会最终收回245份教师问卷和757份学生问卷——这意味着所有先前发放出去的问卷最后全部收回。经过一年的调查和分析，教学改进委员会于1903年提交了一份最终报告，其中明确指出了一个十分突出的问题，那就是本科阶段的“教”与“学”十分不成比例。具体而言，教师教得太多，而学生独立自主的学习机会却少得可怜。除此之外，教学改进委员会还强烈建议“应当大力鼓励越来越多的本科生在毕业前申请荣誉学位；不仅如此，还要努力跳出专业学科的狭小范畴，在更广泛的领域内加强人们对学术荣誉的认知。之所以这样做，是因为委员会坚信本科阶段的通识学习应当广泛而纯粹，而非仅仅为了获得谋生手段”。此次报告带来的一个直接后果，就是本科生院坚定了对不少课程的强制性要求。报告提交数年后，校方又出台了一项新的规定，要求所有学生都必须将集中修课和分散选择相结合，从此取代了原先毫无章法、弊端重重的自由选课制度。

所谓集中修课，是指学生必须在某个主修学科领域内选择六门以上相关课程，这一变化为日后的诸多改革措施铺平了道路。随着集中修课制度的实施和巩固，公众熟知的综合考试与荣誉学位制度也相继出台。事实上，综合考试在哈佛渊源已久。早在1871年，学术荣誉申请者按照规定就需要参加一场带有综合性质的学业测试，主考人一般都是各系科独立组织的委员会。不过，自生效以来，早期的综合考试在很长一段时间内都以口头考察为主。口试表现再加上笔试分数，便是学生获得的最终成绩。除此之外，为了了解学生的知识广度和创新思维，各系科也都曾普遍使用口试。在过去，只有荣誉学位申请人才有义务在主修学科选修六门以上课程；当集中修课制度实施后，所有学生都必须进行选择，由此综合考试便成为人人皆须参加的普遍测试。综合考试的目标之一原本是测验学生的学术能力，但却长期缺乏执行动力。自从将其与专业学位授予相挂钩，大家就不得不全都应考，如此一来，全体学生也就有了一个公平竞争的平台，能力出众者便可借此机会充分展示自己。除此之外，综合考试的实施还带来了课外导师制度的执行，促进了同一学科不同课程之间的知识联结。关于这些问题，以往的校长报告已经作了大量介绍，在此便不再赘述。历史、管理和经济三系科乃是哈佛本科教学改革的先行者，对此问题笔者也曾多次重申。由于改革效果十分卓著，迄今为止，除了化学系，基本上哈佛大学所有其他系科都自愿采用了综合考试制度。

所有的人类行为都是多种原因共同作用的最终结果；哈佛本科教学之所以发生上述变革，部分原因应当是教育方法的转型。总体来看，与三十年前的情形相比较，今日美国大学的本科生已经变得更加成熟；这种变化不仅体现在学识的增长，同时还体现在课外兴趣的不断扩展和价值判断的愈发老练——事实上这才是个体成熟的真实表现。成熟与年龄无关，与19世纪末期相比较，今日的本科学生年龄整整小了一岁。更能让人变得成熟的影响因素乃是环境，而最根本的问题在于是否具有责任感。一个17岁进入大学但被当作成年人对待的学生，与一个19岁进入大学却被当作中学生对待的学生，两相比较显然前者更容易变得成熟。本科生虽然不再享有无限的自由选课权，而且课业标准也变得更加严格，但通过自我教育的加强和学院条件的改善，他们定能从中感受到更深沉的责任心和更强烈的荣誉感。在此问题上学生会也起到了很大的作用，通过咨询和交流，其能够不断激发本科学生的主体意识。此外，住宿学舍的兴建将原本十分庞大的学生群体划分成小型社群，从而为学生提升自己的责任感提供了一个极好的名义，这同样也有助于增进本科学生的成熟程度。有人曾经担心，如果本科学生愈发重视学习成绩，将会不断削弱他们的运动能力，但事实证明这种担忧毫无逻辑。因为只要具备了发自心底的超越精神，人们就会在各个方面都去追求卓尔不群。

研究生院

本科教育方法的转变以及学业标准的提升，促使甚至逼迫人文与科学学科的研究生教育也要认真反思自己所做的工作。一直以来，研究生院一直致力于将学生领进科学研究的大门；而改革之后的本科教育已经能够帮助学生在专业领域不断取得学术进步，由此二者的功能便出现了重叠。如果那些在本科阶段能够得到导师的单独辅导，并在综合考试中取得优异成绩的学生，在进入研究生院之后只能为了获得硕士学位而按部就班地选修功课积累学分——并且在此阶段必须选修的四门功课根本不比本科阶段的课程更加高明——那么这样的研究生教育对他们来说完全是一种不合时宜的学业退步。就目前的情况来看，人文科学学院开设的课程根据授课对象的不同可以分成三类，一类以本科学生为主，一类兼顾本科生和研究生，还有一类则以研究生为主。不过，所有课程都是公开讲授，只要具备合适的学习基础，每门课程哈佛本科生都可以自由选修。事实上，基于集中选课制度，基本上每个学生在本科阶段都在自己的主修学科修习过后两类课程。简而言之，哈佛大学的学生在本科阶段的后几年完全可以获得其他高校在研究生阶段才开设的课程资源。

在笔者看来，哈佛大学本科教育的实施情形在美国大学中绝不鲜见，因为我们的研究生院一向能从其他高校招来优质生源。无论本科阶段就读于本校还是外校，那些最优秀的研究生都可以被视作一个群体，虽然他们也可以分为不同的种类，但就出色程度而言并无实质性的差别；大家都拥有远大的抱负和出众的能力，堪称哈佛研究生院的学术精英；在未来的岁月里，他们注定能够在大学赢得教授席位。然而，在当前情形下这些精英学生却满腹牢骚，因为现行的培养机制未能给他们提供充足的发展空间。由于已经具备足够的学术能力，精英学生在研究生阶段的第一目的就是攻读学术型博士学位，而且这个过程应当尽快实施。除了学术精英，研究生群体中另外还有一类学生：这些人虽然颇具求知热情，同时也不乏刻苦精神，但却因为天资平平而注定在以后的岁月里无法做到高人一筹；由于能力有限，他们更擅长吸收知识而非创新观念。与第一类精英学生相比较，第二类学生人数更众、层次更多，其中能力最强者已经颇为接近学术精英；最差者则完全对科学研究不知所谓，这类学生最为明智的选择就是尽早离开学术领域。在第二类学生中，立志攻读博士学位者并不在少数，其中一部分获得了成功，另外一部分则或者因为半途而废或者因为考试失利而未能如愿以偿。虽然未来的发展高度无法与精英学生相提并论，但事实上有不少第二类学生仍然可以通过不懈努力而在学术界有所斩获，因此这些人也值得教师们精心培养。尤其是在自然科学诸学科，由于实验室的不断扩张带来了人手需求的持续增长，许多岗位都亟需引入能在学术带头人指导下开展试验工作的具体操作者。这样的工作只需要熟练的技术，并不要求工作者运用自己的原创力和想象力来发现新知或引领方向。易言之，就是要求工作者具备比较全面的知识，并且足够细致和可靠。此类人才也不只能在自然科学领域作出贡献，在其他学科同样也大有用武之地。譬如中小学教师，他们虽然无法创造新知，但却可以在教书育人方面出类拔萃。就目前的情形来看，许多中学和大学无疑都对教师要求过高，很多时候为了获得任教资格应聘者甚至必须出版一部著作。但无论如何，对于一所大学来说，其荣耀所系仍是吸引和培养成果丰硕的顶尖学者。虽然两类学生的区分并非界限分明，而且还有许多学生徘徊在临界线上，但对于个人而言，一般情况下都可以为自己究竟属于哪个群体作出选择。从教育者的角度来看，最好不要对所有学生都采取同一种教学方法，或者让他们全都摩肩接踵地沿着同一条道路踽踽而行。更加明智的做法是根据个体学生的需要给予具体的独特引导——当然，在一个已经膨胀到一千人以上的庞大群体中，实行这样的个性化教育绝非易事。

由于实力最强的美国中学皆以学位等级来筛选教师应聘者，因此哈佛研究生群体中也不乏以取得硕士学位为目标的第三类学生，这与其他大学研究生院的情形基本上如出一辙。就我们的情况来看，这类学生主要来自毕业标准低于哈佛学院的其他本科院校。在进入研究生院之后，他们的学业水平大致与哈佛学院的高年级本科生相类似，但却不像后者那样能够获得导师的指导，也不需要参加综合考试。为了获得硕士学位，他们必须选修四门高阶课程——这一点与哈佛学院的高年级本科生也颇为类似，并且每门课程的成绩都要达到B级以上。事实上，第三类学生即使获得硕士学位，他们的学术能力也不会超过哈佛学院的学士荣誉学位获得者，因为后者同样也要选修同类课程并获得同等成绩，况且还有不少人根本无法顺利通过课程考试。对于研究生而言，他们的所有课程成绩都不能低于B，否则就无法顺利获得学位。正是由于这个原因，不少研究生都会恳请任课教师对自己网开一面。如此一来，第三类研究生的学业水平就更加堪忧。多年前，此类学生来到哈佛后都先在本科学院就读一年，在获得哈佛的学士学位后再进入研究生院。这样的情况虽不多见，但却很有可能是针对他们制定的最佳方案。然而，根据目前的状况，这一方案已经再也无法实施：一方面，是因为这些学生的目的乃是直接获得硕士学位；另一方面，也是因为哈佛本科学院已经无力接受如此庞大的群体，并且由于住宿学舍、导师辅导和综合考试等系列制度的实施，也不可能随便允许外来学生突然加入。毋庸置疑，第三类学生同样也可以有所追求，但问题是，既然已有不少其他高校能为此类学生提供发展契机，那么哈佛大学研究生教育是否也要亦步亦趋？如果我们执意招收此类学生，那么是否要将他们作为一个独立群体专门对待？在这个群体中，最优秀的一部分人也应当获得继续深造学业所必需的物质支持。如果是这样的话，等到他们获得硕士学位并达到哈佛学院优秀毕业生的学术水平之后，就可以申请攻读博士学位。但无论如何，研究生院都不能因为第三类学生的存在，而要求水平更高的学生同样必须修习四门功课并获得B级以上成绩；如此做只会拖慢优秀学生的前进步伐，这种情形在今日颇为常见，对此我们必须作出改变。

对于一位教授而言，生活在大学或者学院当中具有无可比拟的便利优势。在这里他们将会如鱼得水，基本不会受到各种生活琐事的困扰，因此能把更多的时间用于学术工作。在他们周围也都是志同道合的学者，大家分别来自不同的专业和学科，因此彼此可以进行广泛的交流与合作。由于每个级别的大学教师所获薪资都基本一致，因此在自己的学科领域内做出更大成就并不意味着获得更多收入。然而，这些问题应当不会影响到那些拥有足够学术品位和研究能力的优秀学者。对这些人来说，以研究生学习为入口的学术生活乃是十分适合自己的选择。通过观察研究生群体的来源，可以发现一个比较奇怪的现象，许多本科期间资金无缺的学生往往不会进入研究生院。究其原因，可能是考虑到未来的收入不能保证自己过上理想的生活，因此他们希望从事更加有利可图的职业；不过对于那些家境良好的学生，高额薪水并不是他们选择职业的主导动机。

调查数据非常具有说服力。为了进一步厘清问题，我们将大二至大四三个年级的本科生按照前一年的平均成绩分成六组展开分析。第一组的成绩最高，获得的奖学金也最多；在这组学生中，有些人并没有申请奖学金，但他们的成绩已经达到相应水平，因此能够自动获得“约翰·哈佛荣誉奖”（Honorary John Havard Scholarship）。以此类推，第二组学生的平均成绩稍逊于第一组，他们当中有需要的人会主动申请奖学金，其他人则自动获得“哈佛学院奖”（Havard College Scholarship）。值得关注的是，在平均成绩排名靠前的前两组学生中，将近半数都被授予了以上两种不与奖学金挂钩的荣誉奖项。最近两年，在两千名学生中平均成绩位列前三组[①]的学生人数及获得荣誉奖的情况大致如下：

1930—1931 学年：

第一组学生总数 43 人，获得“约翰·哈佛荣誉奖”者 17 人；

第二组学生总数 142 人，获得“哈佛学院奖”者 71 人。

1931—1932 学年：

第一组学生总数 46 人，获得“约翰·哈佛荣誉奖”者 13 人；

第二组学生总数 166 人，获得“哈佛学院奖”者 79 人。

① 译者注：此处作者只列举了前两组学生的数据，可能存在笔误。

在研究生院，我们也可以为那些学业出众且需要资金支持的学生提供“约翰·哈佛研究者奖学金”。不过上述措施并没有成为研究生院的既定政策，在此方面，研究生的教育传统与本科学院颇为不同。一般情况下，只有那些准备赴海外留学或出于其他原因需要一份证书者，哈佛研究生院才会向其颁发荣誉证明。至于本科期间曾经获得学术奖励的学生在进入研究生阶段之后的获奖情况，目前还没有获得相关数据；但显而易见，在研究生院获得学术荣誉者的比例不仅远远小于本科生院，而且也明显小于法学、医学和商学等专业学院。根据估算，在所有研究生当中能够获得学术荣誉者大概只有不到十分之一。由此可见，对于那些本科期间名列前茅的学生而言，研究生院显然缺乏足够的吸引力。人们常常以为大学教授职位因为薪水微薄而难以吸引人才，但事实上这个因素根本影响不了那些并不怎么在意薪水多少的学者。部分人喜欢实践胜于喜欢思考，因此他们选择从事商业运作或其他需要做出具体行动的工作；但这些人在工作一段时间后也可能会重拾校园生活，并在获得学位后继续从事学术写作和探究。在哈佛大学的现任教师中，便有数位有过类似经历。教学工作的确非常辛苦，因此也会导致很多人对教师职业敬而远之；然而，又有哪个正常职业不需要付出大量的辛勤劳作呢？而且，为了减轻杰出学者的教学负担，哈佛大学——事实上每一所美国大学——已经实施了兼职教席政策，这意味着醉心科研的优秀教师完全可以根据自己的意愿自由安排授课时间。哈佛研究生院真正令人感到震惊的问题，在于缺乏那种完全不在乎未来的物质回报，只是单纯喜欢从事学术研究的学生。这些人之所以愿意全心全意地从事一项工作，并不是因为完全不图物质回报，而是因为他们根本就没有把这方面的因素当作衡量自身价值的主要指标。研究生院无法吸引纯粹学者的原因很多，其中部分原因我们完全有能力作出改变，譬如僵化刻板甚至迂腐不堪的培养制度。在研究生培养进度问题中，我们一直在迁就落后者的学习速度，而最有天赋的学生却不得不因此放缓自己的前进脚步。毫无疑问，一个以优异成绩通过综合考试，并能撰写出色毕业论文的优等生，却不得不与那些实力平平的同学站在同一起跑线上，按部就班地修习四门本科水准的功课，这样的教育必然缺乏吸引力。还有一个原因则是研究生院对学生的分类方式。在研究生群体中，那些能力最为突出者已经在学术领域遥遥领先，他们未来的成就不可限量，至少也会成为本学科的优秀学者。除了这类卓尔不群的优等生之外，大部分研究生都是勤奋有余天资平平。在现行政策下，这两类学生完全遵循同样的培养路径，这必然会让能力出众者缺乏足够的归属感。

约翰·利文斯顿·洛斯（John Livingston Lowes）在担任研究生院院长时，曾将硕士学位视作“通往博士学位路上的客栈”；接下来他进一步解释道：“大体来说，硕士和博士遵循两种不同的教导方式，最后的培养结果也截然不同。前者只是给予一定的学术训练，后者则致力于知识的发展和技能的进步。总体而言，通过自身的学术探究来影响他人的思维方式和促进知识的传承发展，这才是研究生院最主要的存在方式。”时至今日，哈佛教师委员会仍未看到洛斯院长的教育理念得到践行。不过令人欣慰的是，哈佛研究生院已经决定提高自身的教育质量，同时革除一部分过于刻板僵化的培养方案。1929至1930学年，研究生院正式决定缩小招生规模，从而将更多的资源和精力用于培养那些“业已充分证明自己有能力在研究生阶段增广进益的优秀学生。至于证明方式，可以是获得荣誉学位，可以是毕业成绩名列前茅，可以是入选美国大学优等生协会，也可以是在某个学科单项获得突出成就的正式记录”。这一政策实行后，今年秋季哈佛研究生院共招收了381名本科毕业生，另有120人被拒之门外。就在本次报告涉及范围内的1930至1931学年，教师委员会又针对研究生培养问题采取了进一步的改革措施，从而使整个培养方案不仅更加尊重个性，而且更加具有弹性。根据投票结果，教师委员会敦促各个系科应当针对研究生教育作出如下调整：首先，研究研一新生的发展情况，总结最佳教学方式，并向教师委员会提交相关报告；其次，经过一年的观察，对所有缺乏进一步深造能力的研究生进行记录，并将名单上报；再次，综合采取多种方式的学业考核，取代过去单一的课程打分制。如此一来，各系科教师便可以以发展性的眼光评估本系研究生在第一年的学术进展情况。上述改革措施的出台有利于改善研究生的培养质量，尤其是最后一条取消四门必修课程的措施，更将有利于为优秀学生释放更多自主的学习与研究空间。不过，正如蔡斯院长（Dean Chase）所言：“（即便已经采取了改革措施）教师和学生仍会延续课程修习的教学思维，而非立刻变为以发展性的眼光注重对学科知识的综合掌握。我们希望，关于培养方案的新定义将会逐渐改变大家对研究生教学的认知态度。”

研究生院正在酝酿的改革乃是众望所归；就目前的情况来看，与本科教育相比，哈佛的研究生教育不仅远远未能保持领先，而且连并驾齐驱都无法做到。有鉴于此，此次改革的确十分明智，而且必定能够发挥正面作用。不过仅靠上述措施并不能吸引那些最具创造能力的学生，因为我们仍然未能将这些志向远大、才华出众的年轻人凝聚成一个独具特色的杰出群体。因此，我建议哈佛大学董事会以及所有关心这所大学的人士，应当计划成立一个小规模的研究员协会，借此荟萃那些最卓尔不群的优秀研究生，为他们营造一个倾心研究的学术氛围，使其能够轻松便捷地与本校最卓越的成熟学者共同求学问道。这样的氛围一旦形成，必定会以无以伦比的感染力风靡全国。当然，为了保障研究员协会的顺畅运行，我们必须为其提供充足的捐赠资金。不过这并不是最重要的支持因素，真正能让这个协会蓬勃兴旺的核心力量，乃是对学术研究强烈而又持久的坚定信仰。

年度报告（1931—1932）

本科教育的近期走向

由于这已是笔者任期内的最后一次校长报告，因此笔者要抓住时机对近期美国高等教育大致走向稍作论述。接下来，笔者将基于哈佛和其他美国高校所面临的相似局面，对本科教育、专业学院和学术发展等核心问题展开探讨。

基于高等教育的组织层级，首先讨论的问题应当是本科教育。无论在哈佛，还是与之相类似的其他高等教育机构，本科教育都是整个大学的根基之所在。如果本科阶段的教育工作不能得到严肃认真的对待，那么接下来各个阶段的教育质量都将被严重削弱。本科学生一旦染上了游手好闲、粗陋肤浅的坏习惯，在以后任何时期都很难真正改正，专业学院的教育水平必然也会因此而大受影响。大致而言，当前本科教育的趋势是总体上淡化职业因素，同时越来越致力于帮助学生在更高层次上明白知识之间的交互联结，理解自我教育的重要价值，以及对学术产生由衷的研究兴趣。不过亦非所有美国高校都一定会呈现上述趋势，只是相对比较普遍；而且这也不意味着新的教育理念开始涌现或者旧的理念从此被替代，事实上从教育活动被人们视作一个自觉自愿的发展过程以来，上述理念就已经广泛存在。因此，以上趋势的出现只是教育重心或教学态度的转变。此外还需提醒大家注意的是，刚刚提及的本科教育目标的四大趋势相互之间彼此关联，无论针对哪一方面采取措施都会对其他三个方面产生影响；换言之，无论想要在哪一方面看到效果，都应当多方采取行动，只在某一方面进行努力的做法显然不够成熟。

所谓“淡化职业因素”，意思是指不应站在未来的职业发展立场来看待当前本科教育的直接效用，本科教育的主要目的应当是提升学生的综合素质。这意味着教育者要注重大学生整体思维的形成而非专业知识的积累，要帮助他们学会准确、全面地思考重大课题，而非在有限范围内集中关注某些工具技能的应用。当然，以上所有问题在某种程度上都可以视为如何远离教条主义。但更重要的是，上述观点还表达了十分坚定的反实利主义立场。从一个偏僻荒蛮的农业国家发展成繁荣富强的工业国家，美国社会在过去的历史过程中形成了极为牢固的实利主义原则，但是在今日的大学教育中，我们却必须反其道而行之。对于正在为谋生计而努力的人而言，具有以职业为目标的教育观念实属自然而然；并且，在初等教育之后的任何教育阶段，我们的学校教育都在不断加强这种观念。但时至今日，无论是职场还是商场都愈发需要博学多能的综合型人才，整个社会更是迫切呼唤具有思想深度之人。对于社会的人才渴求，我们必须将企盼的目光投放在大学身上。

“知识之间更高层次的交互联结”，在一定程度上与“淡化职业因素”所强调的是同一原则，只是站在不同的立场。如果不希望让学生死记硬背各种零零碎碎的知识片段，那么教育者就必须指导他们学会对各种各样的知识和理论作出比较，然后辨别和区分它们在不同领域的重要程度，继而学会将其应用于实践。更重要的是，由于所有理论和知识都属于同一个内在一致的认知体系，因此我们必须教会学生广泛综合地进行学习。用食物养育鲜活的禽鸟，与用板栗填塞终将端上餐桌的烧鹅完全不可相提并论。当然，每一位优秀教师必定都会努力敦促自己的学生认真思考本门课程所涉及的内容；但是，所有单科课程的教学内容——尤其是本质上缺乏发展性，前期积累的知识与后期学习的内容不具连贯性的单科课程——都不具备足够的综合特征，因此也都不能教会学生在宏观视域内进行关联性的学习。关于选修课程积累学分的教学方式，笔者长期坚持批判态度，令人欣慰的是近年来人们对此种教育方式存在的缺陷业已形成共识。在美国的课程发展过程中一向具有期末举行考试的传统，我们无论如何也不应丢失这个优秀的历史传承；不过，在本科学院、研究生院以及部分专业学院，仅有单科考试并不足以培养学生的整体思维，因此还需要辅以范围更加宽广的综合性考核。在此方面，我们已经通过实施综合考试和提供导师辅导作出了有益的改善。

“自我教育”是对机械教育论的超越，其基本主张是任何个体都无法在违反自己意志或者缺乏主动参与的情况下获得真正的教育。教师的确可以向学生传递知识，但不会比勤奋学生直接阅读书本效果更佳。教师也可以向学生解读理论、呈现观点，当学生的学习态度不够积极时他们还可以给予激励和鼓舞。但是，除非学生自觉自愿，或者被教师唤醒了求知热情，否则他们最终将不会从学习过程中获得多少益处。总而言之，学生必须学会自我教育，必须尝试通过自己的努力解决问题。此处，我们需要再次重申导师的重要作用。导师经常会与学生进行单独会面和交谈，在此过程中双方可以共同商讨各种悬而未决的问题和正在学习的内容。导师所起的作用授课教师很难做到，除非他们讲授的是规模极小的高阶课程。导师辅导的成功之处，在于能让学生感受到正是由于自己的主动思考才促进了观念的最终形成，或者至少也要帮助他们下意识地完成这个过程。对教师的教学内容进行吸收并给予反馈，这样的学习方法可能会为学生带来出色的单科成绩，但却无法帮助他们完成思维的训练与强化，在此方面更具价值的学习方法是抓住一个目标主动付出努力。总而言之，所有高等教育的本质，皆是教师引领下的自我教育。正是基于这个原则，哈佛才设立了专供学生自主学习的“阅读季”。在此期间，学生虽然大致还会遵照事先设定的学习路线进行学习，但关于资料的筛选和内容的思考都必须独立完成。

在当前关于本科教育改革的四大目标中，让学生“对学术探究产生由衷的钻研兴趣”实系重中之重。毫无疑问，这个目标也长久承载了一切虔诚教育者的追求和失落。之所以会感到失落，乃是因为本科教育并不具备强烈的职业动机，因此也就最难让学生产生“由衷的钻研兴趣”。对于教师而言，将大部分的注意力放在那些勤奋刻苦、成绩优异的学生身上，实在是一件自然而然的事情。然而，尽管优秀学生的确能够因为教师的指导而受益良多，但事实上有时候其他学生更需要关注。尤其是那些虽然能力超群，但是知性品位和学术抱负尚未得到激发的学生，他们往往会在大学生活的其他领域寻找最具价值的努力目标，在学业方面仅仅满足于获得一个基本过关的分数。在刚刚入学的大一新生中，极少有人对探究知识有着热烈渴望，无论哪一学科，而大学的任务就是必须帮助他们燃起求知热情。

在旧式的固定课程制度下，所有学生都共同修习同一套知识体系，正如海德利校长所言，其名称就暗含了这是一场具有竞赛性质的学习历程。因此，学生在这种课程制度下最最需要形成的就是一种不断超越的精神追求。如果某个学生能够体现出强烈的进取精神，他将得到其他同学的尊重。八十年前，不仅同一个年级的所有同学都明确知晓谁的成绩名列前茅，而且他们前后几级的同学也都常常颇为了解。然而，由于自由选课制度的实施，原本全部处于同一轨道的课程学习分化成许许多多方向不同、内容相异的求知路径，由此关于学习的比赛自然也就难以为继。随之一同慢慢衰落的还有年轻人难能可贵的竞争动力，以及因为亲身参与了全部过程而对胜利者自然产生的由衷尊敬。与此同时，由于校际体育竞赛或其他社交活动逐渐开始兴盛，在此类事件中大出风头不仅能够获得校内同伴的尊重，甚至还能得到社会公众的认可，如此一来，学生更是不愿把自己的努力热情放在学业上。有人认为只要取消校际体育竞赛活动，就能改善大学生疏于学业的不利环境；然而，在关于课程学习的努力方向无法达成一致的情形下，摧毁另一个本身颇具价值的共同目标，根本无益于激发大家的竞争热情。学术兴趣的培养必须从学习者自身做起，一切试图消除学生其他兴趣以期增益求知热情的行为都无济于事。比较可行的办法是为学生树立一个长期目标，为达目标他们必须长期不懈地付出努力，在此过程中便会对正在从事的事业加深理解进而产生兴趣；除此之外，还可以让学生与那些真正热爱学术之人进行亲密接触。正是基于以上两方面的考虑，我们才在主修专业实施了综合考试，才为本科学生提供了导师辅导。

英格兰大学和苏格兰大学都是美国大学的原型，在激发学生的求知兴趣方面，二者都走出了独具特色的发展路线。在苏格兰大学，根据传统每位学生都必须将有关人类思想史的主要科目体现在自己的课程选修列表中；这一政策与美国旧式本科学院的固定课程具有一定相似性，如此安排也的确颇有可取之处。数年前，美国大学曾经仿效牛津、剑桥的教学方式，但这一做法是否明智，大家的意见却并不一致。关于牛津和剑桥，除了前者的古典文学荣誉学位、后者的数学荣誉学位以及正在消失的普通学士学位之外，实际上这两所大学都倾向于要求自己的学生将主要精力投放在某一个学科的探究，最后参加一个主修专业范畴内的综合考试，而非在多个学科广泛选修。无论英格兰还是苏格兰，二者的本科教育模式都有诸多优点，但都必须放在特定的社会背景下才能发挥最大优势。正是因为如此，我们并不打算单纯追随其中任何一种模式。譬如哈佛已经仿效英式大学建立起单一专业集中选修的课程制度，同时也引入了导师辅导和综合考试，不过与此同时我们也坚持认为人类知识体系的所有主要分支都应当在大学课程中得到体现；因此除主修学科之外我们也为学生留下了选择其他学科课程的自主空间。总而言之，当今美国大学的本科教育应当采取以上改革方式，不仅为了满足学生，更是为了服务国家。

综合考试

自综合考试在哈佛大学实施以来，其不仅在校内取得了重大成效，而且对其他的美国本科院校也产生了不小的影响。哈佛的综合考试制度肇始于1871年，当时的哈佛学院教师委员会经投票通过了以下决议：

> 所有荣誉学位申请人，都必须在大四年级结束或临近结束时，在教师委员会专门任命的考试委员会负责下，参加本

人申请学位所在学科的最终考核。考核方式可以采取口试、笔试或实验中的任意一种或多种，决定权属于考试委员会。

由于考试委员会成员全都不从应考学生的任课教师当中遴选，因此这无疑是一场带有综合性质的终极考核。不过，由于当时尚未引入导师辅导制度，学生的课外阅读无法获得有效的指导，因此各学科的综合考试内容也不会过于偏离课程知识；除此之外，考试题目也不会过多牵涉到不同课程理论的对比分析。这种情形一共维持了四十年，随后集中选课原则开始在整个本科生群体中推行，由此才引发了导师辅导的出现，同时综合考试的覆盖面也开始变得更加广泛。上述改革方案首先由历史、管理与经济系提出，1911年冬季经教师委员会审议，他们希望第二年秋季开始实施。虽然历史、管理与经济系极力推行此次改革运动，但当时的反对者也为数甚众，因此整个方案先后经过三次会议讨论，才在1912年11月5日确立了总体原则，具体规定则一直到1913年1月21日才最终通过。

显而易见，无论是综合考试还是导师辅导，这套制度在哈佛的推行都带有一定的实验性。当改革引起的争议慢慢平息之后，有人向校方建议，此方案试运行后如果效果良好，便可继续实施，反之便应当立刻废止。1918年12月3日，为调查新制度的运行效果，哈佛学院教师委员会专门任命了一个特别委员会来调查此事。根据委员会的调查报告，教师委员会于1919年4月15日投票通过了以下决议：所有选择主修学科的本科学生，在四年的本科学习即将结束时，都应当参加所属系科教师委员会或考试委员会组织的综合考试。由此，综合考试制度才最终确立下来。自此以后，除了化学与工程系，其他各系皆陆续实施了集中选修与综合考试制度。

上述所有业已得到实施的显著变革——围绕某些学科集中选课制度、综合考试制度、导师辅导制度、阅读季以及寄宿制学院计划——归根结底都是为了迎合本次报告开篇所讲的本科教育四大趋势，尤其是为了与最后一个发展趋势相符合——让学生对学术探究产生由衷的钻研兴趣。以上努力仅仅只是为了接近目标而采取的方法，在以后的实践中，只要与本科教育的四大发展趋势相符合，我们同样也可以采用其他手段。不过以上手段乃是我们业已完成的具体实践，而且事实证明它们的确卓有成效。据熟悉哈佛历史和现状的内部人士介绍，今日的哈佛学院本科生虽然比以前更加年轻，但学习态度却更加庄重，学业追求也更加投入，而且更懂得尊重在学术领域获得突出成就的同学。以前的学生普遍将那些获得优秀成绩的同学讥为“书呆子”（greasy grind）、“钻书虫”（greaser），而今再也听不到类似的称呼。“及格即万岁”之类的说辞，也不再是广受追捧的偷懒理由。此外十分值得关注的是，哈佛大学学生会的当值委员也认为我们的本科生从未能达到应有的学术水平，因此对当前的教育环境提出了批评。要知道，学生会的当值委员并不是成绩最为出色者，而是在课外活动中取得突出贡献者。学生会委员们当前所担忧的问题，在他们的父辈读大学的年代根本就不会被大家看在眼里，这种态度的转变也证明了我们已经取得的进步。并且，体育运动也没有因为学术价值的重彰而遭到抛弃，尽管我们的本科生已经不再将其视作大学生活中最具价值的东西，但其仍然具有不可抗拒的魅力。

更让我们感到鼓舞的是，哈佛大学的上述改革方式已经被越来越多的其他美国高校所采用；但更多的大学只是借用了源自哈佛本科学院的革新概念，却尚未作出实质性的转变。譬如某些院校虽然名义上实施了综合考试，但考试内容却完全没有体现学科综合性；有些院校也设立了阅读季，但事实上只在课程考试到来之前持续数日；还有一些院校声称自己建立了寄宿制学院，但事实上只不过是普通的学生寝舍，既没有为学生建设公共餐厅和图书馆，也没有配置导师和助教。总而言之，哈佛本科学院的教育工作的确已经取得一定进展，我们拥有足够的理由来相信这是一个事实；不仅如此，我们同样相信其他美国高校的本科教育也在发生类似的变革。

纵观当下美国大学的教学与科研，尤其是在自然科学领域，可以发现其在高级阶段呈现出明显的交叉综合趋势。就专业学院而言，医学院在此方面的发展趋势最为明显，其课程内容涵盖了大量的生物学知识。对于初学者来说，医学和生物学似乎缺乏明显关联，但只要稍作思考就会发现这一举措的目的在于帮助医学从业者早早建立一个重要观念——将病人当作一个令人惊叹的复杂合成体。正是出于这个目的，医学院教师委员会才仿效欧洲医学院校设立了两次综合考试，第一次综合考试安排在大二结束之前，主要考核各门实验课程的相关内容；第二次综合考试则安排在大四期末，主要考核内外科临床知识。但是，很快大家就发现欧洲模式的综合考试不仅过于注重综述性质的医学知识，而且未能促进实验理论和临床知识二者之间至关重要的交互联结。于是，医学院教师委员会便把两次综合考试合并成一次，其中每道考题都同时涉及实验和临床两个方面的内容，考试时间则是大学四年即将结束之时。在所有的综合性医学考题中，最有代表性的是一个关于“牛奶”的相关论述。关于这个题目，所有考生无需专门提醒，都应当能够全面描述牛奶的生产制作过程、营养吸收作用、肌体塑造功能、可能带来的传染疾病及其影响，继而详细阐述采取何种方法来检测、分辨和治疗因为饮用牛奶不当而带来的各种疾病。由此可见，为了回答这道题目，考生先后要引用解剖学、化学、生理学、细菌学和临床医学等多个学科的丰富知识。总而言之，此类考题的设计目的就是检验考生是否具备良好的理论应用能力。

在科学研究领域，不同学科之间的协同合作更是在飞速发展。在最初阶段，各门自然科学理论皆呈现出孤立状态，不同领域的知识体系几乎不可通约。在那个时候，不仅物理学与化学大相径庭，而且就连植物学和动物学也各行其道。由于各个学科的知识边界都在不断扩展，因此它们的边界必定会彼此相接，甚至互相重叠。迄今为止，不同学科之间已经不存在彼此隔离的界限；在多个学科的边缘重叠处，不仅不存在任何争议，而且成为多学科共有的交叉领域。知识的发展已经让物理学和化学研究具备了共同探究的基本要素，也使植物学和动物学有了共同的发展基础。更重要的是，每一门科学的探究都离不开其他学科的帮助。譬如，如果没有物理学和化学的支持，天文学家将束手无策；尤其是化学，几乎所有现代科学的发展都必须从这门学科寻求帮助。五十年前，人们根本无法想象哈佛大学医学院会与马萨诸塞州总医院、化学学院以及刚刚成立不久的工商管理学院协同合作，联手进行一项有关生理疲劳的研究。而在今天，这样的合作已经十分普遍，而且我们也在努力为其提供支持。到目前为止，哈佛大学物理学、化学和生物学三个学科的实验室全部集中在一栋大楼里，而且是与大学博物馆比邻。不仅如此，伯西生物研究所（Bussey Insititution）的大部分研究工作也在这栋大楼展开。最初以收集植物活体与标本为主要任务的植物园本来与上述几个学科全都相去甚远，现在也已经成为病理学与细胞学的合作研究机构。并且，在负责人欧凯斯·艾姆斯（Oakes Ames）教授的努力下，哈佛植物园还与伯西生物研究所、剑桥市植物博物馆以及位于古巴的阿特金斯生物园保持了紧密联系。而此前一直游离在外的天文台，由于负责人哈罗·夏普利（Harlow Shapley）教授的积极运作，目前也和哈佛大学其他部门建立了密切的合作关系。

总而言之，自从进入新世纪之后，哈佛大学的实验场所与器材、馆藏图书与标本以及科研人员总规模都在大幅增长。当然，以上不过是为知识创生和智慧拓展提供的客观条件，最终目标是否能够实现，首先取决于未来思想先锋的能力和热情，其次还取决于教育者能否帮助年轻人在从事学术研究的过程中获得尊严和愉悦、能否让科研工作者获得应有的尊重。大学之中的所有工作都应当致力于长远的未来。就像我们的住宿学舍，在建筑师查尔斯·A. 柯立芝（Charles A. Coolidge）及其同事的倾力打造下已经变得美轮美奂；在不远的未来，它们将会成为孕育思想珍珠的教育之蚌。

卸任典礼致辞（1933年6月22日）

我们是否像一部分人所说的那样，已经为教育机构的发展作出了一切重大贡献——我一直在思考这个问题，而且认为这个任务终有一天会完成，目前我还无法作出回答。不过，我可以非常肯定地告诉大家，我们目前具备的条件的确已经相当优渥。在过去的几年中，我们从人类有史以来最伟大的商人身上学习了很多东西；他的名字叫作约瑟（Joseph），埃及人[①]。之所以将约瑟称作世界上最伟大的商人，主要因为他不仅明白萧条过后定会迎来繁荣，并且内心时刻准备好迎接繁荣时期的到来；而在兴旺发达的美好日子里，他又会未雨绸缪，为了应付必将到来的黯淡时光作好准备。以约瑟为榜样，我们也要学会居安思危，在好年成里预留出一部分资金，以顺利度过将来的困难岁月。作为一个法人团体，哈佛大学也需要从《圣经》讲述的约瑟故事里汲取智慧。有鉴于此，在资金比较充裕的年头，哈佛大学总会将一部分盈余储存起来以备不时之需。正是因为有此举措，哈佛历史上从来没

① 作者在本文中提到的商人约瑟，应当是《圣经》中记述的一位犹太商人。——译者注

有出现过被迫降低职工薪水的先例；而且，基于上帝的庇佑和决策者的明智判断，这种事情以后也应当不会出现。

每隔一段时间，我就会被不同的人询问同一个问题：“迄今为止，您觉得自己为这所大学所作的最英明的决策究竟是哪一个？是这个，那个，抑或其他？”关于这个问题，首先我想说的是，没有任何决策是出于某一个人之手。事实上，世间之事大多都是由群体共同完成的，但最终的荣誉却往往归于一人。不过在我看来这并无不妥，因为享受荣耀的同时也要承担相应的苛责，而且在多数情况下接踵而来的往往都是后者而非前者。在我的整个校长生涯里，总体上也是收获的批评多于赞扬。就实际情况而言，确有许多批评不免吹毛求疵，但与此同时也有不少赞扬名不符实。

二十五年来，我们这个团队一直精诚合作，大家为了一个共同的目标而相互支持、不懈奋斗，人人都无比清晰地了解自己的努力到底为何而做、如何而做以及做到如何；而在工作过程中，也做到了综合统筹、不偏不倚。总而言之，大家心中有着一个整体性的长远计划，所有的具体行动都是朝向终极目标而设计的实施方法。如果这些方法能够围绕同一个目标相互协作，哪怕彼此之间差异颇大，也不妨碍它们全部发挥效力。在过去的岁月里，我们为之努力奋斗的共同目标，乃是提升学生对严肃主题的关注程度，激发他们对有价值之物的主动思索；与此同时，我们也一直在努力让大学内外的相关人士都能更加尊重学术。

我们确信，哈佛面临的最严重的危机，乃是德性方面存在的问题。我们的确希望人们进行思考，而且是进行深刻严肃的思考，但是我们不希望大家的思维全部遵循同一个轨道，这是两个完全不可同日而语的话题。无论在何种情形下，无论是教师还是学生，都应当拥有绝对的思想自由，我们过去一直奉行这个原则，未来也将继续坚守。我们最不希望看到的，就是千人一面、众口一辞；人们应当用自己的头脑进行思索。易言之，如果可以东施效颦地对这所大学的校训进行再解读，那么我将会给出这样的表达："这里需要的并不是所谓的真理，而是对真理的不懈探究。[①]"无论何时，无论何人，真理永远只是片面的正确，或多或少都存在缺陷。因此，面对学生我们真正所提倡的乃是对真理进行不断求索的探究兴趣、对追求真理之行为的悉心呵护。我希望哈佛学子能够发自内心地意识到，世间没有什么事情能比充分调动自己的聪明才智来解惑答疑更加令人感到愉悦。易言之，在人们短暂的生命历程中，最快乐的事情莫过于为了解决问题而集中精力潜心思考。在我心目中，这种精神才是大学之人所真正需要的，从他作为新生踏入大学校门开始，直到他晋为教授、出版著作，充满愉悦的学术思考应当始终萦绕在他左右。在我看来，这种精神也正是大学屹立不倒的真正缘由。

基于以上论述可以得知，大学必须一直保持求变图新。从一代人到另一代人，大学改变的不仅是外在形态，其教育观念同样需要进行根本、深刻的变革。但是，发生在大学身上的变革并非全无章法，而是始终沿着那条一以贯之的永恒主线。

先生们，感谢你们一直以来对我的支持与保护，作为临别赠

① 最早的哈佛校训产生于1692年，原文的表达方式是拉丁文"Veritas Christo et Ecclesiae"，英文表达是"Truth for Christ and the Church"，中文大意是"追求基督与教会意义上的真"。这句校训非常显明地展示了哈佛在最初建立时与基督教会的密切关系。后来，随着哈佛的世俗化以及与宗教脱离关系，这句话简化成了一个词——Veritas。这个词经常被人翻译为"真理"，但其更加贴切的中文表达应当是"求真"。——译者注

言，我希望对在座各位，也对所有哈佛校友说一句：我的继任者是一位真正卓越之士，对于这个位置他实至名归。根据个人揣测，他将比我更能胜任这个角色。我希望大家能够认识到这一点，并为他提供帮助和支持。另外我恳请大家谨记，新任校长的工作同样也会进行整体性的规划和部署，他的整体计划有可能会与我们当下业已熟悉的模式不相一致。因此，请大家切莫根据细枝末节来对新校长进行判断。我们可以耐心等待，直到他的全盘规划浮出水面，我们再来进行整体评判。

从此以后，我的工作便会交接给新任校长。这是一场旷日持久的接力比赛，我们已经在前行道路上走了很远很远，现在我将把旗帜交到新校长手中。我深信，他不仅会继续保持前进步伐，而且还会不断超越，不断矫正我们过去曾经犯下的过错。

卸任典礼致辞（1934年）

一个半世纪之前，我们赢得国家的独立，开始将命运完全掌握在自己手中。这是一个崭新的起点，同时也是一段漫长奋斗的终点。第一代移民安全抵达新大陆后仅仅六年，就通过立法机关明确告诉大家：我们的年轻人不能总是横跨三千公里冒着暴风骤雨远赴英国求取知识，我们要创建自己的高等学府。事实上，这应当被视作北美殖民地最早的“独立宣言”。根据英国法律，大学是唯一具有学位授予权的社会组织，创建大学必须获得皇家令状；正是由于这个规定，早期移民未敢提出请求。但是，英勇无畏的邓斯特（Dunster）认为我们有权为学生颁发学位，当时他是哈佛首任校长，也是这所小型学院唯一的教师。由于并未遭到同代移民的反对，邓斯特的主张事实上成为北美殖民地在教育领域制定的首条自治措施。在此问题上，英国倒是从未进行干涉。不仅如此，邓斯特还设法说服牛津大学和剑桥大学，让它们认可哈佛学院颁发的学位与自己以及其他欧洲大学颁发的学位具有同等效力。

古罗马历史上最古老的建筑中，有一座永远燃烧着熊熊圣火的神殿，罗马城里的所有人都能看到它。就像罗马人一样，我们的先祖来到新大陆的第一要务也是燃起圣火；不过，我们没有将这座殿堂托付给维斯塔贞女（Vestal Virgin）[①]，而是献祭给了缪斯。在这里，教育者和教育管理者，这些文艺女神座下的侍者，从一开始就可以大致遵循自己的意愿，到后来更是可以全身心地进行祭祀和奉献。三百年过去了，在一代代忠诚侍者的献祭下，这簇在新大陆最早燃起的圣火比当初更加明亮。不仅如此，其他侍者也从这座教育神殿里借来火焰点亮了属于自己的灯塔，于是大学和学院逐渐遍布整个大陆，就像一支行军的队伍在暗夜里点亮了簇簇营火。

由于已有一大批教育机构在美国各地建立，以致几乎所有人对学习知识都触手可及；因此，当下需要着力解决的问题，乃是如何提高质量而非扩大规模。我们不仅需要保存和传播已有的知识，更需要尽可能地拓展其领地；在此方面哈佛已经采取了一系列革新措施，希望我们的努力不会白费。就在去年，一位友人寄给我一份资料，上面详细统计了二百名美国国家科学院（National Academy of Sciences）院士在各个高校的分布情况。有些大学只有一名，有些拥有两名、三名、五名、八名或十名不等。有六所大学名额最多：芝加哥大学与约翰·霍普金斯大学各十四名，耶鲁大学十六名，哥伦比亚大学与加州大学各十八名；而哈佛则遥遥领先所有大学，拥有多达四十名科学院院士。这一数据或许不能代表一切，但至少可以表明风向。

---

① 维斯塔贞女是古罗马炉灶和家庭女神维斯塔的女祭司，由六位女祭司（上古晚期为七位）组成，其年龄介于六至十岁间，必须守贞、侍奉神祇至少三十年。她们的主要任务是守护维斯塔神庙的炉灶，不让圣火熄灭，并以宁芙埃格里娅（Egeria）的圣春之水涤洗神庙。——译者注

由于大家都在力争上游，因此在这条道路上继续保持前进步伐并不断超越实非易事。不过，我们仍然坚定地相信，柯南特校长与诸位同侪定会戮力同心，带领哈佛迈向更加璀璨的未来，达到我们梦寐以求的伟大境界。哈佛已经进入新的时代，满怀着美好的期待，我们这些也曾奋力拼搏但终将退隐之人只能向未来之王反复致以深深的敬意（“Morituri salutamus”[①]）！

① 作者在此用了一个典故，“Morituri salutamus”的拉丁文原意是指刚刚结束激烈征战的角斗士向罗马皇帝致敬。——译者注

入会原则（1934年）

在研究员协会（Society of Fellows）入会仪式上的致辞

由于在学术研究方面表现出来的巨大潜力，在座诸位被选为哈佛大学研究员协会的成员，从现在开始，你们将致力于知识的发展和思想的进步。为了兑现这个诺言，你们必须发挥全部的智识和美德。

在今后的日子里，你们将以学者身份认真践履种种德行，同时努力避开种种陷阱。对长者要谦虚恭敬，因为前辈们已经在你们即将进军的领域进行了长期探索；对后辈要施与援手，他们未来必将接替你们继续向前开拓。你们的目标是获得知识和智慧，因此不要被浮华的名声所迷惑。不要窃取属于他人的荣誉，也不要嫉妒那些比你运气更好的探究者。

你们所要追求的目标不是在近处，而是在远方；因此，即使你们有所发现，也不要轻易满足。所有你有可能完成或发现的知识，都属于同一个宏大的真理图式，每一位真学者的伟大使命，都是用自己的方式让这个图式变得更加完善。

欢迎加入研究者协会，希望你们投入自己的全副身心追求使命。

附　录

Abbott Lawrence Lowell 艾伯特·劳伦斯·洛厄尔

Abraham Flexne 亚伯拉罕·弗莱克斯纳

Amy Lowell 艾米·洛厄尔

Aristotle 亚里士多德

Arthur Twining Hadley 亚瑟·特文宁·哈德利

Alexander Agassiz 亚历山大·阿加西

Alexander Meiklejohn 米克尔约翰

Ascham 阿斯克姆

Augustus thc Strong 奥古斯都

Benjamin Jowett 杰明·乔伊特

Bismark 俾斯麦

Bussey 伯西

Charles A. Coolidge 查尔斯·A. 柯立芝

Charles I 查理一世

Charles Gross 查尔斯·格罗斯

Cimabue 契马布耶

Daniel Coit Gilman 丹尼尔·科伊特·吉尔曼

Dante 但丁

Dean Briggs 布里格斯

Donham 多纳姆

Dooley 杜利

Dunster 邓斯特

Edmond Scherer 埃德蒙・谢勒

Edsall 艾德索

Edward Everett 爱德华・埃弗里特

Edward Harkness 爱德华・哈克尼斯

Edward I　爱德华一世

Evariste Galois 埃瓦利斯特・伽罗瓦

Eliphalet Pearson 伊利法莱特・皮尔森

Ephraim W. Gurney 以法莲・格尼

Francis Greenwood 弗朗西斯・格林伍德

Francis Rawle 弗朗西斯・罗尔

Galahad 加拉哈德

George Elliot 乔治・艾略特

George R. Minot 乔治・迈诺特

Gladston 格拉斯通

Grover T. Somers 格洛弗・萨默斯

Harcourt 哈考特

Harnold H. Burbank 哈罗德・伯班克

Harold S. Vanderbilt 哈罗德・范德比尔特

Harry Elkins Widener 哈里・埃尔金斯・威德纳

Henry A. Yeomans 亨利・约曼斯

H.G.Wells H.G.威尔斯

Henry Smith Pritchett 亨利·史密斯·普利切特
Jackson 杰克逊
James Barr Ames 詹姆斯·巴尔·埃姆斯
James Bowdoin 詹姆斯·鲍登
James Fitzjames Stephen 詹姆斯·斯蒂芬
James Russell Lowell 詹姆斯·拉塞尔·洛厄尔
James Walke 詹姆斯·沃克
John Lowell 约翰·洛厄尔
Jones 琼斯
Joseph G. Cannon 约瑟夫·坎农
Joseph 约瑟
Joseph Story 约瑟夫·斯托雷
Joslin 乔斯林
Juan Ponce de León 胡安·庞塞·德莱昂
Justinian 查士丁尼
Langdell 兰德尔
Lord Palmerston 帕默斯顿爵士
Louis Pasteur 巴斯德
Lowe 洛
Lowes 洛斯
Mahaffy 马哈菲
Maurice Caullery 莫里斯·科勒瑞
Munro 门罗
Northcote 诺斯科特
Oakes Ames 欧凯斯·艾姆斯
Odysseus 奥德修斯

Quincy 昆西

Pasteur 巴斯德

Palmerston 帕莫斯顿

Pease 皮斯

Peel 皮尔

Percival Lowell 帕西瓦尔・洛厄尔

Ponce de Leon 庞塞・德莱昂

Prof. Edwin G. Dexter 埃德温・G. 德克斯特教授

Rev. James Walker 詹姆斯・沃克

Samuel Hahnemann 塞缪尔・哈内曼

Scott 斯科特

Swift 斯威夫特

Thomas Babington Macaulay 托马斯・巴宾顿・麦考利

Thomas Woodrow Wilson 托马斯・伍德罗・威尔逊

Thompson 汤普森

Ulysses 尤利西斯

William F. Milton 威廉・F. 米尔顿

William James 威廉・詹姆士

William Jult Tucker 威廉・朱尔特・塔克

William Makepeace Thackeray 威廉・梅克比斯・萨克雷

Wolsey 沃尔西

Wordsworth 华兹华斯

图书在版编目（CIP）数据

向美国高等教育传统开战 ：洛厄尔高等教育文集 / (美) 艾伯特·劳伦斯·洛厄尔著 ；邓磊译. -- 杭州 ：浙江教育出版社，2019.12
（新汉译世界高等教育名著丛书. 第一辑）
ISBN 978-7-5536-9887-8

Ⅰ. ①向… Ⅱ. ①艾… ②邓… Ⅲ. ①高等教育－美国－文集 Ⅳ. ①G649.712-53

中国版本图书馆CIP数据核字(2020)第012274号

责任编辑 赵露丹　　美术编辑 韩 波
责任校对 李 剑 刘亦璇　　责任印务 陈 沁

新汉译世界高等教育名著丛书(第一辑)
XIN HANYI SHIJIE GAODENG JIAOYU MINGZHU CONGSHU
向美国高等教育传统开战——洛厄尔高等教育文集
XIANG MEIGUO GAODENG JIAOYU CHUANTONG KAIZHAN
LUOE'ER GAODENG JIAOYU WENJI
[美]艾伯特·劳伦斯·洛厄尔(Abbot Lawrence Lowell) 著
邓磊 译　张斌贤 李子江 校

出版发行 浙江教育出版社
(杭州市天目山路40号 电话:0571-85170300-80928)
图文制作 杭州兴邦电子印务有限公司
印　　刷 浙江新华数码印务有限公司
开　　本 710mm×1000mm 1/16
印　　张 27.75
插　　页 2
字　　数 348 000
版　　次 2019年12月第1版
印　　次 2019年12月第1次印刷
标准书号 ISBN 978-7-5536-9887-8
定　　价 58.00元